中国工程院重点项目(2017-XZ-23)资助

煤-焦-钢产业一体化协调发展

金智新　吴玉程　郭嗣琮
李新创　白原平　包研科　等 著

科学出版社

北 京

内 容 简 介

本书分别对我国钢铁工业以及与其密切相关的焦化工业和炼焦煤生产现状做了充分详尽的本底调查，运用数量经济学与系统动力学原理对国家宏观经济发展与炼焦煤资源的需求关系做了中长期预测。通过对我国目前"煤-焦-钢"产业链运行状况的分析，揭示我国炼焦煤资源对我国钢铁工业可持续发展形成的巨大潜在危机，通过分析"煤-焦-钢"产业链各个环节对于危机形成的作用，提出了"煤-焦-钢"产业链协同升级的具体策略，得到了化解国家经济建设中炼焦煤资源供需矛盾的方法，以及保障我国炼焦煤资源稳定供给 100 年的对策。

本书适合钢铁行业、冶金行业工程技术人员、管理人员阅读参考。

图书在版编目（CIP）数据

煤-焦-钢产业一体化协调发展 / 金智新等著. —北京：科学出版社，2019.12

ISBN 978-7-03-063668-3

Ⅰ. ①煤… Ⅱ. ①金… Ⅲ. ①煤炭工业-钢铁工业-产业一体化-协调发展-研究-中国 Ⅳ. ①F426.21 ②F426.31

中国版本图书馆CIP数据核字（2019）第271343号

责任编辑：杨 震 刘 冉 孙 曼 / 责任校对：杜子昂
责任印制：肖 兴 / 封面设计：东方人华

科 学 出 版 社 出版
北京东黄城根北街 16 号
邮政编码：100717
http://www.sciencep.com

北京通州皇家印刷厂 印刷
科学出版社发行 各地新华书店经销
*

2019 年 12 月第 一 版 开本：720 × 1000 1/16
2019 年 12 月第一次印刷 印张：18 1/2
字数：370 000

定价：128.00 元
（如有印装质量问题，我社负责调换）

项目研究人员名单

总 顾 问

王 安 王显政 殷瑞钰

顾 问

孙永福	何继善	顾金才	张铁岗	何满潮
凌 文	黄庆学	王一德	蔡美峰	李晓红
范维澄	顾大钊	黄其励	康红普	李根生
谢和平	李 阳	罗平亚	马永生	彭苏萍
苏义脑	孙龙德	王国法	武 强	周建平
谢克昌	袁 亮	袁士义	张玉卓	赵文智
赵宪庚	周守为	曹耀峰	陈晓红	丁烈云
胡国瑞	黄维和	刘 合	刘人怀	卢春房
邵安林	王基铭	王陇德	王玉普	向 巧
杨善林	赵晓哲	郑静晨	崔丕江	王利群
石岩峰	杨仁树	姜智敏	王继仁	易 建
高战军	聂淑琴	常军乾		

项目负责人

金智新

课题一 炼焦煤资源储备与利用本底调查研究

组　　长	白原平			
副 组 长	李丽英	金铃子	邸晟钧	
研究人员	刘勤江	王　岩	田　利	严明杰
	刘芳彬	郭煜东	高　铭	丁一慧
	胡　伯	刘玉朋	王　静	于泽华
	谭青海			

课题二 我国钢铁工业与炼焦煤资源依存关系及国外资源利用本底调查研究

组　　长	李新创			
副 组 长	范铁军	张龙强	田林伶	
研究人员	姜晓东	彭　锋	周　翔	管志杰
	郜　学	潘　登	白永强	鹿　宁
	周　勋	李　晓	金　晖	陈　程
	郝　阳	贾楠楠	翁雪鹤	刘　琦
	王轶凡	陈　星	李　萍	王　优
	徐向羽			

课题三 我国稀缺炼焦煤资源保护性政策与"炼焦煤-焦炭-钢铁"产业链协调发展规划研究

组　　长	郭嗣琮	吴玉程	邓存宝	
副 组 长	包研科	张　勋	邓汉忠	戴凤威
研究人员	曾繁慧	杨　洋	金铃子	吴慧明
	张广大	李建军	郭建威	王雪峰
	王鑫阳	黄　戈	王延生	凡永鹏
	郝朝瑜	吕金辉	刘海涛	高　飞
	陈　曦	蒲凌杰	赵　静	薛胜寒
	魏思瑶	任思行	吴　迪	张艳妮
	金胜男	万润君	薛珊珊	刘　博
	刘晓同	陈　然	王　娟	王晓波

课题四　炼焦煤保护性开采洗选技术培育推广研究

组　　长	王茂盛	黄　巍	侯水云	
副 组 长	梁春豪	杨彦群	王雪峰	
研究人员	张　勋	王维虎	田林伶	高锦飞
	杨　洋	王宏伟	彭　垠	贺志宏
	李进鹏	范文生	郭毅民	王永文
	李民族	邱晟钧	段　东	侯晓云
	李文生	张国祥	王振福	高建川
	韩冬青	郭丽娟	贾庆荣	刘效林

前　　言

　　钢铁工业是众多与国家经济建设和社会全面发展密切相关的产业"龙头"，而由于生铁冶炼尚离不开利用炼焦煤烧结的焦炭作为能源、还原剂和炭原料，因此钢铁工业又是"炼焦煤-焦炭-钢铁"（简称"煤-焦-钢"）产业链的下游产业。要真正做强做大钢铁工业这个国民经济建设的"龙头"产业，就必须有完备的炼焦煤资源和焦炭生产做支撑。只有建立完善强大的"煤-焦-钢"产业链，才能保障与国家经济建设和社会全面发展密切相关的众多产业链的健康可持续发展。

　　2017 年 3 月，由金智新院士负责，冶金工业规划研究院、煤炭工业规划设计研究院有限公司、辽宁工程技术大学和山西焦煤集团有限责任公司(简称山西焦煤集团)参与研究的中国工程院重点项目"保障中国钢铁业安全的稀缺炼焦煤产业发展策略研究"启动。项目组在充分调研我国钢铁、焦化、炼焦煤生产现状的基础上，对我国炼焦煤资源的未来需求做了中长期预测。基于对我国目前"煤-焦-钢"产业链运行状况的分析，揭示我国炼焦煤资源对我国钢铁工业可持续发展形成的巨大潜在危机，通过分析"煤-焦-钢"产业链各个环节对于危机形成的作用，提出了"煤-焦-钢"产业链协同升级的具体策略，得到了化解国家经济建设中炼焦煤资源供需矛盾的方法，以及保障我国炼焦煤资源稳定供给 100 年的对策。

　　项目由四个子课题组成，具体分工如下：

　　由煤炭工业规划设计研究院有限公司主持的"炼焦煤资源储备与利用本底调查研究"，重点开展我国炼焦煤资源储备本底调查和国内炼焦煤资源利用率情况调查；

　　由冶金工业规划研究院主持的"我国钢铁工业与炼焦煤资源依存关系及国外资源利用本底调查研究"，重点完成我国钢铁工业发展对各炼焦煤煤种依存需求关系、钢铁及焦炭企业对国外资源利用情况的本底调查及前景预测；

　　由辽宁工程技术大学主持的"我国稀缺炼焦煤资源保护性政策与'炼焦煤-焦炭-钢铁'产业链协调发展规划研究"，重点研究我国炼焦煤煤种稀缺性、供需矛盾与风险评价、"煤-焦-钢"产业链布局优化与炼焦煤保护性开采中长期发展规划、化解我国炼焦煤资源供需矛盾策略与炼焦煤资源保护性政策；

　　由山西焦煤集团主持的"炼焦煤保护性开采洗选技术培育推广研究"，重点梳理扩大炼焦煤资源的新型煤处理技术、炼焦煤高回收率洗选加工技术与装备成果、跨区域煤质差异化可选性的多煤种协调配采优化技术等。

　　2017 年 3 月项目启动后，各子课题组围绕课题分工开展了大量的生产考察、数据调研、理论研究和数据分析工作。并且先后四次组织了各子课题组的联合会议，进行课题进展汇报、数据交流和专题研讨。2018 年底项目的既定任务完成，成果如下：

"炼焦煤资源储备与利用本底调查研究"课题组完成了对我国炼焦煤资源储备、生产与利用情况进行的本底调查研究。一是对我国炼焦煤各煤种资源储量、分布、赋存条件、煤质特征等情况进行了本底调查，对我国炼焦煤资源的主要特点进行了总结分析，对主要地区炼焦煤资源状况及开发潜力进行了评价分析；二是对 2006～2017 年我国炼焦煤生产和洗选情况进行了本底调查，分析了炼焦煤分煤种、分地区的生产和洗选情况以及变化趋势；三是对国内主要炼焦煤生产企业基本情况进行了本底调查；四是基于对现有炼焦煤资源开采技术水平、炼焦煤产能、供给侧结构性改革影响和主要炼焦煤生产省份开发潜力等因素的分析，对未来 30 年我国炼焦煤供应进行了预测分析；五是对国内炼焦煤利用情况及其主要影响因素进行了本底调查；六是对世界炼焦煤资源储量与分布、主要炼焦煤生产国资源状况进行了调研分析。

"我国钢铁工业与炼焦煤资源依存关系及国外资源利用本底调查研究"课题组完成了对我国钢铁、焦化行业以及炼焦煤焦炭进出口情况的本底调查研究。包括：①我国拥有的焦炭生产能力以及焦炭实际消费量和各行业消费占比；②我国主要钢铁联合企业和主要独立焦化企业炼焦生产装备的水平；③我国炼焦煤与焦炭进出口情况以及预测分析；④我国钢铁业生产装备与产能以及主要的钢铁生产区域生铁产量分布情况；⑤在分析我国钢材消费结构基础上，根据下游行业消费预测法、消费系数法和地区需求预测法，给出我国钢材需求量的中长期预测；⑥分析计算了我国钢铁积蓄量、社会废钢铁资源的年产出量以及我国电炉钢产量占比的发展趋势。

"我国稀缺炼焦煤资源保护性政策与'炼焦煤-焦炭-钢铁'产业链协调发展规划研究"课题组在上述煤炭与钢铁两项本底调查工作基础上，全面深入分析了我国钢铁及相关工业对炼焦煤资源的需求与供给极不平衡的现状，从"煤-焦-钢"产业链的全局入手，为解决产业链上的供需矛盾，提出了确保我国钢铁工业百年国际地位的"煤-焦-钢"产业链协同优化升级对策，以及保障"煤-焦-钢"产业链协同优化升级对策实施的相关政策建议。主要内容包括：①基于经济发展动力学原理以及多元统计分析、经济计量学方法和数据建模技术，结合大量的调研数据，做出了中国宏观经济发展对炼焦煤资源需求的中长期时间序列预测；在大量的企业生产调研基础上，校准了煤炭资源存量到实际供应量的各种转化率，得到了我国炼焦煤各煤种资源存量和未来消耗量的估计值；以 2017 年为时间节点，根据国家宏观经济对炼焦煤需求的时间序列预测，得到了我国炼焦煤资源的自主供给能力测算，以及迫在眉睫的我国炼焦煤资源枯竭期；揭示了炼焦煤需求与供给矛盾必将成为制约我国钢铁工业发展的重大屏障，以及实施炼焦煤资源保护性开采战略的重要性和紧迫性。②在深入调研与数据分析基础上，构建了解决我国炼焦煤需求与供给矛盾的"煤-焦-钢"产业链协同优化升级的战略思想，提出了依据科技进步，同步推进"以提高煤炭生产质量、开发利用国外优质资源为核心的炼焦煤产业优化升级，以扩大炼焦煤资源、发展捣固焦和优化配煤技术为核心的焦炭产业优化升级和以发展电炉炼钢和废钢循环利用为核心的钢铁行业优化升级"三大策略。③从物理稀有性和品质稀有性角度对我国炼焦煤资源的各个煤种做出了稀有性的评价；对我国八大区域的"煤-焦-钢"产业链的自平衡度和产业集中度做了评价；结合"煤-焦-钢"产业链协同优化升级战略，给出了我国炼焦煤生产的中长期产能减缩规划序列。④指出我国炼焦煤限产的必然趋势以及将会对炼焦煤生产企业带来的冲击，并对未来企业发展策略提出了建议；同时，为保障"煤-焦-钢"产业链协同优化升级战略的实施，分别就我国炼焦煤煤种全系资源保护问题、国外炼焦煤资源的开发与利用问题、炼焦煤生产企业萎缩与限产面临的人员安置问题、推进"炼焦煤互联网"信息与服务平台建设问题、完善"煤-焦-钢"整合与产业园区建设问题和保障"煤-焦-钢"产业链优化升级的科技进步重点支持领域等问题，提出了相应的政策性建议。

　　"炼焦煤保护性开采洗选技术培育推广研究"课题组结合山西焦煤集团的生产科技进步实践，从炼焦煤的高回采技术、炼焦煤洗选的高回收技术和配煤配采技术三大方面，总结和介绍近年来我国炼焦煤生产企业在煤炭生产实践中探索的新技术，尤其是山西焦煤集团在稀缺炼焦煤资源保护性开采中所取得的创新性成果。

目　　录

第1章　炼焦煤资源保护开采的战略意义

1.1　中美贸易争端的警示

对产业链的最通俗解释是：在某类产品的生产过程中，从最初的自然资源到形成最终产品的整个生产活动过程中，由各个不可缺失的环节形成的链条。产业链是社会化大生产条件下具有技术、价值和产品供需关系的各种产业间形成的集群结构。现代化的社会大生产致使每个企业都必须成为每个产业链条中的一员。加入全球产业链既是追求利益最大化也是通过对外贸易拉动经济增长的有效途径。然而，2018年发生的中美贸易争端给了我们许多警示：一方面，中兴事件暴露了中国通信产业链结构的不完整，中兴芯片多为引自美国厂家，国内自给率严重不足。中兴事件给我们上了一堂生动的经济发展的安全课，高新技术领域产业链的不完整是我国普遍存在的隐患。另一方面，中国政府敢于底气十足地应对挑战，原因也在于对美出口的绝大多数非高科技产品都有一个经过几十年建立起来的相对完整的国内产业链支撑，以至于美国在短时间内难以寻求到一个具有完整产业链的替代供应国。事实说明，一个国家内部完整的产业链是国家经济抗衡任何冲击的重要保障。此次中美贸易争端凸显了建立完整自主产业链的重要意义。

钢铁是国家的命脉，是国家生存和发展的重要物质保障。钢铁工业是一个国家经济水平和综合国力的重要标志，它是众多国民经济产业链的上游，是众多产业的发展基础。但是，从现今的科学发展技术水平看，生铁的冶炼尚离不开利用炼焦煤烧结的焦炭作为能源、还原剂、炭原料和骨架。炼铁离不开焦炭，焦炭离不开炼焦煤，因而，钢铁工业又是"煤-焦-钢"产业链的下游产业。

目前，随着我国钢铁工业的飞速发展以及炼焦煤资源无节制的开采，我国炼焦煤资源已出现快速枯竭的趋势。根据我国炼焦煤资源的赋存情况、生产条件以及钢铁与其他工业对炼焦煤的消费现状分析，如果不采取必要的保护性措施，我国优质炼焦煤资源在二三十年后将可能会区域枯竭。届时，国内的"煤-焦-钢"产业链条将会出现断裂，中国钢铁工业和其他工业所需要的炼焦煤资源将会依赖于国外，这对我国的钢铁工业将造成巨大的威胁，进而危及国家经济建设的诸多领域和产业。因此，高度重视对我国炼焦煤资源的保护性开采与利用，确保我国"煤-焦-钢"产业链的平稳可持续发展是保障国家钢铁工业安全和经济长期稳定发展的重大战略性问题。

1.2　钢铁工业在国家战略中的地位

近年来，对于我国钢铁产能过剩的呼声很高，以至于出现了一种"中国钢铁产量将大幅下降，炼焦煤已不再属于稀缺资源"的论点。通过项目研究，作者认为这种论点是不符合中国当前的发展阶段特征的。中国目前仍然属于发展中国家，在今后的一段时期内，国家经济建设对钢铁的需求潜力仍然巨大，对钢铁消费的减少也需要一个渐进的时间过程。

1.2.1　对钢铁产能过剩的认识

中国钢铁产能过剩的原因主要有如下两点：一是产能利用率不高。2015 年我国钢铁产能约 12 亿 t，产量约 8 亿 t，据此计算，产能利用率不到 70%。二是钢铁行业亏损。目前，虽进口铁矿石价格有所下跌，但产品销售价格下降更多，2015 年第四季度以来，钢铁行业出现全行业亏损。

事实上，目前的钢铁产能过剩并不是国家经济建设对钢铁的需求不足引起的，主要是产品供需的时间效应矛盾和需求结构矛盾引起的。

1. 钢铁供需时间效应矛盾

从总体看，国家经济建设对钢铁的需求潜力还很大，对钢铁消费的减少也需要一个渐进的时间过程。严格地说，我国钢铁供给能力的增长主要还是需求的拉动，市场需求及利润空间给钢铁工业带来了巨大的发展动力，进而造成了供给能力增长的速度过快，以至于在短时期内超出了市场的消费能力，进而会产生阶段性的过剩效应(图 1.1)，这在市场经济中是一个普遍的现象。如果产品的结构不存在问题，那么，这种阶段性的过剩会压缩产品的利润空间，促使企业调整战略，随着时间的推移，产品会被市场所消化。

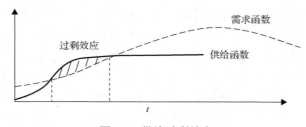

图 1.1　供给过剩效应

2. 需求结构矛盾

目前钢铁产能过剩很大程度上是需求结构矛盾引起的，尤其是反映在建筑标准的钢铁需求上。我国城市建筑以钢混结构为主，多年来，中国一直沿用质量较低的Ⅱ级钢筋，建筑用钢国家标准为 300MPa，实际使用中 335MPa 钢筋实际用量为 70%左右，广大农村地区建筑标准更低；而日本与美国的主力强度级别是 400MPa 或 420MPa，英国、澳大利亚与新西兰的主力强度级别则达到 500MPa，甚至达到 700MPa，有些国家已经淘汰了Ⅱ级钢筋。由于建筑标准相对低下，面对自然灾害及人为事故时带来的惨重伤亡已经给了我们深刻的教训，提升建筑标准应被提上议事日程。建设部(现住房和城乡建设部)于 2005 年提出推动Ⅲ级钢筋的使用要求，由于Ⅲ级钢筋加入了钒、铌、钛等合金元素，其具有强度高、韧性好和焊接性能优良等优点。但是，由于企业的经济效益原因，占国内螺纹钢市场 80%以上的仍是 335MPa 的Ⅱ级螺纹钢。据 2015 年统计，全国建筑用钢材总量占全国钢材生产量的 55%，建筑用钢筋必将逐步被Ⅲ级以上钢筋所取代，因而，大批落后的钢铁产能也将被淘汰。

综上分析，中国钢铁产能过剩仅是阶段性和产品结构性的过剩，并不意味着中国对钢铁的总体需求下降。

1.2.2　钢铁是支撑中国城市化建设的重要支柱

城市化的含义分为狭义和广义。狭义的城市化是指农业人口不断转变为非农业人口的过程，而广义的城市化是社会经济变化过程，包括农业人口非农业化，城市人口规模不断扩张，城市用地不断向郊区扩展，城市数量不断增加，以及城市的社会、经济、技术变革进入乡村的过程。工业化是城市化的根本动力，而城市化是工业化国家发展的必然归宿。

世界发达国家现代城市发展经验表明，城市化发展有利于生产要素的集聚：城市集中了大量的经济资源和社会财富，是知识、技术和信息的生产基地，是教育、科学和文化最为发达的地方。城市化发展有利于国家经济的高效运行：城市是人类建立在劳动分工基础上的交换体系，由于生产要素的高度集聚，城市经济运行具有高效性。城市化发展有利于综合发挥各种经济、社会与信息功能：城市作为资源高度集约的经济体系，具有生产、分配、运输、交换、消费等经济功能；作为人口高度密集的居住社区，具有工作、生活、休憩、健身、娱乐等社会功能；作为知识高度密集的信息实体，具有教育、科技、文化等智力活动功能。同时，城市也成为组织结构复杂的社会经济运行过程中计划、组织、指挥、协调、控制等基本环节的管理实体；城市具有对外界的辐射性和经济带动牵引作用，有利于整个国民经济的发展。在我国，加速城市化建设进程也是最终实现城乡二元化经济结构向现代经济结构转换的重要途径。

城市化率也称为城市化水平，是一个国家或地区经济发展和社会组织程度的重要标志。国家统计局规定，城市化率是城镇人口占总人口的比例。如果按照我国城镇常住人口计算，截止到 2017 年末，我国的城市化率为 58.52%。而常住人口不等于完全具有城镇户籍的人口。但是，如果按照户籍人口的城市化率计算，我国的城市化率仅为 42.35%，与世界各国，尤其是发达的工业化国家的城市化率还有很大的差距。例如，截止到 2016 年末，德国城市化率为 75.5%，法国城市化率为 79.8%，美国城市化率为 81.8%，加拿大城市化率为 82%，英国城市化率为 82.8%，日本城市化率为 93.9%。2017 年我国城市化率刚刚接近 1851 年的英国、1930 年的美国、1955 年的日本和 1980 年的韩国，落后了英国一百六十多年，落后美国八十多年，落后日本六十多年，落后韩国也近四十年。诺贝尔奖得主约瑟夫·斯蒂格利茨说过，21 世纪影响人类发展的有两件大事：一是美国的高科技发展，二是中国的城市化。可见中国的城市化建设不仅是影响人类发展的重大事件，也是影响我国经济社会发展的重大任务。

如果我国城市化率年增长 1 个百分点，每年将有 1700 万农民向城镇市民转化，按照每人 10 万元的固定资产投资最低标准计算，至少每年增加 1.7 万亿元的投资需求。研究表明，发达国家城市化率在 50%～65% 阶段，钢铁需求将呈现稳步增长，城市化率在 65% 以上时，钢铁需求将达到高峰值。据统计，在国家的城市化进程中，美国人均粗钢消费峰值为 690kg/a，日本人均粗钢消费峰值为 880kg/a，而韩国在城市化过程中，人均粗钢消费量超过 900kg/a。根据我国的国土面积、工业结构、人口密度等，推测我国加速城市化建设，人均粗钢消费峰值应为 700～800kg/a，而 2012 年我国人均粗钢消费量为 490kg/a，与发达国家峰值期的钢材消费水平存在一定的差距。

工业化是创造供给，城市化是创造需求。城市化建设拉动钢铁需求的基建领域包括：

房地产行业——居民住宅、商场、行政及企事业办公场所等；

公共设施——学校、医院等公用场馆，社区健身器材、文化、娱乐公园及城市广场等；

水利系统——自来水厂、供水网络、城市排水与排污管网系统；

能源行业——电网，煤气、天然气管道设施，液化石油气管道设施；

交通运输业——铁路网络、航空飞机、高速公路、城际桥梁、城市地铁、隧道等；

灾害防护系统——消防设施、防洪防汛设施、防震设施等。

城市化建设的各个领域对钢铁的基本需求都将不断扩大。北京科技大学张群教授等利用系统动力学方法研究了我国城市化水平对钢材需求的影响。在研究中假设在一定时间内城市人口自然增长率近似看作固定值，而将变量设置为人口向城市的迁移率，并在不同的人口迁移率假设下对实现预定城市化率 70% 的目标钢材需求峰期以及钢材需求峰值做出了预测。结论如下：

(1)依据现有水平,即人口迁移率为 0.02:我国将在 2037 年实现预定城市化率,在 2043 年后达到钢材需求量约 10.33 亿 t 的峰值,随后开始缓慢下降。

(2)以历史最高水平,即人口迁移率为 0.026:比现有水平提前 8 年实现城镇化预定目标,而钢材需求仍在 2043 年达到约 10.315 亿 t 的峰值。

(3)以历史最低水平,即人口迁移率为 0.01:在该水平下,至预测期末,城镇化率还未实现 70% 的目标,且粗钢需求也没有达到峰值水平。

按照 2050 年实现 70% 城市化率的目标假定,预测期末钢材需求为 10.2 亿 t,且继续保持增长态势。研究结果表明,如果按照我国当前的城市化发展速度,我国钢材需求量峰值期将在 2043 年出现,钢材需求量峰值约为 10.3 亿 t,这一峰值之后出现缓慢下降。因此,国家城市化建设对钢铁行业形成了巨大的需求空间。

1.2.3　社会民生与基础设施建设对钢铁的潜在需求

1. 农村基础设施薄弱,钢铁需求潜力巨大

农村基础设施包括生产性基础设施、生活性基础设施、人文基础设施以及流通性基础设施四大类。生产性基础设施主要包括防洪涝设备、水利灌溉、田间道路、气象设施和农业机械设备等为农业生产服务的设施或设备。生活性基础设施主要包括农村电网、垃圾处理厂、污水处理设施、人畜饮水设施、供热燃气设施等,是为广大农村居民生活提供服务的设施。人文基础设施是用于提高农民素质、丰富农民生活的公益设施,如教育、医疗、文化娱乐等设施。流通性基础设施主要包括乡村道路、农村通信、用于农产品销售以及农村生产资料购买的流通辅助设施。

目前我国农村基础设施总体上依然相对落后,普遍存在乡村道路质量较差的问题,相当一部分乡村不通沥青路和水泥路,农村公路中沙石路约占 70%,同时仍存在许多大山深处和偏僻地区没有公路的现实情况;存在很大一部分我国农村住宅以及环境卫生条件较差、自来水设施短缺等问题亟待改善;农村绝大多数农户的主要燃料还是柴草,其中秸秆占 30%,薪柴占 25%,两者合计比例高达 55%,沼气、液化气等清洁能源消费水平较低;部分农村生产性基础设施还十分落后,仍处于原始的人畜耕作阶段;教育、医疗以及信息服务条件与设施还非常落后;水利工程设施亟待改善,农村饮水、农田水利、防洪减灾、河道疏浚、水坝修复、水资源开发利用、水土保持和生态安全建设以及农村水电工程都需要大量的资金投入。

农业农村基础设施建设对钢铁需求的几大领域如下:

1)农村生活基础设施建设对钢铁的需求

公路、桥梁、隧道、燃气、饮水、危房改造等工程都将消耗大量钢材,除螺纹钢、线材、盘螺等建筑钢材外,还有各类结构钢,同样需要优钢和特钢。据分析,基础设施建设用钢的结构大致为:交通建设约占基建类钢材消费的 32%,能源类约占 17%,其他土木工程约占 51%。

2) 农村水利工程建设对钢铁的需求

水利工程建设所需钢材主要有高强度螺纹钢、线材、圆钢等建筑钢材，另外水坝、水池、水渠的修建，工程中的管道工程则需要大量的钢管、各类配套阀门用钢材等；加快水源工程建设，努力扩大有效灌溉面积，则可能需要修建大量管道工程，这将带动钢管及管道工程等相关配套设备需求。

3) 农业机械与设施农业建设对钢铁的需求

农业机械包括农用动力机械、农田建设机械、土壤耕作机械、种植和施肥机械、植物保护机械、农田排灌机械、作物收获机械、农产品加工机械、畜牧业机械和农业运输机械等。目前国内的农业机械用钢主要是型钢、板材和管材，还包括拖拉机、收割机等使用的轴承钢、齿轮钢、弹簧钢、工模具钢等。同时，农村水利工程建设施工设备还包括挖掘机、推土机、水电站吊机、管道焊接机和卷管机等机械设备，这将间接带动工程机械行业用钢需求。届时，型材、热轧薄板、冷轧薄板和中厚板等钢材品种的需要将有所增加。随着《中共中央　国务院关于实施乡村振兴战略的意见》的贯彻实施，一个农业用钢市场将展开，农村基础设施建设投资 3.4 万亿元，将构筑一个巨大的钢材消费市场。

2. 城市基础设施改造对钢铁的需求

随着中国经济与城市化进程的快速发展，城市基础设施也暴露出许多问题，而其中最突出的问题有：随着家用轿车呈现强劲的发展势头，交通拥堵日趋严重，城市道路交通压力越来越大；城市排水系统落后，近年来全国多个城市内涝灾害频繁发生，严重危及城市的正常运行；城市的棚户区改造任务仍然巨大。在棚户区改造的同时，还要安置住房小区的城市道路以及公共交通、供水、供电、供气、供热、通信、污水与垃圾处理等市政基础设施，同时安置与居住人口规模相适应的小区商业、教育、医疗卫生等公共服务设施。我国城市基础设施改造的投入将是巨大的，对钢铁的需求空间也是巨大的。

3. 完善国内基础建设需要维持钢铁工业较高的产能

据中国产业信息网发布的《2015～2022 年中国优特钢市场竞争态势及未来前景预测报告》分析，国家层面已经建立了重大基础设施建设项目推进机制，即"七大工程包"，包含 420 多个项目，预计投资超过 10 万亿元。"七大工程包"聚焦农业水利建设、城市轨道交通建设和铁路与高速公路建设三大领域，三大建设领域将对钢铁工业形成巨大的需求空间。

1) 农业水利建设

相关统计数据显示，2014 年我国农业水利建设投资较 2013 年增长 11%，其中中央投资 1627 亿元，增长 15.6%。这种投资增速的态势得以保持，2015 年中央与地方政府在农业水利建设方面的总投资超过 5300 亿元。2017 年 10 月，水利部在传达贯彻党的十九大精神的干部会议上提出"发挥水利建设投资拉动作用和经济支撑功能"，紧紧围绕建设现代化经济体系，围绕深化供给侧结构性改革，围绕实施乡村振兴战略，着眼解决水利发展中存在的不平衡不充分问题，统筹解决水资源、水环境、水生态、水灾害问题，使人民获得感、幸福感、安全感更加充实、更有保障、更可持续；着力加强水利基础设施网络建设；加快重大水利工程和灾后薄弱环节建设，充分发挥水利建设投资拉动作用、经济支撑功能和生态环境效应；大力发展高效节水灌溉，加快完善农田灌排体系，着力加强小型农田水利建设，不断改善乡村生产生活生态条件，扎实做好水利扶贫工作，加快推进农村饮水安全巩固提升，夯实贫困地区脱贫致富的水利基础。

　　水利工程建设中，水坝、水池、水渠的修建需要大量建筑钢材，有关意见表明，仅"十三五"水利基础建设将直接拉动螺纹钢消费近 2000 万 t，若考虑配套的设备和借此带动的中小型水电工业发展，对钢材需求空间巨大。

　　2) 城市轨道交通建设

　　2000 年以来，中国城市轨道交通经历了十几年的高速发展。由于中国城市化率不断提高，人口向城市流动造成城市人口骤增，交通出行压力变大。提高城市出行效率的关键在于公共交通运力的持续增长，其中城市轨道交通在公共交通运输方式中效率最高，推进城市轨道交通进程成为大中型城市公共交通建设的最佳选择。

　　2016 年 5 月，国家发展和改革委员会(简称国家发改委)与交通运输部联合发布《交通基础设施重大工程建设三年行动计划》，提出优化大城市轨道交通结构的重点推进项目，总计 103 个项目，计划新建城市轨道交通 2000km 以上，投资约 1.6 万亿元。截止到 2017 年末，全国城市轨道交通线路里程已达 4475.4km，运行车辆总量达 28643 辆。根据国家和地方城市轨道交通规划，在 2020 年，城市轨道交通新增营业里程将超过 6000km，总投资额度在 5 万亿元左右，带动配套的车辆装备平均每年增加投资 550 亿元左右。无疑，城市轨道交通建设是城市基础建设新的增长点，对钢材需求的拉动作用将持续相对较长的一段时间。

　　3) 铁路与高速公路建设

　　铁路与高速公路的建设，是一个国家经济发展与社会进步的基础与标志，不仅投资巨大，对相关钢材产品的需求量巨大，而且拉动相关产业产能的效应巨大。

　　2017 年以来，中国国家铁路集团有限公司持续加大铁路建设力度，数十个项目获批或开工建设，特别是中西部铁路、京津冀核心区铁路、老旧线路的升级改造和复线建设投资巨大。据国家发改委 2016 年发布的《中长期铁路网规划》，到 2020 年，中国高铁里程数将达到 3 万 km，到 2025 年，中国高速铁路通车里程将达到 3.8 万 km 左右。有关研究预测，到 2050 年，中国铁路运营总里程有望突破 27 万 km。

随着铁路运营里程和运营密度的增加，对新增车辆的需求量持续增加。目前，我国高铁动车组车辆保有量密度约为 0.94 辆/km，根据通车里程测算，"十三五"期间高铁新增通车里程 1.3 万 km，考虑到动车加密需求，车辆需求预计平均每年在 320 标准列以上。据此推算，中国在未来的铁路运营和发展中，车辆的需求空间巨大。

在公路建设方面，2016 年全国各省份公路建设规划信息显示，中国高速公路和普通干线公路待贯通路段建设改造持续加快，农村交通基础设施水平不断提升。高速公路建设具有周期长、技术标准高和投资巨大的特点，大量的桥隧建设对钢材的需求量巨大。2016 年，全国高速公路通行里程超过 13 万 km，完成公路建设投资 17975.81 亿元，比 2015 年增长 8.9%，其中高速公路建设完成投资 8235.32 亿元，增长 3.6%，新增高速公路 4500km 左右，新改建的国省干线约 1.6 万 km，新建改建农村公路 18 万 km。除已开工建设项目，大量工程储备项目的前期工作已经启动。

在未来 15～20 年的时间内，中国的公路建设仍将保持相当高的投资水平，这是分析和预测未来钢铁需求量不可忽视的重要因素。

1.2.4 　"一带一路"倡议对钢铁的需求

中国政府提出了"一带一路"倡议。"一带一路"建设所需要的配套船舶建造及港口、铁路、机场和公路建设，以及电力设施扩容、房地产开发等项目，促进钢材需求的增加，需要规模庞大的钢铁产业支撑。尤其是"一带一路"倡议辐射的具有 10 亿以上人口的非洲，基础设施亟待建设和完善。"一带一路"建设和全球基础设施投资所产生的巨大钢材需求，也将会对中国钢材出口产生强大拉动。目前，我国与"一带一路"沿线 64 个国家有钢铁国际贸易。2015～2017 年，我国向"一带一路"沿线国家出口钢材占我国钢材出口总量的比例逐年上升，2017 年已占据我国出口的半壁江山。兰格钢铁信息研究中心监测数据显示，2016 年，我国向"一带一路"沿线国家累计出口钢材量为 6394 万 t，同比增长 2.7%，占同期我国出口总量的比例为 59.0%。

"一带一路"建设规划主要包括以下四个方面：

一是交通道路投资建设，包括公路、铁路、港口等物流和客流通道建设。中国正与"一带一路"沿线国家规划建设新亚欧大陆桥、中蒙俄、中国-中亚-西亚、中国-中南半岛、中巴、孟中印缅等六大国际经济合作走廊，共建运输大通道。在六大经济走廊规划中，建设高速铁路网，特别是泛欧铁路网成为优先建设目标。

二是能源生产及输送通道投资建设，重点是石油、天然气、电力等能源生产及输送通道。包括连接东北地区、环渤海地区与俄罗斯远东地区、蒙古国部分地区的天然气供应网络建设；中蒙、中俄电网互联和特高压送电建设；中亚、西亚向中国远距离输电线路建设等。

三是互联网等通信投资建设。预计未来互联互通建设投资总额超过 10 万亿美元，重点是中国与周边国家的光缆通道建设。"一带一路"覆盖国家总人口达到 46 亿，其中大部分国家的网络通信基础设施急需升级。

四是相关产业投资建设。围绕经济走廊通道的建设，还要有相应配套的如能源、矿山、农作物生产，以及加工制造、物流运输、房地产建设等。由于这些投资都属于基础设施投资，单位钢材消耗强度显著大于一般投资，由此推动中国年钢材需求峰值跃上 10 亿 t，甚至更高的数量台阶。

由于高速铁路、油气管线、电力输送线路的主要材料就是钢铁，大规模的投资建设必然引发巨大规模的钢材需求。根据经验推算，每亿元人民币固定资产投资需要消耗 2000t 钢材。而铁路、油气管线等基本建设投资将拉动约高出平均投资耗钢量的 65% 的钢材消耗。据此估算，如果未来 10 年内，亚洲基础设施投资需要 8 万亿～10 万亿美元，将会消耗钢材 15 亿 t 左右。如果到 2030 年全球基础设施投资 57 万亿美元，需要消耗钢材超过 70 亿 t，每年需要消耗钢材至少 4 亿 t。又据中国冶金报测算，目前涉及"一带一路"的 26 个国家和地区内，人均钢消费量为 101.6kg，粗钢消费总量为 2.7 亿 t。2014 年，我国向这 26 个国家和地区出口钢材 3449 万 t，占其钢材消费量的 12.7%。未来 30 年，这些国家和地区人均粗钢消费量若能达到目前世界人均水平 235kg，则粗钢消费总量将有 3.6 亿 t 的增长空间。

1.2.5　国家军事安全战略对钢铁的需求

近代战争就是科技与钢铁的拼搏，历史经验告诉我们，钢铁工业是一个国家军事工业的重要支柱。世界军事工业经过冷战时期的扩张及其以后的调整，现在仍保持着相当大的规模，它覆盖了航空、航天、兵器、舰船、电子、核能等多个行业。特别是我国国防还存在一系列特殊问题，如南海问题、台湾问题、钓鱼岛问题和中印边界问题等，只有具备先进的军事装备和强大的战斗能力，才能把控争端的主动权。因此，国家对航空、航天及航海的投资力度不断加大，而发展航母、新型潜艇、直升机、舰载机、无人机、战斗机、新型战舰、高超音速导弹、智能武器等都需要大量的特殊钢。军事重型装备 80% 以上的零部件需要特殊钢产品来支撑，军工装备对中国特殊钢的需求量依然巨大。特殊钢主要包括高温合金、低合金高强度钢、模具钢、轴承钢、齿轮钢、高合金弹簧钢等钢种，钢中主要含有钒、钛、锰、铬、镍、钼、钨等合金元素。因而，中国要强大，必须有强大的钢铁工业做支撑。

1.3　炼焦煤在钢铁及相关行业发展中的重要作用

1.3.1　炼焦煤煤种及其性质

通常，煤炭的煤化程度决定了煤炭的性质，人们按照煤炭的煤化程度由低到高将其分为褐煤、烟煤到无烟煤。

用来生产焦炭，进而用于钢铁生产的烟煤称为炼焦煤。炼焦煤是具有一定的黏结性，在室式焦炉炼焦条件下可以结焦，可用于生产一定质量焦炭的原料煤。根据我国的煤炭分类标准，烟煤中的气煤、肥煤、气肥煤、1/3 焦煤、焦煤、瘦煤和贫瘦煤这七种煤都属于炼焦煤，也有将 1/2 中黏煤列入炼焦煤煤种，即将我国炼焦煤分为八个煤种。中国目前尚未发现单独生产 1/2 中黏煤的矿井，仅发现鸡西矿区的部分煤层有这种炼焦煤资源。而褐煤、无烟煤以及烟煤中的长焰煤、不黏煤和贫煤都属于非炼焦煤。

不同的炼焦煤煤种的性质也有区别，具体如下：

(1)焦煤：是一种结焦性最好的炼焦用煤，其碳化程度高、黏结性好，加热时能产生热稳定性很高的胶质体。如果用焦煤单独炼焦，能获得块度大、裂纹少、强度高、耐磨性好的优质焦炭。单独炼焦时，由于膨胀压力大，易造成推焦困难。焦煤既是配煤炼焦的主要组分，也能单独炼焦，是优质的炼焦煤。另外，高硫或高灰分、难选煤也可以作为各种工业动力燃料或民用燃料。

(2)肥煤：是黏结性最强、中等煤化程度的煤，加热时能产生大量胶质体。用肥煤单独炼焦能产生熔融性好、强度高的焦炭，但焦炭的横裂纹多、气孔率高、易碎，因此多与黏结性较弱的气煤、瘦煤或弱黏煤等配合炼焦。肥煤是炼焦配煤的主要组分，高硫或高灰分、难选煤也可以作为各种工业动力燃料或民用燃料。高挥发分的肥煤可以作为高压加氢制造液体燃料或固态的炼焦用黏结剂。

(3)1/3 焦煤：是介于焦煤、肥煤和气煤之间的过渡煤，是具有中高挥发分的强黏结性煤。用这种煤单独炼焦时，能生成熔融性良好、强度较高的焦炭。炼焦时，1/3 焦煤的配入量可在较宽范围内波动，都能获得强度较高的焦炭，这种煤也是良好的炼焦配煤中的基础煤。

(4)瘦煤：是煤化程度最高的炼焦煤，是低挥发分的中等黏结性的炼焦用煤，受热后产生的胶质体数量比焦煤少，且软化程度高。用瘦煤单独炼焦时，能得到块度大、裂纹少、抗碎强度较好的焦炭，但炼成的焦炭耐磨性差，因此作炼焦配煤用效果较好。瘦煤既是炼焦配煤的组分之一，也可作为工业动力燃料或民用燃料，黏结性差的瘦煤也是制造煤气的主要原料。

(5)气肥煤：是一种挥发分、胶质体厚度都很高的强黏性肥煤类。气肥煤结焦性介于肥煤和气煤之间，单独炼焦能产生大量气体和液体化学产品。

(6) 气煤：是一种碳化程度较低的炼焦煤，加热时能产生较多的挥发分和焦油，胶质体的热稳定性低于肥煤。气煤也能单独炼焦，但焦炭的抗碎强度和耐磨强度较差，焦炭多呈细长条且易碎，并有较多的纵裂纹。配煤炼焦时多配入气煤，可增加产气率和化学产品回收率。气煤既是炼焦配煤的组分之一，也可以单独捣固炼焦以提供高炉炼铁或供化工及冶炼有色金属，还可以作为各种工业动力燃料、工业锅炉或回转窑烧制水泥燃料或民用燃料，并可用于制造城市煤气，还可以作为气化和低温干馏等工业的原料，以及作为高压加氢制造液体燃料或固态的炼焦用黏结剂。

(7) 贫瘦煤：是炼焦煤中变质程度最高的一种，其特点是挥发性较低，但其黏结性仅次于典型瘦煤。单独炼焦时，生成的粉焦多；在配煤炼焦时配入较少的比例就能起到瘦煤的瘦化作用，对增大焦炭的块度起到良好的作用。这类煤也是发电、机车、民用及其他工业炉窑和高炉喷吹的燃料。

(8) 1/2 中黏煤：是一种中等黏结性的中高挥发分烟煤，是碳化程度最低的炼焦煤。一部分中黏煤在单独炼焦时能生成一定强度的焦炭，可作为配煤炼焦的原料；黏结性较弱的另一部分中黏煤单独炼焦时，生成的焦炭强度差，粉焦率较高。因此，这种煤可作气化用煤或动力用煤，在配煤炼焦时也可适当配入。

钢铁工业是一个国家最重要的基础工业，是其他产业发展的基础柱石。就目前我国钢铁产业生产工艺结构发展现状而言，炼焦煤与焦炭是钢铁工业不可缺少且不可替代的生产资料。在我国现有的焦炭生产中，有 85%的焦炭用于钢铁企业。然而，炼焦煤资源除了为生铁冶炼提供焦炭之外，在国民生产的诸多领域也有着重要的用途。例如，炼焦煤生产直接关系到冶金、煤化工等重工业部门和部分电力、城市煤气等行业，对国家整个工业体系的长远发展和人民生活具有重要影响。而且煤炭是一种不可再生资源，从国民经济和社会的科学、和谐、可持续发展的角度出发，必须研究其合理的开发规模，对其进行保护。当前，优质炼焦煤作为特殊和稀缺煤种，在澳大利亚、美国、加拿大等国家都得到了战略性保护，成为战略性原料品种。亚太地区的几个主要焦煤出口国也开始保护各自的焦煤资源，限制焦煤出口。许多国家也都取消了炼焦煤进口的关税，以有利于本国企业购进炼焦煤资源，从而保护本国的炼焦煤资源。

1.3.2　焦炭的主要消费

根据我国国家能源统计分类，焦炭消费从大类上分为工业、农林牧、建筑业、交通、生活及其他，其中工业类又归纳为钢铁、化工、机械、有色、非金属矿物和其他等 6 类。

1. 钢铁行业

焦炭在钢铁行业主要用于高炉炼铁，其次作为铁合金冶炼原料和燃料，少部分用作烧结燃料。

1) 高炉焦

高炉焦是专门用于高炉炼铁的焦炭。高炉焦在高炉中的作用主要有以下几个方面。

(1) 作为燃料，提供矿石还原、熔化所需的热量。

(2) 作为还原剂，提供矿石还原所需的还原气体 CO。

(3) 对高炉炉料起支撑作用并提供一个炉气通过的透气层。

(4) 供碳作用。生铁中的碳全部来源于高炉焦炭，进入生铁中的碳约占焦炭中含碳量的 7%～10%。

2) 铁合金焦

铁合金焦是用于矿热炉冶炼铁合金的焦炭。铁合金焦在矿热炉中作为固态还原剂参与还原反应。冶炼不同品种的铁合金，对焦炭的质量要求不一。

2. 化工行业

在化工行业，焦炭主要作为生产电石的原料，少部分用于生产煤气。

电石用焦是在生产电石的电弧炉中作导电体和发热体用的焦炭。电石用焦加入电弧炉中，在电弧热和电阻热的高温(1800～2200℃)作用下，和石灰石发生复杂的反应，生成熔融状态的碳化钙(电石)。

气化焦是专用于生产煤气的焦炭，主要用于固态排渣的固定床煤气发生炉内，作为气化原料，生产以 CO 和 H_2 为可燃成分的煤气。由于产生 CO 和 H_2 的过程均是吸热反应，需要的热量由焦炭的氧化、燃烧提供，因此气化焦也是气化过程的热源。

3. 机械行业

在机械行业，焦炭是铸造企业利用化铁炉熔铁的主要燃料，一般被称为铸造焦，其作用是熔化炉料并使铁水过热、支撑料柱保持其良好的透气性。

4. 有色行业

焦炭用于铜、铅、锌、钛、锑、汞等有色金属的鼓风炉冶炼，起还原剂、发热剂和料柱骨架作用，还可用于工业硅的冶炼，主要作为还原剂。有色金属用焦炭与钢铁行业高炉炼铁和铁合金用焦炭质量要求类似。

5. 非金属矿物行业

非金属矿物包括玻璃及玻璃制品、非耐火制陶瓷制品、耐火陶瓷、黏土烧结砖、瓦及建筑用品、石材、磨料、石棉等。

根据《中国能源统计年鉴 2017》统计，2016 年我国焦炭实际消费量为 45462 万 t，其中，工业类消费量为 45321 万 t，占比 99.69%，其他行业消费量为 141 万 t，占比 0.31%，比重非常小。

从工业类细分行业看，钢铁行业消费量最大，为 38658 万 t，占比 85.03%；其次是化工行业，消费量为 4029 万 t，占比 8.86%；第三是机械行业，消费量为 901 万 t，占比 1.98%；第四是非金属矿物行业，消费量为 881 万 t，占比 1.94%；第五是有色行业，消费量为 533 万 t，占比 1.17%；第六是其他工业，消费量为 319 万 t，占比 0.70%。

第2章　中国炼焦煤资源状况及评价

2.1　炼焦煤资源概况

2.1.1　炼焦煤资源储量

炼焦煤具有一定的黏结性，炼焦时可以结焦，主要用于生产焦炭，进而应用于生产钢铁，是钢铁行业重要的上游原料。炼焦煤主要包括气煤、肥煤、焦煤、瘦煤、气肥煤、1/3 焦煤和贫瘦煤，属中变质烟煤。其中，肥煤、焦煤、1/3 焦煤和瘦煤等是配煤炼焦的基础煤，它们可以保证煤料有足够的黏结性。这些煤也能单独炼成较好的焦炭；其他炼焦用煤为炼焦配煤，不能单独炼焦。

2010 年，世界炼焦煤资源储量占煤炭资源储量的比例不到 10%，主焦煤仅占整个炼焦煤煤种的 2.4%，全球炼焦煤资源储量约 13430 亿 t。图 2.1 给出了 2010 年世界主要炼焦煤国家炼焦煤资源储量。

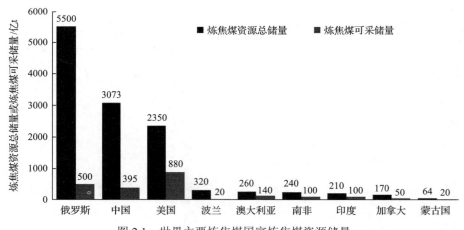

图 2.1　世界主要炼焦煤国家炼焦煤资源储量

炼焦煤资源是我国煤炭资源中的稀缺煤种。在我国煤炭资源总量中，炼焦煤储量相对较少。根据国土资源部（2018 年 3 月划归到自然资源部）统计，截止到 2016 年底，全国煤炭保有查明资源量 15980 亿 t，其中炼焦煤 3073 亿 t，占 19.23%。经济可采的炼焦煤储量仅有 395 亿 t，仅占炼焦煤保有查明资源量的 12.85%。而且，近年来在找矿方面几乎没有新的发现。

我国炼焦煤品种齐全，但强黏结性的肥煤、焦煤尤为稀缺。在我国炼焦煤查明资源量中，以气煤(包括 1/3 焦煤)最多，占炼焦煤查明资源量的 45.73%，其次为焦煤，占 23.61%，瘦煤和肥煤各占炼焦煤储量的 15.89% 和 12.81%。此外，还有未分类的占 1.96%。

2.1.2　炼焦煤资源分布

我国炼焦煤资源分布于全国 29 个省区市，但资源量分布极不均衡，以山西省居首。

从炼焦煤资源地区分布上看，华北和华东地区最多，占全国炼焦煤资源总量的 70% 以上；其次为西北和西南地区，均占全国炼焦煤总资源量的 10% 以上；华中地区和东北地区的炼焦煤资源分别占全国炼焦煤总资源量的 4.85% 和 3.53%，且主要集中分布在河南省和黑龙江省；华南地区几乎没有炼焦煤资源，见图 2.2。

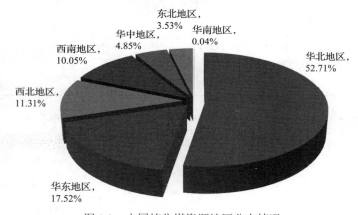

图 2.2　中国炼焦煤资源地区分布情况

从炼焦煤资源矿区分布上看，主要分布于山西离柳、乡宁、西山、霍州，河北峰峰、邢台、开滦，山东兖济、枣滕、新汶、巨野，河南平顶山，安徽淮北、淮南，贵州六枝、盘江、水城，黑龙江鸡西、鹤岗、七台河、双鸭山，内蒙古乌海、桌子山，宁夏石炭井、石嘴山，新疆阜康、艾维尔沟等矿区。

从炼焦煤资源各省区市分布上看(图 2.3 和表 2.1)，截至 2016 年底，山西省炼焦煤煤种资源储量最大，查明资源量为 1388.32 亿 t，占全国炼焦煤保有查明资源量的 45.18%，其次为安徽(268.41 亿 t)、山东(232.02 亿 t)、贵州(167.4 亿 t)、新疆(151.5 万 t)、河北(146.96 亿 t)、河南(140.76 亿 t)，分别占 8.73%、7.55%、5.45%、4.93%、4.78%、4.58%。

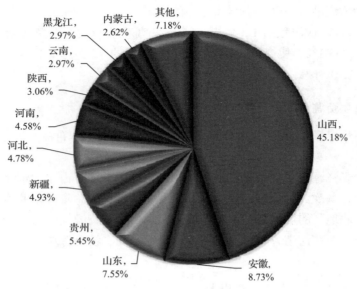

图 2.3　全国各省区市炼焦煤资源分布情况

表 2.1　2016 年底中国炼焦煤资源储量　　　　　　　单位：亿 t

省区市	基础储量	储量	资源量	查明资源量
北京	—	—	0.41	0.41
天津	2.97	—	0.52	3.49
河北	29.13	18.06	117.83	146.96
山西	495.67	227.24	892.65	1388.32
内蒙古	17.53	0.15	62.98	80.51
辽宁	6.79	3.54	5.05	11.84
吉林	2.21	1.67	3.40	5.61
黑龙江	36.21	5.48	54.92	91.13
江苏	10.31	6.18	20.08	30.39
浙江	0.43	0.15	0.33	0.76
安徽	79.30	38.79	189.11	268.41
福建	0.03	0.02	—	0.03
江西	2.19	1.57	4.46	6.65
山东	67.74	39.95	164.28	232.02
河南	35.25	0.52	105.51	140.76

续表

省区市	基础储量	储量	资源量	查明资源量
湖北	0.59	0.02	0.93	1.52
湖南	1.16	0.79	5.58	6.74
广东	—		0.20	0.20
广西	—		0.93	0.93
重庆	5.51	0.67	9.71	15.22
四川	14.71	4.34	20.04	34.75
贵州	37.04	24.19	130.36	167.40
云南	23.31	11.36	68.00	91.31
西藏	0.10	—	0.15	0.25
陕西	6.58	3.09	87.47	94.05
甘肃	1.36	0.28	7.12	8.48
青海	3.61	1.32	18.16	21.77
宁夏	14.88	0.77	56.77	71.65
新疆	18.60	4.87	132.90	151.50
全国	913.21	395.02	2159.85	3073.06

数据来源：国土资源部。

注：我国港澳台地区数据未统计在内。其他省市区几乎没有炼焦煤资源，故未列出。

根据《固体矿产资源/储量分类》(GB/T 17766—1999)规定：储量是指基础储量中的经济可采部分。用扣除了设计、采矿损失的可实际开采数量表述。基础储量是查明矿产资源的一部分。它能满足现行采矿和生产所需的指标要求(包括品位、质量、厚度、开采技术条件等)，是经详查、勘探所控制的、探明的并通过可行性研究、预可行性研究认为属于经济的、边际经济的部分，用未扣除设计、采矿损失的数量表述(基础储量表示地质勘探程度较高、可供企业近期或中期开采的资源量)。资源量是指查明矿产资源的一部分和潜在矿产资源。包括经可行性研究或预可行性研究证实为次边际经济的矿产资源和经过勘查而未进行可行性研究或预可行性研究的内蕴经济的矿产资源，以及经过预查后预测的矿产资源(资源量是地质勘探程度较低，主要是预测和推断的资源量)。查明资源量是指一个国家或地区经地质勘查已经确认存在的矿产资源数量，为基础储量和资源量的总和。

2.1.3　炼焦煤煤质特征

我国炼焦用煤的灰分、硫分普遍较高，优质炼焦煤(灰分 20%以内、硫分在 2%以内、强黏结性、可选性为易选的焦煤、肥煤和瘦煤)十分稀缺。根据 2016 年中国煤炭地质总局所著的《中国煤炭资源赋存规律与资源评价》中的煤质评价模型评价，优质炼焦煤仅占炼焦煤的 15.09%，亚优质炼焦煤占炼焦煤的 39.59%，非优质炼焦煤占炼焦煤的 45.84%(图 2.4 和表 2.2)。我国优质炼焦煤主要分布于山西离柳、乡宁、西山、汾西、霍东，河北邯郸、开滦，河南平顶山，安徽淮北，贵州六盘水等矿区。

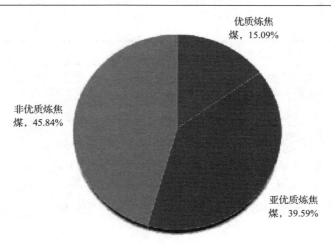

图 2.4　我国炼焦煤资源按等级划分

表 2.2　炼焦煤资源等级划分与参数取值

级别	主要煤质指标	
	灰分/%	硫分/%
优质炼焦煤	≤20.0	≤2.0
亚优质炼焦煤	20.1~30.0	2.1~3.0
非优质炼焦煤	≥30.0	≥3.0

数据来源：中国煤炭地质总局. 2016. 中国煤炭资源赋存规律与资源评价. 北京: 科学出版社.
注：硫分和灰分为原煤硫分和灰分。

1. 炼焦煤的灰分

我国炼焦煤原生煤质中，中灰、低灰和特低灰的炼焦煤较少。大部分炼焦煤属石炭纪和二叠纪，一般灰分产率在 25%左右，低于 10%的极少。太原组煤的灰分产率多接近 20%，山西组煤的灰分产率往往高于太原组，多超过 20%。

东中部地区的原煤质量普遍下降，灰分快速增加。东部、中部部分地区煤矿大多已经长时间、大强度开发，资源枯竭严重，为了维持生产，不得不加大开采深度，不少矿区矿井开采深度已经超过 1200m。除开发难度加大、安全隐患严重外，煤质普遍下降，原煤灰分、硫分明显上升，毛煤灰分多在 40%以上，个别的灰分已经达到 50%~60%。

随着采掘机械化程度的大幅度提高、综采放顶煤技术的全面推广应用、中小煤矿资源整合，在采煤工作面单产大幅度提高的同时，原煤含矸率也大幅度增加。同时，受资源枯竭的制约，不少以往会丢弃的边角煤、构造煤也不得不开采出来，从而大大增加了原煤的矸石混入量，根据目前掌握的情况，原煤普遍含矸率在 15%以上。

2. 炼焦煤的硫分

我国炼焦煤硫分普遍偏高，尤其是华北地区太原组煤和南方二叠纪煤田。优质的低硫炼焦煤资源逐渐减少，主要集中在山西离柳、乡宁、西山、霍州矿区。

东北地区的炼焦煤属于低硫煤，开采历史长，浅部资源已基本开采完毕，部分矿区资源逐渐接近枯竭；西北地区炼焦煤资源储量较少，总体勘探程度低；华北地区炼焦煤资源量约占全国炼焦煤总资源量的 3/4，位于上部的山西组硫分一般低于 1%，下部的太原组硫分较高，一般在 1%～4%，河北、山东、安徽、河南、内蒙古等地区大多数矿区以及山西部分矿区现逐渐向深部延伸；华南地区炼焦煤资源量约占全国炼焦煤总资源量的 4%，主要属二叠系龙潭组，含硫量更高，一般处于 2%～5%。

随着东部、中部老矿区的深部开采，原煤硫分大大增加，深部煤层原煤硫分比浅部煤层普遍上升 1 个百分点以上，深部煤层原煤硫分超过 2% 的不在少数，而且有机硫的比例大幅度上升，主要产煤省中东部的安徽、江苏、山东和中部的山西显得尤为严重。

3. 炼焦商品煤质量

炼焦商品煤质量逐步提高并趋于平稳。尽管原煤质量大幅度下降，但煤炭企业通过加大炼焦煤洗选加工投入，改造工艺，深入挖潜，在炼焦煤产量增长的同时，保证了炼焦商品煤的质量。我国炼焦商品煤灰分由 2005 年的 9.79% 逐步下降到 2009 年的 9.51%，并趋于平稳，2009～2016 年灰分基本在 9.5% 左右。为保证优质的炼焦煤资源不被浪费，炼焦煤灰分并不是越低越好，目前的灰分条件已完全可以满足冶金行业使用。

4. 各地区炼焦煤资源特性

华北及华东地区炼焦煤资源储量丰富，开采条件良好，煤种齐全，能够满足常规炼焦配煤要求，下组煤硫分较高，且可选性总体较低，煤中各种有害微量元素含量相对较低。

东北地区煤种以相对年轻的炼焦煤为主，商品炼焦煤灰分、硫分相对较低，有害元素含量总体较低，支撑了东北地区钢铁工业用煤。

西南地区炼焦煤资源主要分布于黔西滇东地区，煤中硫分总体上较高，部分矿区煤中有害元素含量偏高。

西北地区炼焦煤的煤质良好，灰分、硫分普遍较低，炼焦性能不太理想，反应活性总体偏高，部分矿区煤中碱金属含量较高。

2.1.4　主要炼焦煤矿区资源情况

我国主要炼焦煤矿区大约有 16 个（表 2.3）。其中分布于山西的矿区主要有 5 个，分别为西山、离柳、乡宁、霍东和霍州矿区。地质勘探报告的资料表明，山西省的 5 个主要炼焦煤矿区的查明资源量最少的霍东矿区也超过 90 亿 t，最多的霍州矿区更高达 266.5 亿 t，以低硫为主的离柳矿区的炼焦煤查明资源量也超过 200 亿 t。由此可见，山西省的炼焦煤资源在我国占有举足轻重的地位。

表 2.3　中国主要炼焦煤矿区资源和性质

地区	矿区名称	所在县区市	查明资源量/亿 t	煤种	原煤灰分/%	原煤硫分/%
山西	离柳	临县、离石、柳林	203.1	1/3 焦煤、肥煤、焦煤、瘦煤	19.01～25.95	0.48～2.92
	乡宁	乡宁县、吉县、蒲县	171.3	焦煤、肥煤、瘦煤	19.34～29.49	0.49～5.97
	西山	古交、交城、清徐	185.3	肥煤、焦煤、瘦煤、贫瘦煤	19.99～32.09	0.51～2.83
	霍州	洪洞、临汾、霍州	266.5	1/3 焦煤、肥煤、焦煤、瘦煤、贫瘦煤	13.43～32.51	0.35～2.86
	霍东	沁源、古县	91.2	焦煤、瘦煤、贫瘦煤	12.99～32.33	0.41～2.73
山东	巨野	巨野、梁山、郓城、菏泽	64	肥煤、1/3 焦煤、气煤	13.13～15.57	0.54～4.06
	兖州	兖州、邹城	33	气煤、气肥煤	12.0～23.96	0.55～3.58
安徽	淮北	萧县、涡阳、淮北、宿州、亳州	98.4	气煤、1/3 焦煤、肥煤、焦煤、瘦煤	6.00～39.45	0.10～6.74
河北	邯郸	邯郸、邢台	53	肥煤、焦煤、瘦煤、贫瘦煤	14.50～28.06	0.46～2.51
	开滦	唐山	66	气煤、1/3 焦煤、肥煤、焦煤	11.85～23.94	0.51～3.68
河南	平顶山	平顶山、许昌、汝州、襄县、汝阳	75	气煤、1/3 焦煤、肥煤、焦煤	8.72～35.50	0.24～7.58
贵州	盘江	盘县	102	肥煤、1/3 焦煤、气煤、焦煤、瘦煤	18.92～27.73	0.22～3.37
	水城	水城	113	气煤、1/3 焦煤、肥煤、焦煤、瘦煤	15.0～25.0	1.0～4.5
黑龙江	七台河	七台河	11.5	1/3 焦煤、焦煤、瘦煤	20～30	0.27～0.50
	鸡西	鸡西、鸡东、穆棱	25.5	1/3 焦煤、焦煤	17.0～36.0	0.40～0.80
云南	恩洪、庆云	富源	19.4	1/3 焦煤、焦煤、瘦煤	16.02～26.20	0.19～3.65

注：表中数据统计于 2011 年。

我国其他省区市的主要炼焦煤矿区中，资源储量较多的有贵州省的水城和盘江矿区，查明资源量分别超过 110 亿 t 和 100 亿 t；安徽的淮北矿区，查明资源量超过 98 亿 t；河南的平顶山矿区和河北的开滦矿区，查明资源量分别达 75 亿 t 和 66 亿 t，该两矿区分别是中南区和华北区的主要炼焦煤基地。

从各炼焦煤矿区的原煤煤质来看，山西省各矿区炼焦原煤灰分变化较大，灰分（A_d）从 13% 以下到 32% 以上均有，但通常其上部低硫煤层的灰分比下部高硫煤层较高。硫分含量的变化也较大，硫分（$S_{t, d}$）从 0.4% 以下到 2.9% 以上均有，而乡宁矿区煤的最高硫分达 5.97%，但近年开采的多是硫分在 1% 以下的上部山西组低硫煤。贵州省的盘江矿区炼焦原煤中的硫分虽然变化于 0.22%～3.37% 之间，但目前开采的上部煤层的硫分多在 1.0% 以下；水城矿区炼焦原煤中的硫分明显高于盘江矿区，但其洗选后的精煤硫分大部分可降至 1.0% 以下，仍可供冶炼用煤。淮北矿区炼焦原煤中硫分虽然变化于 0.10%～6.74% 之间，但目前开采的上部二叠纪石盒子统煤系的硫分仍在 0.50% 以下，属特低硫分的炼焦煤。在炼焦煤中硫分最低的黑龙江省七台河矿区的煤层硫分最高也不超过 0.50%，但其查明资源量目前只剩下 11 亿 t 左右；鸡西矿区的煤层硫分也仅高于七台河矿区，硫分为 0.40%～0.80%，但其煤层灰分较高，灰分可达 36% 左右。河南平顶山和河北开滦矿区的炼焦原煤硫分变化也较大，但平顶山矿区目前开采的大部为低硫煤，开滦矿区的洗精煤硫分也可降至 1% 以下。

2.1.5　炼焦煤资源的主要特点

1. 我国炼焦煤资源储量相对较少

2016 年底，全国炼焦煤保有查明资源量 3073 亿 t，占世界炼焦煤资源量的 23%，占全国煤炭保有查明资源量的 19.23%。其中经济可采的炼焦煤储量仅有 395 亿 t，仅占炼焦煤保有查明资源量的 12.85%。而且，近年来在找矿方面几乎没有新的发现。从资源储量上看，炼焦煤资源是我国煤炭资源中的稀缺煤种。

2. 炼焦煤资源分布不均，一半以上分布在山西省

炼焦煤资源在 29 个省区市均有赋存，但 70% 的资源量集中于华北、华东地区。2009 年末，全国炼焦煤保有查明资源量的 52.77% 分布在山西省，占全国炼焦煤保有查明资源量的一半以上；其次分别为安徽、山东、贵州、河南和新疆，查明资源量分别占 8.5%、6.3%、3.9%、3.7% 和 3.7%；其余 25% 的炼焦煤资源量分布于其他 23 个省区市。

3. 炼焦煤煤种齐全，焦煤、肥煤和瘦煤相对较少

在 2016 年已查明的 3073 亿 t 炼焦煤资源量中，气煤（不含气肥煤和 1/3 焦煤）为 1405.31 亿 t，占已查明资源量的 46%，而焦煤、肥煤和瘦煤分别仅占 24%、13% 和 16%，且强黏结性的肥煤和焦煤比较短缺。

4. 炼焦煤原生煤质较差，灰分和硫分偏高

我国炼焦煤原生煤质较差。一是多为中灰煤（原煤灰分一般在 20%～30%），低灰煤（5.01%～10%）和特低灰煤（≤5%）较少。二是强黏结性煤硫分普遍偏高，

尤其是华北地区太原组煤和南方二叠纪煤田。今后随着勘探程度加深，这一趋势将更加明显。三是有些炼焦煤煤种由于灰分高、硫分高和黏结性较差，不能作为炼焦配煤使用，如山西北部大同石炭二叠纪煤田、朔南、平朔气煤，河保偏、轩岗矿区气煤，陕西黑腰带瘦煤，黑龙江双鸭山气煤以及淮南矿区气煤等。

5. 多数炼焦煤矿区开采技术条件较为复杂

我国河北、山东、安徽、黑龙江、贵州等地区多数炼焦煤矿区的开采技术条件较为复杂，而且许多矿井进入深部开采，地质灾害加大。山西主要炼焦煤矿区总体上开采技术条件较好，煤层埋藏浅，层位稳定，以中厚煤层为主，地质构造相对较简单，煤层顶底板条件较好(表2.4)。

表 2.4　中国主要炼焦煤矿区资源和性质

省份	主要矿区	开采技术条件
河北	峰峰、邢台	现大部分资源埋藏较深，构造复杂，开采条件变差，且"三下"压煤比重过大，约占剩余地质储量的57%
山东	枣滕、淄博、临沂等	受五种灾害威胁的矿井占80%以上，许多老矿井采场正在向浅部、边界、断层煤柱、大巷、井筒煤柱转移，或向深部、村下、极薄煤层转移
安徽	淮北、淮南	淮北矿区随着矿井进入深部开采，地质灾害加大，开采条件差；淮南矿区多为气煤，且灰分偏高，精煤产率较低
黑龙江	七台河、鸡西等	多数煤矿面临枯竭，60%的矿井采深在800m以上，水、火、瓦斯、煤尘、冲击地压等灾害威胁严重
贵州	六盘水	煤层构造复杂，瓦斯含量高，不适合建设大型矿井，且炼焦煤资源勘查程度低
山西	离柳、乡宁西山、霍州	埋藏浅，层位稳定，煤层以中厚煤层为主，地质构造相对较简单，煤层顶底板条件较好

6. 许多炼焦煤矿区面临资源枯竭

在已探明的炼焦煤资源储备中，山西作为全国最大的炼焦煤生产基地，像古交、离柳、乡宁等优质炼焦煤矿区已基本开发完毕，全省很难再有大规模完整的炼焦煤煤田。河北开滦、峰峰、邢台矿区，黑龙江鸡西、鹤岗、七台河、双鸭山矿区，河南平顶山矿区，安徽淮北矿区，内蒙古乌海矿区，山东兖州、枣滕、淄博、临沂、新汶、肥城矿区，陕西韩城、澄合、黄陵矿区等炼焦煤资源储量较为丰富的地区，由于开发历史长，大部分资源已被生产和在建矿井利用，还未利用的资源较少，基本无增产潜力，面临后备资源储备不足的困境。

7. 炼焦煤新增查明资源量少，保有查明资源量比例下降

1992～2016年，全国煤炭保有查明资源量新增了约6000亿t，而炼焦煤类保有查明资源量仅增加了约300亿t，可以说明，一是以往炼焦煤资源(埋深1000m

以浅)勘探受到重视,勘探程度高;二是炼焦煤资源勘探没有重大发现。炼焦煤保有查明资源量占全国煤炭保有查明资源量的比例,从 1992 年的 28.71%下降到 2016 年的 19.23%,下降了超过 9 个百分点。

2.2　分地区炼焦煤资源状况及开发潜力评价

2.2.1　分地区炼焦煤资源状况及评价

1. 山西省

1)查明资源量

2016 年底山西省炼焦煤保有查明资源量 1388.32 亿 t,占全国炼焦煤保有查明资源量的 45.18%。山西省炼焦煤经济可采储量 227.24 亿 t,垂深 1000m 以浅尚有预测炼焦煤资源量 892.65 亿 t。

山西炼焦煤查明资源量中,气煤占比将近一半,主要分布在晋北煤炭基地;焦肥煤仅占 29.9%,主要分布在晋中煤炭基地。山西炼焦煤资源主要分布在宁武、西山、河东、霍西、沁水五大煤田。其中优质焦肥煤主要分布在西山、河东、霍西煤田。

2)煤质特征

A. 原煤灰分

山西省炼焦煤原煤灰分多数在 10%～30%之间,属低中灰—中灰煤。灰分含量有两个特点:一是北部矿区高,中南部矿区低,宁武煤田平均灰分接近 30%,其北部的平朔朔南矿区中灰煤(灰分为 20.01%～30%)和中高灰煤(灰分为 30.01%～40%)分别占 89.5%和 10.3%,河东煤田北部河保偏矿区的中灰煤和中高灰煤比例分别达到 89%和 3%;二是山西组煤层灰分普遍高于下部太原组。

B. 原煤硫分

全省炼焦煤原煤全硫含量在 0.6%～2.6%之间,以中硫煤和低硫煤为主。原煤硫分含量有三个特点:一是上低下高。太原组煤层硫分远远高于上部的山西组煤层。山西省中部、中南部部分矿区山西组最下部煤层全硫分较高,如乡宁矿区山西组最下部四号和五号煤层硫分分别达到 1.19%和 2.20%。二是太原组煤层硫化铁含量增高,是太原组硫分增高的主要原因。三是北低南高。北部宁武煤田全硫平均含量为 1.22%,西山煤田为 1.31%,而霍州煤田达 1.9%。

由北向南,从西山矿区—霍州矿区—潞安矿区—霍东矿区,中高硫煤及高硫煤所占比例从 17.2%～41%增大到 59%～65%。

河东煤田北部河保偏矿区中高硫煤及高硫煤占 8%,到中部离柳矿区增加到 25%,到乡宁矿区达到 45%。

C. 煤的可选性

以设定精煤灰分 10% 的分选比重 ±0.1 含量评定煤的可选性为准,全省炼焦煤大多属于难洗选煤质和极难洗选煤质。平均属于极难洗选煤的有宁武煤田的平朔朔南矿区、河东煤田南部的乡宁矿区、东部的潞安矿区。平均属于难洗选的有离柳矿区、霍州矿区。属于中等可选煤的有西山和霍东等矿区。

若精煤灰分设定为 12%,各矿区原煤可选性则以中等可选或较难选为主。煤种、原煤分矿区煤质特征见表 2.5。

表 2.5　山西省各矿区炼焦煤煤种及原生煤质特征

序号	矿区	煤种	灰分	硫分
1	大同	气煤	中灰煤	低硫—中硫煤
2	平朔朔南	气煤	中灰煤	上部煤层为特高硫煤,下部煤层为中硫—中高硫煤
3	河保偏	气煤	中灰煤	以中低硫煤为主
4	离柳	气煤、肥煤、焦煤、瘦煤	低灰煤为主	上部煤层以低硫煤为主,下部煤层为低中硫—中高硫煤
5	乡宁	瘦煤、焦煤	低灰—中灰煤	上部煤层为特低硫煤,下部煤层为中高硫—高硫煤
6	西山	瘦煤、焦煤、肥煤	低灰煤为主	低硫—中低硫煤
7	霍州	气煤、肥煤、焦煤、瘦煤	低灰煤为主	上部煤层为特低硫—中低硫,下部煤层为中高硫煤
8	霍东	焦煤、瘦煤	低中灰—中灰煤	上部煤层为特低硫—低硫煤,下部煤层为中高硫—高硫煤
9	阳泉	瘦煤、焦煤	低中灰—中灰煤	不同硫分均有分布
10	潞安	瘦煤	低灰煤为主	特低硫煤
11	岚县	气煤、肥煤、瘦煤	中灰煤	中硫煤
12	轩岗	气煤、焦煤	低中灰—中灰煤	以中高硫煤为主
13	东山	焦煤、瘦煤	低中灰—中灰煤	低硫煤
14	汾西	焦煤、瘦煤、肥煤	低中灰—中灰煤	上部煤层为低硫—中硫煤,下部煤层为高硫煤

注:灰分分级:特低灰(≤5%),低灰(5.01%～10%),低中灰(10.01%～20%),中灰(20.01%～30%),中高灰(30.01%～40%);硫分分级:特低硫(≤0.5%),低硫(0.51%～1%),低中硫(1.01%～1.5%),中硫(1.51%～2%),中高硫(2.01%～3%),高硫(>3%),下同。

3) 开发潜力评价

山西省炼焦煤资源储量占全国的几近一半。煤种齐全,气煤、1/3 焦煤、气肥煤、肥煤、焦煤、瘦煤、贫瘦煤、1/2 中黏煤均有赋存。开发条件好,埋藏浅,层位稳定,煤层以中厚煤层为主,地质构造相对较简单、煤层顶底板条件较好。山西省是我国最具开发潜力的省份。查明尚未利用资源量将近 600 亿 t。预测资源量以肥煤、焦煤为主,与市场需求结构一致。

2. 河北省

1) 查明资源量

河北省是我国最早开发利用炼焦煤的省份,是我国重要的炼焦煤生产基地。

2016 年底河北省炼焦煤保有查明资源量 146.96 亿 t，约占全国的 4.78%，居山西、安徽、山东、贵州、新疆之后，位列全国第六位。河北省内炼焦煤种类齐全，以肥煤为主，其中焦煤、肥煤、1/3 焦煤、瘦煤、气煤、气肥煤分别约占 17.1%、53.2%、0.1%、0.4%、24%、4.7%，主要赋存于开滦、峰峰、邢台等矿区，开滦集团和冀中能源集团是河北炼焦煤生产的主体，其产量约占全省产量的 95%。

A. 开滦矿区

开滦矿区垂深 1200m 以浅查明炼焦煤资源量 22 亿 t，以肥煤为主。开滦矿区是我国最早开始工业化开发的矿区，也是我国最重要的肥煤生产基地，洗后精煤灰分 10%～11%，硫分 0.5%～1%，为优质炼焦煤。目前查明资源均为生产煤矿占用。

B. 峰峰、邢台矿区

峰峰矿区查明炼焦煤资源量 14 亿 t，以焦煤、肥煤、瘦煤为主。邢台矿区以生产优质的气肥煤、气煤为主。峰峰、邢台矿区开采历史长，资源逐步枯竭。在峰峰和邢台矿区的 1200m 以浅资源中，上组煤资源逐步萎缩，开采将向井田深部转移，即向受奥灰水威胁的下组煤、"三下"压煤严重的煤层转移，由于水文地质条件复杂，建井和开采成本将会提高。

2) 煤质特征

河北的炼焦煤与山西炼焦煤相似，都属于优质炼焦煤，所生产焦炭质量较好。

开滦矿区煤的灰分较高，平均在 25.5% 左右，通过洗选，灰分可达到 11.5% 左右；矿区硫含量较低，属于低硫煤，全硫平均含量在 0.5% 左右；煤灰成分以 SiO_2 和 Al_2O_3 为主，Al_2O_3 多在 30% 以上，两者之和占煤灰组分的 80%；而 Fe_2O_3、CaO 含量较低，Fe_2O_3 含量在 5% 左右，CaO 含量在 3.6% 左右。所以煤灰熔融性温度较高，灰熔点 ST（软化温度）一般在 1500℃ 以上。

峰峰矿区上部山西组煤层含硫较低，硫分一般在 0.12%～1.00%，均值 0.41%，下部太原组煤层含硫高，硫分一般在 2.00%～3.50%，除下架煤层有机硫含量较高外，其他各层大部分以结核状的硫铁矿形式存在，经洗选加工较易脱除。各煤层的灰分变化不大，灰分一般在 15%～30%，经洗选加工后可降至 12% 以下。多属中等难选煤。其煤灰成分以 SiO_2 和 Al_2O_3 为主，二者之和多在 80% 以上，故而煤灰熔融性温度较高。河北省主要炼焦煤矿区炼焦煤煤种及原生煤质特征见表 2.6。

表 2.6　河北省主要炼焦煤矿区炼焦煤煤种及原生煤质特征

序号	矿区	煤种	灰分	硫分
1	开滦矿区	肥煤	低灰—中高灰煤	上部煤层为特低硫煤，下部煤层为特低硫—中高硫煤
2	峰峰矿区	肥煤、焦煤	低中灰—中灰煤	上部煤层为低硫煤，下部煤层为中硫—中高硫煤
3	邢台矿区	气煤、气肥煤	低中灰煤为主	低硫—中硫煤

3) 开发潜力评价

在查明资源中，煤种齐全，质量较好，是我国主要的肥煤生产区。由于开发历史长，大部分资源已被生产和在建煤矿利用，少部分未利用资源为 10 亿 t 左右，主要在峰峰矿区和邢台矿区深部，构造复杂，开采条件变差。此外，大成煤田预测地质资源量为 20 亿 t，煤种为气煤、肥煤、焦煤，但埋藏深度在 1500m 左右，开采条件不好，开发存在不确定性。

近几年，河北省加强了新区煤炭资源的勘探工作，主要以生产矿井外围补充勘探为重点，平原等深部煤炭勘探为补充。受资源条件限制，该省炼焦煤基本无增产潜力。

3. 河南省

1) 查明资源量

2016 年底河南省炼焦煤保有查明资源量 140.76 亿 t，主要分布于平顶山、郑州、鹤壁和义马等矿区。平顶山矿区以贫瘦煤、瘦煤为主，义马矿区以贫瘦煤为主，鹤壁矿区以瘦煤为主。

由于开采历史长，"三下"压煤严重，各炼焦煤煤矿保有查明资源量较少，大部分稳产期均在十几年时间。平顶山矿区埋深 500m 以浅的炼焦煤基本采完，主力煤矿集中开采 800m 以深的资源。

2) 煤质特征

煤种以 1/3 焦煤、瘦煤、贫瘦煤为主，矿区煤质特征见表 2.7。

表 2.7　河南省各矿区炼焦煤煤种及原生煤质特征

序号	矿区	煤种	灰分	硫分
1	平顶山矿区	1/3 焦煤、瘦煤、贫瘦煤	低灰—中高灰煤	低硫—高硫煤
2	义马矿区	贫瘦煤、瘦煤	低中灰煤	中硫—高硫煤
3	鹤壁矿区	贫瘦煤、瘦煤	低中灰—中灰煤	特低硫煤
4	郑州矿区	1/3 焦煤	低中灰煤	上部煤层为特低硫煤，下部煤层为高硫煤

3) 开发潜力评价

河南省炼焦煤资源较为丰富，是我国炼焦煤资源大省。受构造复杂和三软地层影响，开采条件复杂，瓦斯、地温、地压、煤矿水等灾害威胁严重，特别是进入深部开采，难度变大。河南省垂深 1200m 以浅炼焦煤资源基本查清，不再会有新的资源，增产潜力不大。

4. 山东省

1) 查明资源量

2016 年底山东省炼焦煤保有查明资源量 232.02 亿 t，约占全国的 7.55%，居山西、安徽之后，位列全国第三位。山东省内炼焦煤资源主要分布在兖济、枣滕、巨野、新汶、淄博、肥城等矿区。

山东省炼焦煤种类相对单一，主要为气煤、气肥煤和 1/3 焦煤等中、低变质程度的煤种，也有焦煤、瘦煤、贫煤、无烟煤、褐煤和天然焦。已探明储量中，气煤、气肥煤和 1/3 焦煤分别约占 54.3%、20.4%、23.9%，肥煤、焦煤、瘦煤的保有储量仅分别约占 1.3%、0.1%、0.1%。全省大部分煤田煤层赋存条件较好，特别是鲁西南一带煤田，煤层倾角较小，地质构造与水文条件比较简单，瓦斯含量小，适合机械化开采，易于开发。

A. 兖济矿区

炼焦煤保有查明资源量 72 亿 t，为优质气煤和肥煤。兖济矿区各煤矿主要开采二叠系山西组和石炭系太原组煤层，其中上部山西组煤层煤质优良，原煤灰分 15%左右，硫分小于 1%，通过洗选加工，可生产特低灰、特低硫的优质气煤。

B. 淄博矿区

炼焦煤保有查明资源量 2.6 亿 t，以 1/3 焦煤为主，矿区深部及周边没有新的炼焦煤资源。

C. 枣滕矿区

炼焦煤保有查明资源量 52.1 亿 t，其中 1/3 焦煤 41.5 亿 t，气煤 3.9 亿 t，气肥煤 6.7 亿 t，周边没有新的炼焦煤资源可供开发。东部老矿区资源枯竭，西部开发的滕南、滕北煤田基本开采 12 层、16 层两个薄煤层，煤炭质量变差，原煤硫分为 2.8%～4%，且多为有机硫。

D. 新汶矿区

炼焦煤保有查明资源量 16.1 亿 t，以气煤和气肥煤为主。矿区煤矿主要开采二叠系山西组和石炭系太原组的煤炭，与鲁西南地区其他矿区一样，下部太原组煤层，硫分高，煤质下降。

E. 肥城矿区

炼焦煤保有查明资源量 9 亿 t，以气煤为主。矿区煤矿主要开采二叠系山西组和石炭系太原组的煤炭，矿区深部及周边没有新的炼焦煤资源。

F. 巨野矿区

炼焦煤保有查明资源量 25.4 亿 t。巨野矿区主要炼焦煤煤种为气煤、气肥煤。全矿区 3 号煤层(三上、三下)属低灰、低硫、低磷、高挥发分、高—中高发热量、黏结性强、结焦性能好的优质煤。矿区有部分资源可供进一步勘查开发。

G. 黄河北矿区

炼焦煤保有查明资源量 10.2 亿 t，煤矿均存在构造复杂等不利开采条件。

H. 临沂矿区

炼焦煤保有查明资源量 0.2 亿 t，矿区深部及周边没有新的炼焦煤资源。

2) 煤质特征

山东省炼焦煤主要为气煤、气肥煤和 1/3 焦煤等中、低变质程度的煤种，大部分煤炭资源具有低灰、低硫、低磷、高发热量、结焦性强等特点，是优质工业用煤，枣庄 1/3 焦煤和兖州气肥煤在国内有一定的知名度。但随着下组煤层的开采，煤质变差。煤种、原煤分矿区煤质特征见表 2.8。

表 2.8　山东省各矿区炼焦煤煤种及原生煤质特征

序号	矿区	煤种	灰分	硫分
1	肥城矿区	气煤	中灰煤为主	低硫—高硫煤
2	黄河北矿区	气煤、气肥煤	低中灰—中灰煤	中高硫—高硫煤
3	巨野矿区	气煤、气肥煤	低灰—中灰煤	特低硫—低中硫煤
4	临沂矿区	肥煤、瘦煤	中灰—高灰煤	低硫—中硫煤
5	新汶矿区	气煤、气肥煤	低中灰—中灰煤	上部煤层为低硫煤，下部煤层为高硫煤
6	兖济矿区	气煤、肥煤	低灰—中灰煤	上部煤层为特低硫—低硫煤，下部煤层为高硫煤
7	枣滕矿区	气煤、气肥煤、1/3 焦煤	低灰—中灰煤	上部煤层为特低硫煤，下部煤层为高硫煤
8	淄博矿区	瘦煤	低灰—中灰煤	低硫—高硫煤

兖州矿区主要含煤地层为石炭系太原组和二叠系山西组。山西组的煤质好于太原组，太原组硫分普遍较高。山西组煤灰成分中 Al_2O_3 含量多在 30% 以上，因而煤灰熔融性温度也较高，ST 一般在 1300℃ 以上，而且有不少高于 1500℃。太原组煤灰成分中 SiO_2 和 Al_2O_3 含量均很低，二者之和约为 40%，Fe_2O_3 含量较高，有的甚至超过 20%。

山东炼焦煤资源的特点，决定了山东地区的焦炭产品强度较差，化产品产率高。如果要生产反应后强度好的高端焦炭，必须配入山西或进口优势主焦煤，降低挥发分和灰中的碱金属含量，提高焦炭热强度，同时还需配入一定量的瘦煤，以增加焦炭块度。

3) 开发潜力评价

经过百年来高强度开发，枣滕、淄博、临沂矿区炼焦煤资源已近枯竭，新汶矿区开采深度最大已达到 1300m，兖州矿区大部分煤矿服务年限仅有十几年。老矿区发展潜力不大，巨野矿区、鲁西南深部、黄河北矿区尚可建设部分炼焦煤煤矿。总体而言，山东省的炼焦煤资源已进入资源衰退期，未来产能和产量可以提高的空间有限。

5. 安徽省

1) 查明资源量

安徽省 2016 年底炼焦煤保有查明资源量为 268.41 亿 t，主要分布在淮北和淮南矿区。煤种以气煤为主，焦煤、肥煤、瘦煤也有赋存。

A. 淮北矿区

淮北矿区包括濉肖、宿县、临涣、涡阳四个煤田，主要含煤地层为二叠系的山西组与上、下石盒子组。全矿区垂深 1500m 以浅共有煤炭资源量约 104.2 亿 t。矿区煤类丰富，煤质优良，多为低灰—中灰、特低硫—低硫、特低磷—低磷、低—中高挥发分、中—中高发热量、结焦性能良好和具有强黏结性的肥煤、气煤和焦煤，另有一定数量的 1/3 焦煤和瘦煤。

濉肖、宿县和临涣矿区开发建设完毕；宿县、临涣煤田地质条件差，初期煤矿设计规模小，今后新增生产能力的余地不大；涡阳矿区也已在"十二五"期间开发建设完毕。

随着煤矿开采深度的增加，瓦斯、地温、地压等地质灾害将逐步加大，对煤矿的生产安全和生产成本带来较大影响。

B. 淮南矿区

淮南矿区包括潘谢矿区和新集矿区，保有查明资源量为 146.7 亿 t。

潘谢矿区主要含煤地层为二叠系石盒子组和山西组，其次为石炭系太原组。矿区煤种齐全，上部有 1/3 焦煤、气煤，下部有焦煤、肥煤、瘦煤。煤层灰分在 5.1%～44%，一般为 15%～25%，并沿地层自下而上逐渐增高，即 A 组煤为低灰煤，B 组煤为低中灰—中灰，C 组除 C13 槽灰分较低外，多为中灰、中高灰煤，D 组、E 组属高灰煤。矿区煤中硫含量较低，多在 0.10%～2.00%，除 B9 槽为低中硫—中硫煤外，其他各层均为特低硫—低硫煤。

新集矿区煤种以 1/3 焦煤、气煤为主，其中 1/3 焦煤约占全部储量的 79.5%。浅部多为气煤，中部为 1/3 焦煤，深部已探明有肥煤。矿区内各可采煤层煤质稳定，各项煤质指标为，灰分 27%～33%，硫分<1%，挥发分 35%～42%，Y 值(胶质层厚度)9～15mm，G 值(黏结指数)53%～81%，属中高灰、低硫、低磷、高挥发分、中高发热量、黏结性较强的气煤和 1/3 焦煤。

2) 煤质特征

煤种、原煤分矿区煤质特征见表 2.9。

3) 开发潜力评价

还有较多炼焦煤资源可供开发，但埋藏较深，多为气煤，主要集中在淮南矿区。淮南矿区炼焦煤灰分偏高，精煤产率较低，目前大部分炼焦煤作为动力煤使用，随着煤矿进入深部开采，原煤灰分降低，用于炼焦的煤炭量将增加。

表 2.9　安徽省各矿区炼焦煤煤种及原生煤质特征

序号	矿区	煤种	灰分	硫分
1	淮北矿区	气煤、气肥煤、瘦煤	低灰—中灰煤	特低硫—低硫煤
2	淮南矿区	气煤、肥煤、焦煤、瘦煤	中灰—中高灰煤	特低硫煤为主

淮北矿区还未利用资源很少，且埋藏深、开采条件差，基本无增产潜力。

6. 贵州省

1）查明资源量

贵州省是我国南方炼焦煤资源赋存最丰富的省份，也是目前炼焦煤主要生产省份。2016 年末全省炼焦煤保有查明资源量 167.40 亿 t，主要分布在贵阳、六枝、盘县、水城矿区等处。另外，垂深 1000m 以浅还有预测炼焦煤资源量 130.36 亿 t。煤种齐全，以焦煤、肥煤、瘦煤为主。贵州省炼焦煤总体上煤的质量较好，一般精煤灰分为 9%～11%，硫分＜0.8%，水分为 8.5%～12%。

2）煤质特征

煤种、原煤分矿区煤质特征见表 2.10。

表 2.10　贵州省各矿区炼焦煤煤种及原生煤质特征

序号	矿区	煤种	灰分	硫分
1	盘县矿区	焦煤、肥煤	中灰—中高灰煤	上部煤层为特低硫煤，下部煤层为高硫煤
2	水城矿区	焦煤、瘦煤	中灰煤	特低硫—高硫煤
3	六枝矿区	焦煤、瘦煤	中灰煤	高硫煤
4	贵阳矿区	1/3 焦煤、肥煤	中灰—中高灰煤	上部煤层为中高硫—高硫煤；下部煤层为低硫—高硫煤

3）开发潜力评价

贵州省炼焦煤资源丰富，焦煤和肥煤所占比例高，煤质较好。但是煤层构造复杂，瓦斯含量大，对建设大型煤矿造成障碍。垂深 1000m 以浅还有预测炼焦煤资源量 130.36 亿 t，有一定开发潜力。

7. 内蒙古自治区

1）查明资源量

在内蒙古的煤炭探明储量中，低变质烟煤占 53%，褐煤占 45%，炼焦煤仅占 2%。2016 年末炼焦煤保有查明资源量 80.51 亿 t，分布在乌海矿区、包头矿区、桌子山矿区、阿拉善左旗、上海庙矿区。

乌海矿区以肥煤、焦煤为主，包头矿区以 1/3 焦煤、肥煤为主，桌子山矿区为焦煤、气肥煤、气煤和贫瘦煤，阿拉善左旗以气煤为主，上海庙矿区以气煤、气肥煤为主。

2) 煤质特征

煤种、原煤分矿区煤质特征见表 2.11。

表 2.11　内蒙古各矿区炼焦煤煤种及原生煤质特征

序号	矿区	煤种	灰分	硫份
1	乌海矿区	肥煤、焦煤	低中灰—中灰煤	特低硫—高硫煤
2	包头矿区	1/3 焦煤、肥煤	低灰—中高灰煤	特低硫煤
3	桌子山矿区	气煤、气肥煤、焦煤、贫瘦煤	中灰—中高灰煤	上部煤层为低硫煤，下部煤层为高硫煤
4	上海庙矿区	气煤、气肥煤	中灰—高灰煤	上部煤层为低硫煤，下部煤层为高硫煤

3) 开发潜力评价

乌海、包头、桌子山矿区开发历史长，基本无接续资源。上海庙矿区的芒哈图勘查区、阿拉善左旗还有一定资源可供开发，但潜力不大。

8. 黑龙江省

1) 查明资源量

2016 年末黑龙江省炼焦煤保有查明资源量 91.13t，主要集中于东部鸡西、鹤岗、七台河、双鸭山四个矿区。该省是我国炼焦煤生产基地之一。其中，鸡西矿区以 1/3 焦煤、焦煤、肥煤为主，鹤岗矿区以气肥煤为主，七台河矿区以气煤为主，双鸭山矿区以气煤、气肥煤为主。

黑龙江省还未利用的炼焦煤资源量较少。鸡西和双鸭山矿区储量较为丰富，还有一定的后备资源，产能可逐步增加；鹤岗和七台河矿区属于资源接近枯竭矿区，产能都将逐步减小。

2) 煤质特征

黑龙江省煤质较好，煤质特点为低硫、低磷、低灰、高挥发分和高热值。煤种、原煤分矿区煤质特征见表 2.12。

表 2.12　黑龙江省各矿区炼焦煤煤种及原生煤质特征

序号	矿区	煤种	灰分	硫分
1	鸡西矿区	1/3 焦煤、焦煤、肥煤	中灰煤为主	特低硫—低硫煤
2	鹤岗矿区	气肥煤	低灰—中高灰煤	特低硫煤为主
3	七台河矿区	气煤、瘦煤	低中灰—中高灰煤	特低硫煤为主
4	双鸭山矿区	气煤、气肥煤	低灰—中灰煤	特低硫煤为主

3) 开发潜力评价

该省煤炭资源大部分已被占用，虽有部分资源尚待开发，由于埋藏深、构造复杂、煤层薄、煤质较差，该省炼焦煤的开发潜力有限，以稳定现有规模为宜。

9. 辽宁省

1) 查明资源量

2016 年末辽宁省炼焦煤保有查明资源量 11.84 亿 t，主要集中在抚顺和沈阳矿区。

A. 抚顺矿区

以气煤为主，尚未利用量被城市压覆，开发的可能性不大。抚顺矿区由于开采历史长，资源逐渐枯竭。

B. 沈阳矿区

主要集中在沈南矿区，以焦煤和肥煤为主。另外，深部尚有预测资源量 1153 万 t，精煤硫分偏高（1.31%～1.6%）。

C. 阜新矿区

以气煤为主。由于开采历史长，浅部资源已基本开采完毕。

2) 煤质特征

煤种、原煤分矿区煤质特征见表 2.13。

表 2.13　辽宁省各矿区炼焦煤煤种及原生煤质特征

序号	矿区	煤种	灰分	硫分
1	抚顺矿区	气煤、气肥煤	中灰煤为主	低硫煤
2	沈南矿区	肥煤、焦煤、瘦煤	中灰煤为主	低硫—中硫煤

3) 开发潜力评价

该省炼焦煤资源逐步枯竭。

10. 吉林省

1) 查明资源量

2016 年末吉林省炼焦煤保有查明资源量 5.61 亿 t，煤种以焦煤、气煤为主，主要分布在辽源矿区和通化矿区。

2) 煤质特征

通化矿区是国内少有的特低硫和较低灰分的炼焦煤矿区之一，硫分为 0.3%～0.5%，灰分一般在 9.88%～11.67%；辽源矿区炼焦煤为中灰、低硫煤；通化矿区侏罗系煤为高灰、低硫煤，石炭-二叠系为低中灰、低硫煤。

3) 开发潜力评价

该省资源已近枯竭，需要加大外围和深部资源的勘探力度，增加后备资源储备，以稳定生产规模。

11. 江苏省

1) 查明资源量

2016 年末江苏省炼焦煤保有查明资源量 30.39 亿 t，主要分布在徐州、大屯两个矿区，煤种主要为气煤和气肥煤。

2) 煤质特征

煤种、原煤分矿区煤质特征见表 2.14。

表 2.14　江苏省各矿区炼焦煤煤种及原生煤质特征

序号	矿区	煤种	灰分	硫分
1	徐州矿区	气煤	低中灰—中灰煤	低硫—高硫煤
2	大屯矿区	气肥煤	低中灰煤	低硫—高硫煤

3) 开发潜力评价

目前，该省炼焦煤资源已全部占用，两个矿区周边和深部没有新的资源，资源逐步枯竭。

12. 江西省

1) 查明资源量

2016 年末江西省炼焦煤保有查明资源量 6.65 亿 t，煤种为肥煤、1/3 焦煤、焦煤、气肥煤，主要分布于萍乡矿区、丰城矿区、赣南矿区、乐平矿区。

2) 煤质特征

煤种、原煤分矿区煤质特征见表 2.15。

表 2.15　江西省各矿区炼焦煤煤种及原生煤质特征

序号	矿区	煤种	灰分	硫分
1	萍乡矿区	焦煤、肥煤	中灰—中高灰煤	特低硫—低中硫煤
2	丰城矿区	气煤、气肥煤、贫瘦煤	中灰—高灰煤	低硫—高硫煤
3	乐平矿区	肥煤	中灰煤	上部煤层为特低硫煤，下部煤层为中硫—高硫煤

3) 开发潜力评价

江西省垂深 1200m 以浅炼焦煤资源基本查清，深部和周边没有发现新的炼焦煤资源。

13. 重庆市

1) 查明资源量

2016 年末重庆市炼焦煤保有查明资源量 15.22 亿 t，煤种齐全，主要分布于南桐、天府、永荣、中梁山四个矿区。

2) 煤质特征

煤种、原煤分矿区煤质特征见表 2.16。

表 2.16　重庆市各矿区炼焦煤煤种及原生煤质特征

序号	矿区	煤种	灰分	硫分
1	南桐矿区	焦煤、瘦煤	低灰—中灰煤	低中硫—高硫煤
2	天府、中梁山矿区	焦煤、瘦煤	中灰煤为主	高硫煤
3	永荣矿区	气肥煤	中灰—中高灰煤	低硫—低中硫煤

3) 开发潜力评价

资源分布零星、开采条件差、灾害严重，浅部多为小煤矿开采，煤矿服务年限短，没有后备接续资源。

14. 四川省

1) 查明资源量

2016 年末四川省炼焦煤保有查明资源量 34.75 亿 t，主要炼焦煤煤种为焦煤、瘦煤和气煤。四川省炼焦煤煤矿目前仅保有 1.85 亿 t 可采储量，深部资源不清。

2) 煤质特征

煤种、原煤分矿区煤质特征见表 2.17。

表 2.17　四川省各矿区炼焦煤煤种及原生煤质特征

序号	矿区	煤种	灰分	硫分
1	达竹矿区	1/3 焦煤	低中灰—高灰煤	低硫煤
2	广旺矿区	瘦煤	中灰煤为主	上部煤层为特低硫—低硫煤，下部煤层为高硫煤
3	华蓥山矿区	瘦煤	低中灰—中灰煤	上部煤层为低硫煤，下部煤层为高硫煤
4	攀枝花矿区	焦煤	中灰煤为主	特低硫煤

3) 开发潜力评价

资源分布零星、开采条件差、灾害严重，浅部多为小煤矿开采，煤矿服务年限短，没有后备资源接续。

15. 云南省

1) 查明资源量

2016 年末云南省炼焦煤保有查明资源量 91.31 亿 t，煤种齐全。焦煤赋存于曲靖市的恩洪矿区、羊场矿区、鸭子塘矿区、红河州圭山矿区、楚雄州一平浪矿区，1/3 焦煤赋存于恩洪矿区以及华坪县境内，瘦煤赋存于曲靖市挖玉冲等矿区，气肥煤赋存于后所矿区、庆云矿区，肥煤在一平浪矿区有少量赋存。

云南省的炼焦煤资源主要赋存于曲靖市的恩洪矿区，共查明 18.6 亿 t。其中焦煤 15 亿 t，1/3 焦煤 0.8 亿 t。

恩洪矿区各井田地质构造中等偏复杂，煤层以薄煤层及中厚煤层为主，顶底板稳固性差，高瓦斯，煤尘有爆炸危险，有的煤矿为双突煤矿，因此，应以中小型煤矿开发为主。恩洪矿区下部煤层硫分偏高，高硫煤($S_{t,d} \geqslant 3\%$)的资源约占查明资源量的 11%，这大大减少了可利用炼焦煤资源量。

2) 煤质特征

煤种、原煤分矿区煤质特征见表 2.18。

表 2.18　云南省各矿区炼焦煤煤种及原生煤质特征

序号	矿区	煤种	灰分	硫分
1	恩洪矿区	焦煤、瘦煤	低中灰—中灰煤	特低硫—高硫煤
2	羊场矿区	焦煤	低中灰—中灰煤	特低硫煤

3) 开发潜力评价

还有一定资源可供开发，但开采条件差，灾害严重，主要建设中小煤矿。

16. 陕西省

1) 查明资源量

2016 年末陕西省炼焦煤保有查明资源量 94.05 亿 t，炼焦煤有瘦煤、气煤、焦煤和少量肥煤，主要分布在韩城、澄合、古城、子长、黄陵、吴堡等矿区。

A. 韩城矿区

煤层埋深在 1000m 以浅预测煤炭地质储量 58.31 亿 t。受区域变质影响，在矿区中北部的下峪口、西韩兴隆、盘龙等井田浅部，埋深小于 500m 的区域，煤种为瘦煤。

B. 黄陵矿区

2 号煤层煤种以气煤为主。

C. 澄合矿区

主要为瘦煤。中深部预测资源量 36.93 亿 t，受地下水威胁较大。

D. 吴堡矿区

受奥灰水影响，可利用资源量为 5.16 亿 t(山西组)。矿区可利用煤炭资源中，煤种为焦煤、瘦煤和少量肥煤。

E. 子长矿区

为二叠纪煤田，以气煤为主，目前多为中小型煤矿开发。

F. 铜川矿区

以瘦煤为主。由于灰分、硫分均高，不能作为炼焦煤利用。

G. 古城矿区

该区域煤层埋深 1200m 以浅主要可采煤层为 4 号、8 号煤层，煤种以气煤为主、长焰煤次之。探明地质储量 52.35 亿 t，可采储量 16.97 亿 t，其余受奥灰水影响暂不可采。

2) 煤质特征

煤种、原煤分矿区煤质特征见表 2.19。

表 2.19　陕西省各矿区炼焦煤煤种及原生煤质特征

序号	矿区	煤种	灰分	硫分
1	韩城矿区	瘦煤	低中灰煤为主	特低硫—高硫煤
2	黄陵矿区	气煤	特低灰—中高灰煤	特低硫—高硫煤
3	澄合矿区	瘦煤	低中灰—中灰煤	中硫—高硫煤
4	吴堡矿区	肥煤、焦煤、瘦煤	低中灰—中灰煤	低硫—中高硫煤
5	古城矿区	气煤	中灰煤为主	低硫—中硫煤

3) 开发潜力评价

韩城、澄合矿区深部还有一定预测资源量，仅作为老煤矿接续资源。子长矿区、吴堡矿区、古城矿区是新开发矿区，具有一定发展潜力。

17. 宁夏回族自治区

1) 查明资源量

2016 年末宁夏炼焦煤保有查明资源量 71.65 亿 t，主要分布在贺兰山煤田的石炭井矿区、石嘴山矿区和宁东煤田的韦州矿区、横城矿区。气煤、气肥煤、1/3 焦煤、焦煤、肥煤均有赋存。

2) 煤质特征

煤种、原煤分矿区煤质特征见表 2.20。

3) 开发潜力评价

宁夏炼焦煤具有一定开发潜力。

表 2.20　宁夏各矿区炼焦煤煤种及原生煤质特征

序号	矿区	煤种	灰分	硫分
1	横城矿区	1/3 焦煤	低中灰—中灰煤	上部煤层为低硫煤，下部煤层为高硫煤
2	石嘴山矿区	肥煤、焦煤、1/3 焦煤、气煤	低中灰—中高灰煤	低硫—中高硫煤
3	韦州矿区	气煤、瘦煤	低灰—中灰煤	上部煤层为特低硫煤， 下部煤层为中硫—高硫煤

18. 青海省

1) 查明资源量

2016 年末青海省炼焦煤保有查明资源量 21.77 亿 t，主要分布于海西州木里煤田，主要煤种为焦煤，炼焦用煤达到资源储量的 90%以上。该煤田共分为四个小区，即聚乎更区、江仓区、孤山区和哆嗦贡马区。目前查明的资源量主要在聚乎更区，有 11.8 亿 t，其余三个分区有待进一步勘探。

2) 煤质特征

木里-江仓矿区煤质属中灰、低硫的焦煤和气煤。

3) 开发潜力评价

青海炼焦煤具有一定开发潜力。

19. 新疆维吾尔自治区

1) 查明资源量

2016 年末新疆炼焦煤保有查明资源量 151.50 亿 t。其中，气煤约占一半，其次为 1/3 焦煤，约占 30%，肥煤、焦煤、瘦煤和气肥煤共约占 20%。

查明的炼焦煤资源主要分布在准南煤田阜康-吉木萨尔一带及艾维尔沟矿区、伊犁尼勒克南部、库拜煤田、吐哈煤田巴里坤矿区和野马泉矿区、青河矿区等区域。

2) 煤质特征

煤种、原煤分矿区煤质特征见表 2.21。

表 2.21　新疆各矿区炼焦煤煤种及原生煤质特征

序号	矿区	煤种	灰分	硫分
1	巴里坤矿区	焦煤、肥煤	低中灰—中灰煤	低硫—中高硫煤
2	阜康矿区	气煤、气肥煤、焦煤	特低灰—中灰煤	特低硫—低中硫煤
3	库拜煤田	气煤	中灰—高灰煤	特低硫—低硫煤
4	尼勒克矿区	气煤	特低灰—低中灰煤	特低硫—低硫煤
5	塔什店矿区	气煤	特低灰—中灰煤	特低硫—低硫煤
6	乌鲁木齐矿区	1/3 焦煤、肥煤	低灰—中灰煤	低硫—中高硫煤

3）开发潜力评价

总体勘探程度低。以目前地质资料难以全面评价新疆炼焦煤数量、品种、煤质。从查明的炼焦煤资源看，以气煤为主，其次为肥煤，缺少焦煤和瘦煤资源。

2.2.2　炼焦煤资源开发潜力总体评价分析

未来炼焦煤的增长主要依靠山西；其次，新疆、贵州、安徽有一定增长潜力，但是产量增长有限；青海、云南虽然也有一定增长潜力，但是资源总量和产量规模很小；山东、河南、内蒙古、宁夏、陕西增长潜力均较小，其他省份宜稳定现有规模或逐步减产。

一是未来炼焦煤的增长主要依靠山西。截止到 2016 年底，山西省炼焦煤查明资源量几乎占全国的一半，查明预测资源量 892.65 亿 t。另外，煤种齐全，煤质较好，开发条件好；山西省地理位置较好，煤炭产品可以辐射全国市场，重点在华北、华东、中南主要炼焦煤市场。未来炼焦煤的增长主要依靠山西，尤其是强黏结性的肥煤和焦煤。

二是安徽、新疆、青海、云南、贵州等省份尚有部分未开发的资源，有一定增长潜力，但是产量增长有限。安徽有增产潜力的淮南矿区以气煤为主，不是市场紧缺煤种，加上灰分较高，市场需求受到一定限制；新疆资源丰富，但焦煤和肥煤较少，由于受运输制约，未来一个时期应主要满足区内市场；青海炼焦煤资源尚待开发，但受资源总量小和区位的限制，产量增长有限；云南、贵州资源开采条件差，多数资源适合建设中小型煤矿，为满足西南地区以及两湖和两广地区炼焦煤市场需求量增加的需要，产量可适当增加。

三是山东、河南、内蒙古、宁夏、陕西增长潜力较小。山东省炼焦煤未开发资源量不大，应以稳定现有规模为宜。同时，应充分发挥低灰气煤在炼焦配煤中的作用；河南省可以适当增加炼焦煤开发规模，但新建煤矿主要开采深部资源，开采条件不好；内蒙古、宁夏、陕西总体上尚未开发资源条件变差、增长潜力较小，宜主要结合区域市场需求，适当增加规模。

四是河北、江苏、辽宁、吉林、黑龙江、江西、湖南、重庆和四川等省份宜稳定现有规模或逐步减产。河北、黑龙江等省份通过新建一些接续煤矿，维持现有规模；其他省份没有接续资源，产能呈下降趋势。

2.3　炼焦煤生产情况

2.3.1　全国炼焦煤生产情况

中国是世界上最大的炼焦煤生产国和消费国。2017 年中国炼焦煤产量约占世界炼焦煤总产量的 60%。

1. 全国炼焦煤产能

根据中国煤炭资源网数据，2017 年末全国炼焦煤总产能 15 亿 t，有效供应产能 11.2 亿 t。其中，证照齐全的生产矿井产能 9.68 亿 t，核准试运转或已建成矿井产能 1.46 亿 t，未核准但已建成矿井可贡献产量的产能 600 万 t。

我国炼焦煤产能分布不均，主要集中在山西、安徽、山东、黑龙江、河南等 9 个省份。其中，山西为我国最重要的炼焦煤主产地，2015 年总产能达 5.9 亿 t，占全国炼焦煤总产能的 39.3%；其次为山东和安徽省，在产产能分别占全国的 13% 和 10%；其他省份的占比较小，均不超过 6%。

炼焦煤中的优质煤种的产能分布情况为：焦煤产能主要分布在山西省，2015 年产能为 1.39 亿 t，其他相对较多的省份分别为安徽、河南、内蒙古、贵州，但每个省份产能只有 2000 万 t 左右；肥煤产能主要分布在山西、内蒙古、河北，产能分别约为 4500 万 t、3200 万 t、2200 万 t。

从各大煤炭集团来看(表 2.22)，炼焦煤总产能超过 5000 万 t 的集团主要包括：

表 2.22　各煤炭集团炼焦煤产能分布情况

集团	合计	占比/%	焦煤	肥煤	1/3 焦煤	瘦煤	气煤	气肥煤	贫瘦煤
山西焦煤	9350	7.60	4200	2310	550	150	180	0	1960
中煤	9145	7.40	45	0	850	700	7550	0	0
淮南矿业	7680	6.20	300	0	730	0	6650	0	0
山东能源	7303	5.90	135	1215	1475	120	1372	2986	0
龙煤	5372	4.30	622	33	3956	0	752	9	0
淮北矿业	4469	3.60	2150	710	949	210	300	0	150
平煤神马	4405	3.60	1049	266	2713	299	0	0	78
同煤	4220	3.40	60	135	420	0	3590	15	0
兖矿	4195	3.40	30	0	300	0	3865	0	0
神华	4020	3.20	845	695	840	340	1300	0	0
潞安	3300	2.70	0	210	30	580	430	90	1960
开滦	2984	2.40	0	1750	420	0	814	0	0
晋能	2460	2.00	660	390	0	420	640	0	350
冀中	2310	1.90	686	455	545	130	65	342	87
陕煤	1821	1.50	0	0	0	805	0	120	896
河南能源	1703	1.40	625	0	0	727	0	0	351
盘江	1130	0.90	0	300	650	0	0	0	180
阳煤	930	0.80	0	0	30	0	450	0	300
晋煤	865	0.70	505	90	90	90	90	0	0
山西煤炭进出口	300	0.20	0	0	0	0	0	0	300

注：表中数据除第 2 列外，单位均为万 t。表中为 2015 年数据，2015 年全国炼焦煤产能约 12.36 亿 t。

山西焦煤集团、中煤集团、淮南矿业集团、山东能源集团、龙煤集团，占全国炼焦煤总产能的比重分别为 7.60%、7.40%、6.20%、5.90%、4.30%。但是其中优质的焦煤和肥煤煤种分布与炼焦煤总体情况存在较大差异：焦煤产能的主要贡献者为山西焦煤集团(4200 万 t)、淮北矿业集团(2150 万 t)、平煤神马集团(1049 万 t)；肥煤产能的主要贡献者为山西焦煤集团(2310 万 t)、开滦集团(1750 万 t)、山东能源集团(1215 万 t)。中煤集团、淮南矿业集团、山东能源集团、同煤集团、兖矿集团虽然在炼焦煤总产能上绝对值较大，但基本上是非优质的气煤和气肥煤的产能较大的缘故。

2. 全国炼焦原煤产量

2006~2013 年，随着中国钢铁生产消费的高速发展，全国炼焦煤原煤产量逐年上升，从 2006 年的 9.6 亿 t 增加到 2013 年的 13.8 亿 t，年均增长率为 5.3%(图 2.5)。自 2013 年以来，受经济增速整体放缓影响，钢铁行业发展放缓，炼焦煤市场需求减弱，并且受国家供给侧结构性改革影响，炼焦煤产量有所下降。全国炼焦煤类原煤产量，从 2013 年的 13.8 亿 t 减少为 2017 年的 10.91 亿 t，年均下降 5.7%。

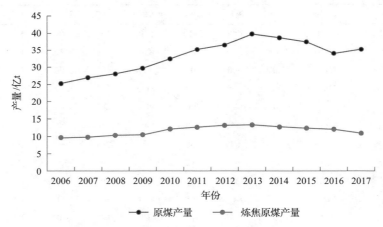

图 2.5   2006~2017 年全国原煤和炼焦原煤产量图

从增速上看(图 2.6)，自 2010 年开始，全国炼焦原煤产量增速已经呈现下降趋势。2015 年底山西主焦煤车板价由年初的 880 元/t 下跌至 490 元/t，受低价倒逼减产，炼焦原煤产量同比下降 2.12%。2016 年以来，受政策限产影响，炼焦原煤产量同比跌幅不断增大，同比下降 11.86%。2017 年，受下游市场回暖、需求增加影响，炼焦原煤产量为 10.91 亿 t，同比下降 0.53%，与 2016 年产量基本持平。

3. 炼焦煤分煤种生产情况

2017 年，全国炼焦原煤产量为 10.91 亿 t，其中气煤 3.42 亿 t，肥煤 1.15 亿 t，

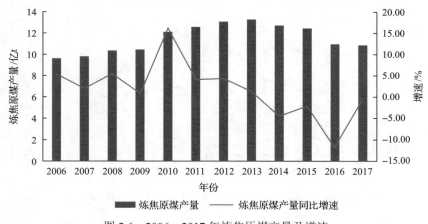

图 2.6　2006～2017 年炼焦原煤产量及增速

焦煤 2.38 亿 t，瘦煤 0.74 亿 t，1/3 焦煤 1.52 亿 t，气肥煤 0.78 亿 t，贫瘦煤 0.92 亿 t。气煤产量最大，约占 31.3%，其次为焦煤，约占 21.8%，1/3 焦煤约占 13.9%，肥煤约占 10.5%，见表 2.23。

表 2.23　2006～2017 年炼焦原煤分煤种产量　　　　　　　单位：万 t

年份	煤类								总计
	贫瘦煤	瘦煤	焦煤	肥煤	1/3 焦煤	气肥煤	气煤	分不出牌号	
2006	6636	6717	23129	9535	14601	11936	22037	1515	96106
2007	7320	7340	22156	9419	13578	7580	28208	2367	97968
2008	7435	7111	22299	10305	15854	7878	29400	3017	103299
2009	7367	7260	18886	9097	16017	10578	31695	3170	104070
2010	8798	7017	25821	12506	16529	7597	40279	2491	121038
2011	9995	8127	25945	11116	17032	8681	41727	3422	126045
2012	11909	7075	30141	11560	17173	6643	47034		131535
2013	10197	7607	28672	11912	19591	9278	45971		133228
2014	10079	7157	27286	11254	17636	8752	45027		127191
2015	10416	8298	26222	12902	17175	8857	40619		124489
2016	9030	7442	23598	11693	15523	7902	34531		109719
2017	9178	7440	23846	11492	15232	7778	34175		109141

　　在炼焦煤原煤产量中（图 2.7），气煤产量增幅最大，由 2006 年的 2.20 亿 t 增至 2017 年的 3.42 亿 t，增加了 1.22 亿 t，年均增长率为 4.1%；其他煤种年均增长率均较小，焦煤、肥煤和瘦煤分别增加 0.07 亿 t、0.20 亿 t 和 0.07 亿 t，年均增长率分别为 0.3%、1.7% 和 0.9%。

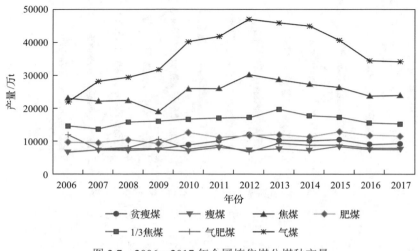

图 2.7　2006~2017 年全国炼焦煤分煤种产量

2.3.2　分地区炼焦煤生产情况

　　我国炼焦煤生产能力主要集中在山西、河北、河南、安徽和山东等地。南方因炼焦煤资源少而生产能力较低，主要集中在贵州、四川、重庆和滇东地区。

　　从 2008~2017 年全国各省区市炼焦煤产量变化中可以看出，增速较快的省区市主要有：山西、贵州、内蒙古和新疆。产量最大的山西省从 2008 年的 2.4 亿 t 增加至 2017 年的 4.59 亿 t，几乎翻了一番；贵州从 2008 年的 4911.01 万 t 增加至 2017 年的 7686.0 万 t，内蒙古从 2008 年的 1862.68 万 t 增加至 2017 年的 5502.2 万 t，新疆从 2008 年的 390.32 万 t 增加至 2017 年的 2975.1 万 t，增速均较快，见表 2.24。

　　产量下降的省区市主要有：吉林、黑龙江、河南、江苏、江西、湖北、湖南、四川、云南、重庆、河北、辽宁、山东、甘肃。浙江已经不再生产炼焦煤。

　　炼焦煤生产主要集中在我国华北和华东地区。2017 年华北地区(包括河北、山西、内蒙古)炼焦煤产量 55338.8 万 t，占全国的 50.70%；华东地区(包括山东、安徽、江苏、浙江、江西)炼焦煤产量 24733.9 万 t，占全国的 22.66%；西南地区(包括四川、云南、贵州、重庆、广西)11727.8 万 t，占全国的 10.75%；东北地区(包括辽宁、吉林、黑龙江)5696.9 万 t，占全国的 5.22%；西北地区(包括宁夏、新疆、青海、陕西、甘肃)6677.2 万 t，占全国的 6.12%；华中地区(包括湖北、湖南、河南)4966.2 万 t，占全国的 4.55%(图 2.8)。

表 2.24　　　2008～2017 年全国各省区市炼焦原煤产量　　　单位：万 t

省区市	2008 年	2009 年	2010 年	2011 年	2012 年	2013 年	2014 年	2015 年	2016 年	2017 年
河北	4991.20	5139.48	5222.30	6038.99	6269.3	6050.9	5646.5	5448.8	4765.1	3906.5
山西	23989.46	21557.54	29443.88	37322.21	51767	54272.5	55372.8	52002.7	44077.5	45930.1
内蒙古	1862.68	846.73	3845.17	1148.07	5330.1	6312.2	5916.2	5491.1	5105.2	5502.2
辽宁	1068.31	1053.06	1203.43	1199.71	1289	1228.7	1202.2	1133.5	957.4	790.9
吉林	1359.97	1593.47	1839.67	1557.54	1661.8	740.3	724.3	833.4	560.8	519.7
黑龙江	7590.83	7560.28	7707.28	7756.65	7220.8	6289.4	5342.8	5384.1	4793.1	4386.3
江苏	1605.22	1534.90	1263.74	1210.31	2094.9	2003	2019.2	1913.8	1370.7	1278.5
浙江	13.10	13.12	12.20	15.05	12.4	12.3	0	0	0	0
安徽	11241.62	11977.68	12576.29	13260.49	14291.2	13547.4	12421	13130.4	11857.8	11377.8
江西	1158.42	1245.36	1216.59	1316.39	1172.7	1174.9	1044.2	962.1	691.5	354.9
山东	12044.09	12682.10	13554.25	14123.94	13268.5	13670.7	13359.1	12998	11771.2	11722.7
河南	7582.36	8225.14	7214.00	6624.15	6474.9	6151.6	5682.9	5562.3	4972.6	4884.1
湖北	151.57	142.55	201.87	253.48	95.7	118.3	115.8	99.1	59.4	35.3
湖南	409.77	194.02	125.03	143.60	441.3	185.6	181.5	85.4	70.9	46.8
广西	19.17	22.62	0	65.75	61	20.9	20.4	17.8	17.2	17.9
四川	2999.24	2833.57	2640.70	2594.57	1326.5	1236.4	1125.8	2024	1935	1557.8
贵州	4911.01	6075.61	6803.31	6959.42	7573.7	6523.3	6312.4	7634.3	7463.2	7686.0
云南	4068.43	4270.08	4293.74	3957.13	3895.8	4746.2	2009	2223.5	1981.1	1999.9
重庆	1761.69	1651.32	1664.75	1788.25	1357.1	1567.8	1533.9	1383.3	1037.9	466.2
陕西	1924.91	3581.15	1888.69	2054.82	2105.2	1987	2053.3	2098.5	2069.2	2288.8
甘肃	120.05	120.05	120.05	120.05	120	119.2	116.6	112.1	107.9	97.7
青海	0	0	0	0	1343.9	1362.9	1333.3	381.5	367.1	366.5
宁夏	0	0	0	0	915	1134.1	1109.6	960.8	867.8	949.1
新疆	390.32	383.45	348.09	1324.01	1446.9	2773.8	2546.8	2607.7	2819.7	2975.1
神华	2527.35	1117.34	4190.24	2928.14						
中煤	9508.22	10250.37	13662.92	12282.60						
合计	103298.99	104070.99	121038.19	126045.32	131534.7	133229.4	127189.7	124488.2	109719.1	109140.7

数据来源：中国煤炭工业年鉴，中国煤炭资源网。

注：2012～2016 年地区统计数据包括神华、中煤产量。我国港澳台数据未统计在内。其他省区市几乎没有炼焦原煤产量，故未列出。

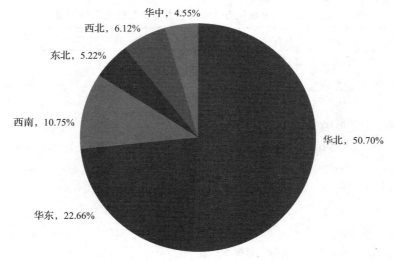

图 2.8　我国分地区炼焦煤产量占比

2017 年，炼焦煤产量超过 3000 万 t 的省区市依次为山西、山东、安徽、贵州、内蒙古、河南、黑龙江和河北，产量分别为 45930.1 万 t、11722.7 万 t、11377.8 万 t、7686.0 万 t、5502.2 万 t、4884.1 万 t、4386.3 万 t 和 3906.5 万 t，产量总计 95395.7 万 t，占全国炼焦煤产量的 87.41%。其中山西省的产量最大，2017 年山西省炼焦煤产量占全国炼焦煤总产量的 42.08%（表 2.25）。

表 2.25　2017 年我国各省区市炼焦煤产量排名前十

排名	省区市	产量/万 t	占全国产量比例/%
1	山西	45930.1	42.08
2	山东	11722.7	10.74
3	安徽	11377.8	10.42
4	贵州	7686.0	7.04
5	内蒙古	5502.2	5.04
6	河南	4884.1	4.48
7	黑龙江	4386.3	4.02
8	河北	3906.5	3.58
9	新疆	2975.1	2.73
10	陕西	2288.8	2.10

2017 年炼焦原煤产量前八的省区市依次为山西、山东、安徽、贵州、内蒙古、河南、黑龙江和河北。从煤种上看，炼焦煤产量前三的山西、山东和安徽，气煤占比均较大（图 2.9）。

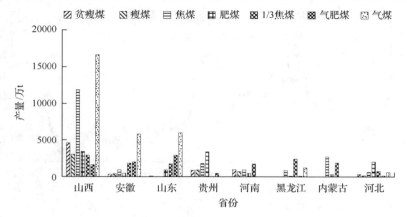

图 2.9　2017 年中国主要产煤炼焦煤分煤种产量

根据稀缺炼焦煤(包括焦煤、肥煤、1/3 焦煤和瘦煤)产量的大小，2016 年主要产煤省区市排名依次为：山西、贵州、内蒙古、河南、安徽、河北、黑龙江和山东(表 2.26)。山东省焦煤产量较少，主要生产气煤和气肥煤，约占全省炼焦煤产量的 75%；安徽省的气煤和气肥煤占比也较大，约占全省炼焦煤产量的 66%。

表 2.26　2016 年主要产煤省区市稀缺炼焦煤产量及占比

指标名称	山西	安徽	山东	贵州	河南	黑龙江	内蒙古	河北
炼焦煤产量/万 t	44078	11858	11771	7463	4973	4793	5105	4765
稀缺炼焦煤产量/万 t	21225	3723	2793	6102	3937	3427	5081	3650
占全省炼焦煤比例/%	48	31	24	82	79	71	100	77

2.3.3　炼焦煤价格走势

1. 国内炼焦煤价格波动较大

2008 年下半年,受国际经济危机影响,我国炼焦煤价格大幅下降,降幅接近 50%。2012~2015 年，受需求萎缩、产能过剩的影响，我国炼焦煤价格大幅下降，降幅近 60%。2016 年，受去产能、公路治超、需求回升以及国际价格暴涨等因素影响，我国炼焦煤价格大幅上涨，全年涨幅约 120%。2017 年，炼焦煤需求虽有回落但供应增加不及预期，供需仍存在较大缺口，2017 年均价从 2016 年底的高位回落，同比上年均价仍大幅增长。根据汾渭 CCI 炼焦煤价格指数，柳林低硫焦煤 2017 年均价为 1405 元/t，比 2016 年均价 916 元/t 上涨 53%。2012~2017 年国内炼焦煤价格走势见图 2.10。

从分煤种上看，主要炼焦煤煤种价格总体波动趋势较为一致。2016 年底，受去产能、需求回升等因素影响，炼焦煤供需紧张，各煤种价差明显拉开，2009~2017 年中国主要炼焦煤煤种的价格见图 2.11。

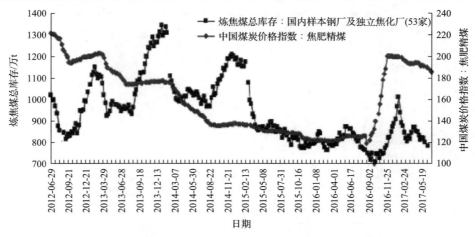

图 2.10　2012～2017 年国内炼焦煤价格走势

数据来源：中国产业信息网

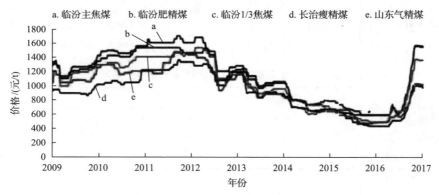

图 2.11　2009～2017 年中国主要炼焦煤煤种的价格

数据来源：中国产业信息网

2. 焦煤期货价格

2013 年至 2015 年末，焦煤期货价格总体呈下降趋势，下降近 60%。2016 年末焦煤期货价格比 2016 年初累计上涨近 120%。2017 年焦煤期货价格"两落两起"，波动趋稳、小幅上升。2018 年，炼焦煤供应偏紧状态有所缓解，安监、环保、进口调控、重大活动/会议等因素阶段性影响炼焦煤供需，进而使价格波动。总体上看，2018 年焦煤期货价格仍维持高位。2013～2018 年焦煤期货价格见图 2.12。

3. 山西焦肥精煤综合售价

山西焦肥精煤综合售价 2016 年初为 569 元/t，到 9 月以后大幅上升，年末达 1489 元/t，比 2016 年初上涨 161.7%。2017 年山西焦肥精煤综合售价也呈现"两

图 2.12   2013～2018 年焦煤期货价格

数据来源：东方财富 Choice 数据

落两起"，波动趋稳、小幅上升。2018 年 4 月 10 日山西焦肥精煤综合售价为 1520
元/t。2016～2018 年 4 月山西焦肥精煤综合售价见图 2.13。

图 2.13   2016～2018 年 4 月山西焦肥精煤综合售价

数据来源：中国煤炭资源网

4. 中国煤炭市场网发布的唐山炼焦煤价格

中国煤炭市场网（CCTD）发布的唐山炼焦煤价格反映唐山及周边地区市场主
流品种炼焦煤的周度现货到厂交货价格水平。CCTD 发布的唐山焦煤价格从
2015 年 1 月 9 日的 790 元/t 下降至 2016 年 4 月 15 日的 540 元/t，到 9 月以后大
幅上升，2017 年 2 月 3 日达到最高位 1630 元/t，之后呈现"两落两起"，在 1200～
1400 元/t 之间高位波动。CCTD 发布的唐山肥煤价格从 2015 年 1 月 9 日的 770 元/t
下降至 2015 年 11 月 13 日的 650 元/t，到 9 月以后也是大幅上升，2017 年 2 月
3 日达 1425 元/t，2017 年也呈现"两落两起"、波动趋稳，在 1300～1500 元/t 之
间高位波动。2015 年 1 月～2018 年 4 月 CCTD 唐山炼焦煤价格见图 2.14。

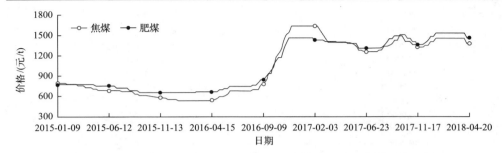

图 2.14　2015 年 1 月～2018 年 4 月 CCTD 发布的唐山炼焦煤价格

数据来源：中国煤炭市场网

2.4 炼焦煤洗选情况

2.4.1 全国炼焦煤洗选情况

2017 年全国原煤产量 35.2 亿 t，原煤入选量 24.7 亿 t，入选率 70.2%。其中：动力煤入选量 14.9 亿 t，入选率 61.3%；炼焦煤入选量 9.8 亿 t，入选率 89.9%，见表 2.27。

表 2.27　全国原煤及炼焦煤洗选情况

名称	洗选能力/亿 t	入选量/亿 t	产量/亿 t	入选率/%	备注
原煤	26	24.7	35.2	70.2	2020 年入选率目标达到 75%
炼焦煤	10	9.8	10.9	89.9	—
动力煤	16	14.9	24.3	61.3	—

据统计，2017 年炼焦原煤产量 10.91 亿 t，实际作为炼焦用煤入选约 8.10 亿 t（其中一部分炼焦原煤主要是气煤，作为动力煤洗选），选出炼焦精煤 4.46 亿 t，平均产率为 55%。

从 2012～2017 年我国炼焦精煤洗出率来看（表 2.28、图 2.15），我国炼焦精煤洗出率逐年略有提高，2017 年炼焦精煤洗出率为 40.83%[这里 40.83% 的洗出率是用全国炼焦精煤产量除以全国炼焦原煤产量，这和约 55% 的炼焦精煤产率（1t 炼焦原煤洗出 0.55t 炼焦精煤）经验数据并不矛盾，主要是由于一部分炼焦原煤并没有入选，或者洗选成动力煤（主要是气煤）出售]。

2.4.2 分地区炼焦煤洗选情况

2017 年，在产出炼焦精煤 4.46 亿 t 中，煤种构成如下：焦煤 1.39 亿 t，占 31.17%；肥煤 0.66 亿 t，占 14.80%；瘦煤 0.34 亿 t，占 7.62%；气煤 0.63 亿 t，占 14.12%；1/3 焦煤 0.85 亿 t，占 19.06%；气肥煤 0.30 亿 t，占 6.73%；贫瘦煤 0.29 亿 t，占 6.50%（图 2.16）。

表 2.28　2012～2017 年我国炼焦精煤各煤种洗出率　　　　单位：%

年份	贫瘦煤	瘦煤	焦煤	肥煤	1/3 焦煤	气肥煤	气煤	平均洗出率[*]
2012	37.90	46.90	50.40	49.00	53.00	43.80	14.30	36.10
2013	37.70	47.20	56.10	54.20	54.20	38.80	14.50	38.20
2014	37.50	46.70	58.80	56.50	56.60	39.00	16.20	39.50
2015	33.10	47.00	57.30	56.50	56.00	36.80	17.50	39.90
2016	32.70	46.30	57.50	56.40	56.00	36.80	18.20	40.50
2017	32.10	46.00	58.20	57.00	55.90	38.10	18.40	40.83

[*]此处是指炼焦精煤(包括所有炼焦煤煤种)平均洗出率。

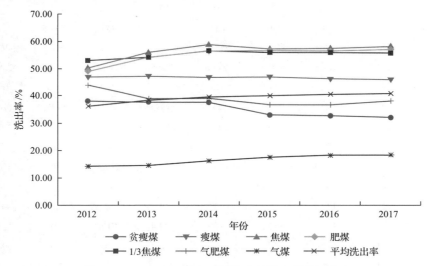

图 2.15　2012～2017 年我国炼焦精煤各煤种洗出率

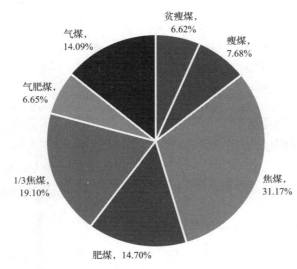

图 2.16　2017 年全国炼焦精煤分煤种产量占比

2017 年各省区市炼焦精煤分煤种产量见表 2.29。

表 2.29　2017 年各省区市炼焦精煤分煤种产量　　　　　单位：万 t

省区市	贫瘦煤	瘦煤	焦煤	肥煤	1/3 焦煤	气肥煤	气煤	合计
河北	135	72.9	295.4	758.4	428.6	61	204.7	1955.8
山西	1521.2	1646	7982.1	2382.3	1808.3	1115.7	2391.4	18847.1
内蒙古	3.6	24.2	1418.2	167.4	1005.3	0	0	2618.7
辽宁	0	76.7	52.1	39.4	0	0	74.2	242.3
吉林	0.9	2.8	87	0	37.5	2	151.8	282.1
黑龙江	0	0	359.3	63.4	1289	44.1	517.5	2273.3
江苏	0	0	0	25.9	27	176.1	538.1	767.1
安徽	125.3	164.5	473.1	244.6	884.5	192.8	304.8	2389.6
江西	34.5	25	50.4	11.6	17.1	22.6	6.3	167.5
山东	39.4	21.1	28.8	563.7	1139.6	1053.4	1406.1	4252
河南	467.6	415.2	538.7	250.5	956	0	0	2627.9
湖北	4	7.7	4	3.7	0	0	0	19.5
湖南	295.1	431.4	1017.4	1909.6	0	207.4	0	3860.9
广西	8.9	0	0	0	0	0	0	8.9
四川	243	127.5	0	0	0	0	41.8	412.3
贵州	16.2	159.1	483.2	99.7	411.4	71.6	0	1241.2
云南	0	0	402.1	0	0	0	553.2	955.3
重庆	0	0	0	0	0	0	73.8	73.8
陕西	0	0	0	0	268.3	0	0	268.3
甘肃	0	0	28.1	0	0	0	0	28.1
青海	23.6	9.6	43.6	30.8	106.7	14.8	14	243.2
宁夏	0	0	128.9	0	128.9	0	0	257.7
新疆	30.5	240.2	494.4	0	0	0	0	765.1
全国	2948.8	3423.9	13886.7	6550.9	8508.3	2961.5	6277.6	44557.9

数据来源：中国煤炭资源网。

注：我国港澳台地区数据未统计在内。其他省区市几乎没有炼焦精煤产量，故未列出。

2.5　炼焦煤资源生产能力与开发潜力分析

2.5.1　主要炼焦煤生产省份开发潜力分析

从 2008 年和 2017 年主要炼焦煤生产省份炼焦煤产量变化情况看，山西、新疆、贵州的炼焦煤产量均呈较明显增长趋势，内蒙古、陕西、安徽的炼焦煤产量呈略微增长趋势，河北、辽宁、吉林、黑龙江、江苏、江西、河南、湖北、湖南、四川、云南、重庆、甘肃的炼焦煤产量均呈明显下降趋势(表 2.30)。

表 2.30　2008 年和 2017 年中国主要炼焦煤生产省份炼焦煤产量情况

省区市	2008 年产量/万 t	2017 年产量/万 t	年均增长率/%
河北	4991.2	3906.5	−2.69
山西	23989.46	45930.1	7.48
内蒙古	1862.68	2163.1	1.68
辽宁	1068.31	790.9	−3.29
吉林	1359.97	519.7	−10.14
黑龙江	7590.83	4386.3	−5.91
江苏	1605.22	1278.5	−2.50
安徽	11241.62	11377.8	0.13
江西	1158.42	354.9	−12.32
山东	12044.09	11722.7	−0.30
河南	7582.36	4884.1	−4.77
湖北	151.57	35.3	−14.95
湖南	409.77	46.8	−21.42
广西	19.17	17.9	−0.76
四川	2999.24	1557.8	−7.02
贵州	4911.01	7686	5.10
云南	4068.43	1999.9	−7.59
重庆	1761.69	466.2	−13.73
陕西	1924.91	2288.8	1.94
甘肃	120.05	97.7	−2.26
新疆	390.32	2975.1	25.32

山西炼焦煤产量将呈缓慢增长趋势。山西省炼焦煤的储量和产量均居全国首位，不仅储量巨大、煤种齐全，而且开发条件好。2016 年末查明资源量将近 1388.32 亿 t，其中探明可采储量 227.24 亿 t，预测资源量 892.65 亿 t，以肥煤、焦煤为主。因此，山西是我国最具开发潜力的省区。但是，山西以目前的 4 亿多 t 的生产能力，探明可采储量只能维持 17 年左右，因此，需要进一步加大资源勘探力度，提高资源保障程度，抓紧资源的配置和开发的前期准备工作。

贵州炼焦煤产量将会保持平稳，略有下降。贵州省是我国南方炼焦煤资源赋存最丰富的省份，炼焦煤资源主要分布在六盘水矿区，2016 年末炼焦煤保有查明资源量 167.4 亿 t，焦煤和肥煤的占比高，煤质较好。但是炼焦煤资源勘查程度低，经济可采储量仅为 24.19 亿 t，而且煤层构造复杂，瓦斯含量高，对建设大型矿井造成影响。未来贵州还需要加大炼焦煤资源勘查力度，保障炼焦煤生产矿井的接续。

安徽炼焦煤产量总体将呈下降趋势，其中气煤产量占比将增加，占到一半以上，肥煤、焦煤、瘦煤产量占比将呈下降趋势。淮南矿区还有增产潜力，多为气煤，而且灰分偏高，大部分作为动力煤；淮北矿区以肥煤、焦煤、瘦煤等稀缺煤种为主，但尚未利用资源很少，且埋藏深、开采条件差，基本无增产潜力。

山东、河南、河北、内蒙古、辽宁、吉林、黑龙江、江苏、江西、湖北、湖南、四川、云南和重庆的炼焦煤产量将继续呈下降趋势。山东、河南、河北、内蒙古、辽宁、吉林和黑龙江，由于开发历史长，许多矿区资源面临枯竭，尚未开发资源量不大，且"三下"压覆资源较多，现有生产矿井的开采条件也逐渐复杂，新建矿井主要开采深部资源，开采条件不好，这些省份的炼焦煤产能均已呈下降趋势。江苏、江西、湖北、湖南、四川、云南和重庆，这些省份炼焦煤资源较少，且分布零星、开采条件差、灾害严重，多是小煤矿开采，煤矿服务年限短，受近几年淘汰落后产能及供给侧结构性改革的影响，这些省份炼焦煤产量整体呈下降趋势。

内蒙古、宁夏、陕西总体尚未开发资源条件变差，青海省炼焦煤资源量小，发展潜力均不大。内蒙古乌海矿区、桌子山矿区和包头石拐矿区由于开发历史长，基本无接续资源，百灵矿区、呼鲁斯太矿区还有一些焦煤资源（大约 6 亿 t 资源量），发展潜力也不大。宁夏炼焦煤主要分布在石炭井、石嘴山矿区，以 1/3 焦煤为主，适用于炼焦配煤，开发历史也较长。陕西炼焦煤资源主要分布在渭北煤田，以贫瘦煤、瘦煤为主，适用于炼焦配煤，多为老矿区，受地质灾害影响大。青海省木里煤田是青海省唯一的炼焦煤矿区，以焦煤为主，尚未大规模开发，有一定发展潜力，预计建设规模 800 万 t 左右。

新疆未来炼焦煤产量虽然仍会大幅增加，但主要是气煤产量的增加。新疆煤炭资源丰富，但是 2016 年末已查明炼焦煤资源只有 151.5 亿 t，而且总体勘探程度较低，以目前的地质资料难以全面评价新疆的炼焦煤资源数量、品种和煤质。从目前查明的炼焦煤资源情况看，以气煤为主，其次为 1/3 焦煤，焦煤和瘦煤较少。2017 年新疆气煤产量占炼焦煤总产量的 77%。

综上所述，山西炼焦煤储量高且开发前景较好，尤其是强黏结性的肥煤和焦煤。

2.5.2　全国炼焦煤的生产能力预测

1. 总产量预测

综合考虑各省区炼焦煤资源储量、开采技术条件、炼焦煤现有产能、近十年炼焦煤产量变化情况、剩余服务年限、去产能情况等因素，预计未来 30 年我国炼焦煤生产总量总体上将呈下降趋势。

　　随着煤矿落后产能的淘汰,以及优质产能的加快释放,预计 2020 年全国炼焦原煤产量将略有下降,为 10.8 亿 t 左右;之后,随着山东、河南、河北、黑龙江、安徽等地区部分老矿区炼焦煤资源的逐步枯竭,预计到 2030 年炼焦原煤产量将会降至 9.7 亿 t 左右;预计到 2050 年,除山西、新疆外,大部分省份的炼焦煤资源已接近枯竭或开采条件变差,全国炼焦原煤产量将会降至 7.8 亿 t 左右(图 2.17)。

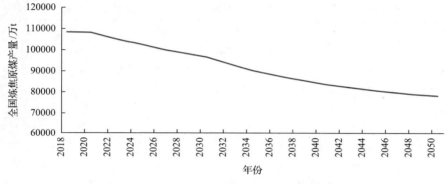

图 2.17　2018~2050 年我国炼焦原煤产量预测

　　炼焦煤供应格局将出现较大变化。分地区来看,山西、贵州和新疆是炼焦煤产量增长主要区域,河北、山东、内蒙古、安徽、河南、黑龙江等地区的炼焦煤产量将逐步萎缩。山西炼焦煤产量比例将持续增加,由 2017 年 40.17%增加到 2050 年的 68.73%;贵州炼焦煤产量比例由 2017 年 6.80%增加到 2050 年的 8.31%;新疆炼焦煤产量比例由 2017 年 2.57%增加到 2050 年的 7.67%;安徽、山东、内蒙古、河南、黑龙江、河北、陕西炼焦煤产量比例均呈下降趋势(表 2.31)。

表 2.31　2017~2050 年主要炼焦煤生产省份炼焦煤产量比例预测　　单位：%

序号	省区市	2017 年	2030 年	2050 年
1	山西	40.17	52.38	68.73
2	安徽	10.81	10.04	4.45
3	山东	10.73	10.10	4.47
4	贵州	6.80	7.44	8.31
5	内蒙古	4.65	2.36	0.23
6	河南	4.53	2.59	0.39
7	黑龙江	4.37	0.91	0.45
8	河北	4.34	2.76	1.85
9	新疆	2.57	4.98	7.67
10	陕西	1.89	1.92	0.85

根据煤炭工业规划设计研究院的预测，预计到 2030 年，山西炼焦煤产量将为 5.07 亿 t，占全国炼焦煤总产量的 52.38%，其次为山东 0.98 亿 t、安徽 0.97 亿 t、贵州 0.72 亿 t、新疆 0.48 亿 t。预计到 2050 年，山西炼焦煤产量将为 5.39 亿 t，占全国炼焦煤总产量的 68.73%，其次为贵州 0.65 亿 t、新疆 0.6 亿 t、山东 0.35 亿 t、安徽 0.35 亿 t（表 2.32）。

表 2.32　2017～2050 年全国主要炼焦煤生产省份炼焦煤产量预测　单位：亿 t

省区市	2017 年	2020 年	2025 年	2030 年	2040 年	2050 年
河北	3907	3621	3109	2670	1969	1452
山西	45930	48741	49972	50726	52269	53858
内蒙古	5502	4717	3282	2283	636	177
辽宁	791	722	620	532	393	289
吉林	520	405	267	176	76	33
黑龙江	4386	3643	1988	882	475	350
江苏	1279	1185	1044	920	714	554
安徽	11378	10973	10330	9725	5823	3486
江西	355	276	182	120	34	0
山东	11723	11375	10547	9779	5855	3506
河南	4884	4188	3240	2507	874	305
湖北	35	0	0	0	0	0
湖南	47	47	47	47	47	47
广西	18	0	0	0	0	0
四川	1558	1253	872	606	294	142
贵州	7686	7571	7384	7201	6849	6514
云南	2000	1609	1119	779	377	182
重庆	466	340	201	119	41	0
陕西	2289	2323	2143	1859	1113	667
甘肃	98	92	79	68	50	37
青海	367	370	375	381	393	405
宁夏	949	866	744	639	471	347
新疆	2975	3960	4372	4827	5332	6007
合计	109141	108277	101917	96846	84084	78359

注：2018 年湖北、广西炼焦煤资源已经枯竭。

2. 分煤种产量预测

从炼焦煤分煤种产量上看（表 2.33），未来各煤种产量均呈下降趋势。从炼焦

煤分煤种产量比例上看(表 2.34)，气煤产量比例增加最多，从 2017 年的 31.31%
增加到 2050 年 36.57%，增加了 5.26 个百分点；其次为焦煤，从 2017 年的 21.85%
增加到 2050 年 23.93%，增加了 2.08 个百分点；肥煤和贫瘦煤产量比例均略有增
加，而瘦煤、1/3 焦煤和气肥煤产量比例均有所下降，分别下降了 0.22 个百分点、
6.48 个百分点和 1.96 个百分点。

表 2.33　全国炼焦煤分煤种产量预测　　　　　　单位：亿 t

年份	贫瘦煤	瘦煤	焦煤	肥煤	1/3 焦煤	气肥煤	气煤	合计
2017	9178	7440	23846	11492	15232	7778	34175	109141
2020	9226	7293	23586	11290	14074	7623	35184	108276
2025	8899	6854	22030	10688	11791	7194	34460	101916
2030	8531	6459	20915	10173	10118	6808	33844	96848
2040	7607	5625	19185	9028	7185	5074	30381	84085
2050	7193	5169	18753	8347	5864	4053	28658	78357

表 2.34　全国炼焦煤分煤种产量占比预测　　　　　　单位：%

年份	贫瘦煤	瘦煤	焦煤	肥煤	1/3 焦煤	气肥煤	气煤
2017	8.41	6.82	21.85	10.53	13.96	7.13	31.31
2020	8.52	6.74	21.78	10.43	13.00	7.04	32.49
2025	8.73	6.73	21.62	10.49	11.57	7.06	33.81
2030	8.81	6.67	21.60	10.50	10.45	7.03	34.95
2040	9.05	6.69	22.82	10.74	8.54	6.03	36.13
2050	9.18	6.60	23.93	10.65	7.48	5.17	36.57

3. 主要炼焦煤生产省份的剩余服务年限

根据 2016 年底我国主要炼焦煤生产省份炼焦煤资源探明可采储量，按照
2017 年炼焦煤产量计算，我国主要炼焦煤生产省区的剩余服务年限基本上不超过
40 年，其中内蒙古、黑龙江、河南、陕西、宁夏不超过 10 年(表 2.35)。

表 2.35　全国主要炼焦煤生产省份炼焦煤剩余服务年限

省区市	查明资源量/亿 t	可采储量/亿 t	2017 年产量/万 t	剩余服务年限/年
河北	146.96	18.06	3906.5	33.0
山西	1388.32	227.24	45930.1	35.3
内蒙古	80.51	0.15	5502.2	0.5
辽宁	11.84	3.54	790.9	32.0
吉林	5.61	1.67	519.7	23.0
黑龙江	91.13	5.48	4386.3	8.9

省区市	查明资源量/亿 t	可采储量/亿 t	2017 年产量/万 t	剩余服务年限/年
江苏	30.39	6.18	1278.5	34.5
安徽	268.41	38.79	11377.8	24.4
山东	232.02	39.95	11722.7	24.3
河南	140.76	0.52	4884.1	0.8
四川	34.75	4.34	1557.8	19.9
贵州	167.40	24.19	7686.0	22.5
云南	91.31	11.36	1999.9	40.6
重庆	15.22	0.67	466.2	10.3
陕西	94.05	3.09	2288.8	9.6
青海	21.77	1.32	366.5	25.7
宁夏	71.65	0.77	949.1	5.8
新疆	151.50	4.87	2975.1	11.7

从上述分析数据可见，我国炼焦煤资源赋存与消费现状已难以维系中国经济长期稳定增长对炼焦煤资源的需求。

第 3 章　中国钢铁等工业与炼焦煤资源的依存关系

3.1　钢铁行业基本概况

3.1.1　总体概况

2017 年，钢铁行业深入推进供给侧结构性改革，去产能工作取得明显成效，"地条钢"得以全面取缔，企业效益显著好转，行业运行稳中趋好。但"地条钢"死灰复燃的风险依旧存在，新增产能的苗头逐步显现，产业结构优化调整等压力日渐突出，行业仍面临诸多困难。2018 年，钢铁行业仍要坚定不移地去产能，严防新增产能，着力推动钢铁行业布局优化、转型升级、规范经营，实现可持续健康发展。

1. 2017 年钢铁行业运行情况

(1)超额完成去产能任务，全面取缔"地条钢"。2017 年是钢铁去产能的攻坚之年，全年共化解粗钢产能 5000 万 t 以上，超额完成年度目标任务。1.4 亿 t "地条钢"产能全面出清，从根本上扭转了"劣币驱逐良币"现象，有效改善了市场环境，显著规范了进出口秩序，钢材质量明显提升，行业效益大幅增长。

(2)统计内粗钢产量创新高。随着"地条钢"产能退出，统计内合规产能开始快速释放，2017 年我国粗钢产量 8.32 亿 t，同比增长 5.7%，达到历史最高水平。

(3)钢材出口显著下降。2017 年，我国累计出口钢材 7543 万 t，同比下降 30.5%；累计进口钢材 1330 万 t，同比增长 0.6%。出口价格明显提高，全年钢材出口金额 3700 亿元，同比增长 3.1%；钢材平均出口价格 4905 元/t，同比增长 48.4%。

(4)钢材价格上涨较快。受钢铁去产能工作深入推进、"地条钢"全面取缔、采暖季错峰生产和市场需求回升等因素影响，2017 年钢材价格大幅上涨。12 月底，中国钢材价格指数为 121.8 点，比年初上升 22.3 点，涨幅 22.4%，其中长材价格指数由年初 97.6 点升至 129.0 点，涨幅 32.2%；板材价格指数由年初 104.6 点升至 117.4 点，涨幅 12.2%。细分品种中，国内螺纹钢价格年初为 3268 元/t，最高涨至 5000 元/t 以上，年底回落至 4447 元/t，同比增长 36.1%。

(5)企业效益明显好转。2017 年，我国黑色金属冶炼和压延加工业主营业务收入为 6.74 万亿元，同比增长 22.4%，实现利润 3419 亿元，较 2016 年同期增加 2189 亿元，同比增长 177.97%。2017 年，中国钢铁工业协会统计的重点大中型企业累计实现销售收入 3.69 万亿元，同比增长 34.1%，实现利润 1773 亿元，同比增长 613.6%。

　2. 行业运行中存在的问题

　（1）防范新增产能压力增大。随着市场形势的好转，部分停产企业陆续恢复生产，企业主动退出意愿减弱，去产能任务越发艰巨。在高利润的驱动下，部分地区和企业又有了新上钢铁冶炼项目的冲动，存在打政策擦边球的倾向，产能反弹压力增大。严防新增产能将成为 2018 年钢铁行业供给侧结构性改革工作顺利推进的关键。

　（2）防范"地条钢"死灰复燃的压力攀升。2017 年，"地条钢"产能在重拳打击下得以全面取缔，但随着钢材价格大幅上涨，"地条钢"死灰复燃的可能性增加。2018 年，黑龙江、吉林等省已发生几起"地条钢"死灰复燃案例，钢铁煤炭行业化解过剩产能和脱困发展工作部际联席会议（简称部际联席会议）针对案件查处情况向各地印发了通报。"地条钢"死灰复燃问题必须引起足够重视。

　（3）短流程炼钢发展亟须理顺政策。集中取缔"地条钢"后，虽然高炉-转炉长流程企业加大了废钢利用量，但仍出现废钢阶段性供应过剩的情况，废钢出口增幅较大，2017 年累计出口废钢 220.3 万 t，而 2016 年仅出口 1000t 左右。为适应钢铁行业未来发展需要，推动解决短流程炼钢发展中存在的问题，促进钢铁行业的"长短流程"合理布局，深化电力体制改革等政策亟待理顺推进。

　（4）钢铁企业环保压力不断增大。京津冀及周边地区大气污染防治工作方案要求钢铁行业错峰限停产，各地政府和钢铁企业高度重视大气污染防治工作，采取了不同形式的污染防治措施，对区域内钢铁企业产生深远影响。从当前看，采暖季限产 50% 的政策对改善大气环境效果明显。从长远看，环保政策的不断升级将倒逼钢铁企业实施环保技改，有利于钢铁行业可持续发展；倒逼京津冀等环境敏感地区钢铁产能向环境容量较大的地区转移，有利于钢铁行业布局优化。

3.1.2　炼铁装备

　据不完全统计，截至 2017 年底，我国共有炼铁高炉约 1000 座，高炉炼铁总产能 9.5 亿 t。其中，2000m³ 及以上高炉视为领先装备，全国约有 130 座，产能占比 29.5%；1000～2000m³ 高炉为先进水平，全国约有 340 座，产能占比 38.9%；400～1000m³ 高炉为一般水平，全国约有 530 座，产能占比约 31.5%；400m³ 以下高炉为落后水平，产能占比极低，目前国家淘汰落后钢铁产能工作已进入全面肃清阶段，此部分产能将被淘汰。另外，我国有 113 家企业符合工业和信息化部（简称工信部）《铸造用生铁企业认定规范条件》，高炉个数约 150 座，炉容基本在 200～400m³ 之间，铸造生铁产能约 3500 万 t/a。

　全国范围内各区域高炉炼铁产能和产能占比分别见表 3.1 和图 3.1。华北、华东地区是我国生铁产能最大的两个区域，产能占比分别达到 37.8% 和 28.8%，合计占全国产能的 2/3；其他四个区域生铁产能相对均衡，占全国产能的比例在 5.6%～11.6% 之间。

表 3.1　我国各区域高炉炼铁产能　　　　　　　单位：万 t

区域	华北	东北	华东	中南	西南	西北
产能	37571	9628	28681	11584	6448	5587

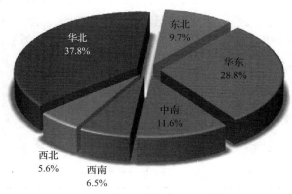

图 3.1　我国各区域高炉炼铁产能占比

不同级别的高炉有其自身的优势和劣势。例如，2000m³ 及以上高炉对原料条件要求特别严格，高炉冶炼必须遵循精料方针，因此节能环保水平较高，一般情况下，此级别高炉焦比在 300～360kg/t 的范围内；1000～2000m³ 高炉对原料的要求有所降低，企业为降低原料成本会使用部分低品质铁矿石和低质量焦炭，因此焦比较高，一般在 350～390kg/t 的范围内；400～1000m³ 高炉的原料质量要求更低，加上冶炼强度高，焦比和燃料比非常高，焦比在 360～430kg/t 范围内。铸造用生铁高炉(400m³ 以下)不仅容积小、原料条件差，而且工艺技术落后，一般情况下焦比可以达到 400～510kg/t。

不同水平的高炉装备、产能和焦比见表 3.2。

表 3.2　我国不同级别高炉座数、炼铁产能和焦比水平

高炉容积	水平	高炉座数	产能/万 t	产能占比/%	焦比/(kg/t)
2000m³ 及以上	领先水平	130	28000	29.5	300～360
1000～2000m³	先进水平	340	37000	38.9	350～390
400～1000m³	一般水平	530	30000	31.5	360～430
400m³ 以下	铸造高炉	150	3500	—	400～510

3.2　主要钢铁企业基本情况

2017 年，我国钢铁行业 121 家重点统计企业生铁总产量 6.21 亿 t，占全国生铁总产量的 87.3%。华北、华东地区是我国主要的钢铁生产区域，两个地区生铁产量合计占全国生铁产量的 65.4%，其中华北地区产量占全国的 35.4%，华东地区产量占全国的 30%。生铁产量排名前五的省份是河北、江苏、山东、辽宁和山西，产量分别为 17997.3 万 t、7132.0 万 t、6561.7 万 t、6121.9 万 t、3951.9 万 t，合计占全国总产量的 58.7%；其余省份生铁产量与上述省份相距甚远，排名第六至第十位的省份为河南、湖北、安徽、江西、广东，生铁产量合计 11537.0 万 t，占比 16.2%。

3.3　钢铁市场分析

3.3.1　生铁与粗钢产量

2005～2016 年我国生铁和粗钢产量见表 3.3。

表 3.3　2005～2016 年我国钢铁产量　　　　　　单位：万 t

种类	2005 年	2006 年	2007 年	2008 年	2009 年	2010 年	2011 年	2012 年	2013 年	2014 年	2015 年	2016 年
生铁	34375	41245	47652	47824	55283	59733	64051	66354	71150	71375	69141	70074
粗钢	35324	41915	48929	50049	57218	63723	68528	72388	77904	82231	80383	80837

2005 年我国生铁和粗钢产量分别为 34375 万 t 和 35324 万 t，2007 年我国钢铁产量几乎达到全球产量的 50%，延续了快速增长趋势。2008 年全球遭遇金融危机，我国生铁产量较前一年仅增加 0.4%，但是产量占全球的比例首次超过 50%。为缓解全球金融危机对经济发展带来的快速冲击，我国实施了一系列经济刺激措施，钢铁产量也随之连年快速增长，2014 年我国生铁产量和全球占比均达到历史最高水平，分别达到 71375 万 t 和 60.1%，粗钢产量也达到了全球 50%。2015 年我国钢铁产业遭遇全行业亏损的困难局面，生铁和粗钢产量首次出现下降，降幅分别为 3.1%、2.2%。2016 年，国家各级行业管理部门大力开展钢铁行业化解过剩产能实现脱困发展工作，行业经营形势明显好转，钢铁产量略有回升。2005～2016 年我国生铁和粗钢产量变化如图 3.2 所示。

2005～2016 年，全国生铁产量累计增加 35699 万 t（表 3.4），年均增长率为 6.69%，仅北京（2011 年起无生铁产量）和海南（2010 年起无生铁产量）是负增长，分别减量 813.9 万 t 和 4.6 万 t。河北、江苏、山东等 15 个省份增速超过全国平均水平，增幅居前的是青海、宁夏、新疆、广东和浙江，年均增长率分别为 28.6%、17.9%、11.4%、10.9% 和 10.1%，增速最慢的是上海、甘肃、山西、重庆和贵州，年均

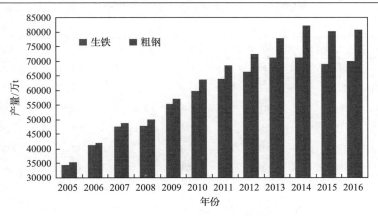

图 3.2　2005~2016 年我国钢铁产量

增长率分别为 0.02%、0.47%、1.1%、1.4%和 2.4%。生铁净增长量最大的五个省份是河北、江苏、山东、辽宁和河南，分别增加 11557 万 t、4477 万 t、3552 万 t、2920 万 t、1796 万 t。

表 3.4　2005~2016 年我国各地区生铁产量　　　　　　　　单位：万 t

地区	2016年	2015年	2014年	2013年	2012年	2011年	2010年	2009年	2008年	2007年	2006年	2005年
北京	0.0	0.0	0.0	0.0	0.0	0.0	411.9	442.7	448.8	780.5	787.8	813.9
天津	1661	1953	2183	2214	1975	2097	1926	1763	1520	1435	1132	660
河北	18398	17382	16942	17028	16359	15450	13710	13322	11356	10523	8280	6841
山西	3641	3576	4059	4303	4010	3786	3402	3167	2782	3728	3556	3230
内蒙古	1469	1461	1331	1367	1326	1431	1359	1437	1257	1260	1108	923
辽宁	6034	6059	6308	5698	5312	5450	5508	5094	4102	4058	3752	3114
吉林	848	974.9	1133	1116	1113	973	813	780	581	546	426	409
黑龙江	354	409	457	716	675	589	556	495	365	374	257	178
上海	1587	1687	1643	1638	1800	1948	1901	1788	1736	1790	1639	1583
江苏	7174	7045	7082	6691	5874	5307	5215	4593	3858	3802	3353	2697
浙江	848	1073	1140	1060	1006	1002	916	817	270	238	234	295
安徽	2243	2093	1999	2017	1927	1830	1845	1663	1637	1518	1182	1106
福建	980	980	908	588	726	547	559	553	519	478	508	399
江西	2082	2083	2076	2012	2028	1918	1745	1447	1036	1047	951	822
山东	6769	6748	6722	6580	6334	6360	5832	5274	4657	4907	4329	3217
河南	2861	2904	2780	2552	2123	2167	2090	1967	1716	1975	1526	1065
湖北	2323	2289	2436	2416	2408	2522	2312	1958	1893	1680	1583	1453
湖南	1791	1763	1813	1740	1743	1920	1744	1426	1212	1248	1174	1028

地区	2016年	2015年	2014年	2013年	2012年	2011年	2010年	2009年	2008年	2007年	2006年	2005年
广东	1670	1146	1083	1150	842	862	807	757	704	755	593	535
广西	1216	1220	1235	1568	1303	960	1114	971	690	639	571	485
海南	0.0	0.0	0.0	0.0	0.0	0.0	0.0	2.1	15.1	18.8	13.4	4.6
重庆	288	367	456	556	530	573	426	331	330	328	303	247
四川	1733	1747	1936	2011	1674	1716	1594	1533	1425	1471	1339	1061
贵州	371	408	499	530	563	494	377	396	331	363	369	286
云南	1277	1235	1706	1937	1596	1350	1337	1294	1155	1203	935	846
陕西	856	801	884	882	803	732	514	513	298	366	395	316
甘肃	494	691	899	898	747	769	626	612	551	593	547	469
青海	97	113	127	135	151	116	112	109	92.3	90.1	49.7	6.1
宁夏	154.3	175.3	201.7	123.0	80.7	91.9	39.1	36.3	32.8	46.3	28.5	25.3
新疆	849.9	759.5	1339	1371	1328	1088	941	741	499	392	323	260
全国	70074	69141	71375	71150	66354	64051	59733	55283	47824	47652	41245	34375

　　数据来源：国家统计局官网。
　　注：我国港澳台地区数据未统计在内。其他省区市几乎无生铁产量，故未列出。

　　2005～2016年，全国粗钢产量增加45513万t(表3.5)，年均增长率为7.82%，仅北京和上海是负增长，分别减量827.6万t和219万t。河北、江苏、山西等15个省份增速超过全国平均水平，增幅居前的是宁夏、海南、广西、福建和江苏，年均增长率分别为66.1%、56.5%、14.1%、13.1%和11.6%，宁夏和海南增长过快的原因是2005年基数太低。增速最慢的是重庆、甘肃、黑龙江、吉林和四川，年均增长率分别为2.6%、2.9%、3.8%、5.5%和5.7%。粗钢净增长量最大的五个省份是河北省、江苏省、山东省、辽宁省和山西省，分别增加11835万t、7779万t、3979万t、2970万t、2281万t。

表3.5　2005～2016年我国各地区粗钢产量　　　　　　　单位：万t

地区	2016年	2015年	2014年	2013年	2012年	2011年	2010年	2009年	2008年	2007年	2006年	2005年
北京	0.0	1.5	2.1	2.3	2.6	2.9	427.5	464.9	466.8	810.8	818.1	827.6
天津	1799	2069	2287	2289	2124	2296	2162	2124	1654	1602	1285	955.3
河北	19260	18832	18530	18849	18048	16451	14459	13536	11589	10569	9096	7425
山西	3936	3847	4325	4519	3950	3490	3049	2648	2345	2506	1939	1655
内蒙古	1813	1735	1661	1979	1734	1670	1233	1262	1211	1040	862	805.5
辽宁	6029	6071	6508	5973	5177	5425	5390	4803	4068	4140	3702	3059
吉林	832	1067	1265	1245	1174	906.8	990.4	803.6	642.3	599.7	533.7	462

续表

地区	2016 年	2015 年	2014 年	2013 年	2012 年	2011 年	2010 年	2009 年	2008 年	2007 年	2006 年	2005 年
黑龙江	372.3	418.5	476.3	740.2	697.6	667.5	652.7	566.0	475.1	436.1	315.2	247.7
上海	1709	1784	1774	1801	1971	2225	2214	2032	1992	2082	1903	1928
江苏	11080	10995	10195	8469	7420	6839	6243	5552	4864	4721	4202	3301
浙江	1299	1595	1748	1387	1305	1330	1228	1063	901.5	577.2	471.5	540.2
安徽	2731	2506	2451	2351	2146	1969	1856	1763	1770	1663	1296	1110
福建	1517	1586	1821	1625	1577	1167	1087	767.1	633.1	588.8	548.3	391.5
江西	2241	2211	2235	2157	2179	2068	1911	1621	1241	1307	1164	963.4
山东	7167	6619	6411	6120	6282	5665	5571	5082	4459	4407	3715	3188
河南	2849	2897	2882	2736	2216	2371	2327	2329	2188	2275	1750	1229
湖北	2948	2920	3021	2888	2913	2867	2788	2056	1991	1778	1658	1569
湖南	1828	1853	1918	1746	1680	1820	1767	1437	1299	1332	1193	976.6
广东	2283	1762	1710	1443	1229	1324	1239	1127	1067	1154	903.0	940.4
广西	2109	2146	2084	1666	1341	1212	1204	1003	785.8	765.7	625.3	496.3
海南	27.6	23.9	22.4	0.0	0.0	0.0	0.0	23.2	3.7	4.5	0.2	0.2
重庆	366.5	689.5	785.6	608.9	545.8	630.6	456.6	334.4	352.5	358.4	324.4	277.0
四川	2008	1948	2243	1711	1675	1729	1581	1510	1370	1415	1231	1095
贵州	515.9	466.4	551.6	485.2	531.3	434.0	360.5	343.5	345.6	349.4	332.8	239.1
云南	1417	1418	1689	1884	1527	1323	1294	1049	901.3	883.9	635.4	513.4
陕西	924.7	1027	1038	916.9	828.7	766.0	604.8	522.5	305.0	396.3	388.7	307.5
甘肃	628.4	852.1	1074	953.9	810.2	819.8	662.3	626.4	475.7	602.8	546.0	458.4
青海	114.9	120.6	144.3	147.6	141.2	139.5	137.3	126.7	115.1	114.7	79.6	50.5
宁夏	159.2	181.8	161.5	32.2	22.1	28.8	—	—	—	0.4	0.0	0.6
新疆	868.4	739.6	1213	1177	1138	893.0	825.5	640.2	535.6	446.9	395.2	312.6
全国	80837	80382	82230	77904	72388	68528	63723	57218	50049	48929	41915	35324

注：我国港澳台地区数据未统计在内。其他省区市几乎无粗钢产量，故未列出。

3.3.2 钢材消费总量

1. 消费总量

近年，随着我国经济快速发展，钢材消费量快速增长。2005～2014 年我国钢材实际消费量由 3.31 亿 t 持续增长至 7.02 亿 t；2015 年起，我国钢材消费进入峰值后的缓慢下降区，2015 年我国钢材实际消费量 6.64 亿 t，同比下降 5.4%；2016 年，受汽车和建筑行业拉动影响，钢材实际消费量 6.73 亿 t，同比增长 1.4%。

2005～2016 年我国钢材实际消费量变化情况见表 3.6 和图 3.3。

表 3.6　2005～2016 年我国钢材实际消费量变化

年份	钢材实际消费量/万 t	同比增长率/%
2005	33100	
2006	36700	10.9
2007	41200	12.3
2008	42970	4.3
2009	53500	24.5
2010	57400	7.3
2011	61800	7.7
2012	65400	5.8
2013	69300	6.0
2014	70200	1.3
2015	66400	−5.4
2016	67300	1.4

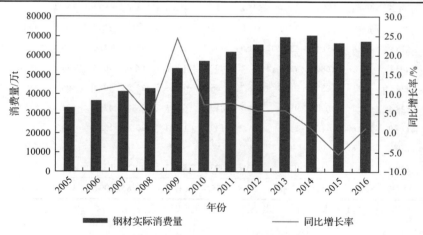

图 3.3　2005～2016 年我国钢材实际消费量变化

2. 分地区消费量

2007～2016 年，我国分地区钢材消费占比结构变化不大，华东、中南仍然是钢材消费的主要地区，2016 年占比分别为 35.6%、25.0%；华北地区钢材消费占比居第三位，2016 年占比为 13.5%；而东北、西南、西北地区钢材消费占比较小。我国钢材分地区消费量占比变化如图 3.4 所示。

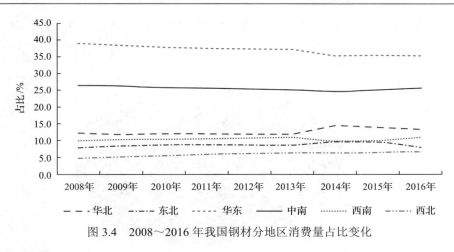

图 3.4　2008～2016 年我国钢材分地区消费量占比变化

受我国基础设施建设需求带动影响,我国长材消费量占比长期居第一位。2008年,我国长材消费占比为 55.6%,2016 年增长至 58.8%;板材消费占比略有下降,2008 年,我国板材消费占比为 41%,2016 年下降为 38.4%;无缝管消费占比由 2008年的 3.4% 下降为 2016 年的 2.8%。2008～2016 年我国钢材分品种消费量见表 3.7。

表 3.7　2008～2016 年我国钢材分品种消费量　　　　　单位: 万 t

品种	2008 年	2009 年	2010 年	2011 年	2012 年	2013 年	2014 年	2015 年	2016 年
长材	23900	29900	33400	36910	39630	43150	43564	40178	39580
板材	17640	21700	21400	23100	22500	24180	24591	24315	25843
无缝管	1460	1900	1800	1790	1870	1970	2083	1921	1900

3.4　钢铁循环利用

1. 国内废钢资源分布

国内废钢资源产生的地域分布很不平衡,全国 80% 以上的废钢资源产生在北京、天津、河北、黑龙江、辽宁、山东、上海、江苏、浙江、湖北、广东及四川这12 个工矿企业比较集中、人口比较稠密的省市,其他地区由于地理条件较差、人口较少,生成的废钢资源不足 20%,如图 3.5 所示。其中,华东地区废钢年交易量在2000 万 t 左右,约占全国年交易量的四分之一,是全国最大的废钢资源贸易区。

2. 废钢消费现状

2001～2016 年我国废钢消费情况如图 3.6 所示。2001～2011 年,粗钢产量迅速增长,废钢消费量随之增加。但 2012 年出现拐点,粗钢产量进一步增加,废钢消费量却出现下降,反映出我国废钢资源供应和消费两不旺的问题更加突出。2013 年和 2014 年我国废钢消费量较 2012 年有所提高，但 2015 年再次出现下降，创"十二五"期间废钢消费量新低。2016 年我国炼钢共消费废钢 9010 万 t，比上年增加 680 万 t，同比上涨 8.2%。

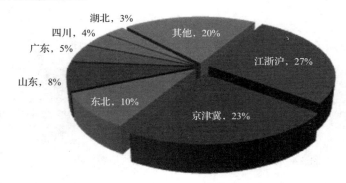

图 3.5   国内废钢铁市场分布

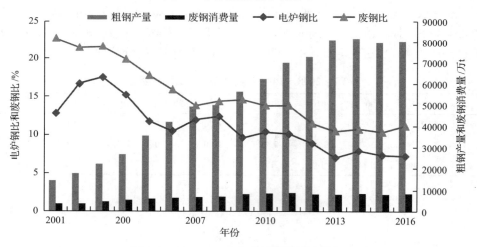

图 3.6   2001～2016 年我国废钢消费情况

2007～2016 年我国废钢进出口情况如表 3.8 所示。我国是废钢净进口国，十年间共进口废钢 4977 万 t，出口量仅为 9.12 万 t。2011 年之后，我国废钢进口量呈现下降趋势，主要原因是消费需求的降低和国内废钢资源积累量的增加。

表 3.8   2007～2016 年我国废钢进出口统计   单位：万 t

年份	进口废钢量	出口废钢量	净进口量
2007	339	0.32	338.7
2008	359	2.04	357.0
2009	1369	0.09	1368.9

续表

年份	进口废钢量	出口废钢量	净进口量
2010	585	3.72	581.3
2011	677	2.51	674.5
2012	497	0.09	496.9
2013	446	0.03	446.0
2014	256	0.10	255.9
2015	233	0.11	232.9
2016	216	0.11	216.0

3. 电炉钢生产现状分析

据统计,2015 年我国电炉钢产量约 4903 万 t,占粗钢产量的比例为 6.1%。"十二五"期间,我国电炉钢比在 10%以下低位波动,与世界平均 30%左右的电炉钢比相比还有较大差距。2015 年电炉钢产量占比 6.1%,比 2005 年低 5.6 个百分点,比 1993 年电炉钢比历史最高点 23.2%低 17.1 个百分点,下降幅度十分明显(图 3.7)。

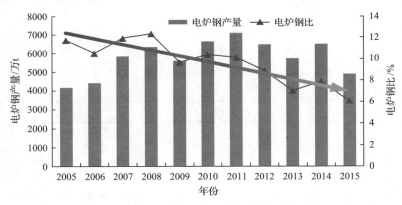

图 3.7　2005～2015 年我国电炉钢产量和比例情况

3.5　生铁冶炼技术

3.5.1　高炉炼铁技术

1. 高炉炼铁现状

据不完全统计,截至 2017 年底,我国共有炼铁高炉约 1000 座,其中,2000m³ 及以上高炉视为领先装备,全国约有 130 座,产能占比 29.5%;1000～2000m³ 高炉为先进水平,全国约有 340 座,产能占比 38.9%;400～1000m³ 为一般水平,全国约有 530 座，产能占比约 31.5%；400m³ 以下高炉为落后水平，产能占比极低，另外，我国铸造用生铁高炉个数约 150 座，炉容基本在 200～400m³ 之间。

2. 发展趋势分析

"十二五"期间，我国重点钢铁企业高炉装备结构变化如表 3.9 所示，整体而言，我国高炉装备大型化进展较快，2000m³ 以上高炉装备数量呈逐年上升趋势，2015 年 4000m³ 以上高炉数量达到 20 座。2015 年 9 月以来，宝钢湛江钢铁一号、二号高炉相继点火成功，标志着我国实现了 5000m³ 大型高炉装备的全自主设计、研发和集成，主要技术指标均达到国际一流水平，为我国高炉装备全面升级之路打下了坚实基础。

表 3.9　重点统计钢铁企业炼铁高炉装备变化　　　　　　　单位：座

高炉容积	2011 年	2012 年	2013 年	2014 年	2015 年
5000m³ 以上	3	3	3	3	4
4000m³～5000m³	11	12	13	14	16
3000m³～4000m³	19	22	19	22	23
2000m³～3000m³	59	71	73	77	76
1000m³～2000m³	149	195	225	239	238
300m³～1000m³	344	361	350	342	336
300m³ 以下	8	8	6	7	5
合计	593	672	689	704	698

3. 高炉喷煤技术

1) 高炉喷煤技术现状

高炉喷煤是从高炉风口炉内直接喷吹无烟煤粉或无烟煤、烟煤的混合煤粉，以替代焦炭起提供热量和还原剂的作用，从而降低焦比和生铁成本，是现代高炉冶炼的一项重大技术革命。高炉喷煤代替了较昂贵的焦炭，可以改善高炉的行程，取得较好的经济和社会效益。

我国从 1964 年开始喷煤，是世界上使用喷煤技术较早的国家之一，最早起步的企业是鞍钢、首钢。进入 21 世纪以来，我国高炉喷煤技术有了快速发展，高炉喷煤的一些重要技术问题取得突破，如大高炉喷煤粉分配技术、串联罐软连接连续计量技术、可调混合器调节喷煤量技术、风口单支管煤粉计量技术、流化床出料浓相输送技术等。目前，我国大部分钢铁企业普遍采用烟煤与无烟煤搭配的方式进行高炉煤粉喷吹，目的是通过燃烧性较好的烟煤来促进无烟煤的燃烧，同时通过配加一定比例的无烟煤来维持混合煤的热值，使混合煤在获得良好燃烧性的同时能够维持其较高的热值。喷煤量方面：我国重点企业高炉平均喷煤比的最优值接近 150kg/t，宝钢曾连续保持 200kg/t 的大喷煤量。喷煤结构方面：烟煤和无烟煤配比基本为 1∶1，少数企业烟煤配比曾经达到过 70%，贫瘦煤喷吹技术发展也较快。

2）发展趋势分析

2007～2016 年，我国重点钢铁企业平均喷煤比整体呈上升趋势，如图 3.8 所示。2007 年、2008 年喷煤比维持在 135kg/t 左右，2009 年高炉喷煤比为 145.6kg/t，同比涨幅最大，达到 8.3%；2010～2012 年基本呈微幅上涨的走势；2013 年始，由于铁矿石价格过高、钢铁企业盈利能力变差，高炉冶炼开始大量使用低成本、劣质原料，导致喷煤比急剧下降，直至 2015 年底至 2016 年铁矿石价格大幅下降后，我国钢铁企业重新提高高炉原料品质，喷煤比也基本稳定在 142kg/t 左右。

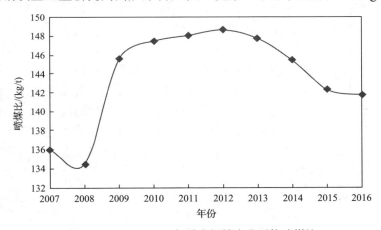

图 3.8　2007～2016 年重点钢铁企业平均喷煤比

3.5.2　非高炉炼铁技术

1. 非高炉炼铁现状

非高炉炼铁法是指除高炉炼铁以外的其他还原铁矿石的方法，主要有直接还原和熔融还原两种技术，可以省去烧结、焦化等主要污染工艺。直接还原指铁矿石在低于熔化温度的条件下还原成海绵铁的生产过程；熔融还原指非高炉炼铁方法中冶炼液态生铁的工艺过程。直接还原炼铁的工业化是从 20 世纪 60 年代才开始的，熔融还原炼铁整体规模仍然较小，非高炉工艺生产的铁约占总产量的 10%。

近年来，我国生铁产量保持在 7 亿 t 左右，非高炉炼铁装备水平取得了一定的进步，但技术发展速度缓慢。直接还原铁(DRI)产量基本在 50 万 t 左右，只占全国生铁产量的 0.07%左右；宝钢建成全球最大的 COREX 熔融还原清洁冶炼系统，为我国非高炉炼铁装备大型化发展做了有益尝试，但是产能仅占全国炼铁产能的 0.3%，并且运行效果和经营效益欠佳。总之，由于我国发展非高炉炼铁受到原燃料质量的限制较大，而高炉炼铁技术经济指标好、工艺简单且可靠、产量大、效益高，我国非高炉炼铁占生铁产量的比例极小。

2. 非高炉炼铁发展情况

1) 直接还原技术

直接还原技术是以天然气或非焦煤为能源，在铁矿石软化温度以下进行还原获得金属铁的方法，产品称为直接还原铁(DRI)或海绵铁，用于替代废钢。以天然气或煤制气为还原剂的称为气基直接还原，其生产效率高、能耗低、操作简单，是直接还原铁生产最主要的方法，但只适合在天然气资源丰富且廉价的地区发展；煤基直接还原法是指以廉价的非焦煤为还原剂，但生产效率低、规模小、操作困难，要用高品位的优质铁矿石。直接还原铁主要生产工艺如下：

A. 竖炉直接还原法

传统的气基竖炉直接还原炼铁以天然气为能源，其发展受到石油、天然气资源的制约，因此，煤制气-竖炉直接还原方法应运而生。南非实现了以 COREX 熔融还原尾气作为 Midrex 竖炉还原气的工业化生产；墨西哥 HYL 公司提出了直接使用焦炉煤气、合成气、煤制气为还原气的 HYL/Energiron 工艺。两种工艺均可应用于天然气资源不足的地区，为以非天然气能源发展气基直接还原工艺开辟了新途径，成为竖炉发展的热点。

B. 回转窑法

回转窑法是煤基直接还原技术中最成熟、规模最大、最主要的工艺方法，在印度、南非、中国等国家和地区得到发展。回转窑法在印度得到了快速发展，除了一些大型回转窑之外，印度还有数百条产能 1.0 万～3.0 万 t/a 的回转窑在运行，回转窑产能约 2000 万 t/a。

我国回转窑直接还原设备有天津钢管集团股份有限公司(简称天津钢管)30 万 t/a、辽宁喀左直接还原铁厂 2.5 万 t/a、北京密云冶金矿山公司 6.2 万 t/a、吉林省桦甸市老金厂冶金矿业总公司回转窑直接还原厂 2.5 万 t/a、山东鲁中矿山集团总公司 5.0 万 t/a、新疆富蕴金山矿冶有限公司 15 万 t/a 等回转窑，基本处于停产状态。天津钢管在引进 DRC(煤基直接还原)技术的基础上进行了大量改造，技术上有了重大进步，最好年份产量超过设计产量 20%，吨产品煤耗仅 900～950kg。

C. 流化床法

流化床法采用粉状原料，铁矿粉单体颗粒在高温还原气流中进行还原，粉矿不必造块，还原速度快，在还原机理上是气基法中最合理的工艺方法，在直接还原开发和发展的过程中备受关注。但生产实践中，因物料流化所需要的气体流量远大于还原所需要的气体流量，还原气一次通过利用率过低，气体循环消耗能量高；流化床是全混床，产品的还原程度不均匀；"失流"及黏结等问题一直困扰流化床生产稳定，至今未得到有效的解决，世界已建成的多个流化床直接还原装置法中只有 Finmet 法和 Circored 法在生产，但产量仅为生产能力的 50%左右，发展严重受挫。

D. 隧道窑法

隧道窑法生产直接还原铁是最古老的炼铁方法之一，世界其他地区隧道窑法仅用于粉末冶金还原铁粉生产的一次还原工序。除中国外，未见到有用隧道窑法生产炼钢用直接还原铁的报道。隧道窑法技术含量低，适合于小规模生产，投资小，符合民营企业投资需要，在中国一度得到大规模的发展。

2) 熔融还原技术

熔融还原技术以非焦煤为能源，在高温熔态下进行铁氧化物还原，渣铁完全分离后得到铁水。其目的是以煤代焦和直接用粉矿炼铁，使炼铁流程简化，污染减少，已经受到许多国家的重视。现已开发出的熔融还原炼铁工艺共有 30 余种，但到目前为止，只有 3 种工艺有较大发展，即 COREX、FINEX 和 HIsmelt 工艺，其中 COREX 和 FINEX 已经实现商业化。

A. COREX 技术

COREX 技术是奥钢联公司 1977 年开始研发的，在 20 世纪 80 年代初期进行了半工业试验，并于 1989 年在南非首次实现工业化应用。目前有 COREX1000（简称 C1000，下同）、C2000、C3000 三种设备规格，规模分别为 30 万 t、80 万 t、150 万 t，达到 2000m^3 级高炉的产能水平。宝钢是目前世界上唯一使用 C3000 的企业，已经转移至新疆地区，国外正在生产的 COREX 分布在南非、韩国及印度。

B. FINEX 技术

FINEX 是在 COREX 的基础上，由韩国浦项公司和奥钢联公司于 1992 年开始联合实施开发的。在通过试验室进行的铁矿流态化还原工艺试验及 150t/d 试验厂流态化还原试验，获得必要的操作数据后，于 2001 年动工，2003 年 5 月建成一座 60 万 t/a 的 FINEX 示范厂。该装置的流化床还原反应器是新设计安装的，同时利用了原有的 COREX 的熔融气化炉。2004 年 9 月开始建设世界第一座 FINEX-3000 设备，年生产铁水能力 150 万 t，2007 年 5 月 30 日正式投产，目前生产运行正常，生产环保指标优于传统的大中型高炉。

C. HIsmelt 技术

由澳大利亚力拓公司与美国纽柯公司、首钢、日本三菱公司四方共同出资进行 HIsmelt 熔融还原的研究，在澳大利亚投产年产 80 万 t 铁水的熔融还原厂。莱芜钢铁集团有限公司与山东墨龙集团合作从澳大利亚力拓公司引进 HIsmelt 技术。目前，HIsmelt 装置的设计生产能力已达到年产 200 万 t 的工业规模。

3. 发展趋势分析

我国从能源储量和合理利用角度考虑，还不能为冶金工业生产提供足够的天然气，生产 1t 直接还原铁需消耗天然气 $400 \sim 500 m^3$，天然气部分的成本已经很高；煤制气工艺的进步能够弥补我国天然气不足的缺陷，但是成本也很高，吨铁需要消耗 $1600 m^3$。因此，我国采用气基竖炉法来生产生铁仍存在成本问题，短期内无法大规模推广。

我国已建成的隧道窑有 200 多座，设计年产能超过 400 万 t。隧道窑罐式法还原的特点是：热效率低、能耗高，吨铁消耗还原煤 $450 \sim 650 kg$，加热用煤 $450 \sim 550 kg$；生产周期长 $(48 \sim 76h)$；污染严重，还原煤灰、废还原罐等固体废弃物多，粉尘多；产品质量不稳定；单机生产能力难以扩大等。因此，隧道窑法不可能成为中国直接还原铁发展的主导方法。

回转窑直接还原的特点包括：对原燃料的要求苛刻、能耗高、投资高、运行费用高、生产运行的稳定难度大、生产规模难以扩大等。因此，回转窑法在资源条件适宜地区、中小规模直接还原铁生产中可能得到运用，但难以成为中国发展直接还原铁的主体工艺。

COREX 技术对原料质量、设备稳定性、操作技术水平要求均较高，我国只有宝钢具有生产经验，但是运营效益较差，不适合一般企业投资。FINEX 虽然不需要焦煤、高品位块矿等紧缺资源，但是对操作技术要求较高，生产成本高，且磁铁矿直接还原还无生产经验。

目前，高炉炼铁在我国仍然是生产效率最高、生产规模最大、技术最成熟、操作系统最完善、生产技术人员最多的炼铁工艺。

3.6　焦炭消费基本情况

3.6.1　焦炭主要消费行业

根据我国国家能源统计分类，焦炭消费从大类上分为工业、农林牧、建筑业、交通、批发、生活及其他，其中工业约占 99.7%；在工业类中，又分成 42 个小类。为简单明确起见，本研究中将大类分为工业和其他行业两大类，工业类中将 42 个小类归纳为钢铁、化工、有色、机械、非金属矿物和其他等 6 类。

据统计，2015 年我国焦炭消费量超过 100 万 t 的产业主要有钢铁行业中的炼铁、铁合金、烧结 3 个细分行业，化工行业中的电石，机械行业中的铸造，有色行业中的工业硅等。其中，炼铁、铁合金、铸造用冶金焦炭均有相应的行业标准，分别为《冶金焦炭》（GB/T 1996—2003）、《铁合金用焦炭》（YB/T 034—2015）、《铸造焦炭》（GB 8729—1988）。2015 年这些主要焦炭消费产品消耗指标大致为：

高炉炼铁吨铁（入炉焦比）耗焦炭约 0.385t、铁合金冶炼吨铁合金耗焦炭 0.6～0.9t（铁合金品种不同，消耗差异较大）、吨电石消耗焦炭约 0.65t、吨烧结矿消耗焦炭约 0.3t。

　　从各行业焦炭质量要求来看，炼铁用焦炭质量要求机械强度、反应后强度较高，反应性、灰分、硫分较低；铸造用焦炭质量要求机械强度较高，灰分、硫分较低；有色、非金属矿物用焦炭质量要求机械强度一般，灰分、硫分要求较低；铁合金、电石、烧结等用焦炭质量要求机械强度、灰分、硫分较低。由此可以看出，炼铁和铸造用焦炭质量需要焦煤和肥煤配比较高，有色、非金属矿物用焦炭质量需要焦煤和肥煤配比一般，铁合金、电石、烧结等用焦炭质量对焦煤和肥煤配比基本没有要求，而且为降低成本，很多铁合金、电石企业已采用半焦（兰炭）作还原剂，不使用常规冶金焦炭。

　　焦炭的主要消费行业包括以下几个。

1. 钢铁行业

　　焦炭在钢铁行业主要用于高炉炼铁，其次作为铁合金冶炼原料和燃料，少部分用作烧结燃料。

1）高炉焦

　　高炉冶炼早期以木炭为主，而后使用了无烟煤，再到后来的高炉几乎都使用焦炭作燃料，并使用喷吹技术，从风口喷吹的燃料已占全部燃料用量的 10%～30%，有的达到了 40%，用作喷吹的燃料主要有无烟煤和天然气。

　　高炉焦是专门用于高炉炼铁的焦炭。高炉焦在高炉中的作用主要有以下几个方面：

　　（1）作为燃料，提供矿石还原、熔化所需的热量。对于一般情况下的高炉，每炼 1t 生铁需焦炭 500kg 左右，焦炭几乎供给高炉所需的全部热能。在风口喷吹燃料并鼓入氧气的情况下，焦炭供给的热能也占全部热能的 70%～80%。焦炭燃烧所提供的热量是在风口区产生的，焦炭灰分低、进入风口区仍保持一定块度是保证燃烧情况良好所必需的条件。

　　（2）作为还原剂，提供矿石还原所需的还原气体 CO。高炉中矿石还原是通过间接还原和直接还原完成的。间接还原是上升的炉气中的 CO 还原矿石，使氧化铁逐步从高价铁还原成低价铁，一直到金属铁，同时产生 CO_2；间接还原反应约从 400℃开始，直接还原在高炉中约 850℃以上的区域开始。高温时生成的 CO_2 又立即与焦炭中的碳反应生成 CO，所以从全过程看，可以认为是焦炭中的碳直接参与还原过程。

　　无论间接还原或直接还原，都是以 CO 为还原剂，为了不断补充 CO，需要焦炭有一定的反应性。

(3) 对高炉炉料起支撑作用，并提供一个炉气通过的透气层。焦炭比较坚固，且在风口区以上始终保持块状，因此它是高炉炉料的骨架。焦炭在高炉中比其他炉料的堆密度小，具有很大空隙度，因为焦炭体积占炉料总体积的 35%～50%，所以起到疏松作用，使高炉中气体流动阻力小，气流均匀，成为高炉顺行的必要条件。高炉焦要求一定块度组成和强度指数，就是为了在高炉中有良好的透气性。

(4) 供碳作用。生铁中的碳全部来源于高炉焦炭，进入生铁中的碳占焦炭中含碳量的 7%～10%。焦炭中的碳从高炉软融带开始渗入生铁；在滴落带，滴落的液态铁与焦炭接触时，碳进一步渗入铁内，最后可使生铁的碳含量达到 4%左右。

2）铁合金焦

铁合金焦是用于矿热炉冶炼铁合金的焦炭。铁合金焦在矿热炉中作为固态还原剂参与还原反应，反应主要在炉子中下部的高温区进行。

冶炼不同品种的铁合金，对焦炭的质量要求不一，生产硅铁合金时对焦炭质量要求最高，所以能满足硅铁合金生产的铁合金焦，一般也能满足其他铁合金生产的要求。

硅铁合金生产对焦炭的要求是：固定碳含量高，灰分低，灰中有害杂质 Al_2O_3 和 P_2O_5 等的含量要少，焦炭反应性好，焦炭电阻率特别是高温电阻率要大，挥发分要低，有适当的强度和适宜的块度，水分少而稳定等。

2. 化工行业

在化工行业，焦炭主要作为生产电石的原料，少部分用于生产煤气。

电石用焦是在生产电石的电弧炉中作导电体和发热体用的焦炭。电石用焦加入电弧炉中，在电弧热和电阻热的高温（1800～2200℃）作用下，和石灰石发生复杂的反应，生成熔融状态的碳化钙（电石）。电石用焦应具有灰分低、反应性高、电阻率大和粒度适中等特性，还要尽量除去粉末和降低水分。其化学成分和粒度一般应符合如下要求：固定碳>84%，灰分<14%，挥发分<2%，硫分<1.5%，磷分<0.04%，水分<1.0%，粒度根据生产电石的电弧炉容量而定，粒度合格率要求在90%以上。

气化焦是专用于生产煤气的焦炭，主要用于固态排渣的固定床煤气发生炉内，作为气化原料，生产以 CO 和 H_2 为可燃成分的煤气。由于产生 CO 和 H_2 的过程均是吸热反应，需要的热量由焦炭的氧化、燃烧提供，因此气化焦也是气化过程的热源。气化焦要求灰分低、灰熔点高、块度适当和均匀。其一般要求如下：固定碳>80%，灰分<15%，灰熔点>1250℃，挥发分<3%，粒度 15～35mm 和>35mm 两级。冶金焦虽可以用作气化焦，但受炼焦煤资源和价格等的限制，一般不用冶金焦制气。以高挥发分黏结煤为原料生产的气煤焦，块度小、强度低，不适用于高炉冶炼，但其气化反应性好，可取代气化焦用于制气。

3. 机械行业

在机械行业，焦炭是铸造企业利用化铁炉熔铁的主要燃料，一般称之为铸造焦，其作用是熔化炉料并使铁水过热，以及支撑料柱保持其良好的透气性。因此，铸造焦应具备块度大、反应性低、气孔率小、具有足够的抗冲击破碎强度、灰分和硫分低等特点。

4. 有色行业

焦炭用于铜、铅、锌、钛、锑、汞等有色金属的鼓风炉冶炼，起还原剂、发热剂和料柱骨架作用，还用于工业硅的冶炼，主要作为还原剂。有色金属用焦炭与钢铁行业高炉炼铁和铁合金用焦炭质量要求类似，可参考冶金焦质量标准。

3.6.2　焦炭分行业消费量

2015 年我国生产焦炭 44778 万 t，进口焦炭 0.34 万 t，可以忽略不计，出口焦炭 985 万 t，焦炭表观消费量为 43793 万 t。根据《中国能源统计年鉴 2016》统计，2015 年焦炭实际消费量为 44058 万 t，多消费的 265 万 t 估计为库存消耗。

在 2015 年焦炭实际消费量中，工业类消费量为 43923 万 t，占比 99.69%，与 2005 年占比 99.03%相比，进一步加大。其他行业消费量为 135 万 t，占比 0.31%，比重非常小，与 2005 年占比 0.97%相比，进一步缩小，从今后发展看，占比将更小。

从分行业看(图 3.9)，钢铁行业消费量最大，为 37594 万 t，占比 85.33%；其次是化工行业，消费量为 3644 万 t，占比 8.27%；第三是机械行业，消费量为 907 万 t，占比 2.06%；第四是非金属矿物制品行业(包括玻璃及玻璃制品、非耐火制

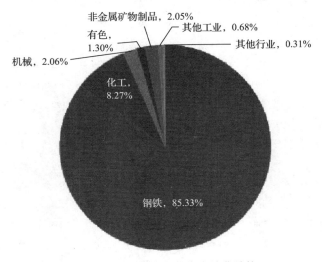

图 3.9　2015 年分行业焦炭消费结构

陶瓷制品、耐火陶瓷、黏土烧结砖、瓦及建筑用品、石材、磨料、石棉等)消费量
为 904 万 t，占比 2.05%；第五是有色行业，消费量为 574 万 t，占比 1.30%；第六
是其他工业，消费量为 300 万 t，占比 0.68%；第七是其他行业，消费量为 135 万 t，
占比 0.31%。

2005 年和 2010～2015 年我国分行业焦炭消费情况见表 3.10。

表 3.10   2005 年和 2010～2015 年我国分行业焦炭消费情况

序号	行业分类	2005年焦炭消费量/万t	行业所占比例/%	2010年焦炭消费量/万t	2011年焦炭消费量/万t	2012年焦炭消费量/万t	2013年焦炭消费量/万t	2014年焦炭消费量/万t	2015年焦炭消费量/万t	行业所占比例/%
一	全国焦炭生产量	25412		39167	43177	44323	47636	47691	44778	
二	焦炭进口量	0		11	12	8	3	0	0	
三	焦炭出口量	1276		335	330	102	467	851	985	
四	焦炭表观消费量	24136		38843	42859	44229	47172	46840	43793	
	焦炭库存变化量	−969		140	796	−576	1320	−46	−265	
五	焦炭实际消费量	25105	100.00	38703	42063	44805	45852	46886	44058	100.00
(一)	工业类消费量	24861	99.03	38599	41952	44695	45694	46750	43923	99.69
1	钢铁行业	21591	86.00	33877	35699	38597	39634	40433	37594	85.33
1.1	黑色金属冶炼	21429		33448	35449	38367	39313	40146	37336	
1.2	金属制品	78		76	65	104	141	100	100	
1.3	矿山	84		353	185	126	180	187	158	
2	化工	1801	7.17	2568	3016	3179	3268	3465	3644	8.27
2.1	石油加工、炼焦等	77		93	84	74	68	46	65	
2.2	化学原料和制造	1724		2475	2932	3105	3200	3419	3579	
3	机械	637	2.54	991	1469	1096	976	962	907	2.06
3.1	通用设备	456		657	1182	839	695	699	684	
3.2	专用设备	69		126	78	45	54	75	68	
3.3	汽车制造	94		169	176	185	199	162	129	
3.4	电气	17		27	25	18	17	14	12	
3.5	计算机	1		12	8	9	11	12	14	
4	有色	413	1.65	608	697	631	596	632	574	1.30
4.1	有色冶炼	397		592	683	617	586	622	565	
4.2	有色矿山	16		16	14	14	10	10	9	
5	非金属矿物制品行业	208	0.83	386	904	987	1048	1040	904	2.05
6	其他	211	0.84	169	167	205	172	218	300	0.68
6.1	农副食品等	9		15	14	12	10	10	141	

续表

序号	行业分类	2005年焦炭消费量/万t	行业所占比例/%	2010年焦炭消费量/万t	2011年焦炭消费量/万t	2012年焦炭消费量/万t	2013年焦炭消费量/万t	2014年焦炭消费量/万t	2015年焦炭消费量/万t	行业所占比例/%
6.2	煤炭矿山	37		43	51	65	80	88	63	
6.3	电力	65		23	24	8	11	51	40	
6.4	非金属矿山	13		9	8	46	11	7	7	
6.5	其他行业(纺织、食品、家具、资源利用等)	87		79	70	74	60	62	49	
(二)	其他行业(交通、餐饮、生活等)消费量	244	0.97	104	111	110	158	136	135	0.31
1	建筑业	18		6	5	6	8	10	7	
2	交通运输	1		0	0	0	2	3	3	
3	批发零售	64		5	9	7	36	47	40	
4	其他	8		3	2	2	5	5	5	
5	生活消费	90		43	41	38	38	36	31	
6	农林牧等	63		47	54	57	69	35	49	

3.6.3　焦炭分地区消费量

1. 我国焦炭分地区消费量分析

2015 年我国焦炭各地区消费总量为 40132 万 t，与全国各行业实际消费总量 44058 万 t 相比，要少 3926 万 t。从分地区焦炭消费量来看，2015 年华北地区焦炭消费量最多，为 12248 万 t，占比 30.52%，其次分别是华东、中南、东北、西南和西北地区，消费量分别为 11033 万 t、6562 万 t、3906 万 t、3313 万 t 和 3071 万 t，占比分别为 27.49%、16.35%、9.73%、8.25%和 7.66%。

从 2005～2015 年焦炭消费量分区占比增减幅来看，2015 年与 2005 年相比，西北地区增幅居第一，增加 3.46 个百分点，其次分别是华东、中南、东北地区，各增加 2.92 个、2.52 个、0.24 个百分点，而华北和西南地区分别下降了 5.04 个和 4.1 个百分点。为此，从焦炭消费行业看，2005～2015 年，西北、华东、中南地区发展速度较快，而华北、西南地区则相对处于消费下降趋势。

2. 我国焦炭分省份消费量分析

2015 年我国焦炭省份消费总量居前五位的分别是河北、山东、江苏、辽宁和河南，焦炭消费量分别为 7726 万 t、3704 万 t、3589 万 t、3188 万 t 和 2844 万 t，占比分别为 19.25%、9.23%、8.94%、7.94%和 7.09%。

　　从 2005～2015 年焦炭消费量分省份占比增减幅来看，2015 年与 2005 年相比，增幅居前五的省份分别是河南、江苏、陕西、新疆和宁夏，占比分别增加 2.77 个、2.01 个、1.33 个、1.09 个和 0.92 个百分点，降幅居前五的省份分别是山西、云南、北京、上海和重庆，占比分别减少 4.11 个、3.13 个、1.73 个、1.17 个和 1.02 个百分点。为此，从焦炭消费行业看，2005～2015 年河南、江苏、陕西、新疆等省份发展态势相对较快，而山西、云南、北京、上海等省份则相对处于下降趋势。2005 年、2010～2013 年和 2015 年我国分地区、分省份焦炭消费情况见表 3.11。

表 3.11　2005 年、2010～2013 年和 2015 年我国分地区、分省份焦炭消费情况

序号	地区/省份	2005 年焦炭消费量/万 t	所占百分比/%	2010 年焦炭消费量/万 t	2011 年焦炭消费量/万 t	2012 年焦炭消费量/万 t	2013 年焦炭消费量/万 t	2015 年焦炭消费量/万 t	所占百分比/%
	全国焦炭消费量合计	23000	100.00	36240	39473	41118	40686	40132	100.00
一	华北地区	8179	35.56	12209	13260	13668	13242	12248	30.52
(一)	北京	397	1.73	220	33	32	1	0	0.00
(二)	天津	330	1.43	664	709	883	955	905	2.26
(三)	河北	4498	19.56	7319	8400	8402	8340	7726	19.25
(四)	山西	2140	9.30	2589	2559	2939	2146	2083	5.19
(五)	内蒙古	814	3.54	1417	1559	1412	1801	1533	3.82
二	东北地区	2182	9.49	4075	4417	4443	4259	3906	9.73
(一)	辽宁	1703	7.41	3163	3386	3442	3201	3188	7.94
(二)	吉林	337	1.46	641	758	670	720	533	1.33
(三)	黑龙江	142	0.62	271	273	331	338	186	0.46
三	华东地区	5652	24.57	9259	10199	10326	10517	11033	27.49
(一)	上海	631	2.74	717	714	673	640	631	1.57
(二)	江苏	1593	6.93	2663	3151	3170	3191	3589	8.94
(三)	浙江	164	0.71	443	470	451	446	428	1.07
(四)	安徽	538	2.34	910	948	996	1049	1165	2.90
(五)	福建	281	1.22	685	729	650	655	626	1.56
(六)	江西	453	1.97	773	872	879	855	892	2.22
(七)	山东	1993	8.66	3068	3315	3506	3680	3704	9.23
四	中南地区	3180	13.83	5122	5369	5759	5567	6562	16.35
(一)	河南	994	4.32	1743	2053	2222	1817	2844	7.09
(二)	湖北	685	2.98	1121	1173	1114	1114	1030	2.57
(三)	湖南	757	3.29	1089	852	1072	1076	1145	2.85

续表

序号	地区/省份	2005 年焦炭消费量/万 t	所占百分比/%	2010 年焦炭消费量/万 t	2011 年焦炭消费量/万 t	2012 年焦炭消费量/万 t	2013 年焦炭消费量/万 t	2015 年焦炭消费量/万 t	所占百分比/%
（四）	广东	300	1.31	486	552	546	585	543	1.35
（五）	广西	442	1.92	682	740	805	975	1000	2.49
（六）	海南	2	0.01	0	0	0	0	0	0.00
五	西南地区	2840	12.35	3266	3438	3788	3740	3313	8.25
（一）	重庆	388	1.69	299	378	504	209	270	0.67
（二）	四川	895	3.89	1354	1439	1563	1760	1853	4.62
（三）	贵州	334	1.45	381	403	382	423	310	0.77
（四）	云南	1223	5.32	1231	1218	1339	1348	879	2.19
（五）	西藏	0	0.00	0	0	0	0	0	0.00
六	西北地区	966	4.20	2310	2789	3134	3360	3071	7.66
（一）	陕西	251	1.09	731	794	895	935	970	2.42
（二）	甘肃	424	1.85	542	601	654	667	615	1.53
（三）	青海	42	0.18	160	156	196	230	249	0.62
（四）	宁夏	70	0.30	229	357	378	418	489	1.22
（五）	新疆	179	0.78	648	880	1011	1110	749	1.87

注：我国港澳台地区数据未统计在内。

3.6.4　焦化企业基本情况

1. 钢铁联合焦化企业

1）炼焦装备能力及焦炭产量

2016 年我国拥有焦炭生产能力 6.68 亿 t，其中常规焦炉 1300 余座，形成生产能力 5.85 亿 t，占 87.6%，兰炭（半焦）炉 170 余组，形成生产能力约 6600 万 t，占 9.9%，热回收焦炉 20 余座，形成生产能力约 1700 万 t，占 2.5%。由于考虑到常规焦炉和热回收焦炉全部采用炼焦煤炼焦，兰炭炉采用长焰煤或弱黏结性煤炼焦，为简单起见，不统计兰炭炉能力及产量，同时将常规焦炉和热回收焦炉能力、产量合并统计，即 2016 年我国采用炼焦煤为原料的常规焦炉和热回收焦炉焦炭生产能力为 6.02 亿 t。

2016 年我国钢铁联合焦化企业拥有常规焦炉生产能力约 1.94 亿 t、热回收焦炉生产能力 130 万 t，两者合计为 1.95 亿 t，占我国常规焦炉和热回收焦炉生产能力的 32.4%；独立焦化企业拥有常规焦炉生产能力约 3.91 亿 t、热回收焦炉生产能力 1670 万 t,两者合计为 4.08 亿 t,占我国常规焦炉和热回收焦炉生产能力的 67.8%。

2016 年我国生产焦炭 44912 万 t,其中常规焦炉产量约 40742 万 t,兰炭炉产量约 3070 万 t,热回收焦炉产量约 1100 万 t,常规和热回收焦炉焦炭产量合计为 41842 万 t。

2016 年我国钢铁联合焦化企业常规焦炉产量约 1.50 亿 t,热回收焦炉产量 138 万 t,两者合计为 1.51 亿 t,没有兰炭炉产能;独立焦化企业常规焦炉产量约 2.57 亿 t,热回收焦炉产量 0.097 亿 t,两者合计为 2.68 亿 t。

据统计,2016 年我国主要钢铁联合焦化企业拥有常规、热回收炼焦装备生产能力的车间或分厂 57 家(含集团,实际掌控单个企业 75 家),拥有焦炭产能 1.81 亿 t,约占全国钢铁企业常规、热回收焦炉焦炭总产能的 92.8%,实产焦炭 1.41 亿 t,约占全国钢铁企业常规、热回收焦炉焦炭总产量的 93.4%,剩余约 7.2%产能及 6.6%产量基本是中小型钢铁联合焦化企业,拥有常规、热回收焦炭产能大多在 60 万 t 以下。

2)技术水平评价

根据中国钢铁工业协会 2005 年发布的《钢铁企业主要生产设备装备技术水平等级划分办法》以及焦化行业的发展情况,可认为顶装 7m、7.63m,捣固 6.25m 焦炉属于国际先进或国内领先水平,顶装 6m、5.5m,捣固 6m、5.5m 焦炉属于国内先进水平,顶装 4.3m、捣固 4.3m 焦炉属于国内一般水平。热回收焦炉国家规定禁止新建,属于国内一般水平。

2016 年我国主要钢铁联合焦化企业炼焦生产装备中达到国际先进(国内领先)和国内先进水平焦炉生产能力分别为 4441 万 t 和 9823 万 t,产能分别占 25%和 54%;国内一般水平焦炉产能为 3841 万 t,占 21%。

3)焦炭质量

2016 年我国主要钢铁联合焦化企业焦炭(冶金焦)平均质量指标分别为 M40(抗碎强度)87.33%、M10(耐磨强度)6.14%、CSR(焦炭反应后强度)65.25%、CRI(焦炭反应性)23.05%、灰分 12.46%、硫分 0.79%。

4)炼焦分煤种需求

2016 年我国钢铁联合焦化企业常规、热回收焦炉总共需要炼焦洗精煤为 1.98 亿 t,其中焦煤 0.85 亿 t、肥煤 0.32 亿 t、气煤 0.62 亿 t、瘦煤 0.19 亿 t。

2. 独立焦化企业

1)炼焦装备能力及焦炭产量

根据 2004 年国家发改委首发《焦化行业准入条件(2004 版)》和 2008 年工信部修订《焦化行业准入条件(2008 年修订)》以及 2014 年工信部再修订《焦化行业准入条件(2014 年修订)》规定,焦炭生产规模 60 万 t 是准入的必要条件,为此,相关研究统计对象主要是 60 万 t 规模以上独立焦化企业。

2016 年我国拥有常规、热回收炼焦装备生产能力的主要独立焦化企业有 258 家，焦炭产能 3.35 亿 t，约占全国独立焦化企业常规、热回收焦炉焦炭总产能的 82.3%，实产焦炭 2.34 亿 t，约占全国独立焦化企业常规、热回收焦炉焦炭总产量的 87.6%，剩余约 17.7% 产能及 12.4% 产量基本是 60 万 t 以下焦炭规模的独立焦化企业。

2) 技术水平评价

2016 年我国主要独立焦化企业炼焦生产装备中达到国际先进（国内领先）和国内先进水平的焦炉生产能力分别为 1510 万 t 和 14680 万 t，产能分别占 4.51% 和 43.82%；国内一般水平焦炉产能 17303 万 t，占 51.65%。

3) 炼焦分煤种需求及来源（分进口和国内）

2016 年我国独立焦化企业常规焦炉、热回收焦炉总共需要炼焦洗精煤为 3.52 亿 t，其中焦煤 1.26 亿 t、肥煤 0.42 亿 t、气煤 1.42 亿 t、瘦煤 0.42 亿 t。

为此，本部分研究可以得出，2016 年我国焦化行业常规焦炉、热回收焦炉总共需要炼焦洗精煤约 5.5 亿 t，其中焦煤 2.11 亿 t、肥煤 0.74 亿 t、气煤 2.04 亿 t、瘦煤 0.61 亿 t。按采购来源划分，进口为 0.59 亿 t，国内采购为 4.92 亿 t，此外，兰炭（半焦）炉还需要长焰煤和弱黏结性煤 0.4 亿 t，需要在国内采购解决。

3.7　钢铁及其他工业对焦炭的消费分析

目前，高炉炼铁在我国仍然是生产效率最高、生产规模最大、技术最成熟、操作系统最完善、生产技术人员最多的炼铁工艺。高炉冶炼对铁矿资源的适应性强，因此，在焦炭资源有保障且政策允许的条件下，高炉冶炼仍是首选炼铁工艺。

焦炭在高炉炼铁中是不可缺少的炉料，在高炉炼铁精料技术中占有重要的地位。不同水平的高炉装备，产能和焦比是不同的。在我国炼铁工业发展过程中，很短时期内个别企业多座高炉也曾有过焦比低于 300kg/t，燃料比低于 480kg/t。但是近年来遇到铁矿石质量降低、精料水平差等问题，高炉操作技术有待提高，片面追求高冶炼强度和高喷煤量而忽视燃料比，至今还没有一座高炉能稳定并长期维持焦比在 300kg/t 以下、燃料比在 480kg/t 以下。我国高炉炼铁的平均燃料比在 540kg/t 左右，焦比（含焦丁）在 385kg/t 左右，较欧洲、日韩等的焦比高出 50kg/t 以上。

2005～2016 年，我国重点钢铁企业平均焦比整体呈下降趋势，2007 年、2008 年焦比在 410kg/t 左右；2009 年迅速降低至 390kg/t，较 2007 年降幅最大，降幅达到 4.9%；2010 年保持下降走势；2011 年开始，焦比没有明显的下降趋势，基本稳定在 385kg/t 左右。焦炭提供热源的主导作用不会改变，这就决定了理论焦比最低值，理论计算得出高炉炼铁的最低焦比为 250kg/t。低于最低值，高炉炼铁就难以正常生产，或经济上不合算。欧洲和日韩等国家和地区高炉焦比的先进值曾达到 280kg/t，一般可维持在 300kg/t 左右。我国钢铁行业高炉焦比的首要目标值应降低至 340kg/t 左右。

需要注意的是，在高喷煤比条件下，焦炭的骨架作用更加突出，相对应焦炭的质量要求也会越来越高。否则，难以实现高喷煤比，高炉炼铁不能正常生产。另外，高炉大型化以后料柱明显增高，炉料的压缩率提高导致透气性变差，特别是炉缸容积变大以后，炉缸的焦炭状态对高炉生产的影响增大。因此，新形势下高炉冶炼对焦炭的粒度、冷态强度、反应性、反应后强度等提出了更高的要求。

从我国目前各行业焦炭消费情况来看，炼铁用焦炭质量要求比较高，铸造用焦炭质量要求次之，有色、非金属矿物用焦炭质量要求较低，铁合金、电石、烧结等用焦炭质量要求最低。为此，可以根据用途把焦炭炼焦煤配比分成 4 大部分：

(1)炼铁高炉用焦炭约占焦炭产量的 75%(包含炼铁筛下焦丁焦粉用于烧结部分)，其中钢铁联合企业占 34%，独立焦化企业占 41%。2005～2011 年，随着小高炉的大量淘汰、大批大高炉的新建，对焦炭质量要求逐步提高，钢铁联合企业焦煤配比逐步增加，6 年间增加了 2.93 个百分点，肥煤也增加了 0.88 个百分点。2005～2016 年主要钢铁联合企业焦化工序煤配比见表 3.12。

表 3.12　2005～2016 年我国主要钢铁联合企业平均炼焦煤配比情况

序号	年份	焦炭产量/万 t	炼焦煤消耗量/万 t	炼焦煤配比/%			
				焦煤	肥煤	瘦煤(含贫瘦煤)	气煤(含 1/3 焦煤、气肥煤)
1	2005	6657	8780	40.39	16.81	8.67	34.13
2	2007	8068	10646	39.56	17.71	8.30	34.43
3	2009	9879	13030	41.18	17.61	9.25	31.97
4	2010	10392	13710	41.74	17.11	8.14	33.01
5	2011	11478	15047	43.32	17.69	8.30	30.69
6	2012	12093	15845	42.66	18.15	7.90	31.30
7	2013	12497	16375	42.85	17.38	7.88	31.88
8	2014	12094	15831	41.55	16.77	8.62	33.07
9	2015	11790	15435	41.51	15.53	9.63	33.34
10	2016	14130	18489	43.14	15.99	9.67	31.20

(2)铸造用焦炭约占焦炭产量的 2%，平均炼焦煤配比大致为：焦煤占 45%、肥煤占 12%、瘦煤占 12%、气煤占 31%，平均炼焦煤配比数十年基本未变。

(3)有色、非金属矿物等用焦炭约占焦炭产量的 3%，平均炼焦煤配比大致为：焦煤占 40%、肥煤占 6%、瘦煤占 8%、气煤占 46%，平均炼焦煤配比数十年也基本未变。

　　(4)铁合金、电石用焦炭可以分成两部分,一部分约占焦炭产量 13%,平均炼焦煤配比大致为:焦煤和肥煤之和占 40%以下,瘦煤占 10%以下,气煤占 50%以上,过去炼焦煤配比一直是在降低焦煤和肥煤配比,但变化比例非常小;另一部分约占焦炭产量 7%,全部采用半焦,采用长焰煤或弱黏结性煤作原料,不需要炼焦煤,这部分产量未包含在独立焦化配煤比炼焦煤产量中。

　　另据中国海关统计数据,2016 年我国焦炭出口量为 1011.88 万 t,年度进口量为 467.4t;2017 年我国焦炭出口量为 809.54 万 t,年度进口量为 0.97 万 t。

　　根据课题组对我国炼焦原煤生产和炼焦的调研信息,原煤入选率平均为 0.70,洗煤回收率平均在 0.55 左右,炼焦焦炭产出率为 0.76,即炼焦煤原煤到焦炭的转化率仅为 0.3。按此计算,2015 年我国焦炭表观消费量为 43793 万 t,则需炼焦原煤量 14.60 亿 t;2016 年国内焦炭表观消费量为 43899.6 万 t,则需炼焦原煤量 14.63 亿 t;2017 年国内焦炭表观消费量为 42334.1 万 t,则需炼焦原煤量 14.11 亿 t (由于近年来,每年从国外进口炼焦精煤 6000 多万吨,每年可节约原煤采出近 2 亿 t)。由此可见,我国对炼焦煤的需求量是巨大的,按照 2016 年统计的 300 多亿吨的经济可采储量,可见我国炼焦煤资源的开发形势严峻。

第4章 中国矿产资源开发利用的经验教训

4.1 炼焦煤资源过度开采与浪费的现状

4.1.1 资源浪费的现状

由于我国炼焦煤结构矛盾突出,优质炼焦煤(灰分小于 20%,硫分小于 2%,强黏结性,可选性为易选的焦煤、肥煤和瘦煤)十分稀缺,煤炭资源中 1/3 焦煤和气煤过多,焦煤和肥煤产量偏低,导致我国冶金焦强度不高,多以 2、3 级为主。我国气煤、1/3 焦煤占 45.73%,焦煤占 23.61%,肥煤、气肥煤占 12.81%,贫煤、贫瘦煤占 15.89%。许多地区的炼焦煤矿面临资源枯竭,后备资源不足,炼焦煤资源的剩余生产服务年限不足 30 年。

1. 大高炉冶炼、配煤时过度依赖主焦煤

(1)我国目前高炉炼铁发展迅速。

自 20 世纪 90 年代后期,我国钢铁产业进入迅速发展阶段,高炉大型化的步伐也随之加快,建成了一批 2500m³ 和 3000m³ 级的高炉,最大的可以达到 5500m³。据不完全统计,截至 2017 年底,我国有炼铁、炼钢能力的钢铁企业有 565 家,共有炼铁高炉约 1000 座,高炉炼铁总产能约 10 亿 t。

(2)目前高炉炼铁中对焦煤、肥煤过度依赖。

钢铁行业高炉大型化将增加对焦煤、肥煤的配比,大型高炉要求的原燃料质量要比中小高炉高,需要提高炼焦的主焦煤配比。为生产优质焦炭,国内外大多数钢铁企业一般采用"精煤炼焦"的办法,配用高达 60%~80%的稀缺优质炼焦煤,劣质煤炭虽价格低廉却用量不多。

(3)目前在冶金工业中其他煤种存在技术瓶颈,还无法替代主焦煤。

容积越大的高炉,要求的焦炭质量越高,大型高炉要求的原燃料质量十分苛刻。因此,我们应依靠炼焦科技进步,逐步减少主焦煤的配比,在不影响焦炭质量前提下,实现我国炼焦工业的可持续发展。

2. 过度依赖国内市场自主供应,进口量偏少

自 2012 年,炼焦煤进口量已基本稳定在炼焦煤总需求量的 10%左右。2016 年我国炼焦精煤供应量 4.44 亿 t,消费量 5.34 亿 t,其中进口炼焦精煤 5930 万 t。可以看出,我国炼焦煤消费量进口所占比例很小,85%以上的炼焦煤资源还需要

国内自主供应。2007～2016 年我国炼焦精煤进口量数据见表 4.1。

表 4.1　我国炼焦精煤进口量　　　　　　单位：万 t

国家	2007 年	2008 年	2009 年	2010 年	2011 年	2012 年	2013 年	2014 年	2015 年	2016 年
澳大利亚	285.5	135.2	272.2	173.8	125.5	1390	3020	3130	2590	2682
蒙古	311.9	353.9	398	1504.9	2061.5	1910	1540	1480	1270	2356
加拿大	22.3	56	326	350.5	444.8	720	1110	720	570	518.8
俄罗斯	6	21	191	456	431.1	480	840	580	320	262
美国	0	7	51	347	359	450	610	210	10	0
其他国家	618.3	112.9	2203.8	1894.8	1582.1	410	420	130	50	111.2
合计	1244	686	3442	4727	5004	5360	7540	6240	4810	5930

3. 开采意识粗放，没有应采尽采

炼焦煤因超前开采而吃紧，在生产上仍存在炼焦煤资源回收性浪费现象。究其原因，一方面有些地方和煤矿企业为追求产量和经济效益而"采肥弃瘦"，人为丢弃煤炭资源；另一方面，资源赋存条件复杂、开采技术条件不成熟等客观因素，对炼焦煤资源回采率造成影响。同时，也存在炼焦煤资源回采率管理制度不完善、监管不到位、管理弱化等问题。许多国有地方煤矿和乡镇煤矿的资源回收率很低，资源浪费十分严重，特别是有的中小煤矿对厚煤层不能做到全部开采，近半数的煤炭资源得不到回收。因此，国家应建立严格的煤炭资源开采考核机制，加大对具有战略意义的稀缺煤种的保护。

4. 地方政府供电紧张时将炼焦煤用于供电浪费

当电煤供应紧张时，部分地区为保证电力供应，将一些炼焦煤煤种作为动力煤使用，如云南、贵州等。扣除因硫分高、灰分高、难洗而不适合作为炼焦用煤的产量以外，据统计 2017 年仍有 30%左右(约 3 亿 t)的优质炼焦煤被作为动力煤使用。

5. 气煤开发利用的不合理和不充分

按中国煤炭资源和煤炭统计分类，炼焦煤包括气煤、肥煤、焦煤、瘦煤及过渡性煤种等。其中，肥煤、焦煤和瘦煤是炼焦的骨架性煤种，是炼焦煤的"主角"，即没有这些煤种为原料就炼不出高质量的焦炭。其他煤种在炼焦配煤中是"配角"，占的比例很小。气煤是我国已探明炼焦煤储量中占有比例较大的煤种之一，其变质程度低，但挥发分较高，黏结性普遍弱于气肥煤、肥煤、1/3 焦煤和焦煤等。气煤的分子结构中侧链多且长，含氧量高，热解时不仅侧链从缩合芳环上断开，侧

链本身又在氧键处断开，产生的产物分子量小，热解过程中可生成不同数量的胶质体，其热稳定性较差，易于分解，黏结性较弱、流动性强，在生成半焦时可分解出大量的挥发性物质，能产生较多的煤气和较多的焦油。所以可以看出气煤是有很大发展潜力的煤种，可以大力发展对气煤的技术研究，充分开发其潜在价值。另外，气煤大多具有低灰、低硫的特点，配煤炼焦可以显著降低焦炭的灰分、硫分等有害成分，同时减少焦化污染物排放，缓解冶金生产对大气环境的影响，是最具开发潜力的炼焦煤煤种。但不少焦炭企业焦炉装备水平低，不注重科学配煤方法炼焦，气煤和气肥煤在炼焦配煤中的比例一般仅占5%~7%。

4.1.2 资源回收性浪费因素分析

1. 炼焦煤资源赋存条件

我国炼焦煤资源中等偏下的赋存条件是炼焦煤资源回采率低下的自然因素。我国炼焦煤资源赋存地质构造复杂，资源开采条件属中等偏下，近50%的储量处于地质构造复杂和高瓦斯地区。在国有重点煤矿中，地质构造复杂或极其复杂的煤矿占36%，水文地质条件复杂或极其复杂的煤矿占27%，多数大中型煤矿顶板岩性属于Ⅱ类(局部不平)、Ⅲ类(裂隙比较发育)；Ⅰ类(平整)顶板仅占11%，Ⅳ类、Ⅴ类(破碎、松软)约占5%；开采深度大，绝大多数矿井为井工开采，露天矿仅占5%。2004年，大中型煤矿采深大于600m的矿井数量占28.47%；具有煤尘爆炸危险性的煤矿占87.37%，具有煤尘强爆炸性的煤矿占60%以上，煤层具有自燃发火危险的煤矿占47.29%。另外，动力灾害与热害对我国煤炭开采影响严重。这些客观的赋存条件限制都对炼焦煤资源回采率造成影响。

2. 炼焦煤资源开采技术能力因素

我国煤矿地质精查度普遍偏低，导致许多矿井原始设计存在缺陷，井田划分不合理，矿井后期生产系统延伸困难，增加不必要的煤柱和边角煤损失。资源矿井回采率一般不到50%。大部分矿井是井工开采，多数采用长壁采煤法，留下三大煤柱，造成很大的资源浪费。

过去中小煤矿管理层片面追求短期利益，忽视了资源的合理回收和开发利用，采煤方法落后，开拓布局不合理，生产技术条件差，留下大量边角煤和保护煤柱难以开采，浪费严重。

进入21世纪以来，由于市场需求旺盛，煤炭回采率监管不严格，很多煤矿企业回采率下降都与其片面追求产量和经济效益，不惜增加开采损失、缩短矿井服务年限有关。在利益的驱动下，煤炭资源开采中越权审批、无证采矿、乱采滥挖、采富弃贫、采易弃难、越界开采、争抢资源、整块煤田被随意分割肢解、重复建设等问题比较突出。有的煤炭企业单纯追求产量，采厚丢薄，将符合开采条件的薄煤层丢弃不采。有的煤炭企业对厚煤层采取"吃菜心"式的开采方式，条件优越的厚煤层上留顶煤、下留底煤，采煤机从中间走一遭就结束了，造成煤层永久性破坏，无法再开采。

3. 炼焦煤资源洗选能力因素

炼焦原煤质量普遍下降，灰分快速增加。东部、中部部分地区煤炭资源已经基本开发完毕。这些煤矿大多已经长时间、大强度开发，资源枯竭严重，为了维持生产，不得不加大开采深度，不少矿区矿井开发深度已经超过 1200m。除开发难度加大、安全隐患大外，煤质普遍下降，原煤灰分、硫分明显上升，毛煤灰分多在 40%以上，个别的灰分已经达到 50%～60%。

随着东部、中部老矿区的深部开采，原煤硫分大大增加，普遍上升 1 个百分点以上，原煤硫分超过 2%的不在少数，而且有机硫的比例大幅度上升，主要产煤省中东部的安徽、江苏、山东和中部的山西显得尤为严重。

我国大多数炼焦煤是难选煤或极难选煤，过去主要采用跳汰选煤法，选煤效率较低。炼焦精煤灰分偏高，不能满足市场需求。选煤设备不能按照用户煤炭质量特征进行设计制造，而是一种型号供给所有用户。部分选煤企业在积极开展产品结构优化，生产细分产品。副产品利用率低，洗矸、煤泥等选煤副产品难以外销，处置困难。

4. 炼焦煤资源开采管理因素

对煤炭资源回收率的政策和监管不到位。虽然国家发改委出台了《生产煤矿回采率管理暂行规定》（国家发展和改革委员会令第 17 号），规定"第十六条　煤矿企业应当根据地质条件和煤层赋存状况，选择合理的采煤方法，不得吃肥丢瘦、浪费煤炭资源。第十七条　矿井开采煤层群时，应当按照由上而下的顺序进行开采，不得弃采薄煤层"，并规定了生产煤矿的回采率标准。由于《生产煤矿回采率管理暂行规定》仅是一部暂行性的部门规章，立法的层级较低，现有的煤炭回采率的计量方法不详细，各种煤炭储量的核算和调整比较模糊，回采率标准主要是按照煤层厚度分类规定的，其分档、分类比较粗糙，加上国家对煤炭行业的管理弱化，煤炭资源回收率的统计和监管工作不严格，导致政府部门对生产煤矿资源回收率的问题缺乏有效监管，监管工作也难以发挥奖优罚劣的督促作用。

5. 市场价格政策因素

我国炼焦煤价格波动幅度大。例如，2008 年下半年受国际经济危机影响，炼焦煤价格大幅下降，降幅接近 50%；2012～2015 年受需求萎缩、产能过剩的影响，炼焦煤价格再次大幅下降了近 60%。当炼焦煤市场需求大幅下降时，企业竞相压价，炼焦煤的品质优势不再显现，强黏结的焦肥煤价格大幅缩水，而作为配煤使用的气煤、1/3 焦煤、贫瘦煤更无价格优势，一些炼焦煤被当作电煤用，直接燃烧掉，浪费了优质资源。

6. 物流条件因素

运输瓶颈等客观原因导致一些地方出现把炼焦煤用于动力煤的现象。在运输上，不同品种的煤炭未实现分装分运，而且部分地区精煤的运价比原煤运价高，打击了煤炭企业发展洗选加工的积极性。

环境保护问题对煤炭生产和运输的影响力在逐渐增大。环渤海港口禁止汽车运输煤炭集港。2017 年 4 月 20 日天津市港航管理局发布通知要求，为严格落实《京津冀及周边地区 2017 年大气污染防治工作方案》，自 2017 年 5 月 1 日起天津港不再接收柴油货车运输的集港煤炭。2017 年 5 月河北沧州为落实最严格的环境保护制度，要求 2017 年 9 月底前，沧州港口煤炭实现主要由铁路运输，禁止接收柴油车运输的集疏港煤炭。2017 年 9 月 18 日曹妃甸港口物流园管理委员会发布关于禁止汽运煤集港的通知，要求到 2017 年 9 月 30 日禁止汽运煤炭集港。2017 年 10 月 1 日起，河北省港口全面禁止柴油货车运输集疏港煤炭。

环渤海港口汽运集港被禁后，一方面使得主产地以汽运为主的贸易商供应减少，直接影响到北方港口煤炭调入量，使得中小型下游企业的煤炭需求受到干扰；另一方面使得铁路运输压力加大，京津冀及周边区域的煤炭汽运大量转移至铁路运输，使西煤东运、北煤南调等跨区域的运输需求大幅增加，铁路运力紧张使得港口现货资源偏紧，从而导致用煤高峰期煤价波动幅度变大。

7. 其他因素

小煤矿开采条件差，原煤回收率较低，煤质资源一般都较差，缺乏低硫低灰的主焦煤等紧缺煤种。在煤炭价格上行、煤矿利润好转的环境下，一些私营小煤矿或在复产进程中，或仍在提产甚至超产。由于小煤矿矿井规模小，装备、技术相对落后，防灾抗灾能力弱，安全保障度低，小煤矿发生矿难的概率相对较大，安全保障能力是淘汰关闭小煤矿的主要理由和标准。近些年来，国家加大了对小煤矿的关闭退出力度。

随着煤炭去产能工作的深入推进，一批无效低效产能加快退出，煤矿违法违规建设和超能力生产得到有力遏制。全国煤矿数量已从 2015 年的 1.08 万处减少到 2017 年的 7000 处左右。煤炭企业兼并重组的实施，将进一步提高产业集中度，煤炭企业平均规模将明显扩大，中低水平煤矿数量明显减少。生产煤矿产能大多集中在 100 万～500 万 t，合计产能规模 14.36 亿 t，占比达到 43.04%。生产煤矿单井平均规模 85 万 t/座，建设煤矿矿井 92 万 t/座，相比增长 7 万 t/座，规模化程度有所提高。

从产能分布区域看，中南、西南、东北、华东等四大区 30 万 t 级小型煤矿居多，产能分布小而散，规模化程度较低，开采平均成本较高，属于供给侧改革的主要去产能区域，未来将会加速退出与整合重组的进程。西北、华北地区，尤其是以鄂尔多斯-榆林-忻朔地区为代表的"三西"地区，500 万 t 级以上大矿居多，单井平均产能高，规模化程度较高。

从 2014 年国家就已经规定 30 万 t 以下的小型煤矿不再新建。随着对小煤矿的整治力度加大，全国 30 万 t 及以下小煤矿也将全部关闭或退出。山西已经关闭或退出 90 万 t 以下的煤矿。《黑龙江省煤炭行业淘汰落后产能化解过剩产能专项整治工作方案》（黑政规〔2018〕13 号）明确规定，现有单井生产能力 15 万 t/a 以下且不具备扩建到 30 万 t/a 及以上规模的煤矿，2018 年底前一律淘汰关闭退出；新核准的扩建项目单井建设规模不得低于 30 万 t/a。《贵州省人民政府关于煤炭工业淘汰落后产能加快转型升级的意见》（黔府发〔2017〕9 号）规定，2017 年全部淘汰退出 9 万 t/a 煤矿，2019 年底前全部淘汰退出 15 万 t/a 煤矿和 21 万 t/a 煤矿。到 2020 年，贵州省煤矿全部为 30 万 t/a 及以上，其中大中型煤矿产能占 80%以上。

随着小煤矿的大幅关闭以及煤炭企业的兼并重组、矿井规模化程度和机械化程度的提高，煤炭资源回收率也有较大幅度的提升。

4.1.3　国家炼焦煤保护性政策执行情况

国家对稀缺煤种的控制正在收紧。2012 年，国家已出台了《特殊和稀缺煤类开发利用管理暂行规定》（以下简称《规定》），自 2013 年 1 月 9 日起实施。《规定》提出了国家对特殊和稀缺煤类实行保护性开发利用，坚持统一规划、有序开发、总量控制、高效利用的原则，禁止乱采滥挖和浪费行为，并规定较高矿井采区回采率和限制利用范围等。《规定》称的特殊和稀缺煤类，是指具有某种煤质特征、特殊性能和重要经济价值，资源储量相对较少的煤炭种类，包括肥煤、焦煤、瘦煤和无烟煤等。国家发改委首批公布的特殊和稀缺煤类矿区范围中，"肥煤、焦煤和瘦煤"三个炼焦煤类涉及河北、山西、内蒙古、辽宁、黑龙江、江苏、安徽、山东、河南等 17 个省区市；其中，山西省有西山、汾西、霍州、霍东、离柳、乡宁和潞安 7 家入选矿区。

《规定》缺乏具体的执行措施，对矿区、煤种的界定太宽泛，对实施主体的针对性不强等，导致执行力减弱，无法检查企业的执行情况。

一个企业的煤种很多，有的一个矿井煤种也有很多种，其中肥煤、焦煤和瘦煤属于稀缺煤种，但同时也生产一些动力煤，还有一些洗出来的劣质焦煤也是作为动力煤销售。国家没有任何机构对这些独立的煤种分开进行总量统计，所以对稀缺煤种生产总量和回采率的控制很难实施。同一个煤矿的不同煤层可能生产不同的煤，生产过程中又同时开采两层的煤，需要经过洗选才能分离出不同的煤，则回采率就更难分开进行统计。

《规定》要求，如果生产企业超过省级煤炭行业管理部门安排的产量限额进行生产的，由省级煤炭行业管理部门责令限期改正，逾期不改正的，处三万元的罚款。对于任一家煤炭企业而言，三万元的罚款相对于超额生产获得的经济利益显得微不足道。《规定》赋予省级煤炭行业管理部门很多监督管理权利，但是煤炭行业管理部门不受第三方的监管，其监管行为很可能演变为寻租行为，最终可能会默许煤炭生产企业超额生产。

4.2　矿产资源开发与出口的经验教训

4.2.1　石油资源开发与出口的经验教训

石油作为高效不可再生能源，对国民经济的发展起着至关重要的作用；同时，石油作为当今世界最重要的战略性资源之一，其产量不但是确保国家石油安全的现实需要，也是提高国际竞争力的重要因素。

新中国成立后，经济建设和大规模军事行动导致对石油需求急剧上升，中国石油产量远不能满足经济恢复和国家安全需要，中国需要大量进口石油。1959 年大庆油田发现之后，中国的原油产量从 12 万 t 跃升到近 400 万 t。因此，从 1959 年开始，中国石油进口依存度开始下降，之后开始少量出口。尽管严格意义上来说，中国依然是石油净进口国家，但是很显然，中国的石油进出口地位开始发生变化，进入了由净进口国向净出口国转变的过渡时期。1972 年以后中国原油生产继续高歌猛进，1973 年原油产量突破 5000 万 t，1978 年突破亿吨大关，连创历史新高。

20 世纪 70 年代和 80 年代初期，随着油价攀升，石油出口成为国家重要创汇来源。1980～1985 年，石油出口成为中国出口创汇的第一支柱产业，1985 年我国石油出口创汇达到历史最高点，为 67 亿美元，占当年外贸出口总额的 25%。在改革开放初期，通过石油出口积累了大量的外汇资金，有利于引进国外先进技术和设备，推动了中国现代化进程，因此，当时的石油出口在我国对外贸易和国民经济发展中占有十分重要的地位。

1985 年之后，随着我国经济持续高速发展，国内石油消费量急剧增加，原油产量却进入缓慢增长期，石油出口开始减少，而进口却迅速增加。1986 年进口量上升到 350 万 t，1989 年超过 1000 万 t。1993 年原油和成品油进口总量达到 3296 万 t，中国重新成为石油净进口国。21 世纪初以来，中国日益依靠进口石油来满足国内不断增长的石油需求,进口依存度不断上升,2012 年达到 58%,2017 年已经超过 68%。

　　1977 年,政府提出可以用多一点的煤炭和石油来换外汇,这也就是著名的"石油换外汇"战略。到 1985 年,中国出口原油 3600 万 t,为中国带来 67 亿美元的创汇,相当于当年外贸总额的 25%。然而情况很快发生了变化,中国的能源陷入了危机。国内对石油的需求越来越大,石油逐渐供不应求,中国由石油出口国变成石油进口国,大量的石油需要从国外进口。但是由于七八十年代签订的合同还未到期,还需要履行,于是形成了现在"又进口又出口"的局面。一些产油大国看中了这点,对出口到中国的石油肆意涨价,平均每桶要高出 1～3 美元,我国每年因此要多花 20 亿美元的冤枉钱。

4.2.2　稀土资源开发与出口的经验教训

　　稀土元素氧化物是指元素周期表中原子序数为 57～71 的 15 种镧系元素氧化物,以及与镧系元素化学性质相似的钪和钇共 17 种元素的氧化物。它是一种重要的战略资源,在石油、化工、冶金、纺织、永磁材料等领域都有广泛的应用。

　　中国并非世界上唯一拥有稀土的国家,却在过去几十年担任了供应世界大多数稀土的角色,结果付出了破坏自身天然环境与消耗自身资源的代价。

　　中国稀土储量的下降与私自开采的泛滥有着直接的关系,高额利润导致了不法分子铤而走险,经过半个多世纪的超强度开采,中国稀土资源保有储量及保障年限不断下降,主要矿区资源加速衰减,原有矿山资源大多枯竭。此外,稀土的出口走私比较严重。受国内国际需求等多种因素影响,虽然中国海关将稀土列为重点打私项目,但稀土产品的出口走私现象仍然存在。稀土金属行业市场调查分析报告显示,2006～2008 年,国外海关统计的从中国进口稀土量,比中国海关统计的出口量分别高出 35%、59% 和 36%,2011 年更是高出了 1.2 倍。

　　由于我国高端应用研发的滞后,国内在稀土运用方面仍较为薄弱。而价格方面,企业间竞争激烈,中国的稀土行业饱受拥有资源却在价格方面没有话语权之苦,西方发达国家用我们出口的稀土资源做成高技术产品后再以数倍的价格卖回中国。以低端产品为主的产业结构直接导致我国出口了大量的宝贵资源却没有获得较好的经济效益。中国生产的稀土产品主要是中低端产品,国内使用的高端产品则大部分需要进口。日本、美国、法国等发达国家已经掌握了生产稀土功能材料的核心技术,形成了系列专利,制约了中国稀土产业向产业链高端的转移。

　　近年来,我国政府高度重视稀土资源的综合利用,积极实施稀土保护性战略措施:①加强离子型稀土矿山地质构造研究,积极开发绿色开采技术,提高稀土回收率;②积极促进稀土元素的平衡利用,鼓励镧、铈等轻稀的应用研究与替代技术;③大力支持发展循环经济,开发稀土二次资源回收利用;④国家出台环境保护策略,促进稀土资源与环境的协调发展;⑤调整优化产业结构,促进稀土行业持续健康发展。2015 年,国家出台《国土资源部关于规范稀土矿钨矿探矿权采矿权审批管理的通知》，对于保护优势资源，规范稀土矿、钨矿矿业权审批管理，发挥重要作用，取得明显成效。

4.2.3　钨矿资源开发与出口的经验教训

钨是一种难熔的稀有金属，钨金属具有十分优良的物理和化学性质，因此被应用于很多重要领域，如电子、冶金、石油以及航空航天等。因此，很多发达国家都将钨资源列为战略性资源并进行储备。钨矿是中国的优势矿种之一，储量丰富。截至 1987 年末，全国已探明钨矿产地 271 处，保有储量达数百万吨，其中工业储量占 45%。在保有储量中，白钨矿占 52.4%，黑钨矿占 33.1%，黑白钨混合矿占 14.5%。

我国以 35% 的钨资源向世界提供着 80%～90% 的供应量。除去国内消费的少部分钨外，我国大部分的钨资源都用于出口。尽管从表面上看我国的钨产品出口贸易处于绝对的垄断地位，但事实上我国并没有获得应有的利润。这主要是由于我国钨生产能力的盲目扩大，钨消费能力又十分有限，生产出来的钨产品大部分要送往国外市场，造成了企业之间竞争激烈，大部分企业不得不进行低价竞销，造成国家在钨产品出口贸易中损失惨重。另外，我国出口产品结构不合理，一直以来都是以低附加值的初级冶炼产品为主，出口的钨产品中初级产品占到了出口总量的 75% 以上。因此，我国钨产品的出口价格一直都维持在较低的水平。而发达国家在进口 APT 等原料性产品进行加工后，又以高价向我们出口技术含量高、附加价值大的钨制品。更为严重的是，钨资源的盲目开采使得我国部分钨资源矿已趋于枯竭。

4.2.4　铁矿资源开发与出口的经验教训

铁矿石是钢铁业的基础资源，由于我国国民经济发展对钢铁行业需求旺盛，铁矿石需求量逐年递增。我国铁矿资源储量尽管位居世界第五，但因人口众多，人均占有量仅 36.23t（世界人均占有量为 51.19t），并且我国资源开发利用水平低，对矿产资源的综合开发利用发展缺少战略管理思维与制度建议，致使资源盲目地开采，损失、浪费现象比较严重。统计数据显示，2017 年我国铁矿进口量为 107539.82 万 t，进口金额为 7595987.67 万美元。出口方面，2017 年铁矿出口量为 545.07 万 t，出口金额为 42241.85 万美元。目前，我国是世界最大的铁矿石消费国，消耗着全球 1/3 左右的铁矿石资源，仅依靠国内铁矿石资源产量已无法满足需求，因而成为全球最大的铁矿石进口国。在这种过分依赖进口及自身资源储备不足的情况下，近十几年来我国铁矿石的出口量一直都维持在很低的水平。中国超大规模进口推高了铁矿石价格，促使铁矿石到岸价格一路飙升，加上掌控全球铁矿资源缺少，在过度进口的压力下，定价权缺失，相关贸易谈判呈相当被动态势，造成我国利用国外铁矿资源的成本和难度不断增加。

综上所述，中国炼焦煤剩余探明储量有限，其中优质主焦煤的储量不足炼焦煤资源的 1/3，难以持续满足中国钢铁行业对焦炭的需求。总结我国浪费炼焦煤的几个主要途径：

(1)由于认识上和技术上的多重原因，存在开采上的浪费现象；

(2)配煤技术落后，优质主焦煤等煤种用量过多；

(3)技术落后，气煤等煤种利用途径单一；

(4)焦化布局不合理，在运输和资源利用上有较大浪费；

(5)部分焦煤被用作动力煤浪费。

炼焦煤是钢铁工业的粮食，是稀缺资源。在炼焦煤资源开采与利用方面务必牢记我国在石油资源、稀土资源和相关矿产资源开采与消费中的经验教训，不能再重蹈历史的覆辙。为了确保国家的钢铁工业长期稳定地发展，必须重视对稀缺炼焦煤资源的保护性开采与利用的战略性研究。

第5章 中国炼焦煤资源需求分析

5.1 炼焦煤资源需求分析的基本方法

我国炼焦煤的消耗数量与我国钢铁工业的发展水平和生产能力密切相关，而钢铁的生产和消费能力又与一个国家的经济总量以及发展阶段密切相关。因此，要做出中国宏观经济对炼焦煤资源的需求分析，首先要对中国宏观经济的发展做出预测，在此基础上，还要依据国民经济发展的不同阶段对钢铁的需求以及钢铁对炼焦煤需求的规律，做出 GDP 与粗钢产量的关联性分析、粗钢产量与生铁产量的关联性分析、生铁产量与焦炭产量的关联性分析以及焦炭需求量与炼焦煤需求量的关联性分析，这一系列的关联性分析，构成了钢铁工业对炼焦煤资源的需求分析。同时，还要分析在中国宏观经济的发展过程中非钢铁工业对炼焦煤资源的需求。上述两者之和即为中国宏观经济对炼焦煤资源的总需求，其逻辑分析框图如图 5.1 所示。

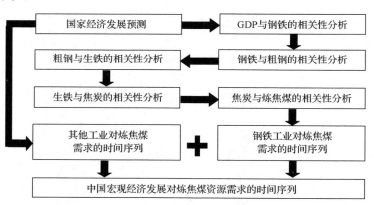

图 5.1 中国宏观经济对炼焦煤资源需求分析方法

表 5.1 给出了我国 2001~2016 年的 GDP、粗钢产量和生铁产量统计数据，它可以为 GDP 和粗钢、生铁、焦炭、炼焦煤的国内产出之间的关联性分析提供直观观察依据。

对变量之间关联性的分析，最基本的方法，一是考察两个变量的联动性，二是考察两个变量趋势的一致性或变异性。考察变量之间联动关系常用的统计指标是环比指数，考察两个变量趋势的一致性或变异性常用的统计指标是定基指数。

表 5.1　中国 2001～2016 年的 GDP、粗钢产量和生铁产量统计数据

年份	GDP/亿元	粗钢产量/万 t	生铁产量/万 t	焦炭产量/万 t	炼焦原煤产量/万 t
2001	110863	15103	14541	13131	53100
2002	121717	18225	17075	14280	40700
2003	137422	22234	20231	17776	78100
2004	161840	27279	25185	20619	85500
2005	187319	35579	33041	26512	89600
2006	219439	42102	40417	30074	55500
2007	270232	49490	46818	33105	95600
2008	319516	50049	46765	32314	100300
2009	349081	56784	54583	35744	111000
2010	413030	65000	57500	38658	95300
2011	489301	69500	63448	43433	122500
2012	540367	71654	66507	43832	131500
2013	595244	78179	70673	48179	133300
2014	643974	81568	70873	47981	127300
2015	689052	79739	69154	44823	124500
2016	744127	80667	69518	44912	109600

数据来源：国家统计局官方网站、《中国矿产资源报告》和山西汾渭能源信息服务有限公司。

首先，定义两个环比指数序列的动态关联性。

设单位时间间隔 $[t, t+1)$，称为时间窗口。设序列 1 的窗口变化速率为 $k_1(t)$，序列 2 的窗口变化速率为 $k_2(t)$，定义窗口相关系数：

$$r(t) = \frac{1 + k_1(t) \cdot k_2(t)}{\sqrt{1 + k_1^2(t)} \sqrt{1 + k_2^2(t)}}$$

其绝对值的大小反映两个序列的窗口"同态性"，即同增同减且变化幅度相近的态势。

由于环比指数通常具有平稳性，数据围绕水平均值线上下波动，窗口相关系数是凹性变量，即窗口观测值的增减不代表整体关联性的向好或变差。因此，宏观评价整个观察期两个变量的关联性，采用窗口相关系数绝对值的几何平均值为评价指数，称之为关联系数。

其次，定义两个定基指数序列的趋势变异性。

在时间窗口 $[t, t+1)$ 上，定义窗口变异系数：

$$\sigma(t) = 1 - \frac{k_1(t)}{k_2(t)}$$

其绝对值的大小反映两个序列演化趋势的窗口背离程度，符号的正或负反映窗口变化速率的相对快慢。

由于定基指数往往具有指数趋势，数据围绕趋势线波动，窗口变异系数可以理解为凸性变量，即窗口观测值的增大代表整体关联性下降。因此，宏观评价整个观察期两个变量的趋势变异性，采用窗口变异系数绝对值的算术平均值为评价指数，称之为变异系数。

5.2　宏观经济预测分析

5.2.1　经济发展预测的动力学原理

经济学预测的依据是经济指标的动力学性质，对宏观经济的未来态势进行预测分析，存在两种不同的技术路线：

(1)基于需求分析的多因素叠加分析，下位需求是宏观经济指标演化的动力源。多因素叠加分析便于解释一个经济系统中相互关联的各个要素之间的结构关系。应用的困难在于对宏观经济指标影响因素的选择和多因素联动关系的统计观测，结构关系的建模与参数估计严重依赖统计数据的概率特征，预测应用仍然需要对各个因素的未来发展态势进行时间序列分析。

(2)宏观经济指标时间序列的趋势和周期性演化特征的辨识分析，指标演化的动力抽象归结为系统的"惯性"和"弹性"。时间序列分析理论中，基础是时间序列(指标)的"惯性"和"弹性"，如果指标表征的事物"体量"越大、影响因素越多且每一个因素都不能从根本上左右指标的取值，则其"惯性"和"弹性"越好，预测分析的结论越稳定。

以 GDP 为宏观经济指标的多因素叠加分析中，各个因素的随机性扰动远大于GDP 本身。特别是中长期预测分析中，由于各个因素的"惯性"和"弹性"较差，通过结构模型传递给宏观的 GDP，往往导致 GDP 预测结论的不确定性增加。因此，对于 GDP 的中长期预测分析，直接采用时间序列分析，预测的结论更可信赖。时间序列分析包括指数分析和结构分析。

指数分析主要讨论发展速度指数和增长速度指数，如大家熟知的定基指数、环比指数和同比指数，也分析一些如物价指数、全要素劳动生产率、科技贡献率等特定经济与管理学意义的指数。

结构分析主要讨论隐藏在时间序列背后的"惯性"和"弹性"特征，通常表述为"趋势性"和"波动性"特征。时间序列的趋势性包括确定性趋势和随机游走两类，时间序列分析理论已经建立起有效且完备的、基于自相关性检验、偏相关性检验、单位根检验、协整检验、因果关系检验等统计分析技术的模型辨识方法体系，以及相应的模型参数估计方法体系。

　　由科技革命引发的生产力进步是宏观经济指标趋势性演化的动力源，趋势的辨识主要依赖差分分析。确定性趋势往往采用统计拟合方法建模，趋势模型通常在幂函数族或指数函数族中，借助模型辨识技术进行选择。趋势的随机游走反映的是经济系统受到大量的随机性因素的干扰后产生的系统结构的漂移性变化，模型的辨识和建立一般需要大量的历史数据，在宏观经济中长期预测应用中往往需要数十年的连续观测。

　　在宏观经济指标的分析与预测中，波动性由"经济周期"描述。经济周期，是经济运行中周期性出现的经济扩张与紧缩交替更迭、循环往复的一种现象，通常采用正（余）弦曲线进行数学描述。对周期性特征的经济学诠释有四阶段学说（图 5.2）和两阶段学说（图 5.3）。四阶段学说将一个周期的变化分割为繁荣、衰退、萧条、复苏四个阶段；两阶段学说则简单地区分为收缩和扩张两个阶段。

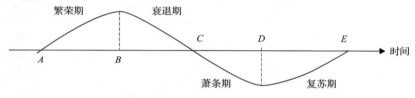

图 5.2　宏观经济周期四阶段学说示意图

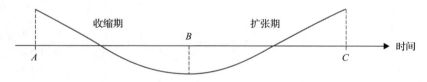

图 5.3　宏观经济周期两阶段学说示意图

　　普通民众最为敏感的是经济衰退期。这一时期消费者需求和投资急剧下降，对劳动的需求和产出下降，企业利润急剧下滑，股票价格和利率一般也会下降。

　　通常，出现"实际 GDP 至少连续两个季度下降"即可初步判定经济进入衰退期。规模广且持续时间长的衰退即为萧条。

　　从周期的成因来看，可以将宏观经济周期归结为 4 个类型：

　　(1)短周期：成因复杂，主要反映金融杠杆因素的影响，周期长度约 3 年。

　　(2)中短周期：主要反映政府经济政策因素的影响，以国民收入、失业率和大多数经济部门的生产、利润和价格的波动为标志，周期长度为 5～10 年。

　　(3)中长周期：主要反映一个国家和地区大规模基础建设和中长期经济发展规划因素的影响，周期长度为 15～25 年。

　　(4)长周期：由生产力要素创新与普及性应用引发，反映全球性经济与社会的革命性变化历程。

　　此外，组织或政府的管理行为会对指标演化进程带来一定的影响。

显然，经济周期同科技革命密切相关，此间技术的升级与更替，生产力水平和生产组织形式之间的矛盾运动，上层建筑和经济基础之间的矛盾运动是形成经济长周期循环的根本因素。

5.2.2　基于 GDP 定基指数的中国经济发展预测

分析未来中国经济发展对钢铁、焦炭和炼焦煤的需求量，首先需要对宏观经济指标的历史和现状进行理性的观察。这里，以 1978～2016 年的中国 GDP 统计数据为宏观经济指标的统计观察与分析的对象，建立基于定基指数的 GDP 预测模型（表 5.2）。

表 5.2　全国 1978～2016 年 GDP 数据

年份	GDP/亿元	定基指数	环比指数
1978	3678.7	100	111.7
1979	4100.5	107.6	107.6
1980	4587.6	116	107.8
1981	4935.8	122	105.1
1982	5373.4	132.9	109
1983	6020.9	147.3	110.8
1984	7278.5	169.6	115.2
1985	9098.9	192.4	113.4
1986	10376.2	209.6	108.9
1987	12174.6	234.1	111.7
1988	15042.8	252.0	107.9
1989	17179.7	271.3	104.2
1990	18872.9	281.9	103.9
1991	22005.6	308.1	109.3
1992	27194.5	351.9	114.2
1993	35673.2	400.7	113.9
1994	48637.5	453	113
1995	61339.9	502.6	111
1996	71813.6	552.5	109.9
1997	79715.0	603.5	109.9
1998	85195.5	650.8	109.2
1999	90564.4	700.7	107.8
2000	100280.1	760.2	107.7
2001	110863.1	823.6	108.3
2002	121717.4	898.8	109.1

续表

年份	GDP/亿元	定基指数	环比指数
2003	137422.0	989	110
2004	161840.2	1089	110.1
2005	187318.9	1213.1	111.4
2006	219438.5	1367.4	112.7
2007	270232.3	1562	114.2
2008	319515.5	1712.8	109.7
2009	349081.4	1873.8	109.4
2010	413030.3	2073.1	110.6
2011	489300.6	2270.8	109.5
2012	540367.4	2449.2	107.9
2013	595244.4	2639.2	107.8
2014	643974.0	2831.8	107.3
2015	689052.1	3027.2	106.9
2016	744127.2	3269.1	106.7

数据来源：国家统计局官方网站(http://www.stats.gov.cn/)。

1. 中国 GDP 定基指数的演化趋势

采用增量分析与建模技术，考察一阶差分特征。

数据处理发现，2001 年以后中国 GDP 定基指数的发展特征由如下差分方程近似。

$$y_t - y_{t-1} = \alpha t + \beta$$

求差分方程解，由递推关系：

$$y_t - y_{t-1} = \alpha t + \beta$$
$$y_{t-1} - y_{t-2} = \alpha(t-1) + \beta$$
$$\vdots$$
$$y_{t_0+1} - y_{t_0} = \alpha(t_0 + 1) + \beta$$

求和得

$$y_t - y_{t_0} = \alpha \frac{(t + t_0 + 1)(t - t_0)}{2} + \beta(t - t_0)$$

$$y_t = y_{t_0} + \alpha \frac{(t + t_0 + 1)(t - t_0)}{2} + \beta(t - t_0)$$

整理为如下模型：

$$y(t) = A(t + 2002)(t - 2001) + B(t - 2001) + C$$

由 2001 年（基年）到 2016 年中国 GDP 定基指数数据拟合这一模型，模型参数的线性最小二乘估计为 $A = 0.5194$, $B = -2066.8$, $C = 95$，即

$$\hat{y}(t) = 0.5194(t + 2002)(t - 2001) - 2066.8(t - 2001) + 95 \tag{5.1}$$

模型 (5.1) 的最小显著概率 $p = 5.2 \times 10^{-20}$，拟合剩余标准差 $\sigma = 3.30$。

2. 中国 GDP 的中短周期

由于趋势模型拟合剩余标准差较大，故对趋势模型的残差进行矫正建模。观察模型 (5.1) 的残差数据：

$$\varepsilon(t) = y(t) - \hat{y}(t), \qquad t = 2001, 2002, \cdots, 2016$$

可见 $T=10$ 的周期性波动，拟合模型

$$\varepsilon(t) = A^{(1)} \sin\left(\frac{2\pi}{15} t + \varphi^{(1)}\right)$$

进行非线性最小二乘参数估计得 $A^{(1)} = 3.5713$, $\varphi^{(1)} = 1.3369$。

进一步观察拟合残差

$$\varepsilon^{(1)}(t) = \varepsilon(t) - \hat{\varepsilon}(t), \qquad t = 2001, 2002, \cdots, 2016$$

可见 $T=15$ 的周期性波动，拟合模型

$$\varepsilon^{(1)}(t) = A^{(1)} \sin\left(\frac{2\pi}{15} t + \varphi^{(1)}\right)$$

进行非线性最小二乘参数估计得 $A^{(1)} = 1.1052$, $\varphi^{(1)} = 0.2339$。

于是，中国 GDP 定基指数的预测模型为

$$y(t) = \hat{y}(t) + \hat{\varepsilon}(t) + \hat{\varepsilon}^{(1)}(t) + \varepsilon, \qquad \varepsilon \sim N(0,1) \tag{5.2}$$

模型对 2001～2016 年统计数据的拟合结果见表 5.3。

表 5.3 全国 2001～2016 年 GDP 定基指数与模型拟合数据

年份	GDP 定基指数	模型 (5.2) 的拟合值	拟合偏差	相对误差/%
2001	100	98.7	−1.3	1.3
2002	109.1	109.7	0.6	0.5
2003	120	121.0	1.0	0.8
2004	132.1	133.6	1.5	1.1
2005	147.2	148.2	1.0	0.7
2006	165.9	165.4	−0.5	0.3
2007	189.4	185.0	−4.4	2.3
2008	207.8	206.6	−1.2	0.6
2009	227.3	229.2	1.9	0.8
2010	251.4	252.1	0.7	0.3
2011	275.3	274.5	−0.8	0.3
2012	297	296.6	−0.4	0.1
2013	320.2	318.9	−1.3	0.4
2014	343.6	342.1	−1.5	0.4
2015	367.3	367.1	−0.2	0.1
2016	396.3	394.3	−2.0	0.5

拟合剩余标准差 $\hat{\sigma}=1.68$，平均相对误差为 0.7%。模型的拟合效果见图 5.4。

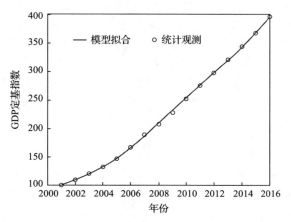

图 5.4 全国 2001～2016 年 GDP 定基指数模型拟合效果

对模型 (5.2) 残差进行自相关性检验，残差数据存在随机模式。由于建模的目的是中长期外推预测，因此忽略随机模式对拟合效果的影响，由模型 (5.2) 对 2017～2065 年的中国 GDP 定基指数进行外推预测。

3. 中国 GDP 中短周期的惯性特征

统计拟合模型的外推应用，必须明确统计观测数据中蕴涵的经济指标演化过程的"系统惯性"或"系统记忆性"，这是统计拟合模型预测步长的理论约束。

通常，时间序列分析与预测，由序列的自相关系数度量"系统惯性"或"系统记忆性"强度。这需要较长的历史观测数据的支撑，理论上外推预测 20 步，需要80～100 期的历史观测数据。显然，我们不具备对中国 GDP 的发展外推预测 30～50年所需的历史数据。因此，我们提出了一种基于周期自相似性的、由中短期观测数据拟合出的数学模型进行中长期预测可行性的判断方法。这一方法的基本思想是考察以周期长度 T 为时间窗口宽度的一步新陈代谢向量的自相似度。由于中国 GDP 定基指数存在 $T=10$ 和 $T=15$ 的周期性波动，据此我们利用中国 1978～2016 年的 GDP统计数据，分别构造了长度 $T=10$ 和 $T=15$ 的 GDP 定基指数一步新陈代谢向量，记为

$$\alpha(i) = (x_{i0}, x_{i1}, \cdots, x_{i(T-1)}), \qquad i = 1978, 1979, \cdots, (2016-T)$$

式中：$x_{i0} = 100$，具体数据见表 5.4 和表 5.5。

表 5.4　窗口宽度 $T=10$ 的一步新陈代谢 GDP 定基指数数据

基年	延时									
	1	2	3	4	5	6	7	8	9	10
1978	100	111.5	124.7	134.2	146.1	163.7	197.9	247.3	282.1	330.9
1979	100	111.9	120.4	131	146.8	177.5	221.9	253	296.9	370.2
1980	100	107.6	117.1	131.2	158.7	198.3	226.2	265.4	330.9	374.5
1981	100	108.9	122	147.5	184.3	210.2	246.7	307.6	348.1	382.4
1982	100	112.1	135.5	169.3	193.1	226.6	282.5	319.7	351.2	409.5
1983	100	120.9	151.1	172.3	202.2	252.1	285.3	313.5	365.5	451.7
1984	100	125	142.6	167.3	208.6	236	259.3	302.3	373.6	490.1
1985	100	114	133.8	166.8	188.8	207.4	241.8	298.9	392.1	534.5
1986	100	117.3	146.3	165.6	181.9	212.1	262.1	343.8	468.7	591.2
1987	100	124.7	141.1	155	180.8	223.4	293	399.5	503.8	589.9
1988	100	113.2	124.3	145	179.1	235	320.4	404.1	473.1	525.1
1989	100	109.9	128.1	158.3	207.6	283.1	357	418	464	495.9
1990	100	116.6	144.1	189	257.7	325	380.5	422.4	451.4	479.9
1991	100	123.6	162.1	221	278.7	326.3	362.2	387.2	411.6	455.7
1992	100	131.2	178.9	225.6	264.1	293.1	313.3	333	368.8	407.7
1993	100	136.1	171.9	201.3	223.5	238.8	253.9	281.1	310.8	341.2
1994	100	126.1	147.7	163.9	175.2	186.2	206.2	227.9	250.3	282.5
1995	100	117.1	130	138.9	147.6	163.5	180.7	198.4	224	263.8
1996	100	111	118.6	126.1	139.6	154.4	169.5	191.4	225.4	260.8
1997	100	106.9	113.6	125.8	139.1	152.7	172.4	203	235	275.3
1998	100	106.3	117.7	130.1	142.9	161.3	190	219.9	257.6	317.2
1999	100	110.7	122.4	134.4	151.7	178.7	206.8	242.3	298.4	352.8
2000	100	110.6	121.4	137	161.4	186.8	218.8	269.5	318.6	348.1

续表

基年	延时									
	1	2	3	4	5	6	7	8	9	10
2001	100	109.8	124	146	169	197.9	243.8	288.2	314.9	372.6
2002	100	112.9	133	153.9	180.3	222	262.5	286.8	339.3	402
2003	100	117.8	136.3	159.7	196.6	232.5	254	300.6	356.1	393.2
2004	100	115.7	135.6	167	197.4	215.7	255.2	302.3	333.9	367.8
2005	100	117.1	144.3	170.6	186.4	220.5	261.2	288.5	317.8	343.8
2006	100	123.1	145.6	159.1	188.2	223	246.3	271.3	293.5	314
2007	100	118.2	129.2	152.8	181.1	200	220.3	238.3	255	275.2

表 5.5　窗口宽度 $T=15$ 的一步新陈代谢 GDP 定基指数数据

基年	延时														
	1	2	3	4	5	6	7	8	9	10	11	12	13	14	15
1978	100	111.5	124.7	134.2	146.1	163.7	197.9	247.3	282.1	330.9	412.7	467	513	598.2	739.2
1979	100	111.9	120.4	131	146.8	177.5	221.9	253	296.9	370.2	419	460.3	536.7	663.2	870
1980	100	107.6	117.1	131.2	158.7	198.3	226.2	265.4	330.9	374.5	411.4	479.7	592.8	777.6	1060.2
1981	100	108.9	122	147.5	184.3	210.2	246.7	307.6	348.1	382.4	445.8	551	722.7	985.4	1242.8
1982	100	112.1	135.5	169.3	193.1	226.6	282.5	319.7	351.2	409.5	506.1	663.9	905.2	1141.5	1336.5
1983	100	120.9	151.1	172.3	202.2	252.1	285.3	313.5	365.5	451.7	592.5	807.8	1018.8	1192.7	1324
1984	100	125	142.6	167.3	208.6	236	259.3	302.3	373.6	490.1	668.2	842.8	986.7	1095.2	1170.5
1985	100	114	133.8	166.8	188.8	207.4	241.8	298.9	392.1	534.5	674.1	789.3	876.1	936.3	995.3
1986	100	117.3	146.3	165.6	181.9	212.1	262.1	343.8	468.7	591.2	692.1	768.2	821.1	872.8	966.4
1987	100	124.7	141.1	155	180.8	223.4	293	399.5	503.8	589.9	654.8	699.8	743.9	823.7	910.6
1988	100	113.2	124.3	145	179.1	235	320.4	404.1	473.1	525.1	561.2	596.6	660.6	730.3	801.8
1989	100	109.9	128.1	158.3	207.6	283.1	357	418	464	495.9	527.2	583.7	645.3	708.5	799.9
1990	100	116.6	144.1	189	257.7	325	380.5	422.4	451.4	479.9	531.3	587.4	644.9	728.1	857.5
1991	100	123.6	162.1	221	278.7	326.3	362.2	387.2	411.6	455.7	503.8	553.1	624.5	735.5	851.2
1992	100	131.2	178.9	225.6	264.1	293.1	313.3	333	368.8	407.7	447.6	505.3	595.1	688.8	806.9
1993	100	136.3	171.9	201.3	223.5	238.8	253.9	281.1	310.8	341.2	385.2	453.7	525.1	615.1	757.5
1994	100	126.1	147.7	163.9	175.2	186.2	206.2	227.9	250.3	282.5	332.7	385.1	451.2	555.6	656.9
1995	100	117.1	130	138.9	147.6	163.5	180.7	198.4	224	263.8	305.4	357.7	440.5	520.9	569.1
1996	100	111	118.6	126.1	139.6	154.4	169.5	191.4	225.4	260.8	305.6	376.3	444.9	486.1	575.1
1997	100	106.9	113.6	125.8	139.1	152.7	172.4	203	235	275.3	339	400.8	437.9	518.1	613.8
1998	100	106.3	117.7	130.1	142.9	161.3	190	219.9	257.6	317.2	375	409.7	484.8	574.3	634.3
1999	100	110.7	122.4	134.4	151.7	178.7	206.8	242.3	298.4	352.8	385.5	456.1	540.3	596.7	657.3
2000	100	110.6	121.4	137	161.4	186.8	218.8	269.5	318.6	348.1	411.9	487.9	538.9	593.6	642.2
2001	100	109.8	124	146	169	197.9	243.8	288.2	314.9	372.6	441.4	487.4	536.9	580.9	621.5
2002	100	112.9	133	153.9	180.3	222	262.5	286.8	339.3	402	444	489	529.1	566.1	610.9

首先，需要评价观察期内新陈代谢向量之间的自相似程度。这里采用了包研科教授提出的"因素轮廓相似度"算法，记"样本×变量"型原始数据矩阵 $X = (x_{ij})_{m \times p}$，具体算法过程如下：

(1)提取矩阵 X 的型参数 m 和 n。

(2)求基准(reference point)向量：

$$\text{INF} = (\inf(I_1), \inf(I_2), \cdots, \inf(I_n))$$

若因素 f_j 为连续变量且 $\inf(I_j)$ 未知，则令

$$\inf(I_j) = \min_{\forall i}\{x_{ij}\} - \varepsilon_j, \qquad i = 1, 2, \cdots, m; j = 1, 2, \cdots, n$$

其中，$\varepsilon_j > 0$，为松弛参数。

(3)数据的标度化变换 $\forall x_{ij} \in I_j$，令

$$y_{ij} = \begin{cases} 0 & x_{ij} = \text{NaN} \\ (x_{ij} - \inf(I_j)) \times 10^{k_j} + 1 & x_{ij} \neq \text{NaN} \end{cases}$$

$$i = 1, 2, \cdots, m; j = 1, 2, \cdots, n$$

称为数据的标度化变换。其中：NaN 表示观测缺失值；k_j 为 I_j 尺度精确度参数(数据小数部分位数)。

数据标度化变换的目的是建立各个因素统一的参考点，将因素空置(数据缺失)标度为标架系统的原点，将原始数据标度化(整数化)，即由一一映射使

$$I_j \rightarrow N_j = \{1, 2, \cdots, m_j\}, \quad j = 1, 2, \cdots, n$$

记标度化数据矩阵为

$$Y = (y_{ij})_{m \times n}$$

(4)算子构造，共 4 个算子。

轮换算子：

$$R_{n \times n} = \begin{bmatrix} 0 & 0 & 0 & \cdots & 0 & 1 \\ 1 & 0 & 0 & \cdots & 0 & 0 \\ 0 & 1 & 0 & \cdots & 0 & 0 \\ \vdots & \vdots & \vdots & & \vdots & \vdots \\ 0 & 0 & 0 & \cdots & 0 & 0 \\ 0 & 0 & 0 & \cdots & 1 & 0 \end{bmatrix}$$

满足 $R^k = E$。

姿态描述算子：

$$P_{n \times n} = R_{n \times n} - E_{n \times n}$$

尺度调节算子：

$$Q_{n \times n} = R_{n \times n} + E_{n \times n}$$

位势度量算子：

$$D_{\frac{(m-1)m}{2} \times m} = \begin{bmatrix} -1 & 1 & 0 & \cdots & 0 & 0 & 0 \\ -1 & 0 & 1 & \cdots & 0 & 0 & 0 \\ \vdots & \vdots & \vdots & & \vdots & \vdots & \vdots \\ -1 & 0 & 0 & \cdots & 0 & 0 & 1 \\ 0 & -1 & 1 & \cdots & 0 & 0 & 0 \\ 0 & -1 & 0 & \cdots & 0 & 0 & 0 \\ \vdots & \vdots & \vdots & & \vdots & \vdots & \vdots \\ 0 & -1 & 0 & \cdots & 0 & 0 & 1 \\ \vdots & \vdots & \vdots & & \vdots & \vdots & \vdots \\ 0 & 0 & 0 & \cdots & -1 & 1 & 0 \\ 0 & 0 & 0 & \cdots & -1 & 0 & 1 \\ 0 & 0 & 0 & \cdots & 0 & -1 & 1 \end{bmatrix} \begin{matrix} 1\text{行} \\ 2\text{行} \\ \\ \\ \\ \\ \\ \\ \vdots \\ \\ \\ m-2\text{行} \\ m-1\text{行} \end{matrix}$$

(5) 确定规模向量：

$$\mathrm{SUP} = (\sup(N_1), \sup(N_2), \cdots, \sup(N_n))$$

若因素 f_j 为连续变量且 $\sup(I_j)$ 未知，则令 $\sup(N_j) = \max\{y_{ij}\} + \delta_j$，其中 $\delta_j > 0$，为松弛参数。

(6) 生成姿态数据矩阵：$Z = Y * P$。

(7) 求位势尺度系数矩阵：$A = [\mathrm{diag}(\mathrm{SUP})]^{-1}$。

(8) 求姿态尺度系数矩阵：$B = [\mathrm{diag}(\mathrm{SUP} * Q)]^{-1}$。

(9) 位势度量：$\mathrm{WS} = \mathrm{abs}(D * Y) * A$。

(10) 姿态度量：$\mathrm{ZT} = \mathrm{abs}(D * Z) * B$。

(11) 样本的因素轮廓距离矩阵（行拉直）：

$$\mathrm{DIST} = \mathrm{sum}[(\mathrm{WS} * \mathrm{ZT})^{\mathrm{T}}]/n$$

(12) 样本的因素轮廓相似度矩阵(行拉直):

$$SIM = sum[((1 - WS) * (1 - ZT))^T]/n$$

式中: 符号 * 表示两个矩阵的对应元素相乘。

据此, 首先分析 $T=10$ 的一步新陈代谢向量的自相似度。其中, $\alpha(1978)$ 同 $\alpha(i)$, $i = 1979, \cdots, 2007$ 的自相似度计算结果见表 5.6。

表 5.6 窗口宽度 $T=10$ 的一步新陈代谢 GDP 定基指数 $\alpha(1978)$ 同 $\alpha(i)$ 的自相似度

延时	1	2	3	4	5	6	7	8	9	10	11	12	13	14	15
自相似度	0.91	0.84	0.78	0.74	0.57	0.57	0.67	0.57	0.49	0.6	0.51	0.37	0.37	0.35	0.52

延时	16	17	18	19	20	21	22	23	24	25	26	27	28	29
自相似度	0.74	0.85	0.85	0.84	0.93	0.94	0.9	0.84	0.76	0.7	0.74	0.73	0.72	0.8

在表 5.6 中, 一步新陈代谢向量的自相似度具有明显的周期性波动特征, 即自相似度向量存在惯性或记忆性。因此, 由时间序列的自相关系数评价这种惯性或记忆, 计算结果见图 5.5。

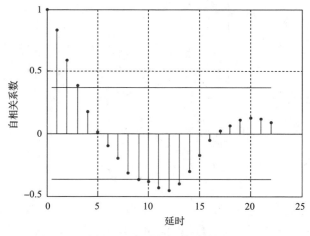

图 5.5 序列自相关系数图

由图 5.5 知, 一步新陈代谢向量的记忆具有周期性特征, 记忆延时的周期长度为 24, 半周期内的记忆强度具有统计显著性(置信概率为 0.95), 表明整周期外推是可行的。

当 $T=15$ 时, 计算 $\alpha(1978)$ 同 $\alpha(i)$, $i = 1979, \cdots, 2002$ 的自相似度, 结果见表 5.7。

表 5.7　窗口宽度 $T=15$ 的一步新陈代谢 GDP 定基指数 $\alpha(1978)$ 同 $\alpha(i)$ 的自相似度

延时	1	2	3	4	5	6	7	8	9	10	11	12
自相似度	0.98	0.81	0.79	0.59	0.46	0.47	0.6	0.53	0.52	0.66	0.61	0.51
延时	13	14	15	16	17	18	19	20	21	22	23	24
自相似度	0.48	0.54	0.66	0.77	0.82	0.83	0.84	0.89	0.93	0.95	0.86	0.87

表 5.7 序列的惯性或记忆性与表 5.6 类似，自相关系数见图 5.6。

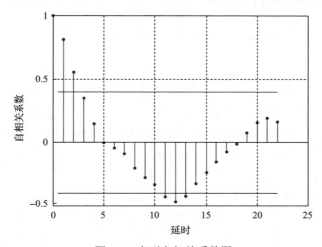

图 5.6　序列自相关系数图

　　两个图像均呈衰减的正弦波形态，分别延时大于 13 年时自相关系数显著为零。因此，模型(5.2)外推 10～15 年的趋势预测具有统计观测的惯性依据，残差矫正值具有较好的解释作用。从经典的时间序列自相关分析的观点，更远期预测缺少统计观测的惯性依据；然而，当 $T=10$ 时，由表 5.6 可知除延时 12 年、13 年和 14 年自相关系数的值较小之外，延时 16～29 年的自相似系数的值均大于 0.7，表明周期性特征整周期首尾接续三次(延时 11 年的新陈代谢向量接延时 1 年向量之后，延时 21 年接延时 11 年之后，以此类推)甚至更多是可行的；当 $T=15$ 时，由表 5.7 可知也有类似的性质。因此，模型(5.2)周期性特征整周期外推应用具有一定的参考意义，但是应以趋势预测为主抑制残差矫正幅度。值得注意的是，在模型(5.2)外推应用时，引进振幅衰减系数抑制远期预测数据的波动性。根据对表 5.6 和表 5.7 的分析，当 $T=10$ 时令振幅衰减系数为 0.8，$T=15$ 时为 0.7。

　　于是，模型(5.2)外推预测的计算公式为

$$y(t) = \hat{y}(t) + S(T)$$

当 $2017 \leqslant t \leqslant 2032$ 时，

$$S(t) = 2.8786\sin\left(\frac{\pi t}{5} + 1.3369\right) + 0.7736\sin\left(\frac{\pi t}{7.55} + 0.2339\right)$$

当 2033 ≤ t ≤ 2048 时，

$$S(t) = 2.3029\sin\left(\frac{\pi t}{5} + 1.3369\right) + 0.5414\sin\left(\frac{\pi t}{7.55} + 0.2339\right)$$

当 2049 ≤ t ≤ 2064 时，

$$S(t) = 1.8423\sin\left(\frac{\pi t}{5} + 1.3369\right) + 0.3791\sin\left(\frac{\pi t}{7.55} + 0.2339\right)$$

4. 中国 GDP 的长周期和中长周期及其预测

随着经济总量的提高、经济结构的改变、第三产业在宏观经济中的比重不断提高，经济增长从"高储蓄-高投资-高增长"模式向"低储蓄-低投资-低增长"模式过渡是必然趋势。但是，前述预测模型的建立基于 2001～2017 年的 GDP 统计数据。这一时期恰为第三次科技革命的后半程、第四次科技革命的酝酿期、世界宏观经济第五个长周期的下行期，也是中国交通基础建设、大型水利和电力基础建设、由住房制度改革引导的城市基础建设为标志的大规模基础建设周期的后半程。因此，GDP 定基指数趋势预测模型的衰退特征明显，没能体现新的宏观经济周期上行趋势，也没能体现中国在供给侧改革和经济结构调整的同时，2017 年以来重新确立的加大"补短板"基础建设投资的"持续拉动"影响。也就是说，上述预测计算公式在理论上低估了中国未来经济的发展速度。

经查阅大量关于 GDP 增长问题的研究文献可知，不同的研究者所采用的数据、方法和理论观点，难以形成对 GDP 增长预测的一致性指导意见；缺少关于科技创新与生产力发展对长期 GDP 增长影响问题具体的量化研究。

参考中国第五个宏观经济周期上行期经济增长速度的变化特征，也参考有关美国大规模基础建设时期基建投资对 GDP 贡献问题的研究，采用模型

$$V_{\mathrm{G}} = \begin{cases} 1 - \dfrac{y(t-1)}{y(t)} & t = 2017\sim2019 \\ 1 - \dfrac{y(t-1)}{y(t)} \times (1 + 0.025\mathrm{e}^{0.065(t-2020)}) & t \geqslant 2020 \end{cases}$$

对 GDP 年增长速度 V_{G} 进行预测，模型参数的确定参考了不同研究对中国 GDP 发展下限的估计，也参考了科技创新和广义第三产业拉动经济增长的发达国家 GDP 年增长速度的平均值，采信到 2050 年左右中国经济进入"低储蓄-低投资-低增长"模式的观点。

根据上述讨论和预测公式，计算出的预测结果见表 5.8。

表 5.8　全国 GDP 的发展预测值

年份	GDP 定基指数	GDP 增长率/%	GDP 值/万亿元
2017	424.2	7.0	79.65
2018	453.9	7.0	85.23
2019	485.7	7.0	91.43
2020	519.9	6.8	97.67
2021	552.4	6.4	103.76
2022	585.3	6.1	109.93
2023	618.7	5.9	116.21
2024	653.3	5.8	122.70
2025	689.1	5.7	129.40
2026	728.2	5.8	136.70
2027	768.0	5.7	144.16
2028	809.7	5.6	152.00
2029	853.1	5.5	160.13
2030	895.4	5.2	168.07
2031	938.6	5.0	176.17
2032	981.5	4.9	184.39
2033	1024.3	4.7	192.41
2034	1069.7	4.7	200.90
2035	1115.4	4.6	209.47
2036	1164.1	4.6	218.57
2037	1214.9	4.6	228.06
2038	1267.7	4.6	237.92
2039	1320.8	4.6	248.10
2040	1374.9	4.5	258.23
2041	1427.9	4.3	268.18
2042	1482.5	4.2	278.38
2043	1537.2	4.1	288.61
2044	1592.3	4.0	298.90
2045	1650.1	4.1	309.97
2046	1709.6	4.1	321.04
2047	1769.1	4.0	332.17
2048	1832.5	4.0	343.95
2049	1895.3	4.0	356.02
2050	1961.2	4.0	368.25
2051	2025.4	3.9	380.24

续表

年份	GDP 定基指数	GDP 增长率/%	GDP 值/万亿元
2052	2090.0	3.8	392.29
2053	2155.0	3.8	404.79
2054	2223.2	3.8	417.43
2055	2292.8	3.9	430.71
2056	2361.2	3.8	443.44
2057	2434.2	3.8	456.94
2058	2509.2	3.9	471.20
2059	2582.4	3.8	484.82
2060	2659.9	3.9	499.55
2061	2734.5	3.8	513.43
2062	2809.4	3.7	527.32
2063	2888.4	3.8	542.31
2064	2968.3	3.9	557.47
2065	3049.7	4.0	572.86

5.3　粗钢需求量的预测

5.3.1　粗钢产量与 GDP 的关联性分析

　　回顾中国改革开放以来巨大的经济成就,钢铁工业的快速发展是关键性因素。出于对数据资料整齐可比性的考虑,对于粗钢需求量的预测,用 2001~2016 年的 GDP 和钢铁产量的统计数据分析两者的关联性,并在关联性分析的基础上建立粗钢需求量的预测模型。

　　GDP 与粗钢产量的动态关联特征见图 5.7 和图 5.8。

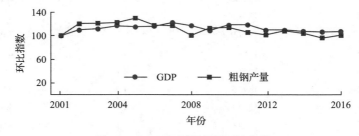

图 5.7　GDP 和粗钢产量环比指数

　　由图 5.7 可知,两条折线的变化具有一定的"同态性",计算得到的关联系数约为 0.75,表明在 2001~2016 年中国经济运行过程中 GDP 与粗钢产量之间存在一定的联动关系。

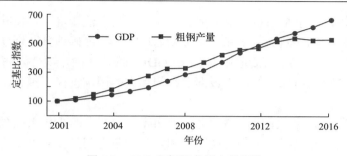

图 5.8　GDP 和粗钢产量定基指数

由图 5.8 可知，GDP 和粗钢产量的定基指数在 2012 年发生交叉，此前，粗钢产量的定基指数大于 GDP 的，计算得到的变异系数约为 0.68，表明钢铁行业的产能是 GDP 增长的拉动力量；此后，粗钢产量的定基指数小于 GDP，二者的差距似有逐年增大的趋势，表明钢铁行业的产能不再是 GDP 增长的拉动力量，结合环比图像特征，钢铁行业的产能仍然是 GDP 增长的重要支撑力量，但是粗钢产量的增长速度显著放缓。

5.3.2　粗钢需求量的 GDP 关联预测

分析与建模的观测数据见表 5.9。

表 5.9　全国 2001～2017 年的 GDP、粗钢产量和表观消费量统计数据

年份	GDP 值/亿元	粗钢产量(修正值)/万 t	粗钢表观消费量(修正值)/万 t
2001	110863	17553	15900
2002	121717	21096	19200
2003	137422	25632	24300
2004	161840	31319	27900
2005	187319	40681	33100
2006	219439	47942	36700
2007	270232	56122	41200
2008	319516	56520	42810
2009	349081	63859	53134
2010	413030	71531	58627
2011	489301	78282	64120
2012	540367	81180	66010
2013	595244	90894	77000
2014	643974	90541	73920
2015	689052	88127	69854
2016	744127	88246	70900
2017	796500	83173	72500

注：在表 5.1 的基础上，参考课题组调研掌握的表外数据，对 2010～2016 年粗钢产量的统计值进行了调整，并将地条钢产量表外数据计入粗钢产量，得到表 5.9 的粗钢产量修正值；粗钢表观消费量据公开资料整理。

　　由于粗钢消费量是粗钢产量的依据，而产量大于消费量，在反映需求旺盛的同时折射出供给侧强烈的欲求和产能过剩的现状。为准确地判断钢铁行业的炼焦煤消耗，先行做出粗钢需求量预测。基于 GDP 预测的粗钢需求量分析与建模，由于获取准确的粗钢需求量的历史数据存在相当大的困难，模型拟合由粗钢产量数据进行近似计算。

　　GDP 与粗钢产量之间的动态关联性是粗钢需求量的 GDP 关联预测的客观依据。中等强度的环比指数之间的关联性和定基指数之间的变异性既为这种关联预测的可行性奠定了基础，同时也揭示了预测结论存在不可忽视的不确定性。

　　采用如下粗钢需求量预测模型：

$$cg(t) = r(t) \cdot GDP(t)$$

式中：$GDP(t)$ 为 t 年的 GDP 值；$cg(t)$ 为 t 年的粗钢产量；$r(t)$ 为每亿元 GDP 的粗钢产量支撑度，万 t/亿元。

　　建模的关键是给出具有较好的拟合优度的 $r(t)$ 的模型。$r(t)$ 的模型观测数据由 2001～2017 年的粗钢产量和 GDP 的比值给出。

　　GDP 的粗钢产量支撑度数据的时间序列特征见图 5.9。

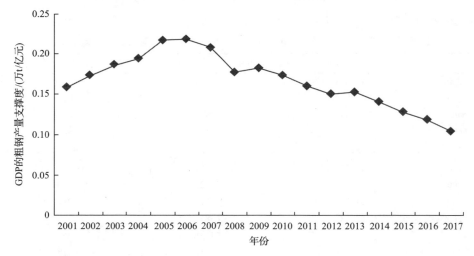

图 5.9　GDP 的粗钢产量支撑度

　　经反复比较和筛选，确定图 5.9 的匹配模型为组合模型，即

$$r_1(t) = A_1 e^{-B_1|t-2006|}$$
$$r_2(t) = A_2 e^{-B_2(t-2006)^2} + C_2$$
$$r(t) = M_1 r_1(t) + M_2 r_2(t)$$

在模型拟合时，引进如下约束条件：图像过观测数据的峰值点 (2006,0.2185) 和预测原点 (2017,0.1044) (图 5.10)，即模型拟合满足条件：

$$A_1 = 0.2185$$

$$A_2 + C_2 = 0.2185$$

$$A_1 e^{-11B_1} = 0.1044$$

$$A_2 e^{-121B_2} + C_2 = 0.1044$$

$$M_1 + M_2 = 1$$

式中：A_1、B_1、A_2、B_2、C_2 和 M_1、M_2 为拟合参数。

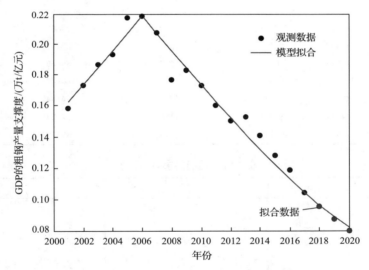

图 5.10　GDP 的粗钢产量支撑度模型拟合效果图

拟合计算考虑了国家"十三五"时期粗钢产能规划的要求，2020 年粗钢产量控制在 7.5 亿～8 亿 t 的水平，取中值折算 GDP 的粗钢产量支撑度，拟合计算添加数据点 (2020, 0.0795)。

模型拟合结果为 A_1=0.2185, B_1=0.0671, A_2=0.2035, B_2=0.0068, C_2=0.0150, M_1=0.7878, M_2=0.2122, 即

$$r(t) = 0.1721e^{-0.0671|t-2006|} + 0.0432e^{-0.0068(t-2006)^2} + 0.0032$$

模型拟合残差的平均相对误差为 2.8%。

建模数据和拟合计算结果见表 5.10。

2018～2065 年粗钢需求量暨产量预测结果见表 5.11。

表 5.10　粗钢产量预测原始数据和模型拟合结果

年份	GDP 值/亿元	粗钢产量/万 t	粗钢产量支撑度/(万 t/亿元)	粗钢产量模型值/万 t	相对误差/%
2001	110863	17553	0.1583	18035	2.7
2002	121717	21096	0.1733	21120	0.1
2003	137422	25632	0.1865	25360	1.1
2004	161840	31319	0.1935	31675	1.1
2005	187319	40681	0.2172	38780	4.7
2006	219439	47942	0.2185	47946	0.0
2007	270232	56122	0.2077	55945	0.3
2008	319516	56520	0.1769	62534	10.6
2009	349081	63859	0.1829	64420	0.9
2010	413030	71531	0.1732	71669	0.2
2011	489301	78282	0.1600	79600	1.7
2012	540367	81180	0.1502	82172	1.2
2013	595244	90894	0.1527	84369	7.2
2014	643974	90541	0.1406	84847	6.3
2015	689052	88127	0.1279	84184	4.5
2016	744127	88246	0.1186	84124	4.7
2017	796500	83173	0.1044	83178	0.0

表 5.11　粗钢需求量预测值　　　　　　　　　　单位：万 t

年份	需求量	年份	需求量	年份	需求量
2018	82300	2034	59500	2050	44500
2019	81200	2035	58300	2051	43800
2020	79800	2036	57300	2052	43100
2021	78200	2037	56300	2053	42400
2022	76400	2038	55300	2054	41700
2023	74500	2039	54400	2055	41100
2024	72700	2040	53400	2056	40500
2025	71100	2041	52500	2057	39900
2026	69600	2042	51500	2058	39400
2027	68200	2043	50500	2059	38900
2028	67000	2044	49500	2060	38500
2029	65700	2045	48600	2061	38000
2030	64500	2046	47700	2062	37600
2031	63200	2047	46900	2063	37200
2032	61900	2048	46100	2064	36900
2033	60700	2049	45300	2065	36600

5.4　长流程炼钢工艺条件下的生铁需求量预测

5.4.1　粗钢产量与生铁产量的关联性分析

粗钢产量与生铁产量的关联性是"高炉-转炉"长流程炼钢工艺的自然属性。粗钢产量与生铁产量的动态关联特征见图 5.11 和图 5.12。

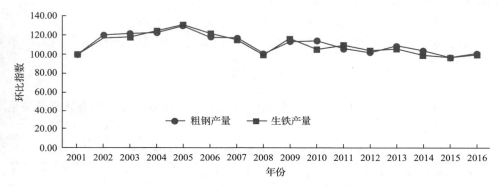

图 5.11　粗钢产量与生铁产量的环比指数

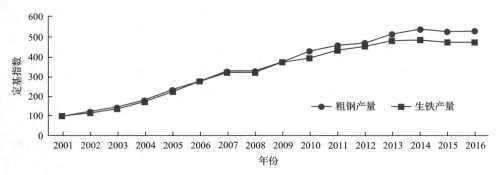

图 5.12　粗钢产量与生铁产量的定基指数

由图 5.11 可知，两条折线的变化具有极强的"同态性"，计算得到的关联系数约为 0.93，表明粗钢产量与生铁产量之间存在极强的联动关系。

由图 5.12 可以直观地看出，在 2009 年之前，粗钢产量和生铁产量的趋势过程几乎一致，自 2010 年后，虽然二者的趋势过程的态势相似，但生铁产量增长速度明显低于粗钢，表明废钢铁循环利用水平上升，计算得出的变异系数约为 0.36。

环比指数之间的强关联性和定基指数之间的弱变异性，为利用铁钢比关系由粗钢产量预测生铁产量奠定了客观基础。

5.4.2　基于炼钢装备现状的年生铁产量预测

采用铁钢比模型

$$st(t) = r(t) \cdot cg(t)$$

作为生铁产量预测模型。式中：$st(t)$ 为 t 年的生铁产量；$cg(t)$ 为 t 年的粗钢产量；$r(t)$ 为冶炼每吨粗钢的生铁支撑度。

建模的核心是选择合适的模型拟合 $r(t)$ 的统计观测数据。

对 2001~2017 年"生铁产量/粗钢产量"数据散点图反复观察实验，确定模型

$$r(t) = A\mathrm{e}^{-B(t-2001)}$$

经计算，模型参数的最小二乘估计结果为 A=0.8261、B=0.1125，拟合计算结果见表 5.12。

表 5.12　生铁产量预测原始数据和模型拟合结果

年份	粗钢产量预测值/万 t	生铁产量预测值/万 t	生铁支撑度	生铁产量模型值/万 t	相对误差/%
2001	17553	14541	0.8284	14501	0.3
2002	21096	17075	0.8094	17384	1.8
2003	25632	20231	0.7893	21069	4.1
2004	31319	25185	0.8041	25679	2.0
2005	40681	33041	0.8122	33272	0.7
2006	47942	40417	0.8430	39113	3.2
2007	56122	46818	0.8342	45672	2.4
2008	56520	46765	0.8274	45881	1.9
2009	63859	54583	0.8547	51709	5.3
2010	71531	57500	0.8038	57777	0.5
2011	78282	63448	0.8105	63072	0.6
2012	81180	66507	0.8193	65244	1.9
2013	90894	70673	0.7775	72868	3.1
2014	90541	70873	0.7828	72404	2.1
2015	88127	69154	0.7847	70298	1.6
2016	88246	69518	0.7878	70217	1.0
2017	83173	71076	0.8546	66015	7.1

假定未来粗钢冶炼的主流工艺仍为"高炉-转炉"的长流程工艺，对 2018~2065 年生铁需求量暨产量进行预测，结果见表 5.13。

表 5.13　2018～2065 年生铁需求量预测值　　　单位：万 t

年份	需求量	年份	需求量	年份	需求量
2018	65200	2034	45200	2050	32600
2019	64100	2035	44300	2051	31900
2020	62900	2036	43400	2052	31300
2021	61400	2037	42500	2053	30700
2022	59900	2038	41700	2054	30200
2023	58300	2039	40900	2055	29600
2024	56700	2040	40000	2056	29100
2025	55300	2041	39200	2057	28700
2026	54000	2042	38400	2058	28200
2027	52800	2043	37500	2059	27800
2028	51700	2044	36700	2060	27400
2029	50600	2045	36000	2061	27000
2030	49500	2046	35200	2062	26700
2031	48400	2047	34500	2063	26300
2032	47300	2048	33900	2064	26000
2033	46300	2049	33200	2065	25800

5.5　长流程炼钢工艺条件下的焦炭和炼焦煤需求量预测

5.5.1　焦炭及炼焦煤产量与生铁产量的关联性分析

高炉炼铁工艺对焦炭的需求是其本质属性，焦炭由炼焦煤而来，2001～2016 年生铁、焦炭和炼焦原煤产量统计数据见表 5.14。

表 5.14　我国 2001～2016 年生铁、焦炭和炼焦原煤产量统计数据

年份	生铁产量/万 t	焦炭产量/万 t	炼焦原煤产量/万 t
2001	14541	13131	53100
2002	17075	14280	40700
2003	20231	17776	78100
2004	25185	20619	85500
2005	33041	26512	89600
2006	40417	30074	55500
2007	46818	33105	95600
2008	46765	32314	100300
2009	54583	35744	111000
2010	57500	38658	95300
2011	63448	43433	122500
2012	66507	43832	131500
2013	70673	48179	133300
2014	70873	47981	127300
2015	69154	44823	124500
2016	69518	44912	109600

若忽略 2002 年、2006 年和 2010 年炼焦煤产量的异常收缩，显然生铁、焦炭和炼焦煤产量的动态演化特征是极其相似的。生铁与焦炭产量的环比指数的关联系数约为 0.97，表明在观察期内二者的时序演化特征具有较高的统计可靠性。为更直观地展示这种变异趋势，引进"宏观焦比"指标，按钢铁工业消耗焦炭的宏观比例 85%折算，定义生铁冶炼的宏观焦比：

$$宏观焦比=0.85×焦炭产量/生铁产量$$

相应的数据如图 5.13 所示。

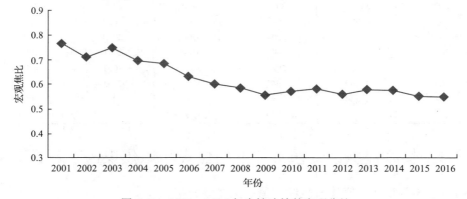

图 5.13　　2001～2016 年生铁冶炼的宏观焦比

为准确判断焦炭与炼焦煤的演化趋势，首先对 2002 年、2006 年和 2010 年炼焦煤产量的异常收缩进行简单的均值平滑，焦炭和炼焦煤环比指数的关联系数约为 0.97，表明焦炭和炼焦煤产量的波动有极强的"同态性"。

为进一步判断炼焦煤特质应用的状况与演化特征，定义炼焦煤的特质应用系数：

$$特质应用系数=焦炭产量/炼焦原煤产量$$

这一系数综合反映了炼焦煤作为焦炭产生的原材料，其特质的专属应用水平、原煤入选率、精煤回收率和炼焦生产中焦炭的产出率方面的信息。结合定基指数的变异性分析可知，炼焦煤的定基增速远大于焦炭，折射出炼焦煤的开采强度远远超过焦炭生产需求，反映出在过去的 16 年有大量的炼焦煤流向非炼焦用途，炼焦煤特质应用水平有较大的提升空间。

5.5.2　焦炭与炼焦煤的需求量预测

在钢铁冶炼工艺流程与装备不发生结构性变化的条件下预测焦炭与炼焦煤的需求量。本节预测模型的统计观测数据见表 5.14。

1. 基于生铁需求量的焦炭需求量预测

2001～2016 年生铁产量与焦炭产量的时间序列态势如图 5.14 所示。

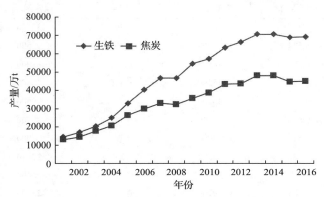

图 5.14　2001～2016 年生铁产量与焦炭产量

采样"宏观焦比"和"入炉焦比"两种模型预测焦炭需求量。

1) 宏观焦比模型

$$焦炭需求量=1.1765×宏观焦比×生铁预测产量$$

其中，宏观焦比拟合模型为

$$R(t)=0.2449\mathrm{e}^{-0.1580(t-2001)}+0.5251$$

2) 入炉焦比模型

$$冶金焦炭需求量=(1+\alpha)×入炉焦比×生铁预测产量$$

式中：α 为焦炭装炉前综合耗损率，根据课题组调研信息，在计算中取 $\alpha=0.35$；
入炉焦比拟合模型为

$$J(t)=0.084\mathrm{e}^{-0.0312(t-2016)}+0.321$$

模型计算结果见表 5.15。

表 5.15　焦炭需求量预测值

年份	宏观焦比 （焦炭需求）模型		入炉焦比 （冶金焦炭需求）模型		冶金焦占比
	焦比/(kg/t)	需求量/万 t	焦比/(kg/t)	需求量/万 t	
2018	0.542	41600	0.400	35600	0.86
2019	0.539	40700	0.397	35200	0.86
2020	0.537	39800	0.395	34400	0.86

续表

年份	宏观焦比 (焦炭需求)模型		入炉焦比 (冶金焦炭需求)模型		冶金焦占比
	焦比/(kg/t)	需求量/万 t	焦比/(kg/t)	需求量/万 t	
2021	0.535	38700	0.393	33600	0.87
2022	0.534	37600	0.391	32600	0.87
2023	0.533	36500	0.388	31600	0.87
2024	0.532	35500	0.386	30600	0.86
2025	0.531	34500	0.384	29600	0.86
2026	0.530	33700	0.382	28700	0.85
2027	0.529	32900	0.381	27900	0.85
2028	0.529	32100	0.379	27100	0.84
2029	0.528	31400	0.377	26400	0.84
2030	0.528	30700	0.375	25700	0.84
2031	0.527	30000	0.374	25100	0.84
2032	0.527	29300	0.372	24400	0.83
2033	0.527	28700	0.370	23700	0.83
2034	0.526	28000	0.369	23100	0.83
2035	0.526	27400	0.367	22500	0.82
2036	0.526	26900	0.366	22000	0.82
2037	0.526	26300	0.365	21400	0.81
2038	0.526	25800	0.363	20900	0.81
2039	0.526	25300	0.362	20400	0.81
2040	0.526	24700	0.361	20000	0.81
2041	0.526	24200	0.359	19500	0.81
2042	0.525	23700	0.358	19000	0.80
2043	0.525	23200	0.357	18600	0.80
2044	0.525	22700	0.356	18100	0.80
2045	0.525	22300	0.355	17600	0.79
2046	0.525	21800	0.354	17200	0.79
2047	0.525	21300	0.353	16800	0.79
2048	0.525	20900	0.352	16400	0.78
2049	0.525	20500	0.351	16100	0.79
2050	0.525	20100	0.350	15700	0.78
2051	0.525	19700	0.349	15400	0.78
2052	0.525	19300	0.348	15000	0.78
2053	0.525	19000	0.348	14700	0.77
2054	0.525	18700	0.347	14400	0.77

续表

年份	宏观焦比 (焦炭需求)模型		入炉焦比 (冶金焦炭需求)模型		冶金焦占比
	焦比/(kg/t)	需求量/万 t	焦比/(kg/t)	需求量/万 t	
2055	0.525	18300	0.346	14100	0.77
2056	0.525	18000	0.345	13800	0.77
2057	0.525	17700	0.344	13600	0.77
2058	0.525	17400	0.344	13300	0.76
2059	0.525	17200	0.343	13100	0.76
2060	0.525	16900	0.342	12900	0.76
2061	0.525	16700	0.342	12700	0.76
2062	0.525	16500	0.341	12400	0.75
2063	0.525	16200	0.340	12300	0.76
2064	0.525	16100	0.340	12100	0.75
2065	0.525	15900	0.339	11900	0.75

2. 基于焦炭需求量的炼焦煤需求量预测

炼焦煤需求量预测采用常模转换方法，即

炼焦精煤需求量=焦炭需求量/炼焦焦炭产出率

炼焦原煤需求量=炼焦精煤需求量/(洗煤回收率×原煤入选率)

根据课题组调研信息，在计算中原煤入选率取 0.70，洗煤回收率取 0.55，炼焦焦炭产出率取 0.76，据此进行 2018～2065 年中国炼焦煤需求量预测，计算结果见表 5.16。

表 5.16　炼焦煤需求量预测　　　　　单位：万 t

年份	宏观需求量		冶金煤需求量	
	精煤	原煤	精煤	原煤
2018	54700	142200	46800	121700
2019	53600	139100	46300	120300
2020	52400	136000	45300	117600
2021	50900	132300	44200	114800
2022	49500	128500	42900	111400
2023	48000	124700	41600	108000
2024	46700	121300	40300	104600
2025	45400	117900	38900	101200
2026	44300	115200	37800	98100
2027	43300	112400	36700	95400

续表

年份	宏观需求量		冶金煤需求量	
	精煤	原煤	精煤	原煤
2028	42200	109700	35700	92600
2029	41300	107300	34700	90200
2030	40400	104900	33800	87800
2031	39500	102500	33000	85800
2032	38600	100100	32100	83400
2033	37800	98100	31200	81000
2034	36800	95700	30400	78900
2035	36100	93600	29600	76900
2036	35400	91900	28900	75200
2037	34600	89900	28200	73100
2038	33900	88200	27500	71400
2039	33300	86500	26800	69700
2040	32500	84400	26300	68400
2041	31800	82700	25700	66600
2042	31200	81000	25000	64900
2043	30500	79300	24500	63600
2044	29900	77600	23800	61900
2045	29300	76200	23200	60200
2046	28700	74500	22600	58800
2047	28000	72800	22100	57400
2048	27500	71400	21600	56000
2049	27000	70100	21200	55000
2050	26400	68700	20700	53700
2051	25900	67300	20300	52600
2052	25400	66000	19700	51300
2053	25000	64900	19300	50200
2054	24600	63900	18900	49200
2055	24100	62500	18600	48200
2056	23700	61500	18200	47200
2057	23300	60500	17900	46500
2058	22900	59500	17500	45500
2059	22600	58800	17200	44800
2060	22200	57800	17000	44100
2061	22000	57100	16700	43400
2062	21700	56400	16300	42400
2063	21300	55400	16200	42000
2064	21200	55000	15900	41400
2065	20900	54300	15700	40700

5.6　小　　结

基于中国 GDP 时间序列分析和经济发展动力学理论分析,中国经济正在从低基数投资拉动的高速发展阶段,过渡到较高基数、投资与消费双引擎拉动、生产力创新升级的中高速发展阶段。预计在 2030 年之前,经济运行仍以"高储蓄-高投资-高增长"模式为主,存在高水平均衡和低水平均衡的混合状态,GDP 年增长率将在 7.0%和 5.5%之间下行波动;在 2030~2040 年,经济运行不可逆地进入从"高储蓄-高投资-高增长"模式向"低储蓄-低投资-低增长"模式转变的过渡期,经济结构调整和发展动能转换接近完成,消费与生产力创新双引擎拉动、投资趋于理性,GDP 年增长率将在 5.5%和 4.5%之间下行波动;在 2040 年以后,中国将步入发达国家行列,经济运行在一个相当长的时期内处于"低储蓄-低投资-低增长"模式,GDP 年增长率将在 4.0%左右波动,这应该是在可预见的未来中国经济发展速度的下限值。

基于 GDP 预测的钢铁、焦炭和炼焦煤需求量预测结果见表 5.17。

表 5.17　粗钢、生铁、焦炭和炼焦煤年需求量预测

时期	GDP 年增长率/%	粗钢/亿 t	生铁/亿 t	焦炭/亿 t	炼焦煤/亿 t
2030 年以前	7.0 → 5.5	8.3 → 6.5	6.3 → 5.0	4.2 → 3.1	15 → 11
2030~2040 年	5.5 → 4.5	6.5 → 5.4	5.0 → 4.0	3.1 → 2.8	11 → 8.5
2040~2065 年	5.5 → 4.0	5.4 → 3.7	4.0 → 3.0	2.8 → 1.6	8.5 → 5.5

2012 年之后,中国的钢铁工业已经完成了从 GDP 的拉动因素到重要支撑因素的转变。未来经济发展对粗钢的需求量呈现缓慢的下降趋势,2018~2020 年仍维持 8 亿 t 以上的高水平,每 10 年左右减少 1 亿 t 的需求量,2060 年以后相当长的一个历史时期,中国经济对粗钢的需求量将维持在 4 亿 t 水平上。

第6章　中国炼焦煤自主供给能力分析

6.1　炼焦煤资源需求分析的基本方法

6.1.1　储量的概念

"储量"概念包含经济性、地质勘查的明确性和采矿工程可行性3个方面的内涵，由国家标准《固体矿产资源/储量分类》(GB/T 17766—1999)规范。

在应用中，讨论固体矿产资源储量问题，常用资源量、基础储量和储量三个基本术语。

1. 查明资源量

查明资源量指一个国家或地区经地质勘查已经确认存在的矿产资源数量。

$$查明资源量=基础储量+资源量$$

基础储量指能满足现行采矿和生产所需指标要求的，地质勘探探明或控制的，并通过可行性研究、预可行性研究，属于经济的、边际经济的部分矿产资源数量。

注意，基础储量中没有扣除设计、采矿损失的部分矿产资源数量。年末查明资源量已扣除此前的动用量。

资源量是指基础储量之外的查明资源量，包括可行性研究或预可行性研究证实为次边际经济的，以及未进行可行性研究或预可行性研究的内蕴经济的、经过预查后预测的矿产资源数量。

2. 储量

储量指基础储量中的经济可采部分。在预可行性研究、可行性研究或编制年度采掘计划时，对经济、开采、选冶、环境、法律、市场、社会和政府等诸因素分析后，扣除了设计、采矿损失的可实际开采矿产资源数量。

$$储量=可采储量+预可采储量$$

可采储量指在地层原始条件下的矿产资源储量中，在目前技术和经济条件下能够提升到地表部分的数量，即图6.1中(111)和(121)界定的资源数量。

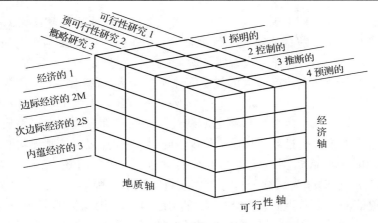

图 6.1　储量分类的概念内涵结构

预可采储量指在地层原始条件下的矿产资源储量中，只进行了预可行性研究，在目前技术和经济条件下有希望能够提升到地表部分的数量，即图 6.1 中(122)界定的资源数量。

在统计分析中，常用保有资源量描述截至某个时间点的剩余经济储量：

期末保有量=初期保有量–期间动用量

期间动用量=期间采出量×(1–矿石贫化率)/回采率

炼焦煤保有查明资源量是保障中国钢铁业安全的稀缺炼焦煤产业发展策略研究的根本数据基础，影响相关政策与规划研究结论的可靠性。课题组现场调研发现，一线工程技术人员习惯上称基础储量为"工业储量"或"保有储量"，而称储量为"经济储量"或"矿井可采储量"。经济储量是关于炼焦煤稀缺性和供应风险分析的数据基础，其中可采储量可视为采区作业量，反映保障市场供给的"现实可用"资源数量；预可采储量是技术和经济可行的"潜在现实可用"资源数量。保有基础储量与经济储量的动态差值反映采掘技术水平，差值缩减是保障供给问题中采掘技术进步的统计学目标。保有查明资源量与基础储量的差值反映资源潜力，对保障未来供给具有一定的参考价值，对分析现实供应风险没有意义。

分析和订定 2017 年末中国炼焦煤查明资源量和经济储量数据，首先要厘清分析中使用的各种基础数据产生的时间、空间、技术可靠性和发布机构的权威性，然后遵循煤田地质学规律进行合理的逻辑与数学推理。

6.1.2　储量相关的比例参数

1. 炼焦煤在煤炭中的占比

中国炼焦煤保有查明资源量缺少权威数据发布。各种文献资料的研究主要基于 20 世纪 90 年代中期中国煤炭地质总局组织的第三次煤田预测结果。

1999 年，中国煤炭地质总局毛节华先生对第三次全国煤田预测地质勘查数据的分析认为，中变质烟煤在煤炭查明资源量中的比例为 27.6%。据 2005 年煤炭科学研究总院北京煤化工研究分院的吴宽鸿先生的研究，1998 年末炼焦煤查明资源量 2545.82 亿 t，占煤炭查明资源量的 25.3%。2010 年，中国地质大学(北京)的黄文辉教授，在第三次全国煤田预测地质勘查数据的基础上，根据煤地质学区域中高温变质作用理论分析推断，瘦煤、焦煤、肥煤、1/3 焦煤、气肥煤和气煤合计占煤炭查明和预测总资源量的 25% 左右。上述分析结论折中记为数据点A(1998,26%)，以其作为后续分析炼焦煤在查明煤炭资源量中占比变化的参考点。另一个高置信度的参考点源自 2013 年由西山煤电(集团)有限责任公司(简称西山煤电)和辽宁工程技术大学共同完成的"稀缺炼焦煤资源保护与开采关键技术"课题研究。在此课题的研究中得到国土资源部信息中心的支持，提供了比较详细的2009 年炼焦煤查明资源量的基础数据，炼焦煤在查明煤炭资源量中占比降至22.6%，记为数据点 B(2009,22.6%)。

在我国已查明煤炭资源量中，虽然炼焦煤的占比高于世界 10%的平均水平，但相对有限，其中强黏结性焦煤和肥煤合计仅占炼焦煤储量的 36%，在炼焦煤找矿方面几乎没有发现新的整装煤田。

研究中借助上述两个参考点所确定的线性模型估计 2010～2017 年炼焦煤占煤炭查明资源量的比例，计算结果见表 6.1。

表 6.1　2010～2017 年炼焦煤占煤炭查明资源量的比例　　单位：%

年份	2010	2011	2012	2013	2014	2015	2016	2017
占比	22.3	22.0	21.7	21.4	21.1	20.8	20.5	20.2

2. 煤炭资源的可采率

可采率的概念，常用"资源可采率"和"矿井采区可采率"两个术语表达。

资源可采率通常指地表可采出量与基础储量之比。而矿井采区可采率是基础储量扣除开采损失量后的剩余量与基础储量之比，近似等于地表可采出量与经济储量之比。

20 世纪 90 年代中期进行的第三次全国煤田预测与评价，由于工作的系统性和权威性，对后来的研究产生了深刻的影响。20 余年来，我国煤田地质勘查工作取得了丰硕的成果，不仅在已知煤田的扩展与精细勘查方面扎实推进，也发现了一些新的大煤田，使我国煤炭保有查明资源量和储量均有所提高。然而，1997 年第三次全国煤田预测对 600m 以浅经充分的地质勘查与分析得出的"煤炭资源量中仅 20%为可采储量"结论没有明显的改变。虽然矿井采区回收率在不断地提高，但是由于采掘面垂深增加，在地质、工程和经济等多方面因素的作用下，开采技术的进步并没有从根本上提高"资源可采率"。

在不同的煤田、不同的矿井和采区，由于受地质条件、煤层厚度、开采技术等因素的影响，矿井采区回收率的差异很大。

在 2012 年煤炭行业资源整合之前，全国平均煤炭资源采出率不到 30%，不足世界先进水平的一半。山西作为中国最大的炼焦煤产区，煤炭平均资源采出率仅为35%，其中乡镇煤矿集中的矿区甚至不到 20%。中国煤炭采出率低下的主要原因是机械化水平低、采煤方法落后；此外，采厚弃薄、采易弃难的现象也较为严重。

自 2012 年煤炭行业资源整合以来，煤矿生产实现了综合机械化和大型化，平均资源回收率大幅提高；同时，西部地区露天矿比例大幅提高，也使资源采出率大幅提高。在国家发改委 2012 年第 16 号令《特殊和稀缺煤类开发利用管理暂行规定》中，鼓励开展极薄煤层、薄煤层、厚煤层等开采技术研究，鼓励生产企业采用无煤柱、充填等开采技术，提高资源回采率，要求主焦、肥煤、瘦煤等稀缺煤种的采区回收率：低煤层不低于 88%，中厚煤层不低于 83%，厚煤层不低于 78%，对老矿、构造复杂地区残留煤及"建筑物下、铁道下、水体下"资源也要求积极探索回采技术。同年，国家发改委对《生产矿井煤炭资源回采率暂行管理办法》进行了修订，该办法指出：煤炭生产企业未达到规定要求的，由煤炭行业管理部门限期改正，逾期仍不达标的依法吊销煤炭生产企业许可证；对丢弃不采、余留煤柱不符合要求、未提高采区回收率报告等，依法追究刑事责任。

分析近年的公开资讯，随着煤炭资源有偿使用、采煤技术的不断提高以及煤矿机械化改造的完成，生产企业尤其是大型的国有煤炭企业已经有能力也有意愿实现资源可采率的大幅提高，而大型国有煤炭企业矿井采区可采率也要远远高于中小煤炭企业。

在分析炼焦煤资源的供给保障能力时，从保有查明资源量到地表可采出量的估计，应按图 6.2 的逻辑框架顺序进行。

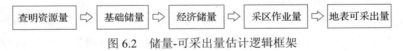

图 6.2　储量-可采出量估计逻辑框架

以 2017 年为节点，量化分析炼焦煤资源存量和未来消耗量，需要合理设定资源存量到实际供应量的各种转化率。

根据国土资源部信息中心 2009 年统计数据，设定转化率参数如下：

查明资源量→基础储量：按 40%折算。

基础储量→经济储量：按 50%折算。

根据《特殊和稀缺煤类开发利用管理暂行规定》和课题组的企业调研数据，由于生产技术水平以及其他各种原因，资源开采损失率仍然很大，设定转化率参

数如下:

经济储量→采区作业量：按 85% 折算。

采区作业量→地表可采出量：按 95% 折算。

3. 炼焦煤的煤种分布律

关于炼焦煤资源量的煤种分布律缺少权威发布。参考国土资源部信息中心 2009 年统计数据和智研咨询《2017～2022 年中国炼焦煤行业发展前景预测及投资战略研究报告》，课题组结合调研和其他多方数据校验与调和计算，给出 2017 年末中国炼焦煤查明资源量的煤种分布律，见表 6.2。

表 6.2　中国炼焦煤资源量的煤种分布律

数据来源	贫瘦煤	瘦煤	焦煤	肥煤	1/3 焦煤	气肥煤	气煤	其他
国土资源部	0.043	0.122	0.173	0.102	0.103	0.049	0.404	0.004
智研咨询报告	0.007	0.159	0.229	0.130	0.093	0.008	0.365	0.009
课题组计算	0.046	0.138	0.222	0.087	0.100	0.009	0.394	0.004

6.2　炼焦煤保有查明资源量和经济储量估计

6.2.1　基础数据

辽宁工程技术大学课题组先后于 2017 年 9 月和 2018 年 1 月两次赴山西调研。其中，2017 年 9 月下旬在山西汾渭能源信息服务有限公司暨中国煤炭资源网进行项目基础数据调研。

国土资源部信息中心 2009 年统计数据：截至 2009 年末，垂深 1000m 以浅(少量在 1200m 以浅)炼焦煤查明资源量 2961 亿 t，约占煤炭查明资源量的 22.6%。其中，炼焦煤基础储量 1140 亿 t，储量 568 亿 t，储量约占查明资源量的 19.2%(第三次全国煤田预测的结论为 20%)。

国土资源部 2011～2017 年《中国矿产资源报告》中发布了煤炭新增查明资源量数据。根据公布的"煤炭新增资源量"以及按表 6.1 所列比例可以折算出"炼焦煤新增查明资源量"，见表 6.3。

表 6.3　2010～2016 年中国炼焦煤新增查明资源量　　　　　单位：亿 t

指标	2010 年	2011 年	2012 年	2013 年	2014 年	2015 年	2016 年
煤炭新增查明资源量	575	557	521	536	375	390	607
炼焦煤新增查明资源量	128	123	113	115	79	81	124

2018 年 1 月下旬，辽宁工程技术大学课题组成员一行数人再赴山西，到山西

焦煤集团(技术中心、地质部、生产部和销售公司)、山西焦化集团有限公司、西山煤电(集团)有限公司东曲选煤厂、太原钢铁集团有限公司(技术中心、焦化厂)，围绕课题研究对基础数据存在的各种疑问进行了为期一周的深度调研，并得到上述各个企业和部门的大力支持。

关于炼焦煤资源存量问题，调研得到对项目研究具有支撑作用的关键信息如下：

截至 2017 年末，山西省炼焦煤查明资源量约为 1700 亿 t，经济储量 340 亿 t，约占全国的 55%。

山西焦煤集团的炼焦煤资源拥有量占山西省的 28%。

截至 2017 年底，山西焦煤集团所属 100 座矿井分煤种保有储量(应理解为保有基础储量)统计数据见表 6.4。

表 6.4　2017 年底山西焦煤集团炼焦煤查明资源量

指标	煤种								合计
	贫瘦煤	瘦煤	焦煤	肥煤	1/3 焦煤	气肥煤	气煤	其他	
基础储量/亿 t	14.7	24.71	61.74	24.97	26.47	0.64	20.44	3.27	176.94
经济储量/亿 t	7.52	13.21	32.99	13.34	14.15	0.34	10.92	1.71	94.18
煤种比例/%	8	14	35	14.2	15	0.4	11.6	1.8	100

山西焦煤集团核心煤种的资源拥有量比例远高于全国平均水平。

6.2.2　2017 年末保有经济储量估计

以国土资源部信息中心统计的 2009 年末炼焦煤基础储量 1140 亿 t 为基数，按公式

期末基础储量=初期基础储量+(新增地表可采出量–实际地表可采出量)/转化率

进行计算。其中，实际地表可采出量由产量估算。

由表 6.3 可知，2010~2016 年炼焦煤新增查明资源量 763 亿 t，2017 年按历年均值 109 亿 t 计入，八年间累计新增查明资源量 872 亿 t，折合地表可采出量约 140 亿 t。

由表 6.5 可知，2010~2017 年累计炼焦原煤产量 96.2 亿 t。由地表可采出量折算，2010~2017 年累计新增炼焦煤基础储量 110 亿 t，折算为 2017 年末炼焦煤保有基础储量，约为 1250 亿 t。

表 6.5　2010~2017 年中国炼焦煤产量　　　　　　　　　单位：亿 t

年份	2010	2011	2012	2013	2014	2015	2016	2017
炼焦煤产量	11.1	11.2	13.2	13.3	12.7	12.5	11.0	11.2

此外，分别利用山西省炼焦煤资源拥有量与全国的比例关系，山西焦煤集团炼焦煤资源拥有量与山西省的比例关系，对估计结果进行验证，计算结果见表 6.6。

表 6.6 2017 年末炼焦煤资源存量估计   单位：亿 t

基准数据与方法	保有查明资源量	经济储量
宏观(全国)数据估计	3125	625
中观(山西)数据向上估计	3090	618
微观(山西焦煤)数据向上估计	2873	612
几何平均值	2988	617

同国土资源部信息中心 2009 年统计数据比较，炼焦煤查明资源量增长 0.9%，经济储量增长 8.6%。这表明在 2010~2017 年间，煤炭采掘技术有了显著的提升。这种提升不仅表现为矿井采区可采率的提高，更表现为基础储量到经济储量转化率的提高。课题组在多源数据的反复校验计算中，初步确认当前大型国有煤矿企业基础储量到经济储量的转化率已达 60%，全国平均值接近 55%。从炼焦煤新增查明资源量和经济储量估计的关系分析，查明资源量到经济储量的转化率在 22%~24%之间。这种变化对资源存量的估计有一定影响，因此在分析与估计"资源动用量"过程中，回避了"基础储量到经济储量的转化率"的使用，直接采用"基础储量到地表可采出量的转化率"。

按表 6.2 课题组调和计算的煤种分布律，估计各个煤种的查明资源量、保有经济储量以及地表可采出量，计算结果见表 6.7。

表 6.7 2017 年末全国炼焦煤资源的煤种存量估计   单位：亿 t

指标	焦煤	肥煤	瘦煤	贫瘦煤	1/3 焦煤	气煤	气肥煤	其他	总量
查明资源量	663	260	412	137	299	1180	27	10	2988
保有经济储量	137	54	85	28	62	243	6	2	617
地表可采出量	109.6	43.2	68	22.4	49.6	194	4.8	1.6	493

6.3 炼焦煤潜在资源量分析

从表 6.7 可以看出，虽然截止到 2017 年末我国炼焦煤查明资源量接近 3000 亿 t，但是，由于资源赋存条件复杂、生产技术水平不足、煤炭生产质量较差，实际的地表可采出量仅仅为 493 亿 t。与近几年炼焦煤消费速度相比，我国的炼焦煤资源相对紧张。因此，自然要关心中国炼焦煤资源的潜在资源量。

由于炼焦煤中煤种的多样性，各煤种的资源存量、可替代性以及钢铁及相关工业中的消费量均不同，各煤种在经济建设中的枯竭速度和重要性不同。因此，在炼焦煤的资源保护中，不同煤种的潜在资源量也是相对的。

6.3.1　炼焦煤资源存量的稀有性分析

1. 炼焦煤的形成因素

炼焦煤是一种以热反应结焦性为主要特征的中等变质程度烟煤的统称，资源量不到煤炭探明储量的 1/10。世界炼焦煤资源中，肥煤、焦煤、瘦煤约占 1/2，其经济可采储量约 5000 亿 t，其中低灰、低硫、强黏结性优质焦煤资源不足 600 亿 t。根据国家标准《中国煤炭分类》（GB/T 5751—2009），炼焦煤按煤化程度由高到低依次划分为贫瘦煤、瘦煤、焦煤、肥煤、1/3 焦煤、气肥煤、气煤、1/2 中黏煤和弱黏煤九种。在冶金工业焦化应用的主要煤种为瘦煤、焦煤、肥煤、1/3 焦煤、气肥煤、气煤（早期人们将 1/3 焦煤、气肥煤、气煤统称为气煤）。据资源勘查数据分析，一般认为中国炼焦煤资源约占世界的 25%，具备比较优势。受钢铁冶炼工艺和技术水平的约束，中国炼焦煤需求远大于世界平均水平，生产能力巨大，焦煤产量最大，其次为气煤、1/3 焦煤和气肥煤，肥煤、贫瘦煤和瘦煤的产量较低。另外，冶金焦的基础炼焦配煤煤种主要是焦煤、肥煤、1/3 焦煤、瘦煤以及少量使用气肥煤和气煤，而黏结指数较低的贫瘦煤、1/2 中黏煤和弱黏煤一般按动力煤使用。与炼焦煤煤种储量分布进行比较，产能分布形态畸变，优质炼焦煤煤种开采强度偏大。在巨大的市场需求与产能、煤种分布的自然劣势和以强黏结性煤种为主的配煤技术条件下，中国炼焦煤资源储量的比较优势丧失殆尽，中国优质炼焦煤资源稀缺。

炼焦煤是一种物理本质稀有的、影响冶金工业发展的决定性生产资料。煤地质学研究表明，在各个不同地质年代，形成煤的植物种类不同。新生代为被子植物，中生代为裸子植物，古生代为蕨类植物。在各种成煤植物的有机化合物中，主要含有碳水化合物、纤维素、半纤维素、木质素、蛋白质和脂类化合物。炼焦煤的热反应结焦性源自成煤过程中植物的脂类化合物、蛋白质和木质素经过复杂的化学物理过程形成的凝胶体。在被子植物、裸子植物和蕨类植物中均富含木质素，裸子植物中除木质素外还富含蛋白质，蕨类植物中除木质素外还富含脂类化合物。因此，在新生代、中生代和古生代的地层中均有炼焦煤赋存。

然而，并非成煤植物中含有可转化为凝胶体物质就一定会形成炼焦煤。在成煤因素中，成煤植物的堆积沉积环境、变质动力和含煤地层的古地温是主要因素。在一般情况下，堆积沉积环境下形成炼焦煤的概率较大，其中陆相、湖泊相、陆海过渡相和海相的不同沉积环境对形成的炼焦煤煤种有一定的影响。变质动力因素对炼焦煤的形成有较大的影响，深成变质、接触变质、热液变质和动力变质条件下均有可能形成炼焦煤，将深成变质和接触变质共存的变质过程记为"深成/

接触变质"，在"深成/接触变质"的基础上，至少还存在热液变质、动力变质中一种因素的变质过程称为"多因素变质"，这几种情形对炼焦煤煤种的影响不同。而含煤地层古地温是形成煤岩的关键因素。现代煤层地温同成煤期煤层古地温不尽相同，但存在某种程度的必然联系。地质勘查得到的地温梯度在一定意义上反映了成煤期煤层古地温，同时也反映煤层的埋深。地温梯度对形成炼焦煤不同煤种有显著的影响。

2. 成煤因素与煤种的关联性

1）统计分析的概念与公式

根据 X 和 Y 的各个状态，可以对 n 个样品按两种不同的方式进行分类，两种分法的不同组合可以把 n 个样品交叉分成 $r\times c$ 类。用 n_{ij} 表示使 $X=x_i,Y=y_j$ 的样品数，它们可以列成表 6.8 的形式，这个表就称为列联表。

表 6.8　$r\times c$ 列联表

X	Y					$\sum$
	y_1	y_2	$\cdots$	y_c		
x_1	n_{11}	n_{12}	$\cdots$	n_{1c}		$n_{1\cdot}$
x_2	n_{21}	n_{22}	$\cdots$	n_{2c}		$n_{2\cdot}$
$\vdots$	$\vdots$	$\vdots$		$\vdots$		$\vdots$
x_r	n_{r1}	n_{r2}	$\cdots$	n_{rc}		$n_{r\cdot}$
$\sum$	$n_{\cdot1}$	$n_{\cdot2}$	$\cdots$	$n_{\cdot c}$		n

记

$$\pi_{ij}=P\left(X{=}x_i,Y{=}y_j\right)\approx\frac{n_{ij}}{n}$$

$$\pi_{i\cdot}=P\left(X{=}x_i\right)=\sum_{j=1}^{c}\pi_{ij}\approx\frac{n_{ij}}{n_{i\cdot}}$$

$$\pi_{\cdot j}=P\left(Y{=}y_j\right)=\sum_{i=1}^{r}\pi_{ij}\approx\frac{n_{ij}}{n_{\cdot j}}$$

其中

$$n=\sum_{j=1}^{c}\sum_{i=1}^{r}n_{ij},\quad n_{i\cdot}=\sum_{j=1}^{c}n_{ij},\quad n_{\cdot j}=\sum_{i=1}^{r}n_{ij},\quad i(j)=1,2,\cdots,r(c)$$

则 (X,Y) 的概率分布见表 6.9。

表 6.9　(X, Y) 的概率分布表

X	Y				$\sum$
	y_1	y_2	$\cdots$	y_c	
x_1	π_{11}	π_{12}	$\cdots$	π_{1c}	$\pi_{1.}$
x_2	π_{21}	π_{22}	$\cdots$	π_{2c}	$\pi_{2.}$
$\vdots$	$\vdots$	$\vdots$		$\vdots$	$\vdots$
x_r	π_{r1}	π_{r2}	$\cdots$	π_{rc}	$\pi_{r.}$
$\sum$	$\pi_{.1}$	$\pi_{.2}$	$\cdots$	$\pi_{.c}$	1

设 A,B 是定义在 $r \times c$ 列联表上的不相交的两个类，称为事件。

条件概率

$$P\left(B|A\right) = \frac{P\left(AB\right)}{P\left(A\right)}, P\left(A\right) > 0$$

是在事件 A 发生的条件下事件 B 发生可能性大小的度量。

相对机会

$$O\left(B|A\right) = \frac{P\left(B|A\right)}{P\left(\overline{B}|A\right)}, \ \ P\left(A\right) > 0, \ \ P\left(\overline{B}|A\right) > 0$$

是刻画在同一条件 A 下，事件 B 发生相对 B 不发生的概率比，简称机会。

条件机会

$$\tau\left(C|A,B\right) = \frac{O\left(C|A\right)}{O\left(C|B\right)}$$

$$P\left(A\right) > 0, \ \ P\left(B\right) > 0, \ \ P\left(\overline{C}|A\right) > 0, \ \ P\left(\overline{C}|B\right) > 0$$

是刻画在不同条件 A 和 B 下，事件 C 发生的概率比。$\tau\left(C|A,B\right) > 1$ 表明条件 A 比 B 更容易诱发事件 C。

2) 行变量与列变量的关联程度度量

在 $r \times c$ 列联表上，度量行、列关联程度的统计量

$$\chi^2 = \sum_{i=1}^{r}\sum_{j=1}^{c}\frac{\left(n_{ij} - n\pi_{i.}\pi_{.j}\right)^2}{n\pi_{i.}\pi_{.j}} : \ \chi^2\left(\mathrm{df}\right)$$

式中：自由度 $\mathrm{df} = (r-1)(c-1)$。归一化为

$$\theta = \sqrt{\frac{\chi^2}{n \cdot [\min(r,c)-1]}}$$

称 θ 为 $r \times c$ 列联表上行变量 X 和列变量 Y 之间的 Pearson-χ^2 关联度，θ 具有如下性质：

$$0 \leqslant \theta \leqslant 1$$

$$\theta = 0 \Leftrightarrow X \text{ 和 } Y \text{ 独立}$$

$$\theta = 1 \Leftrightarrow P(Y = f(X)) = 1$$

在同一个列联表上，θ 的大小是有意义的。θ 值越大，两个变量 X 和 Y 统计分布规律之间的相互影响越大。

若两个列联表的 r、c 值不相等，则度量统计量的自由度 df 不相等，此时比较 θ 值的大小没有意义。因此，可以借助概率

$$p = P\left(\chi^2(\mathrm{df}) \geqslant \chi^2_{\text{实测}}\right)$$

评估列联表行、列之间的关联程度，概率 p 称为 X 和 Y 关联性的判真风险度。

应用中，p 值的应用可遵循如下准则：

若 $0.6 \leqslant p \leqslant 1$，则 X 和 Y 之间不存在关联性。

若 $0.4 \leqslant p < 0.6$，则 X 和 Y 之间不确定关联性。

若 $0.2 \leqslant p < 0.4$，则 X 和 Y 之间存在弱关联性。

若 $0.1 \leqslant p < 0.2$，则 X 和 Y 之间存在可解释的关联性。

若 $0 \leqslant p < 0.10$，则 X 和 Y 之间存在可解释的强关联性。

应用中，若关联度 θ_1 和 θ_2 可比，判真风险度 p_1 和 p_2 可以作为对 θ_1 和 θ_2 的可信赖评估。若 $p_1 < p_2$，则 θ_1 对 X 和 Y 关联性的解释比 θ_2 更可信赖。

3. 全国 80 个主要矿区统计资料的处理与结论

基于第三次全国煤田预测中 80 个主要矿区成煤因素的统计资料，参考钱大都等编著的《中国煤炭资源总论》(地质出版社，1996)，毛节华等编著的《中国煤炭资源预测与评价》(科学出版社，1999)和陈鹏编著的《中国煤炭性质、分类和利用(第二版)》(化学工业出版社，2007)中的讨论，整理出成煤植物、地质年代、沉积环境、变质动力、地温梯度和炼焦煤煤种的 5 个二维列联表，表中数据为成煤因素与煤种的关联频数。

1) 成煤植物与炼焦煤及其煤种之间的关联性

成煤植物与煤种关系列联表见表 6.10。

表 6.10　煤种与成煤植物关联频数表

成煤植物	煤种					
	瘦煤	焦煤	肥煤	1/3 焦煤	气肥煤	气煤
蕨类植物	35	47	41	7	4	44
裸子植物	6	15	7	5	1	13

计算关联度和关联关系的判真风险度，得

$$\theta = 0.1605, \quad p = 0.3262 < 0.4$$

表明裸子植物和蕨类植物对炼焦煤煤种的形成存在弱关联性。进一步以 τ 值评估条件机会，炼焦煤各个煤种均满足关系

$$O(煤种 | 蕨类植物) > O(煤种 | 裸子植物)$$

注意到表 6.10 中没有被子植物出现，表明在新生代地层中赋存炼焦煤的机会为零。

2) 地质年代与炼焦煤及其煤种之间的关系

地质年代与煤种关系列联表见表 6.11。注意表 6.11 中，由中生代的侏罗纪向新生代发展，地质勘查尚未发现白垩系和古近系地层中赋存炼焦煤。由古生代石炭纪向远古生代迁延，地质勘查尚未发现泥盆系地层中赋存炼焦煤。这表明地质年代对炼焦煤的形成有一定的影响。

表 6.11　煤种与成煤年代关联频数表

成煤年代	煤种					
	瘦煤	焦煤	肥煤	1/3 焦煤	气肥煤	气煤
石炭纪	20	23	21	2	2	17
二叠纪	15	24	20	5	2	27
三叠纪	3	7	1	2	0	4
侏罗纪	3	8	6	3	1	9

由表 6.11 分析炼焦煤赋存地层的地质年代同煤种的关联性，计算关联度和关联关系的判真风险度，得

$$\theta = 0.4090, 0.6 \leqslant p = 0.6371 \leqslant 1$$

表明石炭纪、二叠纪、三叠纪和侏罗纪 4 个地质年代不能解释炼焦煤煤种之间存在的差异。

由表 6.11 评估地质勘查发现炼焦煤各个煤种的机会，按相对机会的大小排序如下：

侏罗纪　气煤>焦煤>肥煤>瘦煤= 1/3 焦煤>气肥煤

三叠纪　焦煤>气煤>瘦煤> 1/3 焦煤>肥煤>气肥煤

二叠纪　气煤>焦煤>肥煤>瘦煤> 1/3 焦煤>气肥煤

石炭纪　焦煤>肥煤>瘦煤>气煤> 1/3 焦煤=气肥煤

其中，三叠纪焦煤的赋存机会是其他地质年代的 2 倍，石炭纪瘦煤赋存机会是侏罗纪瘦煤的赋存机会的 3 倍，古生代肥煤的赋存机会是中生代肥煤赋存机会的 2 倍，中生代 1/3 焦煤和气煤的赋存机会高于古生代，气肥煤在各个地质年代的赋存机会最小。

理解煤种与成煤年代的关联性，一个有价值的参考标准是煤岩性质。我们从多个文献中搜集整理了不同煤种的镜质组反射率的分布数据，分析了不同煤种镜质组反射率的分布带宽，结果表明：焦煤和瘦煤约为 0.5，肥煤和气煤约为 0.35，1/3 焦煤约为 0.30（图 6.3）。这个结果随煤样的不同可能会有变化，但分布带宽的数值大小的顺序关系应当不变。

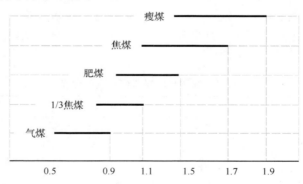

图 6.3　炼焦煤煤种的镜质组反射率分布带宽

我们认为带宽窄，可能意味着煤种形成过程中对成煤环境更为敏感，镜质组反射率的分布上限低则意味着在更古老的地层中赋存机会小。

3）沉积环境与炼焦煤及其煤种之间的关系

沉积环境与煤种关系列联表见表 6.12。

表 6.12　煤种与沉积环境关联频数表

沉积环境	煤种					
	瘦煤	焦煤	肥煤	1/3 焦煤	气肥煤	气煤
湖泊相	11	17	17	6	1	27
陆相、过渡相	7	10	5	2	1	9
过渡相、海相	4	13	6	2	0	6
海相	19	22	20	2	3	15

由表 6.12 分析炼焦煤成煤时期的沉积环境同煤种的关联性，计算关联度和关联关系的判真风险度，得

$$\theta = 0.4557, 0.4 \leqslant p = 0.4107 < 0.6$$

表明当前资料条件下，不能由表中所列 4 类沉积环境明确解释炼焦煤煤种之间存在的差异。

在陆相条件下，地层中赋存炼焦煤的机会为零。

由表 6.12 计算，相对于湖泊相和海相，在过渡相条件下地层中赋存炼焦煤的机会明显较小，表明隔绝空气的水体覆盖环境对炼焦煤的形成有一定的影响。

表 6.11 和表 6.12 的两个关联度值是可以比较的，由于

$$\theta_C = 0.4557 > \theta_D = 0.4090$$

这里 θ_C 和 θ_D 分别为沉积环境同煤种的关联度和地质年代同煤种的关联度，因此，对炼焦煤及其煤种的形成，沉积环境的作用比地质年代更重要。

4) 变质动力与炼焦煤及其煤种之间的关系

变质动力与煤种关系列联表见表 6.13。

表 6.13　煤种与变质动力关联频数表

变质动力	煤种					
	瘦煤	焦煤	肥煤	1/3 焦煤	气肥煤	气煤
深成变质	6	14	20	8	3	27
深成/接触变质	16	15	9	1	0	6
多因素变质	11	15	10	1	1	9

由表 6.13 分析变质动力同炼焦煤煤种的关联性，计算关联度和关联关系的判真风险度，得

$$\theta = 0.5732, 0 \leqslant p = 0.0016 < 0.1$$

表明变质动力与炼焦煤煤种之间存在可解释的强关联性。

　　显然，在深成变质过程中演化出气煤的机会最大，深成变质条件下气煤的赋存机会为 54%，大于其他煤种赋存机会总和（表 6.14）。结合原始数据资料分析，石炭纪在深成变质和接触变质双因素变质过程中，演化出瘦煤和焦煤的机会远大于其他煤种，其他地质年代没有这一特征。在石炭纪、二叠纪和侏罗纪，多因素变质演化出瘦煤、焦煤的机会大于其他煤种，三叠纪没有这一特征。

表 6.14　不同变质动力因素作用下煤种出现的机会

变质动力	煤种					
	瘦煤	焦煤	肥煤	1/3 焦煤	气肥煤	气煤
深成变质	0.09	0.22	0.35	0.11	0.04	0.54
深成/接触变质	0.52	0.47	0.23	0.02	0.00	0.15
多因素变质	0.30	0.47	0.27	0.02	0.02	0.23

　　5）地温梯度与炼焦煤及其煤种之间的关系

　　地温梯度与煤种关系列联表见表 6.15。

表 6.15　煤种与地温梯度关联频数表

地温梯度	煤种					
	瘦煤	焦煤	肥煤	1/3 焦煤	气肥煤	气煤
2.0～2.5	2	2	1	3	0	2
2.5～3.0	26	37	37	6	4	40
>3.0	5	5	1	1	0	0

　　由表 6.15 分析地温梯度同炼焦煤煤种的关联性，计算关联度和关联关系的判真风险度，得

$$\theta=0.5038, 0 \leqslant p = 0.0160 < 0.1$$

表明地温梯度与炼焦煤煤种之间存在可解释的强关联性。

　　由表 6.15 计算，相对于更高或更低的地温梯度，在 2.5～3.0 的地温梯度条件下发现炼焦煤赋存的概率比为 6.8。结合原始数据资料分析，无论在哪个地质年代，对炼焦煤的任何一个煤种，2.5～3.0 范围的地温梯度都是关键的赋存特征。

　　综上分析可知，炼焦煤是在复杂的地质动力学过程中形成的一种特殊煤类，与煤的形成过程比较，存在如下特殊之处：

　　在白垩纪至古近纪的地层、泥盆纪的地层中，炼焦煤的赋存机会为 0。

成煤植物中可形成凝胶体的物质，在不同的地质年代演化为炼焦煤所需的沉积环境和变质动力不尽相同。湖泊相沉积环境和深成变质作用条件下，植物中可形成凝胶体的物质最终演化为炼焦煤的概率最大。

现代地下岩层温度不能直接表征岩层古地温，地质学研究表明现代地下岩层的地温梯度同古地温存在必然的联系。2.5～3.0 范围的地温梯度同炼焦煤煤种的强关联性表明，在合适的沉积环境和变质动力条件下，古地温是植物中可形成凝胶体的物质最终演化为炼焦煤的关键因素。

6.3.2　对炼焦煤资源潜力的基本认知

分析炼焦煤的潜在资源量，必须考虑中国地质历史上的成煤期、成煤物质、成煤环境、变质动力因素和地温梯度等因素的影响。

在中国地质历史上，有 4 个主要成煤期：晚石炭世至早二叠世、晚二叠世，晚三叠世至早侏罗世，晚侏罗世至早白垩世。根据地质勘查资料分析，这 4 个时期各个地层中赋存的煤炭资源量分别占中国煤炭资源总量的26%、5%、60%和7%，合计占总资源量的98%。

在表 6.11 的基础上进一步深入分析，可知古生代(石炭纪、二叠纪)相对于中生代(三叠纪、侏罗纪、白垩纪)，炼焦煤赋存概率比约为 3.8，即在古生代地层发现炼焦煤的概率是在中生代地层发现焦煤的概率的 3.8 倍。

根据煤变质作用规律，在煤岩化过程中煤阶不可逆，而且肥煤与焦煤的演化速度较快，与地温的关联性较强，对地温变化敏感，石炭系深部地层的肥煤和焦煤赋存向泥盆系迁延的垂直分布不会太宽。根据我国地层向斜西高东低的特征，海拔较高的地区，特别是炼焦煤资源最丰富的山西省，对深部炼焦煤潜在资源量不宜做过高估计。东部和平原地区由于新生代冲积层较厚，一般煤层埋深较深，目前采掘地层为侏罗系或二叠系的炼焦煤生产矿区，深部潜在资源量可以期待，但经济储量的评估应慎重。

随着采深加大，低煤阶的弱黏煤、1/2 中黏煤、气肥煤、1/3 焦煤由于在地层中垂直分布较窄，不可避免地率先枯竭。比较特殊的是气煤，在地层中垂直分布较宽，查明资源量较大，同样由于煤阶低，其深部资源量不可期待。

6.3.3　炼焦煤潜在资源量估计

潜在资源量指查明资源量中基础储量之外的部分，主要指次边际经济和内蕴经济的矿产资源数量。

20 世纪 90 年代进行的第三次全国煤田预测给出的结论：600m 以浅的炼焦煤查明资源量为 2910 亿 t；1998 年末 600m 以浅保有经济储量约为 509 亿 t。1999～2017 年，18 年间按每年平均 10 亿 t 产量和平均 35%的资源回收率粗略地计算，资源的动用量约为 514 亿 t。当下，中国煤矿矿井采掘面平均深度约为 600m，东中部地区部分矿井已经超过 1000m。另外，山西省煤炭地质局 2005 年数据资料显示，山西省煤炭查明资源量全部在 1500m 以浅，其中 1500m 以浅约占 68%，1200m 以浅约占 32%。山西省炼焦煤查明资源量占全国的 55% 以上，各大煤田的炼焦煤赋存主要在石炭系、二叠系地层。结合煤地质学原理和炼焦煤的煤岩性质，浅埋层多为褐煤和低变质煤的规律，可以推断：

1）浅埋存量

至 2017 年末，600m 以浅的炼焦煤（主要煤种：瘦煤、焦煤、肥煤和 1/3 焦煤）的经济储量，除山西省外其他地区所剩无几。

2）增量来源

根据公开资料，1999~2017 年的 18 年间，新增炼焦煤查明资源量很少源自整装新煤田，主要煤种的新增查明资源量基本上由各大煤田 1500m 以浅内蕴经济的资源量转化而来。据国土资源部信息中心 2009 年统计数据，至 2009 年末，568 亿 t 的保有经济储量的绝大多数在 1000m 以浅。因此，前面分析的 2010~2017 年的新增经济储量的绝大多数应来自 1000m 以浅，由次边际经济资源量转化而来。

3）潜在资源量埋深范围

可按采矿工程学理论给出的经验公式推算

$$t = t_0 + G(z - z_0)$$

其中，取恒温带岩层深度 $z_0 = 200\text{m}$ 梯度，恒温带岩层温度 $t_0 = 20℃$，炼焦煤煤层一般地温梯度 $G = 2.5$ 或 3，计算可知采深 $z = 1000~1200\text{m}$ 时，工作面温度 t 在 45℃ 左右，$z = 1200~1500\text{m}$ 时，工作面温度 t 一般在 50℃ 以上。仅从工作面温度一项指标也不难理解，在当前的经济、技术和炼焦煤供需关系下，很难决策开采埋深在 1200~2000m 的煤炭资源，埋深在 1200~2000m 的资源量在相当长的时期内难以转化为经济储量。因此，参考国家煤矿去产能有关规定中对采深因素的控制，潜在资源量应在 1000~1200m 以浅垂直埋深范围内估计，1200~1500m 以浅垂直埋深范围仅供参考，1500~2000m 以浅垂直埋深范围不做考虑。

关于全国炼焦煤资源潜力与煤种、埋深分布结构，缺少权威发布信息。可供参考的权威数据源自国土资源部的《中国矿产资源报告 2017》关于煤炭资源潜力的评价：2016 年煤炭资源 2000m 以浅预测资源量为 38796 亿 t，查明率为 30.3%。

根据国土资源部信息中心 2009 年统计数据，查明资源量中约 60% 是次边际经济和内蕴经济的矿产资源量。

潜在资源量：根据煤田地质资料和炼焦煤成煤因素的分析，中国炼焦煤潜在资源量的希望主要在北方，其中东北地区炼焦煤资源潜力有限，查明资源量约占全国的 3.5%。

(1)西北地区：煤炭资源量大，但煤的变质程度低，炼焦煤资源量相对较少。据公开资料，新疆炼焦煤查明资源量约占全国的 3%，煤种主要为气煤，其次为 1/3 焦煤，合计约占新疆炼焦煤资源量的 77%。宁夏炼焦煤查明资源量约占全国的 2%以下，青海炼焦煤查明资源量约占全国的 1%以上。

(2)华北地区：内蒙古炼焦煤查明资源量约占全国的 2%，桌子山矿区焦煤预测储量较大，有一定的潜在期望。陕西炼焦煤查明资源量较少，少数老煤矿深部还有一定潜在资源量。山西炼焦煤查明资源量占全国的 55%以上，垂深 1000m 以浅预测资源量 310 亿 t，1000～1500m 以浅预测资源量 390 亿 t，煤岩变质程度与市场需求吻合度高。华北聚煤区东缘的其他地区，平均采深接近 800m，深部较为丰富，其中山东焦煤查明资源量约占全国的 6.7%。华北聚煤区东缘深部资源的开发利用面临采掘工程与经济可行性两方面的挑战，对深部资源转化为经济储量的期望值不宜过高。

(3)其他地区：安徽炼焦煤查明资源量约占全国的 7.1%，在垂深 1500m 以浅还有预测炼焦煤资源量约 300 亿 t，以气煤为主，焦煤、肥煤、瘦煤也有赋存。贵州和黑龙江的炼焦煤查明资源量分别占全国的 3.6%和 3.4%左右，深部资源潜力不大。

综上分析，粗略估计 1000～1500m 以浅垂直埋深范围内，中国炼焦煤潜在资源量小于 2000 亿 t，其中仅 400 亿 t 左右有希望转化为经济储量。

课题组订定的结果见表 6.16。

表 6.16　2017 年末中国炼焦煤保有和潜在经济储量一览表　　　单位：亿 t

储量性质	埋深			合计
	≤1000m	1000～1200m	1200～1500m	
保有经济储量	377	240	0	617
潜在经济储量	0	200	200	400
合计	376	440	200	1017

6.4　炼焦煤资源供给面临的安全威胁

第 5 章中，我们做了中国宏观经济对炼焦煤资源的宏观需求量(包括钢铁和其他相关工业需求)的预测，见表 6.17。

利用表 6.17，我们得到从 2018 年起，中国钢铁工业以及其他行业对炼焦原煤的需求累积量，见表 6.18。

表 6.17　中国炼焦煤资源的宏观需求量预测　　　　　　单位：亿 t

年份	宏观需求量		年份	宏观需求量	
	精煤	原煤		精煤	原煤
2018	54700	142200	2042	31200	81000
2019	53600	139100	2043	30500	79300
2020	52400	136000	2044	29900	77600
2021	50900	132300	2045	29300	76200
2022	49500	128500	2046	28700	74500
2023	48000	124700	2047	28000	72800
2024	46700	121300	2048	27500	71400
2025	45400	117900	2049	27000	70100
2026	44300	115200	2050	26400	68700
2027	43300	112400	2051	25900	67300
2028	42200	109700	2052	25400	66000
2029	41300	107300	2053	25000	64900
2030	40400	104900	2054	24600	63900
2031	39500	102500	2055	24100	62500
2032	38600	100100	2056	23700	61500
2033	37800	98100	2057	23300	60500
2034	36800	95700	2058	22900	59500
2035	36100	93600	2059	22600	58800
2036	35400	91900	2060	22200	57800
2037	34600	89900	2061	22000	57100
2038	33900	88200	2062	21700	56400
2039	33300	86500	2063	21300	55400
2040	32500	84400	2064	21200	55000
2041	31800	82700	2065	20900	54300

表 6.18　中国宏观经济对炼焦原煤的需求累积量　　　　　　单位：亿 t

年份	原煤需求累积量	年份	原煤需求累积量	年份	原煤需求累积量	年份	原煤需求累积量
2018	14.22	2030	159.15	2042	268.61	2054	353.88
2019	28.13	2031	169.40	2043	276.54	2055	360.13
2020	41.73	2032	179.41	2044	284.30	2056	366.28
2021	54.96	2033	189.22	2045	291.92	2057	372.33
2022	67.81	2034	198.79	2046	299.37	2058	378.28
2023	80.28	2035	208.15	2047	306.65	2059	384.16
2024	92.41	2036	217.34	2048	313.79	2060	389.94
2025	104.20	2037	226.33	2049	320.80	2061	395.65
2026	115.72	2038	235.15	2050	327.67	2062	401.24
2027	126.96	2039	243.80	2051	334.40	2063	406.83
2028	137.93	2040	252.24	2052	341.00	2064	412.33
2029	148.66	2041	260.51	2053	347.49	2065	417.76

　　课题组根据国土资源部信息中心的统计数据和智研咨询《2017～2022 年中国炼焦煤行业发展前景预测及投资战略研究报告》，以及国土资源部 2011～2017 年《中国矿产资源报告》中发布的煤炭新增查明资源量数据，利用多源数据的反复校验计算，得到如表 6.6 所示的截至 2017 年末我国 1500m 以浅炼焦煤各个煤种的查明资源量和经济储量的估计值，其中，查明资源量为 2988 亿 t，经济储量 617 亿 t，而地表可采出量仅为 494 亿 t。

　　需要强调的是，在许多关于我国炼焦煤资源生产与消费的研究中，人们简单地将炼焦煤的经济储量视为可供我国经济建设消费的资源量，这是错误的。而真正可供我国经济建设消费的资源量不大于炼焦煤的地表可采出量。

　　从表 6.7 中可以看出，我国炼焦煤资源虽相对丰富，但是，主要以高挥发分气煤（包括 1/3 焦煤）为主，优质炼焦煤资源短缺，肥煤、焦煤、瘦煤加在一起不足炼焦煤储量的 45%，其中将近有一半的肥煤、瘦煤为高硫煤，有 1/3 左右的焦煤是高硫、高灰煤。作为主焦煤的焦煤和肥煤的经济储量合计为 191 亿 t 左右，仅为炼焦煤资源经济储量总量的 30%左右，地表可采出量在 152 亿 t 左右。

　　从炼焦煤的消费结构看，传统的配煤炼焦方法一般采用肥煤、焦煤等强黏结性煤为基础煤，配加部分瘦煤、贫瘦煤、气煤等弱黏结性煤，同时通过预测灰分、挥发分、全硫含量的方法控制焦炭质量，炼制理想的焦炭。配比不同，焦炭产量和品质也不同。因此，作为基础煤的焦煤、肥煤等强黏结性煤的消耗速度决定了炼焦煤的供应安全。

　　目前，国内生产焦炭厂家配煤的主要构成为，主焦煤 60%（含焦煤、肥煤）、瘦煤 30%、气煤 10%；也有的钢铁企业的炼焦配煤中，焦煤和肥煤的配比高达 90%；也有一些企业采用无烟煤炼焦新工艺，其配煤中的主焦煤 50%（含焦煤、肥煤、瘦煤，焦煤占 90%）、无烟煤 50%。在冶金工业规划研究院的统计报告中给出了 2005～2016 年我国主要钢铁联合企业分企业炼焦煤配比情况，见表 6.19。

表 6.19　2005～2016 年我国典型钢铁联合企业分企业炼焦煤配比变化情况

序号	企业名称	2005 年焦煤和肥煤配比	2011 年焦煤和肥煤配比	2016 年焦煤和肥煤配比	初步分析
1	首钢京唐	0	69.52	91.39	逐步增加
2	唐钢	69.13	62.36	59.75	逐步减少
3	太钢	74.91	82	74.91	先增后减
4	鞍钢本部	67.1	69.9	62.56	先增后减，总趋势在减少
5	宝钢本部	50	54.4	61.18	逐步增加
6	沙钢	63.5	65.56	66.35	逐步增加，波动很小
7	马钢集团	49.86	56.31	60.57	逐步增加
8	济钢	64.05	65.56	52.37	先增后减，总趋势在减少
9	武钢	41.22	56.78	60.46	逐步增加

　　随着 2005～2011 年小高炉的大量淘汰和一大批大高炉的新建,对焦炭质量要求逐步提高,钢铁联合企业焦煤配比逐步增加,6 年间增加了 2.93 个百分点,肥煤也增加了 0.88 个百分点。2011～2016 年,新建大高炉不多,要求焦炭质量提高呼声也不大,配煤比基本处于振荡波动状态。表 6.20 是我国主要钢铁联合企业在 2005～2016 年间平均炼焦煤配比情况。

表 6.20　2005～2016 年我国主要钢铁联合企业平均炼焦煤配比情况

序号	年份	炼焦煤配比/%			
		焦煤	肥煤	瘦煤(含贫瘦煤)	气煤(含 1/3 焦煤、气肥煤)
1	2005	40.39	16.81	8.67	34.13
2	2007	39.56	17.71	8.30	34.43
3	2009	41.18	17.61	9.25	31.97
4	2010	41.74	17.11	8.14	33.01
5	2011	43.32	17.69	8.30	30.69
6	2012	42.66	18.15	7.90	31.30
7	2013	42.85	17.38	7.88	31.88
8	2014	41.55	16.77	8.62	33.07
9	2015	41.51	15.53	9.63	33.34
10	2016	43.14	15.99	9.67	31.20
平均配比/%		41.79	17.08	8.64	32.50

　　我国焦煤和肥煤已探明的经济存量为 191 亿 t,地表可采出量为 191×0.8≈153 亿 t。根据我国炼焦煤资源的宏观需求预测(表 6.18),从 2018 年始至 2040 年,中国炼焦煤原煤需求新增消费总和将累计达到 252.24 亿 t,如果按照焦煤和肥煤在炼焦配煤中平均占比为 60%计算,主焦原煤供应量应该达到 252.24 亿 t 的 60%,即 151.34t,此时已接近了焦煤和肥煤的地表可采出量 153 亿 t。这说明,如果我们对炼焦煤资源无节制地开采,在没有国外资源补充的条件下,我国的主焦煤(含肥煤)资源会在 21 年后达到枯竭。

　　如果按照焦煤和肥煤在炼焦配煤中平均占比为 50%计算,截止到 2047 年,炼焦煤原煤需求新增供应量累计达到 306.65 亿 t,其 50%为 153.3 亿 t,已经接近我国焦煤和肥煤已探明地表可采出量,主焦煤(含肥煤)资源也会在 28 年后达到枯竭。

　　也就是说,如果按照焦煤和肥煤在炼焦配煤中平均占比为 50%～60%计算,并且主焦煤完全依靠国内自主供应,在没有新增经济储量的前提下,我国主焦煤资源将于 2040～2047 年期间达到枯竭(图 6.4)。

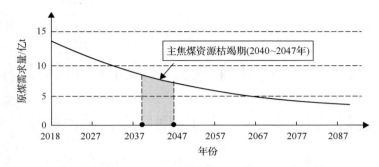

图 6.4　中国炼焦煤资源需求时间序列与主焦煤枯竭点

　　炼焦煤资源的主要煤种枯竭意味着中国钢铁工业所依赖的炼焦煤资源只能从国外获得，钢铁工业的话语权将会丧失，我国钢铁工业的发展面临着巨大的安全隐患。如何化解我国钢铁工业的资源供给风险，确保国内炼焦煤资源对钢铁及相关工业稳定供给 100 年以上？这是摆在我们面前的对于国家经济建设具有重大战略意义的课题。

第7章　中国炼焦煤资源供需矛盾的解决方案

7.1　化解供需矛盾的"煤-焦-钢"产业链协同优化策略

炼焦煤资源的稀缺性是化石能源的固有属性，相对于既定时期的人类需要，炼焦煤资源是生产资料中的限制性关键物质，在一定的条件下往往演变为制约国家经济发展和安全的一个关键因素。

钢铁工业是众多与国家经济建设和社会全面发展密切相关的产业构成的产业链的"龙头"，而由于生铁冶炼尚离不开利用炼焦煤烧结的焦炭作为能源、还原剂和炭原料，因而，钢铁工业又是"煤-焦-钢"产业链的下游产业。要真正做强做大钢铁工业这个国民经济建设的"龙头"产业，就必须有完备的炼焦煤资源和焦炭生产做支撑。只有建立完善强大的"煤-焦-钢"产业链，才能保障与国家经济建设和社会全面发展密切相关的众多产业链的健康可持续发展。

从表面上看，我国炼焦煤资源出现了快速枯竭风险的主要表现是资源有限，消费量过大。因此，遏制消费速度就成为化解风险的主要措施。但是，简单地遏制消费速度必然会影响与炼焦煤消费有关的各项工业的发展，因此，从"煤-焦-钢"产业链入手，提高炼焦煤资源生产质量、扩展资源供给渠道、优化炼焦煤资源的消费结构才是化解风险的可行措施。

7.1.1　"煤-焦-钢"产业链的现状分析

炼焦煤、焦炭、钢铁产业联系十分紧密，三大产业组成的"煤-焦-钢"产业链流程结构如图7.1所示。

1) 炼焦煤(产业链上游)——优质资源不足，开采与利用浪费严重

根据对我国1500m以浅炼焦煤各个煤种的查明资源量和经济储量的估计，在没有新的资源探测储量情况下，截至2017年末查明资源储量为2988亿t，经济储量为617亿t。然而，经济储量到地表可采出量的转化率为0.8，则炼焦煤的地表可采出量仅为494亿t。从上述数据不难看出，目前我国煤炭查明资源储量中只有16%的煤炭被采出，再考虑采出煤炭到精煤的转化率，因此，就我国煤炭生产行业的科技水平和生产能力而言，在煤炭资源查明的储量中，最终能够转化为精煤的仅为8%。也就是说，90%以上的查明煤炭资源不能得到利用，其中大部分滞留

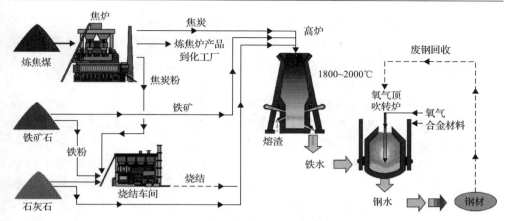

图 7.1　"煤-焦-钢"产业链结构图

在地下无法有效益地开采，还有很大一部分资源在地下被破坏掉，永久无法开采，或者通过其他方式被浪费掉。在优质炼焦煤资源短缺的条件下，仍有许多中小煤矿开采意识粗放，技术和设备相对落后，对地下资源没能应采尽采，炼焦煤总体的回采率和洗选率偏低，浪费了大量的宝贵资源。所以，提高煤炭经济储量到地表可采出量的转化率和提高原煤到精煤的转化率是提高煤炭生产质量的核心。

　　另外，扣除因硫分高、灰分高难洗而不适合作为炼焦用煤的产量以外，部分地方政府供电紧张时，为保证电力供应，致使一些炼焦煤煤种被作为动力煤使用。据统计，2017 年仍有 30%左右(约 3 亿 t)的优质炼焦煤被作为动力煤使用。

　　2) 焦炭(产业链中游)——炼焦煤资源利用不充分

　　我国目前焦炭消费分为四个领域：炼铁用焦、铸造用焦、有色金属和非金属矿物用焦、机械与化工业等用焦。其中炼铁高炉用焦炭约占焦炭产量的 75%(包含炼铁筛下焦丁焦粉用于烧结部分)，其中钢铁联合企业占 34%，独立焦化企业占 41%。根据冶金工业规划研究院的统计报告，我国主要钢铁联合企业炼焦煤配比中，焦煤与肥煤占比平均在 60%以上，个别企业高达 90%；独立焦化企业由于考虑到成本原因，多采用捣固炼焦技术，相应降低了焦煤与肥煤占比。

　　气煤开发利用不合理、不充分，作为炼焦煤中储量较大的煤种，气煤大多具有低灰、低硫的特点，配煤炼焦可以显著降低焦炭的灰分、硫分等有害成分，同时减少焦化污染物排放，缓解冶金生产对大气环境的影响，是有很大开发潜力的炼焦煤煤种。但不少焦炭企业焦炉装备水平低，不注重科学配煤方法炼焦，气煤和气肥煤在炼焦配煤中的比例一般仅占 5%～7%。

　　3) 钢铁(产业链下游)——炼钢工艺结构导致了对主焦煤需求的增加

　　大型化高炉具有生产效率高、消耗低、节约人力资源、铁水质量高、环境污染少等突出优点，大型钢企正是瞄准了大高炉的效率优势，自 20 世纪 90 年代后期，高炉大型化的步伐加快，建成了一批 2500m³ 和 3000m³ 级的高炉，最大的可以达到 5500m³。然而，高炉的容积越大，对焦炭质量的要求越高，大型高炉所要求的原燃料质量苛刻是由冶金基本原理所决定的。因而，高炉的大型化进一步增加了对焦煤、肥煤的配比。

以废钢为原料的电炉炼钢生产是国际钢铁行业发展趋势，从全球粗钢产量及废钢消耗情况来看，2017 年世界 66 个主要国家和地区生产粗钢 16.75 亿 t，其中，我国粗钢产量 8.3 亿 t，占世界粗钢总产量的 49.6%。2017 年全球废钢消费量为 6.2 亿 t，其中：转炉钢产量 12.53 亿 t，占总产量的 74.8%；电炉钢产量为 4.22 亿 t，占总产量的 25.2%（不包括中国，占总产量的 42.1%）；而我国电炉钢产量 7449 万 t，占总产量的 9.3%。中国的钢铁生产工艺结构也决定了炼焦煤的高消耗水平。

由此可见，产业链的源头炼焦资源稀缺，储备不足，产业链的末端钢铁过剩，整体产业链不平衡。

从煤-焦-钢一体化产业链区域供需平衡度分析，将"煤-焦-钢"产业链区域分为 8 个板块，分别为山西、河北、山东、内蒙古及西北、河南、西南、华东、东北（表 7.1）。炼焦煤储量不平衡以及焦炭、钢铁产量不平衡，导致整体区域结构不平衡，总体产业链供需平衡度最高 0.89，最低 0.618。

表 7.1　八大区域及全国"煤-焦-钢"产业链供需平衡度

供需平衡度	山西	河北	山东	内蒙古及西北	河南	西南	华东	东北	全国
炼焦煤企业：资源 K_1	0.6	1	1	1	1	1	1	1	0.72
焦化企业：炼焦煤 K_2	1	0.3	0.8	0.31	0.856	0.71	0.633	0.689	1
钢铁企业：焦炭 K_3	1	0.52	1	1	1	1	0.647	1	1
焦化企业：焦炭 K_4	0.96	0.65	0.68	0.71	0.54	0.85	0.68	0.73	0.59
总体产业链 K	0.89	0.618	0.87	0.757	0.849	0.89	0.74	0.855	0.82

另外，"煤-焦-钢"产业链造成的污染与环境承受能力不协调。"煤-焦-钢"产业链生产对水资源、土地、大气造成的污染严重，对环境的破坏超过其自净能力，产业链年排放 CO_2 当量达 16 亿 t，占碳排放总量的 17.6%，污染物排放量统计见表 7.2。

表 7.2　2016 年煤-焦-钢生产对环境破坏统计

项目	污染							
	破坏地下水/亿 t	土地沉陷/hm²	瓦斯排放/亿 m³	废水/亿 t	SO_2 排放/万 t	NO_x 排放/万 t	烟尘排放/万 t	CO_2 排放/亿 t
炼焦煤	17.1	3000	58	—	—	—	—	—
焦炭	—	—	—	1.54	4.58	1.42	1.02	—
钢铁	—	—	—	—	—	—	0.056	13.58

7.1.2　"煤-焦-钢"产业链的协同优化对策

根据前面分析与讨论，课题组提出应贯彻如下三大对策，用以防控炼焦煤的稀缺性对中国钢铁工业及其相关行业潜在的制约，防控未来炼焦煤的供应风险，延长国内资源的稳定供给期。

(1)建立炼焦煤资源的战略储备制度，充分利用国外优质炼焦煤资源，提高炼焦煤主要煤种的国外供应比例，严控国内优质炼焦煤资源的出口，严控资源浪费，通过以"高采出"和"高回收"为核心的科技进步，提高炼焦煤资源生产质量。

(2)改进国内炼钢的工艺结构，发展电炉炼钢，加速提高废钢循环利用产能，适度推广非高炉炼铁技术。

(3)在炼焦配煤工艺中优化配煤技术，充分利用我国储量较大的气煤资源，以延长国内焦煤和肥煤的供应期。但是，在国内钢铁业发展电炉炼钢计划未完成之前，建议推广中小型高炉采用捣固焦的过渡性措施，以达到压缩焦煤和肥煤在炼焦中的配比的目的，以延长国内主焦煤的供应期。

通过科学有序地实施上述三大战略，就可以实现延长我国炼焦煤资源自主供给期百年以上，保障中国钢铁工业及相关行业的长期安全平稳发展的战略目标。

7.2　炼焦煤生产质量提升与国外资源利用

作为"煤-焦-钢"产业链上游的炼焦煤生产企业，主要任务是保障资源的供给。在资源供给方面主要存在两大问题，一是生产质量不高，资源产出率低、资源浪费严重；二是优质资源不足，需要扩大供给渠道。

7.2.1　提高炼焦煤生产技术水平和生产质量

我国煤矿地质条件复杂，大量薄煤层、特厚煤层、急倾斜煤层的煤炭需要高效开采，同时过去粗放式开采遗留下大量的残煤，资源高效回收亟待解决。为了实现可持续发展战略，对不可再生的煤炭资源，尤其是稀缺的炼焦煤资源实施保护性开采，提高资源采出率，以及薄煤层高效开采问题已成为当前煤炭工业发展急需解决的关键问题。

1. 推广薄煤层自动化开采技术

由于薄煤层的煤层赋存条件一般较差，地质条件、开采技术条件复杂，实现机械化开采难度大，特别是当煤层埋藏较深、地质条件较复杂时，开采薄煤层的经济效益低，严重制约着我国薄煤层煤炭的开采。因此，选择合理的开采方式，研发满足薄煤层条件下机采及综采要求的薄煤层配套设备，对提高薄煤层开采效益起到至关重要的作用。薄煤层综采发展较为缓慢。实现薄煤层高效的机械化、自动化采煤，是解决薄煤层弃采问题的关键。

目前我国煤炭生产企业已经应用了薄煤层螺旋钻无人工作面开采技术和引进刨煤机实现薄煤层开采自动化技术，取得了显著的成效。

另外，刨煤机也是薄煤层机械化开采的重要设备。它是以刨头为工作机构的采煤机械。具体说，它是一种用于 0.8～2m 薄、中厚煤层开采的综合机械化采煤设备，是一种浅截式采煤机械，它集"采、装、运"功能于一身，配备自动化控制系统，可实现无人工作面全自动化采煤。目前，刨煤机已成为薄煤层采煤机械化的强大支柱。

2. 推广厚煤层大采高、智能化开采技术

1）支持开发生产大采高、智能化综采设备

对于煤层厚度多为 5m 以上的厚煤层，为了实现一次采全高，杜绝丢煤的现象，应鼓励研制和生产大采高、智能化综采设备。

2）推广厚煤层错层位巷道布置无煤柱开采技术

在巷道布置方式上，把相邻两面间的顺槽错层位布置，解决了传统放顶煤开采端头丢煤多的缺点，且实现了无煤柱回采；保留了放顶煤开采的高产高效优势，吸纳了分层采的巷道掘进经验，降低了巷道掘进维护的难度与成本。

3）推广厚煤层放顶煤回收技术

采用放顶煤技术，提高工作面回收率的关键在于工作面的跟底状况、放顶煤过程的控制和后溜接煤效果。为此，采用低位放顶煤技术，并在后溜后缘增设接煤板，使后部运输机整体加宽，增加接煤面积；使用放顶煤时，顶煤几乎全部落入后部运输机内，减少了落煤损失，提高了顶煤的接收量，减少了煤炭资源的损失。

3. 推广无煤柱开采，增加资源回收率

无煤柱护巷就是指在布置采区巷道时，考虑与采空区相邻的煤体边缘地区存在着一个应力比原岩应力低的卸载带，并且当回采工作面采过相当长的时间以后，该卸载带仍能较稳定地长期保持稳定，所以巷道位于煤体边缘和采空区交界处，与传统的留煤柱护巷技术相比，取消了上、下区段之间的护巷煤柱，因此被称为无煤柱护巷。无煤柱护巷是有利于提高煤炭采出率、有利于矿井安全生产和提高

矿井技术经济效益的一项先进的地下开采工艺。

4. 支持开发残煤复采新技术

在我国的一些老矿区，由于历史原因形成了一些蹬空煤层、刀柱采空区等残留煤炭资源，也伴随着常规生产仍在产生的新的残留煤炭资源，如不规则边角块段、放顶煤开采时巷道与过渡支架上方的顶煤、区段间的煤柱等。高效地回收复采区残留优质煤炭资源，可提高煤炭资源回收率。

目前，适合残煤开采的方法主要有四种：

(1)单一长壁法(适用于煤层厚，倾角小的残留煤柱)；

(2)巷道长壁法(适用于采用落后采煤法开采的急倾斜煤层)；

(3)掘进出煤(适用于存在大量小而散的残留煤柱)；

(4)综采放顶煤开采方法。

这些采煤法在不同矿区得到应用，综合机械化是复采采煤工艺的发展方向。现阶段具有复采价值的残煤包括：

(1)受落后采煤方法开采破坏的煤炭资源；

(2)厚煤层开采区域残留的煤炭资源；

(3)部分采空区煤柱和边角煤等。残煤复采即是对此类煤炭资源的再次开采。

据复采工作面中旧采残留煤柱的分布位置，把残煤复采归纳为 3 种类型：

(1)完全采空区型复采；

(2)纵跨煤柱型复采；

(3)横跨煤柱型复采。

煤柱和顶煤残留的回收是减少稀缺炼焦煤资源浪费的一个途径，目前已有许多煤矿做了成功的探索与实践，具体内容将在后面介绍，这些工程实践与探索是值得推广的。

5. 洗选工艺的技术创新

煤炭洗选的作用是提高煤炭质量，减少燃煤污染物排放；提高煤炭利用效率，节约能源；优化产品结构，提高产品竞争能力。

目前我国洗选煤工艺技术水平相比世界水平还存在一些差距，主要表现在：原煤入选率低；洗选煤设备的稳定性较差，相应的煤产品质量差；煤泥水处理、细粒级煤的分选与脱水工艺及设备仍是现如今共同的难题。但是，对于炼焦煤资源的保护性开采而言，在保证炼焦精煤质量的前提下，提高资源的洗选回收率是我们最关心的问题。因此，要重点鼓励支持开展在保证炼焦精煤质量的前提下，提高资源的洗选回收率的科学技术与工程实践的研究。

近年来，我国炼焦煤生产企业开发出一些具有国际先进水平的技术，如选煤工艺流程、表面改质＋短柱浮选的难浮煤泥浮选新工艺、多药剂协同治理高泥化酸性煤泥水的新方法以及复合干法选煤、加压过滤机、耐磨管道和泵类等，取得100 多项选煤科技成果，提高了我国选煤科技水平。但今后仍要靠科研来促进选煤技术进步，特别是要研究难选煤的选煤方法以提高精煤质量和产率，提升精细粒煤泥的处理和脱水技术，解决洗水闭路循环和煤泥利用，推进选煤设备大型化和可靠性，提高选煤厂自动化程度。

我国小型选煤厂占比较大，技术水平落后，分选效果差。我国采用先进技术装备的选煤厂所占比例不到一半，多数选煤厂技术水平落后，不能根据用户要求及时调整产品质量，造成精煤损失大、产品灰分高、分选效果差，尤其是地方和乡镇民营选煤厂最为突出。例如，山西晋中地区多为整合性煤区，未自备洗煤厂，导致大量民营小资本介入和盲目投资，采取"收、洗、卖"手段，追求"短、平、快"节奏，建设了一批小型选煤厂；同时，由于洗选粗放，不能对煤矸石、煤泥、污水等妥善处理，环境欠账越来越多。小型选煤厂占比较大，直接关停将导致原煤洗选能力的不足，改造又带来资金投入较大的双向矛盾，在很大程度上制约了煤炭分选行业的健康发展。

煤泥水是选煤生产过程中产生的工业废水，含有大量煤质、泥质颗粒。为减少环境污染并充分利用水资源，必须对煤泥水进行有效处理，实现洗水闭路循环。由于矸石容易泥化，一些选煤厂的煤泥水呈现高泥化特征，必须开发相应高效的处理技术才能从根本上解决煤泥水处理问题。

7.2.2　提高炼焦煤主要煤种的国外供应量

由于我国优质炼焦煤资源稀缺，进口优质炼焦煤作为对国内炼焦煤市场的良好补充，对我国的炼焦煤资源保障和钢铁生产安全具有重大意义。近十多年来，我国已加大了炼焦煤的进口。为了能够保障中国炼焦煤持续稳定地供应，还必须充分了解国外炼焦煤现今的资源储量、贸易情况以及国际间合作过程中所存在的供应风险。同时在大国之间博弈的背景下，应采取一系列措施来规避国外炼焦煤资源的供应风险，建立长期储备制度，以期利用国外炼焦煤资源来减少国内资源的使用，在国内资源尚未枯竭之前，尽量减少国内主焦煤的使用量，进而切实维护国家能源安全，保障我国钢铁行业的长效发展。

1. 国外炼焦煤资源赋存现状

截至 2016 年底，世界已探明炼焦煤资源储量为 1.3 万亿 t，可采储量约为 3000亿 t，其中优质炼焦煤资源仅约占 600 亿 t。全球炼焦煤资源中，以气煤最多，肥煤、焦煤和瘦煤约占 50%。世界主要炼焦煤资源国探明可采储量见表 7.3。

表 7.3 世界主要炼焦煤资源国探明可采储量

国家	煤炭探明储量/亿 t	炼焦煤占比/%	无烟煤和烟煤/亿 t	储采比(R/P)
美国	2516	22.1	2214	381
俄罗斯	1604	14.1	696	417
中国	2440	24.1	2300	72
澳大利亚	1448	12.7	683	294
印度	948	8.3	898	137
德国	362	3.2	0.12	206
乌克兰	344	3.0	320	—
哈萨克斯坦	256	2.2	256	250
南非	99	0.9	99	39
合计	10017	90.6	7466.12	—

数据来源：BP 世界能源统计年鉴 2016 版。

1）澳大利亚

澳大利亚探明储量居世界第四位。根据 BP 世界能源统计资料，到 2016 年底，澳大利亚煤炭探明储量（可采储量）为 1448.18 亿 t，其中包括无烟煤和烟煤 683.1 亿 t，次烟煤和褐煤 765.08 亿 t。估计澳大利亚炼焦煤可采储量为 200 亿～500 亿 t，主要分布在昆士兰州（约 70%）和新南威尔士州（约 30%）。

澳大利亚优质炼焦煤主要分布在新南威尔士洲的悉尼煤田和昆士兰州的鲍恩煤田及克拉伦斯-莫尔顿煤田；亚烟煤主要分布在南澳大利亚州和西澳大利亚州；褐煤主要分布在维多利亚州。澳大利亚炼焦煤不仅储量大，且发热量高，硫分、灰分较低，另外，埋藏条件良好，开采难度相对较小，露天矿的开采极限是 120m，井工矿的开采深度在 150～500m。

2）蒙古国

蒙古国煤炭储备丰富，有焦煤、无烟煤、褐煤、气煤等。根据 BP 世界能源统计资料，到 2016 年底，蒙古国煤炭探明储量（可采储量）为 25.2 亿 t，其中无烟煤和烟煤 11.7 亿 t，亚烟煤和褐煤 13.5 亿 t。蒙古国的烟煤主要分布在西部和南部地区，次烟煤和褐煤主要分布在中北部和东部地区。

另外，主要大型焦化煤矿及其资源如下：

Tavantolgoi（Umnugobi 省）有炼焦煤资源 16.71 亿 t、动力煤资源 48.3 亿 t；
Narynsukhait（Umnugobi 省）有煤炭资源 8020 万 t（含半软炼焦煤、优质动力煤）；

Khushuut(Khovd 省)有煤炭资源 20810 万 t(包括炼焦煤和动力煤)；Ailbayan
(Dornogobi 省)有煤炭资源 1390 万 t(含炼焦煤、动力煤)。

蒙古国炼焦煤资源储量虽然相当丰富，但受基础设施落后、技术设备不先进、
资金支持不够等因素的影响，仍有大量资源未被开采。目前正在开采的较大煤矿
如表 7.4 所示。

表 7.4　蒙古国正在开采的煤矿

煤矿名称	地理位置	主要生产煤种	储量
沙林河煤矿	位于乌兰巴托市北 230km 处，属于达尔汗市管辖	褐煤	
巴嘎诺尔煤矿	位于乌兰巴托市东 120km 处，属乌兰巴托市管辖	褐煤	
纳莱赫煤矿	位于乌兰巴托市纳莱赫区，距离乌兰巴托市东南 35km 处，年采煤能力为 60 万 t，位于蒙古国西南部南戈壁省	褐煤	1200 万 t
塔旺陶勒盖煤矿	德图市东南 100km，储藏面积 400km^2，煤层厚度 16 层×190m。距离甘其毛都口岸仅 200km 左右	焦煤、动力煤	74 亿 t
那林苏海特煤矿	位于蒙古国南戈壁省境内，距策克口岸直线距离 46km，有煤质好、储量大、煤层浅等特点	焦煤、动力煤	16 亿 t

数据来源：依据吴伊娜的《中蒙煤炭贸易现状及前景展望》和孙建岭的《中蒙煤炭铁路运输现状及建议》的
内容整理而得。

蒙古国还赋存较为丰富的煤炭资源，塔旺陶勒盖煤矿(简称 TT 矿)是世界上
正在开采的大型煤矿之一，其炼焦煤优质稳定、储量多、地理位置离中国市场近、
露天煤矿多、技术要求低。其盆地主要分布地区及煤炭储量见表 7.5。

表 7.5　塔旺陶勒盖煤矿盆地的主要分布

地域	煤炭储量/亿 t	炼焦煤占比/%
西部	24.10	64
北部	2.98	53
中部	2.14	71
东部	21.28	75

数据来源：据塔旺陶勒盖股份公司公告数据整理。

蒙古国的煤炭出口是该国的一项重要的经济来源，近年来，煤炭生产和出口
持续增长，2017 年统计数据见表 7.6。与 2016 年的统计数据相比，增长率分别达
到 140.1%和 129.4%。所有水洗和原煤产品都出口到中国。动力煤在该国的年使
用量为 800 万~900 万 t。

表 7.6　蒙古国 2017 年煤炭出口基本统计数据　　　　　　单位：10^3t

| 序号 | 港口 | 煤炭产品 | | | | 合计 |
| | | 炼焦煤(洗选) | 原煤 | | 动力煤 | |
			炼焦煤	半软炼焦煤		
1	Gashuunsu Khait	3600.3	10441.6	487.4	1638.4	16167.7
2	Shivee-Khuren	—	—	8312.1	6205.2	14517.3
3	Bulgan	500.9	—	—	—	500.9
4	Khamgimandal	—	700.8	—	257.4	958.2
5	Zamyn Uud	—	—	—	1163.8	1163.8
6	Bichigt	—	—	—	18.5	18.5
	合计	4101.2	11142.4	8799.5	9283.3	33326.4

3) 加拿大

根据 BP 世界能源统计资料，到 2016 年底，加拿大煤炭探明储量(可采储量)为 65.8 亿 t，其中无烟煤和烟煤 43.4 亿 t，亚烟煤和褐煤 22.4 亿 t。加拿大烟煤储量丰富，尤其是炼焦烟煤。加拿大煤炭质量很高，主要生产可用于炼制高炉焦、铸造焦、铁合金焦和有色金属的冶炼用焦煤。加拿大炼焦煤资源主要分布在落基山脉，即不列颠哥伦比亚省的东南部和艾伯塔省的中西部地区。加拿大炼焦煤主要出口到日本、其他亚洲国家，2010 年炼焦煤出口量分别为 630 万 t、1040 万 t，占比分别为 27.8%、45.8%。

加拿大冶金煤生产企业中以泰克资源炼焦煤最为著名。作为仅次于必和必拓三菱联合的全球第二大炼焦煤供应企业，其煤炭出口量占世界炼焦煤贸易总量 1/6 左右，年产优质炼焦煤高达 2500 万 t。目前，中国、日本为主的亚洲市场是泰克资源炼焦煤资源主要出口国。其主焦煤结焦性类似澳大利亚优质主焦煤，具有良好的品质。

4) 俄罗斯

俄罗斯煤炭储量位列世界第三位，根据 BP 世界能源统计资料，到 2016 年底，俄罗斯煤炭探明储量(可采储量)为 1604 亿 t，其中无烟煤和烟煤 490.9 亿 t，估计炼焦煤可采储量在 200 亿~500 亿 t 之间，炼焦煤不仅储量大，而且品种全。主要炼焦煤产地有库兹巴斯、伯朝拉、南雅库特、伊尔库茨克火煤田。近 60%炼焦煤集中在克麦罗沃州的库兹涅茨克矿区，其中，近 2/3 埋藏深度在 600m 以上，约 20%适合露天开采；约 20%炼焦煤在萨哈共和国南雅库特矿区。

5) 美国

美国是世界上煤炭资源最丰富的国家之一，根据 BP 世界能源统计资料，到 2016 年底，美国煤炭探明储量(可采储量)为 2516 亿 t，炼焦煤资源占探明储量的 35%，估计在 500 亿~1000 亿 t 之间，但低挥发分烟煤储量有限，只占探明储量的 1.1%。炼焦煤主要产区是阿巴拉契亚含煤区，伊利诺伊含煤区东部及西南部也出产焦煤。无烟煤资源有限，主要集中于宾夕法尼亚州，阿拉斯加州、新墨西哥州、犹他州、弗吉尼亚州也有少部分储量。

美国炼焦煤主要出口到经济合作与发展组织欧洲成员国、拉丁美洲国家、亚洲国家，2010 年炼焦煤出口量分别为 1650 万 t、740 万 t、900 万 t，占比分别为37.5%、16.8%、20.5%。

6）印度

据印度煤炭部资料显示，截止到 2012 年，印度炼焦煤资源储量为 337 亿 t，主要为中等品质焦煤和半焦煤（相当于国内瘦煤和 1/3 焦煤），黏结性最好的优质炼焦煤（相当于国内焦煤和肥煤）储量为 53 亿 t，约占炼焦煤总储量的 16%。

7）印度尼西亚

印度尼西亚是世界第八大煤炭生产国。目前，已探明可采储量为 52.2 亿 t，其中以褐煤和次烟煤为主，由于其成煤时代均为距现代最近的新生代古近纪的始新世到新近纪的上新世时期，因而其所产煤种几乎都为年轻煤，其中又以褐煤和次烟煤为主（褐煤占 58.68%，次烟煤占 26.60%），达 44.5 亿 t，占可采储量的 85%以上，硬煤（以年轻烟煤为主）为 7.7 亿 t。

2. 中国炼焦煤进口情况

在世界政治经济环境较好的情况下，实施稀缺矿产资源战略储备制度，平衡市场供需关系的一个重要的政策选项是鼓励治权域外资源的使用，适度增加炼焦煤主要煤种进口。

观测我国 2001～2017 年的炼焦煤进出口贸易情况，统计数据见表 7.7 及图 7.2。

表 7.7　中国 2001～2017 年的炼焦煤进出口统计数据

年份	出口数量/万 t	单价/(美元/t)	进口数量/万 t	单价/(美元/t)
2001	1145	37	28	47
2002	1330	38	26	54
2003	1314	38	260	53
2004	576	91	676	67
2005	526	113	719	85
2006	437	107	466	78
2007	254	102	622	75
2008	346	243	686	148
2009	64	154	3442	128
2010	114	197	4727	147
2011	359	249	4466	150
2012	131	211	5355	143
2013	111	163	7539	131

续表

年份	出口数量/万 t	单价/(美元/t)	进口数量/万 t	单价/(美元/t)
2014	80	127	6236	104
2015	97	107	4785	79.66
2016	120	112	5923	79.38
2017	230	211	6935	134

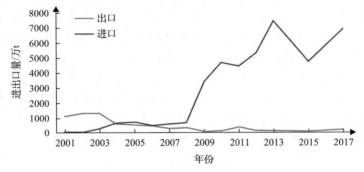

图 7.2 2001~2017 年中国炼焦煤进出口量统计

显然,从 2004 年开始,进口大于出口,净进口量非线性增长,并随市场需求波动。

分析炼焦煤进口的主要煤种和来源情况,主要特点如下:

(1)进口炼焦煤以主焦煤为主,1/3 焦煤为辅。

根据已掌握的情况看,我国进口的大部分为主焦煤,约占 60%以上,其余部分大部分为 1/3 焦煤。

(2)进口炼焦煤主要集中在少数几个国家。

从进口来源看(图 7.3),我国炼焦煤进口主要来自蒙古国、澳大利亚、加拿大、俄罗斯、美国和印度尼西亚,其中蒙古国和澳大利亚占据前两名。

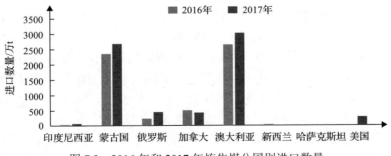

图 7.3 2016 年和 2017 年炼焦煤分国别进口数量

2016 年进口炼焦煤最多的国家是澳大利亚,占比为 45.2%,其次是蒙古国,占比为 39.77%,第一和第二两者相加为 84.97%,占比非常大;第三是加拿大,占比为 8.75%，第四是俄罗斯，占比为 4.39%，其余还有印度尼西亚、新西兰和哈萨克斯坦，占比为 1.89%，非常小。

（3）进口炼焦煤价格不同国家相差较大。

吨进口炼焦煤平均价格为 79.38 美元，其中：进口价格最高的是澳大利亚，均价为 107.8 美元，其次是印度尼西亚，均价为 104.17 美元，第三是俄罗斯，均价为 102.39 美元，最低为蒙古国，均价为 40.14 美元，进口价格高低主要取决于炼焦煤煤种、煤炭质量指标以及运输条件等诸多因素。蒙古国炼焦煤价格较低的主要原因是大部分煤种为 1/3 焦煤，灰分硫分也偏高，澳大利亚出口中国的炼焦煤主要为焦煤，煤炭质量指标也好，所以价格偏高。

（4）进口炼焦煤地区主要集中在内蒙古和沿海省市。

进口蒙古国煤主要集中在内蒙古自治区巴彦淖尔市和阿拉善盟；进口澳大利亚煤主要集中在唐山、广西、广东、辽宁、江苏、山东、上海、浙江等省市；进口加拿大和俄罗斯炼焦煤较为分散，沿海各主要省市基本都进口一些，整体看，除蒙古煤外，进口炼焦煤 90%以上均在沿海省市。

2016 年我国钢铁企业进口炼焦煤有如下特点：

（1）进口炼焦煤主要集中于澳大利亚和加拿大。

澳大利亚、加拿大出口炼焦煤主要是主焦煤，黏结性好、灰分和硫分低，适用于生产高质量焦炭，为此 98.7%澳大利亚炼焦煤和 97%加拿大炼焦煤均为钢铁企业购买，新西兰、印度尼西亚炼焦煤也是如此。钢铁企业直接进口蒙古国炼焦煤相对较少。

（2）与独立焦化企业相比进口炼焦煤量占比较高。

据初步估算，我国钢铁企业进口炼焦煤占比 58.95%，比独立焦化企业占比 41.05%高近 18 个百分点。考虑到钢铁企业焦炭占比仅 35%，实际钢铁企业进口炼焦煤占比要比独立焦化企业高很多。

（3）进口炼焦煤的基本为大中型钢铁企业。

据初步统计，柳钢进口炼焦煤最多，约 700 万 t，该企业除自用外，还做部分炼焦煤贸易，其次是鞍钢，进口炼焦煤约 470 万 t，第三是京唐钢铁，进口炼焦煤约 330 万 t，其他如宝钢、韶钢、沙钢、九江钢铁均进口炼焦煤在 200 万 t 以上。本钢、马钢、元立集团公司、迁钢也各自进口炼焦煤超过 100 万 t，基本均为自用。

2016 年我国独立焦化企业进口炼焦煤有如下特点：

（1）进口炼焦煤主要集中于蒙古国和俄罗斯。

蒙古国出口炼焦煤大多为 1/3 焦煤，还有部分主焦煤，指标一般，价格非常便宜，作为原料性价比非常高，适用于生产高炉用一般质量焦炭，对降低生产成本非常有利。所以 97.3%蒙古国炼焦煤为独立焦化企业购买。俄罗斯煤炭有主焦煤也有 1/3 焦煤，价格适中，约 34.3%为独立焦化企业购买。其他国家炼焦煤占比很小。

(2)进口炼焦煤主要进口企业为神华集团有限责任公司(简称神华集团)。

神华集团 10 年前已在蒙古国进行了布局,现已初步掌握了部分煤炭资源。2016 年神华集团进口蒙古国炼焦煤 2240 万 t,占进口蒙古国炼焦煤的约 95%。神华集团进口炼焦煤一是集团内焦炭生产企业用,二是做贸易,一部分卖给独立焦化企业,另一部分卖给钢铁企业,实现企业利益最大化。除神华集团外,内蒙古千里山、山东焦化企业各自进口了几十万吨炼焦煤,其余还有 10 多家独立焦化企业各自进口了几万吨至十多万吨炼焦煤,数量不大。

3. 炼焦煤国际供应风险分析

"十三五"时期,煤炭工业发展面临的内外部环境更加错综复杂。从国际看,世界经济在深度调整中曲折复苏、增长乏力,国际能源格局发生重大调整,由于炼焦煤资源的稀缺性和不可再生性,以及印度等发展中国家的能源需求增加,企业竞争日趋激烈,各国形成了以自身利益为出发点的博弈关系,国内企业与国外炼焦煤主要生产国的贸易合作风险不断加大。因此,在大国博弈的背景下,应准确把握炼焦煤资源供给国政府的选择和双方行为的交互影响,选择最佳的炼焦煤国际贸易合作计划,实现我国炼焦煤资源的持续稳定供应。

1)博弈关系的动态性分析

防控炼焦煤的供应风险,延长国内资源的稳定供给期是一项长期目标,这就决定了国家之间的炼焦煤资源博弈不是一次性的博弈,而是一种不断重复的动态博弈,也就是说,炼焦煤资源博弈具有明显的动态性。因为除非一个国家能够通过自身国内的炼焦煤资源开发、利用来完全实现炼焦煤资源的自给自足,否则,只要在一定程度上依赖进口炼焦煤资源或是需要先进的炼焦技术来提高炼焦煤开采和利用水平,那么这一国家与其他国家之间的炼焦煤博弈就是一种动态博弈。

从长期来看,国际炼焦煤合作行为主体的不断博弈,使国际炼焦煤合作表现出一定的演化路径,同时,在美国、澳大利亚、蒙古等国复杂的国际形势下,演化速度也不尽相同。

将炼焦煤的特殊性、稀缺性、战略性纳入国际炼焦煤合作中考虑。从国家安全的角度看,炼焦煤资源是国民经济发展及钢铁工业发展的必需战略物资,涉及国家的经济安全、军事安全等,所以炼焦煤对一国的安全又具有特殊的意义。从外交角度看,炼焦煤资源是炼焦煤出口国与进口国博弈的筹码,是炼焦煤进口国外交争夺的焦点。正是炼焦煤的特殊性、稀缺性和战略性决定了与一般的国际经济合作相比,开展炼焦煤合作需要考虑多重因素的共同作用,炼焦煤合作主体博弈呈现出一定的复杂性。

2)国际炼焦煤合作关系存在的基础

炼焦煤资源的稀缺性主要体现在需求国和供给国地理上的不平衡。像中国、印度等国受发展阶段和经济体量的限制，特别是生铁和粗钢冶炼全行业技术水平的制约，在国家自身发展建设过程中，对煤炭，特别是优质炼焦煤资源的需求仍然巨大。同时，因炼焦煤的形成与消费有一定的地缘性，世界炼焦煤主要出口国有澳大利亚和蒙古国，世界炼焦精煤生产主要集中在中国、澳大利亚、美国、俄罗斯、印度等国，这就导致了世界炼焦煤的供需分配上容易出现不平衡。在如今较为复杂的国际背景与稀缺优质炼焦煤粗放的开采状态下，优质炼焦煤不可或缺，从而形成了国际炼焦煤合作关系。

国家间在煤炭领域的互补性是国际炼焦煤合作的基础。这种互补性主要体现在炼焦煤领域资源和市场的互补，存在于炼焦煤输出国和消费国之间。炼焦煤输出国需要为本国丰富的焦煤资源寻求出口，而炼焦煤消费国具有广阔的市场。例如，中国与蒙古国、澳大利亚等的合作就源于这种互补性，这种合作具有以资源换市场的性质。

科技进步推动了世界经济的增长，同时也导致了对能源的高度消耗和依赖。世界炼焦煤储量有限，对其开采和消费具有一次性、排他性，也就是世界炼焦煤的供给量是基本固定的，世界各国对炼焦煤需求的增加必然导致国际炼焦煤竞争加剧。

在第 5 章中已经给出了基于 GDP 预测的钢铁、焦炭和炼焦煤需求量预测，2012年之后，中国的钢铁工业已经完成了从 GDP 的拉动因素到重要支撑因素的转变，随着炼焦技术的提升，对炼焦煤的需求量仍有较高要求。因此，随着科技的不断进步，经济总体规模不断扩大，经济增长需要以能源作为支撑，这使得炼焦煤消耗持续增加，资源缺口不断拉大，供需矛盾激化，能源竞争加剧。

3) 政治因素影响下主体合作的博弈关系

A. 中国和澳大利亚

中澳关系一直是世界关注的焦点。澳大利亚作为世界第四大煤炭生产国，煤炭产量仅次于中国、美国、印度三国。澳大利亚一直是我国炼焦煤等资源的重要供给国，但像之前发生的矿业贸易案那样，明明我国已经给了澳大利亚足够丰厚的利益，可澳方毫不满足，单方面提高矿物价格。

同时，澳大利亚部分对华政策令两国友好合作的政治与民意基础严重受到伤害。例如，澳大利亚掀起的所谓"中国干涉内政"论及以所谓"国家安全"为由拒绝华为公司参与其 5G 通信网络建设等行动带来了极坏的示范效果。

但从两国经济关系看，中澳是天然合作伙伴。中国拥有快速增长的巨大消费市场，澳大利亚有着丰富的矿产资源、优质农产品、良好的教育机构和众多旅游资源等。澳大利亚每年对华出口占其出口总量的 30% 还多。在发展对华关系上，澳大利亚受益多多。

B.中国和蒙古国

蒙古国的政治体制是多党联合执政，往往一项决议会产生很久的辩论，因为需要很多党派互相协调共同利益才能够推行。蒙古国在每一届的选举之后都会形成一些短期性的政策，但是这些政策的贯彻和落实都不够彻底。然而，矿产资源的开采是蒙古国的重要经济支柱，蒙古国在吸引外资从事矿产资源开采与产品贸易方面也制定了一系列政策。包括：

a.对矿产资源开采的准入规定

蒙古国的外国投资企业是指按蒙古国法律注册成立，外国投资人占有股份25%或以上且每个外国投资人的投资额超过 10 万美元或等额图格里克的企业。在蒙古国，投资设立企业的形式包括公司代表处、分公司、有限责任公司和股份公司等。

蒙古国主管外国投资的政府部门是外国投资局，接受总理直接领导，负责吸引外国投资并提供投资咨询及宣传服务等。

蒙古国的外国投资按下列方式实施：

第一，投资人单独或与其他投资人合作成立企业；

第二，投资人购买股票、债券和其他有价证券；

第三，通过并购、合并公司的方式进行投资；

第四，签署租让权、产品分成、市场营销、经营管理合同和其他合同；

第五，融资租赁和专营权形式的投资；

第六，法律未禁止的其他形式。

根据《投资法》规定，外国国有资产法人在矿业、金融、新闻通信领域开展经营活动且其持股比例达到33%或以上的,须报主管投资事务的中央行政机关(即外国投资局)进行审批。

蒙古国主管反垄断事务的部门是公平竞争和消费者权益保护局。蒙古国《竞争法》规定，具有支配地位的商业实体意图通过合并、兼并或收购20%以上普通股或 50%以上优先股的方式，改组与其在市场上销售同一产品或合并、兼并了相关商业实体的竞争企业，需要向蒙古国公平竞争和消费者保护局进行申报。

具有"支配地位"是指一个商业实体单独或与其他商业实体或关联企业共同在相关产品市场上生产销售的市场份额超过三分之一。

公平竞争和消费者权益保护局审查认为交易将对经济环境产生限制竞争影响的，可以否决交易，注销已经完成的企业。但如果能够证明交易本身给国家经济带来的利益超过竞争的损害，该交易将不被否决。

蒙古国为吸引国内外资金尽快开发利用该国矿产资源，1997 年，蒙古国大呼拉尔通过第一部《矿产资源法》，并进行了修改、完善。2006 年蒙古国《矿产法新版》对环保方面的规定包括：

第一，向主管自然环境问题的国家中央行政机关提交环境影响的评估和环保计划。

第二，许可证持有者在没有取得有关环保部门书面批准同意之前，禁止进行勘探和开发活动。

第三，对开采过的矿区要恢复原地貌。

第四，实行环保抵押金制度。为确保许可证持有者完全履行在环保方面承诺的义务，要求将相当于实施环保措施所需年度预算 50%的资金作为抵押金，转入主管自然环境问题的国家中央行政机关开设的专门账户。该抵押金必须在项目实施前(季节性施工的项目在 5 月 1 日前，全年施工的项目在第一季度内)转入专项账户内。当年 12 月 1 日前施工企业按环保规定提交报告后，如未违犯环保条款，在 21 个工作日内将抵押金退还企业。

b. 股权分配与运营权的规定

2012 年 5 月 17 日，蒙古国大呼拉尔通过《关于外国投资战略领域协调法》(蒙古国 2013 年新《投资法》出台后废止了该法)，矿产资源被确定为具有战略性意义的领域，因此外国投资者及其利益相关方和第三方签订股份买卖或转让协议，需通过在蒙古国注册企业向蒙古国政府提出申请；外资参股超过 49%需政府提交国家大呼拉尔讨论决定。

政府按照投资额超过 5000 亿图格里克的投资者提出的申请，为了保持其经营业务环境的稳定，与投资者签订投资协议。

投资额超过 5000 亿图格里克的稳定证书持有法人，如提出申请，可与其签订投资协议。

项目投资额若不低于 100 亿图格里克则附上其商业计划，高于 100 亿图格里克以上则附上其技术经济论证。

"外商投资企业"是指按照蒙古国法律法规成立，法人所持有的 25%或者以上股份由外国投资者持有，同时每位外国投资者投资额超过 10 万美元或者与其等值图格里克的企业。

c.国外投资与出口贸易的鼓励政策

根据蒙古国法律，外国企业可以用自由外汇或投资所得的蒙古货币收入购买蒙古国企业的股份、股票和其他有价证券，其中包括依照蒙古国财产私有化法凭投资权证书出售的股份、股票和其他有价证券。

蒙古国建议减少税收鼓励，将原先的 100%的免税期从头 5 年减少到头 2 年。50%的免税期从以后的 5 年改为以后的 3 年。勘查许可证的期限也做了调整，最初期限由现在的 3 年改为 2 年。2006 年 7 月，蒙古国议会批准通过修改后的《矿产和税收法》，将现行 2.5%的权利金提高到 5%，取消免税期；煤炭采矿许可证的最长年限从 100 年减为 70 年。

蒙古国自 2013 年 11 月 1 日开始实施新《投资法》，鼓励外商投资。根据该法，对投资提供的扶持优惠政策包括税收和非税收两部分。

蒙古国政府向投资者提供下列的税收扶持：免税，减税，加速式核减纳税收入中的折旧费，从未来收入中核减纳税收入中的亏损，从纳税收入中核减员工培训费用。

蒙古国没有特别针对行业的鼓励政策，但是在税收稳定等方面，对矿业开采、重工业、基础设施领域有一定的政策倾斜。蒙古国虽然没有特别针对地区的鼓励政策，但是在税收稳定等方面，对中部地区(戈壁松贝尔省、东戈壁省、中戈壁省、达尔汗乌勒省、南戈壁省、色楞格省、中央省)、杭爱地区(后杭爱省、巴彦洪格尔省、布尔干省、鄂尔浑省、前杭爱省、库苏古尔省)、东部地区(东方省、苏赫巴托省、肯特省)和西部地区(巴彦乌列盖省、戈壁阿尔泰省、扎布汗省、乌布苏省、科布多省)有一定的政策倾斜。

d.特殊经济区域的规定

2002 年蒙古国内部曾通过了建设四大自由经济区的计划，但由于缺少资金、地理位置偏远、交通不便等，建设进程缓慢。四大自由经济区投入使用后将增加大量工作岗位，减少无业人数，同时增加国民经济收入，提高国民生活水准。蒙古国利用口岸自由经济区的优势，吸引投资，带动口岸城市的发展，同时也不断扩大与中国、俄罗斯及欧盟各国的经贸合作。

第一，阿拉坦布拉格自由贸易区。对在该自由贸易区投资基础设施建设的投资者免征所得税；对投资设立贸易企业者，除前五年免征所得税、接下来的三年减半征税以外，还按照国际惯例对该企业运入自由贸易区的货物免征关税。

第二，扎门乌德自由经济区。受蒙古国中央政府垂直管理，行政长官由总理任命，是蒙古国"境内关外"形式运行的单独保税区。外商进入该区享受免除关税等优惠政策，外国公民可以凭护照(免签证)或本国身份证自由出入。

第三，蒙古国规划建设赛音山达工业园区。

第四，查干诺尔自由贸易区。蒙古国的查干诺尔自由贸易区由于远离主要市场并缺少现成的交通运输基础设施，将其建成贸易自由区的难度是很大的。而且目前蒙古国也没有制定相关的法律法规。

蒙古国拥有丰富的矿产资源，具有巨大的潜能。但因其经济形势单一，资源依赖性强。采矿业约占蒙古国 GDP 的 1/4，可谓蒙古国的国民经济命脉。由于蒙古国工业基础薄弱，矿产品本国消费需求有限，主要供出口，对外依赖性非常强。蒙古国作为世界上最大的内陆国家，处在中国和俄罗斯之间，没有出海口，矿产品需要借道中国或者俄罗斯的铁路及港口才能外销，这是制约中蒙采矿业发展的主要因素。

中蒙两国的政治地缘优势及中国巨大的矿产品消费市场，使中国成为蒙古国最大的矿产品出口贸易伙伴。2016 年蒙古国对华出口额为 39.018 亿美元，占对外出口总额的 79.3%，其中矿产品约占 80%。蒙古国 90%以上的焦煤和 100%的铁矿出口至中国。2017 年，蒙古进口焦煤量已达 2626.96 万 t。在中蒙矿产品贸易格局中，中国将长期占主导地位，是蒙古国单边依赖的出口市场。因此，在当今复杂的政治形势下，我国应稳定把握与蒙古国的合作关系，以此保障我国炼焦煤的持续稳定供应。

C.中国和俄罗斯

历史上，中俄关系风风雨雨，自苏联解体后，中俄两国关系日益密切。在普京执政期间，俄国的政治形势基本稳定发展，但俄罗斯经济还是没有摆脱传统结构(财政收入 50%以上靠出口能源)怪圈，俄罗斯当今面临的主要任务仍是转变经济结构，创新发展趋势。

中俄互为最大邻国，在稀缺炼焦煤资源开发和利用方面互补性很强，合作潜力巨大。俄罗斯优质动力煤和炼钢用煤具有低灰、低硫的特点，使其在中国的炼焦煤市场有巨大的潜在需求。随着中俄基础设施建设的推进，铁路、港口运输能力的增强，进口俄罗斯炼焦煤数量还有很大提升空间，发展中俄炼焦煤贸易是大势所趋。

D.中国和美国

随着中国近年来的快速发展，有些国家产生不安心理，在这种不安的前提下，必然存在大国之间的博弈，而中美关系现在也成为各国关注的焦点。面对美方挑起贸易摩擦等消极动向，中方坚定地捍卫国家的利益和主权，以相互尊重、平等对话的方式解决中美之间的相关问题。2016 年，中美元首在 G20 杭州峰会期间举行会晤达成共识，推动了中美贸易摩擦重回对话协商解决问题的轨道，有效阻止了经贸摩擦进一步扩大升级，确立了谋求合作共赢的共同目标，对外释放了积极和正面预期。但是，从长远考虑，这种状态真的能一直持续下去吗？美国意在反对"中国制造 2025"，所以 2025 年之前，美国很有可能会出台一些反制措施来阻挠中国的进一步发展。

当然，中美作为社会制度、历史文化、发展水平不同的两个大国，相互间难免出现这样那样的分歧，现在的问题也不可能迅速解决。同时，由于双方交往日益密切，利益高度融合，中美之间也不可能完全"脱钩"，彼此隔绝。2019 年是中美建交 40 周年，也是中国改革开放 41 周年，这两大历史进程都对世界产生了重要影响。

从我国炼焦煤资源现状以及国家未来长期的发展建设任务看，我们必须重视国外的炼焦煤市场开发与利用，因此，对美国和澳大利亚的炼焦煤市场不能放弃，针对稀缺资源，仍要鼓励进口，不能将稀缺炼焦煤资源作为贸易战的工具。炼焦煤资源属于不可再生资源，坚决不能纳入贸易战制裁清单，使其作为贸易战的反制措施。在掌握炼焦煤资源的定价权、话语权的基础上，只要国外的有关部门不反制炼焦煤资源，就可以积极进口。

4. 利用国外炼焦煤资源对化解供需矛盾的作用

从今后发展来看，考虑到国内外炼焦煤炭资源情况以及我国煤炭企业承受能力、国家政策导向等因素，研究认为，进口炼焦煤控制在每年 8000 万 t 左右较为可靠。

如果我国每年能从国外进口炼焦精煤 8000 万 t，且主焦煤（含肥煤）占 60%，按精煤与原煤产量比为 1∶2.5 折合，每年可为国家节省原煤 2 亿 t。于是，在保证持续引进国外炼焦煤资源条件下，我国国内炼焦煤资源供应量可修改如表 7.8 所示。

表 7.8　炼焦煤进口条件下国内资源的宏观需求量预测　　　单位：万 t

年份	宏观需求量		年份	宏观需求量	
	精煤	原煤		精煤	原煤
2018	46700	122200	2042	28200	61000
2019	45600	119100	2043	22500	59300
2020	44400	116000	2044	21900	57600
2021	42900	112300	2045	21300	56200
2022	41500	108500	2046	20700	54500
2023	40000	104700	2047	20000	52800
2024	38700	101300	2048	19500	51400
2025	37400	97900	2049	19000	50100
2026	36300	95200	2050	18400	48700
2027	35300	92400	2051	17900	47300
2028	34200	89700	2052	17400	46000
2029	33300	87300	2053	17000	44900
2030	32400	84900	2054	16600	43900
2031	31500	82500	2055	16100	42500
2032	30600	80100	2056	15700	41500
2033	29800	78100	2057	15300	40500
2034	28800	75700	2058	14900	39500
2035	28100	73600	2059	14600	38800
2036	27400	71900	2060	14200	37800
2037	26600	69900	2061	14000	37100
2038	25900	68200	2062	13700	36400
2039	25300	66500	2063	13300	35400
2040	24500	64400	2064	13200	35000
2041	23800	62700	2065	12900	34300

利用表 7.8，我们得到从 2018 年起中国钢铁工业以及其他行业对国内炼焦原煤的需求累积量，如表 7.9 所示。

表 7.9　进口条件下国内宏观经济对炼焦原煤的需求累积量　　　　　单位：亿 t

年份	原煤需求累积量	年份	原煤需求累积量	年份	原煤需求累积量	年份	原煤需求累积量
2018	12.22	2030	133.15	2042	218.61	2054	279.88
2019	24.13	2031	141.40	2043	224.54	2055	284.13
2020	35.73	2032	149.41	2044	230.30	2056	288.28
2021	46.96	2033	157.22	2045	235.92	2057	292.33
2022	57.81	2034	164.79	2046	241.37	2058	296.28
2023	68.28	2035	172.15	2047	246.65	2059	300.16
2024	78.41	2036	179.34	2048	251.79	2060	303.94
2025	88.20	2037	186.33	2049	256.80	2061	307.65
2026	97.72	2038	193.15	2050	261.67	2062	311.24
2027	106.96	2039	199.80	2051	266.40	2063	314.83
2028	115.93	2040	206.24	2052	271.00	2064	318.33
2029	124.66	2041	212.51	2053	275.49	2065	321.76

根据表 7.9 对全国炼焦煤资源的煤种存量估计，我国焦煤和肥煤的经济存量总和为 191 亿 t，地表可采出量为 191×0.8 ≈153 亿 t。如果按照我国目前钢铁企业焦化厂的焦煤和肥煤在炼焦配煤中占比为 50%～60%计算，则我国主要炼焦煤煤种资源枯竭期将从 2040～2047 年延至 2048～2061 年(图 7.4)。

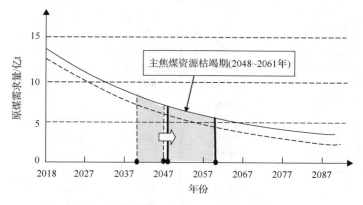

图 7.4　进口炼焦煤资源条件下国内主焦煤资源枯竭期

根据上述分析，单独依靠国外进口资源只能将中国主焦煤枯竭期推延 8～14 年，也只能在一定限度上缓解国内资源供应的压力，对于保障中国钢铁工业的长期稳定发展仍是杯水车薪。因而，要彻底解决我国炼焦煤资源供需矛盾，还必须依靠焦化与钢铁两个产业在产品与生产工艺结构上的协同升级来实现。

7.3　开发气煤资源与过渡性推广捣固焦措施

从我国目前各行业焦炭消费情况来看，炼铁用焦炭质量要求比较高，铸造用焦炭质量要求次之，有色、非金属矿物用焦炭质量要求较低，铁合金、电石、烧结等用焦炭质量要求最低。为此，可以根据用途把焦炭和炼焦煤配煤比分成四大部分：

(1)炼铁高炉用焦炭约占焦炭产量的 75%(包含炼铁筛下焦丁焦粉用于烧结部分)，其中钢铁联合企业占 34%，独立焦化企业占 41%。这部分配煤比将在后面重点研究。

(2)铸造用焦炭约占焦炭产量的 2%，炼焦配煤比平均大致为：焦煤占 45%、肥煤占 12%、瘦煤占 12%、气煤占 31%，配煤比数十年基本未变。

(3)有色、非金属矿物等用焦炭约占焦炭产量 3%，炼焦配煤比平均大致为：焦煤占 40%、肥煤占 6%、瘦煤占 8%、气煤占 46%，配煤比数十年也基本未变。

(4)铁合金、电石用焦炭可分成两部分。一部分约占焦炭产量 13%，炼焦配煤比平均大致为焦煤与肥煤之和占 40%以下，瘦煤占 10%以下，气煤占 50%以上，过去配煤比一直是在降低焦煤和肥煤配比，但变化比例非常小；另一部分约占焦炭产量 7%，全部采用半焦(兰炭)，以长焰煤或弱黏结性煤作原料，不需要炼焦煤，这部分产量未包含在独立焦化配煤比炼焦煤产量中。

1996～2017 年的统计数据表明，国内拥有 2500m³ 及以上高炉的钢铁联合生产企业基本都配套焦化工序(或分公司)，拥有 2000m³ 及以下高炉钢铁企业有的配套焦化工序，有的采用外购焦炭方式。2005～2011 年间，随着小高炉的大量淘汰，大批大高炉的新建，对焦炭质量要求逐步提高，钢铁联合企业主焦煤配比逐步增加。2011～2016 年间，新建大高炉不多，要求焦炭质量提高呼声也不大，配煤比基本处于振荡波动，焦煤和肥煤比基本没有增加，反而有略微下降。

统计数据表明，钢铁联合生产企业炼焦配煤比与炼焦煤的市场价格高度相关。当炼焦煤市场价格较低时，焦煤和肥煤配比就略高；当炼焦煤市场价格较高时，焦煤和肥煤配比就略低。前面已述钢铁联合企业焦化工序配煤比以及对硬焦煤和半软炼焦煤的过渡依赖的问题，这里不再重述。这一现象表明，钢铁联合企业看似合理的市场化行为隐含某种程度的对国家长远经济战略安全和行业可持续发展问题的忽视。

几十年来，独立焦化企业的发展让人们"爱恨交加"。一方面，独立焦化企业支撑了一方地方经济的发展，对我国钢铁工业的快速扩张功不可没；另一方面，大部分独立焦化企业生产技术落后，能源转化和利用水平较低，环境污染严重。但是，为提高企业经济效益及竞争力，独立焦化企业所选择的以捣固焦炉为核心装备的炼焦工艺技术路线，在对保护稀缺炼焦煤资源方面，与国内钢铁企业相比较，其贡献也是显著的。

课题组分析了 7 份源自莱钢的捣固焦配煤数据，见表 7.10 和表 7.11。分析中使用的统计学概念、术语和方法同第 6 章。

表 7.10　捣固焦配煤方案样本

编号	煤种用量比例/%						
	贫瘦煤	瘦煤	焦煤	肥煤	1/3 焦煤	气肥煤	气煤
1	0	20	13	15	0	8	44
2	0	22	20	14	0	8	36
3	22	0	19	16	0	0	43
4	19	0	22	15	0	0	44
5	9	10	20	14	4	0	43
6	9	10	22	14	0	0	45
7	12	8	21	13	0	0	46

表 7.11　配煤综合煤质与焦炭质量

编号	挥发分/%	X 值/mm	Y 值/mm	G 值/mm	M_{40}/%	M_{10}/%	CRI/%	CSR/%
1	30.8	33.7	14.9	68.1	88	6.6	24.3	66
2	29.5	31.3	15	67.2	88	6.5	24	67
3	25.8	28.5	13	65.7	88	6.4	24.1	66
4	26.5	29.1	13.3	68.2	88	6.5	22.4	68
5	26.8	30.1	13	64.6	88	6.8	22.7	67
6	28	31.4	13.6	68	88	6.5	23.1	69
7	27.5	30.9	13.1	66.9	88	6.3	23.1	67

捣固炼焦技术涉及复杂的工序优化问题。根据样本数据，在保障焦炭品级为一级的条件下，归纳出的捣固炼焦技术优化配煤一般工业分析指标的控制参数的参考值见表 7.12。

表 7.12　捣固焦优化配煤一般工业分析指标的控制参数参考值表

控制参数	配煤综合煤质指标					
	灰分/%	挥发分/%	硫分/%	X 值/mm	Y 值/mm	G 值/mm
目标值	9	28	0.7	31	14	67
控制半径	0.8	2	0.1	2	1	2
控制区间	[8.2,9.8]	[26,30]	[0.6,0.8]	[29,33]	[13,15]	[65,69]

与之相应的配煤煤种用量比例参考区间见表 7.13。

表 7.13　捣固焦配煤煤种用量比例参考区间　　　　　　单位：%

贫瘦煤	瘦煤	焦煤	肥煤	1/3 焦煤	气肥煤	气煤
[0,22]	[0,22]	[13,25]	[13,16]	[2,6]	[6,10]	[36,46]

这一方案可以有效降低焦煤、肥煤和 1/3 焦煤几个稀缺煤种的使用量，三个煤种的用量总比例不超过 47%。假定配煤的单煤种煤质指标值符合煤种分类标准，则这一方案相应的焦炭质量指标的期望值见表 7.14。

表 7.14　捣固焦配煤方案的焦炭质量指标的期望值　　　　单位：%

灰分	硫分	M_{40}	M_{10}	CRI	CSR
[12.5,13.3]	[0.7,0.9]	[88,89]	[6.2,6.8]	[22.4,24.3]	[66,69]

不同炉容高炉对焦炭质量要求见表 7.15。

表 7.15　不同炉容高炉对焦炭质量要求

高炉容积/m³	灰分/%	硫分/%	M_{40}/%	M_{10}/%	CRI/%	CSR/%
1000	13	0.7	78	8.0	28	58
2000	12.8	0.7	82	7.5	26	60
3000	12.5	0.65	84	7.0	25	62
4000	12	0.6	85	6.5	25	64
5000	12	0.6	86	6.0	24	66
全国平均	12.5	0.7	84.0	6.8	28.5	58.4

比较表 7.14 和表 7.15，发现表 7.12 和表 7.13 的捣固焦配煤方案产出的焦炭，当高炉容积大于 3000m³ 时仅 M_{10} 指标不满足。优化配煤方案的捣固焦能够适用于 3000m³ 及以下高炉对焦炭质量的要求。

注意，由于上述统计分析采用的样本是基于文献的间接样本，结论或受样本自身性质的影响，还需要进一步的工艺实验研究确认。

比较一级焦配煤样本煤种用量比例和表 7.14，可以期望如下煤种用量的变化：

(1)焦煤最高用量为 55%，样本平均用量从 30%减少到 20%，减少 10 个百分点；

(2)肥煤最高用量为 29%，样本平均用量从 20%减少到 15%，减少 5 个百分点；

(3)1/3 焦煤最高用量为 55%，样本平均用量从 30%减少到 20%，减少 10 个百分点；

(4)气肥煤最低用量为 0%，样本平均用量从 4%增加到 8%，增加 4 个百分点。此项需要深入研究，气肥煤的经济储量和剩余可用年限是各煤种中最低的，可否从煤岩性质着眼由瘦煤和气煤的协调配比冲抵气肥煤的部分用量比。

(5)气煤最低用量为 0%,样本平均用量从 25%增加到 40%,多用 15%。

(6)贫瘦煤和瘦煤适量增加使用,调节灰分、挥发分和硫分。

若这一方案在配煤工艺上可以得到进一步确认,以 2016 年焦煤、肥煤和 1/3 焦煤的消耗量为基数估算,每年可以少消耗焦煤精煤约 1350 万 t、肥煤精煤约 320 万 t、1/3 焦煤精煤约 860 万 t。

与钢铁联合企业平均炼焦煤配比暨煤种消耗强度对比,捣固焦优化配煤工艺研究对保护炼焦煤稀缺煤种、有效延长优质炼焦煤煤种的自主供应时间的贡献将是巨大的。

钢铁联合企业焦化厂炼焦生产消耗的炼焦煤比例约占全国的 37%。若假定全国焦化企业炼焦均按钢铁联合企业焦化厂配煤的煤种比例生产,则全国每年消耗炼焦原煤为焦煤 3.8 亿 t、肥煤 1.6 亿 t、1/3 焦煤 2 亿 t、瘦煤 1.1 亿 t、气肥煤 0.3 亿 t、气煤 1.7 亿 t、其他 0.2 亿 t。据此粗略估计,炼焦煤的各煤种经济储量的剩余可用寿命分别为:焦煤 36 年、肥煤 34 年、1/3 焦煤 21 年、瘦煤 77 年、气肥煤 20 年、气煤 143 年、其他 20 年。

结果表明,钢铁联合企业的炼焦配煤对硬焦煤和半软炼焦煤的过度依赖,造成了某些煤种经济紧缺性加重,进而增加了我国炼焦煤自主供应的风险。因此,作为减少风险的政策引导,从技术替代性角度上推广优化配煤与捣固焦工艺是一个有价值的选择。

由前述分析可知,捣固炼焦技术在保证焦炭质量的前提下,能够大幅度降低焦煤、肥煤和 1/3 焦煤几个稀缺煤种的使用量,因此,推广发展捣固炼焦技术是解决中国炼焦煤资源能够保证长时期供给的一个重要途径。

从国家绿色环保和可持续发展理念来说,捣固焦对环境的污染决定了它不可能作为持久的选择。但是,目前我国钢铁业冶炼工艺与装备改造尚未完成,大批的中小型高炉尚未置换成电炉,以及增大气煤比例的理想炼焦技术尚未取得突破,因此,在这一阶段,建议对于中小型高炉推广过渡性使用捣固焦。假若随着气煤用量的提高,焦煤和肥煤平均配比控制在 30%~35%,利用类似的计算方法可以得到焦煤和肥煤枯竭期将会进一步延长 15 年左右。

如果再考虑到国外炼焦精煤能够保证每年 8000 万 t 的引入量,每年即可节省国内 2 亿 t 的原煤采出量。由此可以得到,主焦煤(包括肥煤)枯竭期在此基础上还能延迟 15~20 年,即过渡性发展捣固炼焦技术可使国内主焦煤供给能力延长,并由此估算出我国主焦煤资源枯竭期为 2075~2080 年(图 7.5)。

尽管采用捣固炼焦技术可以节省优质的主焦煤资源,推迟其枯竭时间,即使是在考虑到进口国外部分资源的条件下,仍不能阻止我国主焦煤资源在 20 世纪内枯竭的厄运。因此,我们还要在"煤-焦-钢"产业链下游的钢铁产业的生产工艺改革上寻求突破。

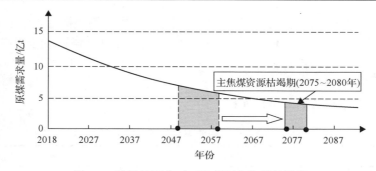

图 7.5　发展捣固焦可延迟我国主焦煤枯竭期

7.4　钢铁工业生产工艺结构改革

7.4.1　加速提高废钢循环利用

粗钢冶炼对生铁的需求量预测相对较为复杂，涉及钢铁工业的装备现状与更新升级周期、粗钢冶炼工艺流程、废钢铁循环利用的资源供给、企业意愿和国家战略等因素的影响。本节在假定国内"高炉+转炉"长流程工艺、装备水平不发生结构性变化的条件下，基于粗钢产量统计数据和非官方机构对"地条钢"产量的估计数据，利用"铁钢比模型"对未来生铁需求量进行了预测，以作为后续炼焦煤供需风险分析和保护性开采利用分析的基准数据。此外，分析预测了中国域内钢铁蓄积量和废钢铁产出量，结果表明：2020 年钢铁蓄积量将超过 100 亿 t，在 2030 年之前，每 3 年左右增加 10 亿 t，此后每 5 年左右增加 10 亿 t，至 2065 年将超过 200 亿 t，达到人均 16t 的水平（此水平接近中国人均钢铁蓄积量的峰值）；随着钢铁蓄积量的提高，废钢产出量持续上升，在当前长流程工艺为主的炼钢装备条件下出现废钢过剩的问题，至 2045 年废钢产出量和生铁需求量相当，至 2050 年废钢产出量和粗钢需求量相当；从钢铁工业节能减排绿色发展的战略高度来看，以废钢为粗钢冶炼资源再造冶炼工艺流程，在提高转炉废钢消耗率的同时，有计划地通过冶炼产能置换等政策引导大幅度提高电炉产能比例，具有明确的必要性和现实的紧迫性。

2017 年基于未来生铁需求量预测的焦炭和炼焦煤需求量存在一定的系统性和不确定性。在长流程工艺为主的炼钢装备条件下，铁钢比可从 2017 年的 0.8 缓慢下降，至 2060 年可降至 0.7。但是，我国钢铁工业冶炼工艺流程势必再造，2017 年公开资料披露的电炉钢产能发展速度低于废钢产出量发展速度，至 2045 年具备电炉钢产能超过粗钢需求量 70%的废钢资源条件，提高电炉钢产能和缩减生铁产能是分析预测未来焦炭和炼焦煤的需求量的决定性变量。

钢铁蓄积量是衡量一个国家工业化进程世界通用的重要指标。2017 年我国钢铁蓄积量约 85 亿 t,人均钢铁蓄积量 5.9t,相当于美国人均钢铁蓄积量的 1/6 左右、日本 20 世纪 80 年代初期水平。有专家分析,认为在两国维持 2012 年产量不变的假定下,中国人均钢铁蓄积量约在 2070 年达到美国目前的水平。

表 7.16 中累积产量与蓄积量的关联系数约为 0.99,表明钢铁蓄积量同钢铁产量之间存在高度显著的动态线性相关性。

表 7.16 钢铁蓄积量基础数据

年份	粗钢年产量/万 t	粗钢累积产量/万 t	蓄积量/万 t	人均蓄积量/t
2001	17553	208281	166625	1.2
2002	21096	226518	181214	1.3
2003	25632	248752	199002	1.5
2004	31319	277043	221634	1.6
2005	40681	312367	249894	1.8
2006	47942	354282	283426	2.1
2007	56122	403211	322569	2.4
2008	56520	453517	362814	2.7
2009	63859	510320	408256	3.0
2010	71531	572985	458388	3.4
2011	78282	641311	513049	3.8
2012	81180	713011	566824	4.2
2013	90894	790911	625249	4.6
2014	90541	873181	686951	5.1
2015	88127	953563	747238	5.4
2016	88246	1034400	807865	5.8
2017	83173	1117573	870245	5.9

注:根据公开资料整理。

在表 7.16 的基础上评价废钢发生率。钢铁蓄积量决定废钢产量,基本关系为

$$SSout(t) = Avol(t) \times ra(t) \times re(t)$$

式中:Avol 为钢铁蓄积量;ra 为废钢发生率;re 为废钢回收率;SSout 为废钢年产量。

废钢发生率可定义为

$$ra(t) = 1 - Avol(t)/CUNout(t)$$

或

$$ra(t) = 1 - [Avol(t) - Avol(t-1)]/out(t)$$

式中:CUNout 为粗钢累积产量;out 为粗钢年产量。

有研究表明,废钢年发生率曲线峰值一般滞后粗钢年产量峰值 30 年,中国废

钢年发生率在 2046 年左右到达峰值。

在表 7.17 中，废钢发生率为前述两个模型测算值的算术平均值，数据表明，2012 年之后中国废钢发生率突增；废钢产出量数据由多种公开资料整理和推测，其中 2015 年、2016 年和 2017 年数据参考了殷瑞钰院士在 2018 年 3 月第九届中国钢铁发展论坛所作报告，按"社会钢铁蓄积折算法"和"钢铁产品生命周期折算法"的均值估计；废钢消耗量为粗钢修正产量与生铁产量的差值，反映的是目前长流程炼钢工艺不出现较大幅度的结构性变化的假定下炼钢的废钢铁循环利用水平。

表 7.17　废钢产出量与消耗量基础数据

年份	废钢发生率	废钢产出量/万 t	废钢消耗量/万 t
2001	0.19998	5600	3012
2002	0.20002	6000	4021
2003	0.19998	7700	5401
2004	0.20001	8100	6134
2005	0.19999	9200	7640
2006	0.20000	9400	7525
2007	0.20000	9700	9304
2008	0.20000	9800	9755
2009	0.20000	10000	9276
2010	0.20000	11200	14227
2011	0.20000	11400	13996
2012	0.22751	10600	14707
2013	0.22973	11200	19964
2014	0.23164	14200	21155
2015	0.23319	15700	19993
2016	0.23450	17000	17174
2017	0.23565	19100	12097

炼钢的废钢比是评价废钢循环利用水平的基本指标。中国钢铁工业的工艺流程中，长流程居多，铁钢比高。"十二五"期间，中国炼钢的废钢比为 11.4%，远低于较高水平的国家，如土耳其的 86.8%、美国的 70.7%，也低于世界平均水平。

近二十年来，中国粗钢产量持续、爆发式增长，国内废钢资源产生量正在逐年提升。由表 7.17 可知，2012 年之后，中国的废钢发生率和产出量持续非线性增长，但是废钢循环利用量在 2014 年达到峰值后持续回落。

从全球粗钢产量及废钢消耗情况来看，2017 年世界 66 个主要国家和地区生产粗钢 16.75 亿 t，同比增长 5.51%。我国粗钢产量 8.3 亿 t，占世界粗钢总产量 49.6%。2017 年全球废钢消费量为 6.2 亿 t，同比增长 10.7%。其中，转炉钢产量

12.53 亿 t，占总产量的 74.8%；电炉钢产量为 4.22 亿 t，占总产量的 25.2%（不包括中国，占总产量 42.1%）；我国电炉钢产量 7449 万 t，占总产量 9.3%。

2017 年中国钢铁蓄积量约 85 亿 t，废钢资源产量近 2 亿 t，同比增加 8000 万 t，增幅 67%。钢铁企业自产废钢 4216 万 t，占资源总量的 21%；社会采购废钢 11030 万 t，占资源总量的 55%，社会废钢产量增长更快；库存 1000 万 t，占资源总量的 5%；国外进口 232 万 t，占资源总量的 1%，出口废钢 223 万 t。

2017 年全国粗钢产量 8.3 亿 t，共消耗废钢铁 1.48 亿 t。其中，转炉消耗 9672 万 t，占总消耗量 65%，转炉废钢单耗 128.2kg/t；电炉消耗 5119 万 t，占总消耗量的 35%，电炉废钢单耗 660.6kg/t；废钢平均单耗 178kg/t，废钢比为 17.8%。另外，铸造企业消耗 1500 多万吨，占资源总量的 7.5%。

随着钢铁蓄积量的不断增加，"十三五"时期也是社会废钢资源量的重要攀升期。

预测 2018～2065 年钢铁蓄积量和废钢产出量，其中课题组建立的"钢铁蓄积量"趋势模型为

$$\text{Avol}(t) = \alpha(t - t_0)^{\beta} + \gamma$$

由于缺少可靠的废钢回收率统计数据，选择"废钢产出量"趋势模型

$$\text{SSout}(t) = At + B\sin(\omega t - \theta) + C$$

模型拟合参考了殷瑞钰院士在 2018 年 3 月第 9 届中国钢铁发展论坛所作报告中对 2018～2030 年钢铁蓄积量和废钢产出量的预测，以 $t_0 = 2018$ 求模型参数的最小二乘估计，计算结果为

$$\text{Avol}(t) = 71134.8(t - 2018)^{0.7184} + 902000$$

和

$$\text{SSout}(t) = 1160t - 954.2\sin(0.5236t - 1056.6) - 2321.4$$

模型相对误差分别为 1.0%和 0.8%。

由模型计算 2018～2030 年的拟合值以及 2031～2065 年的外推估计值，计算结果见表 7.18。

表 7.18　2018～2065 年中国废钢产出量和消耗量预测　　　　单位：万 t

年份	钢铁蓄积量	废钢产出量	废钢消耗量	废钢富余量
2018	902000	19500	17100	2400
2019	973000	20200	17100	3100
2020	1003500	20975	16950	4025
2021	1064500	22525	16650	5875

续表

年份	钢铁蓄积量	废钢产出量	废钢消耗量	废钢富余量
2022	1095000	23300	16500	6800
2023	1128000	24800	16300	8500
2024	1159000	26500	16000	10500
2025	1190000	28100	15800	12300
2026	1219000	29600	15600	14000
2027	1247000	30900	15400	15500
2028	1274000	32000	15300	16700
2029	1300000	32800	15100	17700
2030	1326000	33400	14900	18500
2031	1351000	34100	14800	19300
2032	1376000	34900	14600	20300
2033	1400000	35900	14400	21500
2034	1423000	37200	14200	23000
2035	1447000	38700	14100	24600
2036	1469000	40400	13900	26500
2037	1492000	42000	13800	28200
2038	1514000	43600	13700	29900
2039	1536000	44900	13500	31400
2040	1557000	45900	13400	32500
2041	1579000	46700	13200	33500
2042	1600000	47300	13100	34200
2043	1620000	48000	12900	35100
2044	1641000	48800	12800	36000
2045	1661000	49800	12600	37200
2046	1681000	51100	12500	38600
2047	1701000	52600	12400	40200
2048	1721000	54300	12200	42100
2049	1740000	56000	12100	43900
2050	1760000	57500	12000	45500
2051	1779000	58800	11900	46900
2052	1798000	59800	11700	48100
2053	1817000	60600	11600	49000
2054	1836000	61300	11500	49800
2055	1854000	61900	11400	50500
2056	1873000	62700	11300	51400
2057	1891000	63700	11200	52500

续表

年份	钢铁蓄积量	废钢产出量	废钢消耗量	废钢富余量
2058	1909000	65000	11200	53800
2059	1927000	66600	11100	55500
2060	1945000	68200	11000	57200
2061	1963000	69900	11000	58900
2062	1980000	71400	10900	60500
2063	1998000	72700	10900	61800
2064	2015000	73700	10900	62800
2065	2033000	74500	10800	63700

　　据联合国和国内专家的人口发展预测研究,中国人口数量估计,2017年为14.1亿,到2030年到达峰值14.5亿,此后缓慢减少,2040年、2050年和2060年分别为14亿、13.5亿和13亿,到21世纪末将减少至6亿~8亿的水平。据表7.16中数据,在2017年钢铁蓄积量87.0亿t、人均约5.9亿t的基础上,中国人均钢铁蓄积量的预测2030年、2040年、2050年和2060年,分别可达9亿t、11亿t、13亿t和15亿t的水平。

　　废钢消耗量为现有装备条件下的粗钢冶炼的"惯性"消耗量,等于修正的粗钢产量和生铁需求量预测值之差;废钢富余量为废钢产出量和消耗量预测值之差。由表7.18中的废钢富余量数据可知,中国钢铁工业目前正处于"资源结构转换"的前期,废钢资源相对过剩。结合粗钢需求量的分析,至2045年前后,中国就能够具备以废钢为粗钢冶炼主要资源的条件。因此,如何进行中国钢铁工艺结构调整、粗钢冶炼流程再造、优化废钢铁循环利用技术路线、逐步降低铁钢比、减少铁矿砂消耗量、提高废钢铁单耗水平已经成为钢铁行业发展的紧迫课题。

　　破解炼焦煤供应风险问题最为现实有效的技术替代性选择,是将保护利用废钢资源同保护稀缺炼焦煤资源等同认知,加速提高废钢循环利用产能。

　　中国钢铁工业以长工艺流程为主,铁钢比高。"十二五"期间,中国炼钢的废钢比为11.4%,其中电炉钢产量不足粗钢产量的10%,对于废钢消耗,转炉约65%,电炉约35%。近二十年来随着中国粗钢产量的爆发式增长,国内废钢资源产生量持续非线性放大。目前恰是废钢铁资源量快速攀升、加快发展以废钢为主原料的电炉短流程炼钢生产工艺的重要窗口期。

　　相比转炉炼钢,电炉炼钢具有工序短、投资省、建设快、节能减排效果突出等优势。据有关研究测算,炼钢使用1t废钢,可以减少1.7t精矿的消耗,比使用生铁节省60%能源、40%新水,可减少排放废气86%、废水76%、废渣72%、固体排放物(含矿山部分的废石和尾矿)97%。同国外电炉冶炼以普钢为主明显不同,在取缔"地条钢"之后,我国电炉冶炼钢种以优特钢为主,在电炉冶炼中加入 30%～50%的铁水，以提高生产效率、降低电炉钢水杂质元素质量分数。因此，我国电炉钢装备大型化和现代化水平相对较高，100t 及以上领先水平约占电炉炼钢总能力的 30.8%，75t～99t 电炉先进水平约占 25.8%，60t～74t 一般水平约占 21.5%。

但是，我国电炉钢生产的劳动生产率低于装备水平，电炉炼钢成本竞争力不强。企业为提高生产效率、降低炼钢工序能耗和生产成本，采用不合理的高比例配加热铁水工艺，导致吨钢生铁消耗难以降低，与国际上电炉钢发展的趋势相悖。

在前面计算与分析基础上，进一步考察我国废钢资源的生产和供给问题。在表 7.18 中，至 2020 年中国废钢铁资源产出量约为 21000 万 t、富余量(钢铁行业现有装备与工艺条件下不能消耗利用)约为 4000 万 t；至 2035 年，废钢产出量接近生铁需求量；至 2040 年废钢产出量 45900 万 t，超过生铁需求量 40000 万 t，意味着中国钢铁工业仅靠废钢资源即可维持行业的再生产循环发展。

因此，应尽快制定国家钢铁工业发展工艺与装备升级换代战略与实施路线，在目前实施的产能等量或减量置换常用优化调整政策与措施中，明确地阐述大力推进以普通粗钢为主流产品的电炉钢工艺标准与装备发展规划。到 2040 年前，除保留一定量的高炉炼铁工艺和装备服务于特种钢冶炼之外，电炉钢产量应适应废钢的产出量发展水平。

对于电炉钢产能的增加，应参照表 7.18 中废钢消费富余量的增长水平制定高炉和转炉的减量方案，并制定相应的电炉钢产能增量置换方案。如果这一设想能够得以实现，可以极大地缓解稀缺炼焦煤的供需矛盾，降低优质炼焦煤的紧缺对钢铁业安全发展的制约作用。

世界电炉钢的快速发展都没有离开各国政府配套政策的支持。目前，国家对钢铁行业可持续发展和绿色发展日益重视，但是发展短流程电炉炼钢的路线图不够明确，在产能置换项目审批、资源和能源配套等具体扶持措施上面还缺乏实质性支持，电炉钢节能环保优势转化为市场竞争优势的效果不明显，企业的积极性不高，导致废钢循环利用水平过低。近 30 年来，基于全体国民的忍耐，以资源、环境和经济利益为代价，换来的钢铁蓄积量的增加和废钢产出量的增加，本应成为钢铁工业冶炼资源的代际转化。然而，实际情况却是 2016 年以来废钢出口量激增。

从数据分析和预测的结果看，从技术替代的角度加速提高废钢循环利用及对稀缺炼焦煤资源的保护，是保障中国钢铁工业发展安全的最为直接和有效的路径。

根据对废钢资源量的预测值分析，以 2045 年粗钢冶炼的废钢比 90%为目标，由短流程冶炼产能置换目前的长流程冶炼产能，相关统计计算结果见表 7.19。

表 7.19　基于统计分析的长流程转冶炼产能的短流程置换方案

年份	粗钢需求量/万 t	废钢比	电炉钢比	电炉钢产能/万 t	生铁产能/万 t	废钢富余量/万 t
2020	79800	0.2	0.10	7980	63840	5040
2025	71100	0.3	0.15	10665	49770	6770
2030	64500	0.4	0.25	16125	38700	7600
2035	58300	0.5	0.40	23320	29150	9550
2040	53400	0.7	0.60	32040	16020	8520
2045	48600	0.9	0.90	43740	4860	6060
2050	44500	0.9	0.90	40050	4450	17450

表 7.19 中，按 2.3 节的计算方法粗略地估计，至 2055 年，总计需要炼焦原煤 262 亿 t，原煤消耗量约为目前的 80%，此后每年需要约 1 亿 t。

按表 7.19 计算短流程冶炼可能形成的炼焦煤的技术替代率(原煤消耗量的减小率)，截至 2020 年估计为 1%，至 2025 年有望达到 10%，2030 年约为 22%，2035 年约为 34%，2040 年约为 60%，2045 年将超过 85%，2055 年以后将维持在 90%的水平上。从炼焦煤剩余可用年限的角度看，若我国粗钢冶炼工艺与装备能够按表 7.19 的置换方案实现，每年废钢的循环利用可以节省大量的炼焦煤资源(图 7.6)，21 世纪内我国钢铁工业可不受炼焦煤紧缺的困扰。

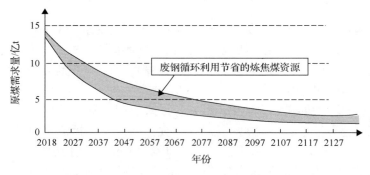

图 7.6　废钢循环利用对推迟炼焦煤枯竭期的贡献

7.4.2　电炉炼钢发展前景及存在问题

为保护我国的炼焦煤资源，需大力发展电炉炼钢技术。在高炉与转炉炼钢的过程中，往往需要大量的炼焦煤作为原料，而且排出的废气对自然生态也会造成一定的影响。电炉炼钢技术既是一种环保的炼钢技术，理论上又可以百分之百地使用废钢进行钢品的生产，利用可循环利用资源替代不可再生资源，极大地对炼焦煤资源进行保护，从而实现延长我国炼焦煤资源自主供给期百年以上的目标。

1996 年以来，我国粗钢产量位居全球第一，2017 年占全球粗钢产量的比例为

49.7%，但是大部分粗钢均为高炉或转炉炼制，电炉炼钢水平远低于世界水平。2015年我国电炉钢比例仅为 6.1%，世界电炉钢比例为 25.1%，我国电炉钢比例更是远远低于发达国家的电炉钢比。而且，多年来我国的电炉钢比例一直呈现下降趋势，造成此类现象的原因主要有：①电力供应比较紧张，电炉炼钢需要巨大的电力支持，我国的发电量总数很高，但富余电量却不足以支撑电炉炼钢的发展。②我国的工业电价比较高，虽然政府对工业电价有适当的优惠政策，但是难以支持电炉炼钢的成本竞争力。③国内的废钢资源长期紧缺，导致废钢价格偏高，而且质量参差不齐，企业出于成本与质量的考虑，对废钢的需求意愿不高，导致我国生铁炼钢消耗一度居高不下，甚至出现了电炉转炉化的过程。④高炉与转炉的电炉化过程成本巨大，国内有许多 10 年内新建的大高炉，若要求将其转为电炉并不现实。以上几个问题是制约电炉炼钢发展的主要问题，若想使电炉炼钢长足发展，上述问题须一一克服。

1. 电力紧张问题与电价问题

电炉炼钢技术的运用中要损耗大量的电力资源，电力资源的高使用量也加大了电炉炼钢的成本，这也是我国电炉炼钢技术所占比例呈明显下降趋势的重要原因。电炉炼钢过高的电力损耗以及电价上涨、生产成本的提高是我国电炉炼钢技术在运用发展过程中所面临的重要困扰。但近年来，我国电力发展速度很快，现在已经跃身成为世界第一大发电国，且发电量以每年 5% 的速度增长，因此电炉炼钢所需要的电力可以得到支撑。

根据国家信息中心的数据，中国历年装机容量与发电量统计数据见表 7.20。

表 7.20　中国历年装机容量与发电量统计数据

年份	装机容量/亿 kW	发电量/(万亿 kW·h)
2005	5	2.475
2006	6	2.834
2007	7	3.256
2008	7.9	3.454
2009	8.7	3.651
2010	9.6	4.141
2011	10.6	4.600
2012	11.4	4.820
2013	12.5	5.245
2014	13.6	5.500
2015	14.5	5.618
2016	16.5	6.143
2017	17.8	6.276

基于上述数据对我国发电量进行时间序列分析预测。由于发电量的数据具有趋势性，所以先将原始数据进行二阶差分变换，二阶差分后的数据已经没有趋势。然后进行自相关检验与偏自相关检验，辨识出的模型为 $ARIMA(2,2,0)$，估计模型参数，得到的拟合模型为

$$(1-B)^2 X_t = \left[1+(-0.4485)B+(-0.6483)B^2\right]\varepsilon_t$$

由模型对 2017～2022 年的发电量进行预测，结果见表 7.21。

表 7.21 我国年发电量预测

年份	2017	2018	2019	2020	2021	2022
年发电量/(万亿 kW·h)	6.2760	6.6441	6.8605	7.1848	7.4169	7.6205

根据模型的预测，可以看出 2018 年比 2017 年增长了 5.9%，2019 年比 2018 年增长了 3.2%。而事实上，我国 2018 年的发电量为 6.7027 万亿 kW·h，超出了模型的预测值，这说明，我国电力工业的发展以及电力供应的能力远远高于我们的预测，从预测结果看，电力不再成为电炉钢发展的阻碍。

根据表 7.21，在 2017 年的基础上，年发电量增加 1% 的电力为 649 亿 kW·h。按照电炉短流程炼钢一吨耗电平均为 500～600kW·h 计，可供电炉炼钢 1 亿 t。

现如今电力资源已经不再成为电炉炼钢发展的阻碍，因此为响应国家"绿水青山就是金山银山"的环保政策，政府可以对电炉炼钢的企业实行更优惠的电价补助，并且增加环保税，一方面使电炉炼钢企业享受优惠电价，另一方面使高炉转炉企业承担过大的环保负担，让企业感受到电炉炼钢的利润并不低于高炉与转炉炼钢，则电炉必定会取代高炉成为新一轮的环保工艺。

2. 废钢资源供应问题

废钢资源不足一直是限制电炉炼钢发展的大问题，近年来，我国废钢供应持续紧缺，导致废钢价格居高不下，钢企对于废钢的使用意愿偏低。但我国一直都是钢铁大国，钢铁产量的持续增加势必会使废钢储量有相应的上升。

基于前面的分析研究结果，废钢的产量在逐年上升，到 2017 年已达 19100 万 t，而废钢的消耗量只有 12097 万 t，是继 2010 年以来首次废钢消耗量小于废钢产出量，而且废钢产量呈上升趋势，到 2020 年左右，废钢产出量会达到 20000 万 t 以上，届时，废钢的储量足够供应电炉炼钢的发展。就现在的趋势来看，废钢已经不算是紧缺资源，甚至有所富余，出现了废钢出口的情况，这将会导致废钢的价格下降，从而降低电炉炼钢的成本，电炉炼钢已经到了大力发展的黄金时期。当电炉炼钢势头兴起之后，废钢的利用率增加，也许仍然会导致短时间内废

钢供应量不足，所以，政府应继续限制或禁止废钢出口，以保证国内废钢资源充足，可供电炉炼钢持续发展。

3. 高炉和转炉转电炉问题

电炉建设问题也是困扰电炉炼钢发展的一个重要问题。中国大多数钢厂的高炉和转炉设备是在近些年新建的现代化高效、节能设备，平均炉龄不到 10 年，短期内将其替换为电炉将对钢铁生产企业产生巨大的经济负担。所以，高炉转电炉的过程不能急于求成，一定要稳步发展。美国最后一个综合钢厂是在 1962 年建造的，之后全部建设为绿色环保的电炉钢厂，中国也应借鉴这种方式，慢慢调整电炉比例，可以先将年份比较高的高炉(30 年以上)淘汰，新建为电炉，而且政府可以给出一系列对于电炉建设的优惠政策鼓励企业建造电炉，这样随着年份的增长，过老的高炉逐渐被淘汰，电炉建造兴起，将我国的电炉比提升到 10%、20%，理论上 30 年以后，大部分高炉均已淘汰完毕，我国的电炉比将达到 90%左右，逐步追赶甚至超越世界发达国家水平。

而且现如今电炉炼钢的工艺已经逐步完善，电炉炼钢有许多新型的高效节能工艺，如烟道竖炉电炉技术以及 K-ES 工艺等创新型的电炉炼钢技术，这些新型电炉炼钢技术的使用，使得电炉炼钢出现电流直流和电流交流交替生产的局面，能够大大减少电力能源的损耗，科学有效地降低了电炉钢生产的成本。我国主要把电炉炼钢应用在生产特种钢，说明我国的电炉炼钢工艺也非常成熟，可以将这些电炉炼钢技术应用到普通钢的生产过程中，将会大大提高电炉炼钢的市场竞争力。

总的来说，如今电炉炼钢的发展已经进入优势阶段，所面临的问题已经一一克服，电炉炼钢的利润及其环保优势已经凸显。要坚定实施以下几个措施：

(1) 对工业(电炉炼钢)电价实施优惠政策；

(2) 长期限制或禁止废钢出口，确保国内废钢资源充足；

(3) 继续增收环保税，凸显电炉炼钢成本优势；

(4) 鼓励旧高炉钢企转型成为电炉炼钢钢企。

"十三五"规划已经为电炉炼钢技术的发展带来了新的机遇，相信在未来趋势的推动下，电炉炼钢技术一定会大力发展，创造节能减排、环保绿色的可持续发展道路。

7.4.3　适度推广非高炉炼铁技术

破解炼焦煤供应风险问题的另一个替代性技术选择是推广非高炉炼铁技术。

非高炉炼铁技术是对直接还原和熔融还原两种生铁冶炼技术的统称。其主要优点是不依赖炼焦煤的结焦特性，省略了烧结和焦化工艺环节，能够有效地减少钢铁行业的环境污染。

从目前世界非高炉炼铁技术与装备的实际情况看，较为成熟的适宜大规模商用的清洁冶炼系统是 COREX 及其升级系统 FINEX，从韩国浦项公司 FINEX 示范厂生产运营资料分析，FINEX 最有可能成为非高炉炼铁的主流装备与技术；另外，HIsmelt 技术的前景看好，但目前阶段在示范生产方面不及 FINEX 彻底。

我国非高炉炼铁技术薄弱，主要有煤基回转窑直接还原、COREX 熔融还原、HIsmelt 熔融还原，总产量有限，占全国生铁产量的比例不到 0.2%。

非高炉炼铁技术的发展历史较短，装备成套和工艺技术的商业成熟度相对较低，系统运行与生产管理方面经验不足，导致目前阶段技术经济指标的表现较差，这是新技术应用早期常见的问题。

高炉炼铁系统生产效率最高、生产规模大、技术成熟、操作系统完善、人才储备雄厚，对铁矿资源的适应性强。因此，从技术经济的视角看高炉冶炼系统是首选。但是，非高炉炼铁技术代表了行业发展的未来，应从国家战略高度把握好当前的技术经济矛盾，引导企业积极主动地融入未来 30 年以后行业业态的布局之中，在目前钢铁行业供给侧改革和去产能背景下，适度推广非高炉炼铁技术。

7.5　炼焦煤资源保护性开采平稳发展规划

7.5.1　产业链协同优化条件下的炼焦煤需求时间序列

表 7.8 给出了在保证每年能持续引进国外炼焦精煤 8000 万 t 条件下，我国炼焦煤资源的国内供应量。国外进口炼焦煤可以适度缓解国内资源的供应压力，而发展电炉炼钢、循环利用废钢则是从需求上去缓解国内资源的供应压力。

根据有关统计数据，2015 年，我国电炉钢产量约为 4903 万 t，占粗钢产量的比例为 6.1%。2016 年电炉钢产量达 5170 万 t，同比 2015 年增长 5.94%。2017 年中国新增电弧炉产能约 3100 万 t，改造复产的电弧炉产能约 800 万 t，电炉钢实际产量达到 6240 万 t，占粗钢总产量的 7.5%。这表明我国电炉钢产量比例从 2003 年最高的 17.6% 下滑到 2015 年的 6.1% 以后又开始回升。电炉钢占比回升取决于废钢、电力、高功率和超大功率石墨电极供应能力的增长，以及国家绿色环保监管力度的增强，我国电炉钢产量比例不断增加将成为发展的必然趋势。在我国钢铁行业还没有制定出工艺改革与电炉钢发展规划路线图之前，我们不妨以 2017 年的 7.5% 直到 2050 年达到美国现有的 60% 比例水平为基准（2050 年以后仍按 60% 比例水平计算），给出我国炼焦煤资源国内供应量的时间序列。

如果从 2017～2050 年的 33 年里，电炉钢产量占比从 7.5% 匀速增长到 60%，则每年电炉钢产量占比增加 1.6 个百分点，同时考虑到每年有 20% 的炼焦煤用于钢铁行业以外的相关工业，因此，得到我国各个年份对炼焦原煤的需求估计

$$z_x = y_x \{0.8[1-0.016(x-2017)+0.075]+0.2\}$$

式中：x 为年份；y_x 为 x 年份扣除国外进口精煤数量而节余的国内炼焦原煤需求量；z_x 为在执行电炉钢发展规划下 x 年份的我国炼焦煤资源国内供应量。

到 2055 年后，我国自主生产的炼焦精煤将低于进口的炼焦精煤数量，这将彻底改变我国钢铁工业炼焦煤资源供给结构。由于目前我国钢铁行业还没有制定出电炉钢发展规划，表 7.22 的时间序列规划数据仅供我国炼焦煤生产企业参考。

表 7.22　协同优化下的炼焦煤宏观需求量预测　　　　　　单位：万 t

年份	原煤宏观需求量	年份	原煤宏观需求量	年份	原煤宏观需求量
2018	113279	2034	54655	2050	25178
2019	108857	2035	52182	2051	24218
2020	104632	2036	50042	2052	23000
2021	99835	2037	47812	2053	22450
2022	95046	2038	45762	2054	21950
2023	90356	2039	43757	2055	21250
2024	85092	2040	41538	2056	20750
2025	82138	2041	39626	2057	20250
2026	78540	2042	37759	2058	19750
2027	75029	2043	35995	2059	19400
2028	71670	2044	34214	2060	18900
2029	68618	2045	32652	2061	18550
2030	65628	2046	30956	2062	18200
2031	62700	2047	29357	2063	17700
2032	59915	2048	27910	2064	17500
2033	57404	2049	26558	2065	17150

7.5.2　化解产业链协同优化对炼焦煤生产企业的影响

国外的炼焦煤资源利用和废钢的循化利用极大地压缩了钢铁工业对炼焦煤资源的需求空间。随着我国电炉钢比例的逐步提高，市场对炼焦煤的需求将开始减小；随着先进的配煤技术和捣固炼焦技术的发展，对目前的炼焦煤煤种的需求也将发生变化。但从总的发展趋势看，炼焦煤生产企业逐步有计划地减小原煤产量势在必行，企业必须有所准备，积极开拓其他产品市场。

根据课题组粗略测算，到 2050 年国内炼焦原煤宏观经济需求为 68700 万 t，进口精煤量按年 8000 万 t 计，按照现有生产技术能力 1∶2.5 折算原煤产量为每年 2 亿 t，则需要国内自主供应原煤 48700 万 t。如果届时电炉炼钢占比提升至 60%，包括钢铁和非钢铁行业消耗的全国炼焦煤宏观需求量约在 25178 万 t（图 7.7），仅为 2017 年中国炼焦煤原煤产量 109140.7 万 t 的 23.07%，不足 2017 年产量的

1/4。也就是说，进入 21 世纪中叶，我国炼焦煤资源的需求量将在今天的基础上逐步递减 3/4。因此，各级政府和炼焦煤生产企业必须提前做好应对企业大幅度减产、减员的措施，应对由于解决供需矛盾而产生的一系列社会矛盾问题。

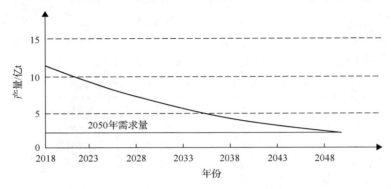

图 7.7　产业链协同升级条件下炼焦原煤产量预测

炼焦煤生产去产能会使得地方政府和企业面临进退两难的局面。由于前几年落实煤炭去产能政策，持续化解转业人员，很多就业岗位已经达到饱和，未来地方政府很难再采取像以前那样的化解办法来解决劳动力过剩的问题，政府和企业应该从新的角度去思考过剩劳动力问题。如何解决这一问题，我国煤炭大省山西做出了有益的探索和实践。

从《中国劳动统计年鉴》提供的 2010～2015 年全国及各省份煤炭开采与洗选业就业规模变化趋势数据看(表 7.23)，煤炭大省和"去产能"的大户山西省的煤炭行业就业人数反而没有大规模下滑。通过分析山西省人员就业结构得到的结论：煤炭是山西经济发展的支柱产业。2013 年以来，煤炭行业职工收入持续缩水，大力去产能的政策驱使使得人员分流势在必行。由于从上至下的高度重视，就业安置是山西省就业人数没有大规模下滑的关键原因。

表 7.23　2010～2015 年全国各省份煤炭就业规模变化趋势　　单位：万人

省份	2010 年	2011 年	2012 年	2013 年	2014 年	2015 年
北京	1.68	1.67	1.63	1.59	1.24	0.90
天津	0.02	1.60	1.77	1.75	1.85	1.93
河北	20.16	20.55	19.05	19.54	18.87	17.02
山西	78.91	84.89	89.30	101.54	97.07	93.93
内蒙古	14.21	16.52	17.30	19.11	18.03	15.60
辽宁	16.65	16.41	16.87	18.74	17.26	15.42
吉林	7.78	7.27	9.12	7.85	6.93	6.90
黑龙江	29.45	30.03	28.18	25.39	23.09	18.98

续表

省份	2010 年	2011 年	2012 年	2013 年	2014 年	2015 年
上海	0.00	0.00	0.00	0.00	0.00	0.00
江苏	8.01	7.76	7.58	9.15	8.17	7.13
浙江	0.22	0.22	0.27	0.00	0.00	0.00
安徽	29.73	32.06	32.78	29.47	27.80	23.63
福建	3.05	4.10	3.14	1.71	1.54	1.43
江西	6.63	6.44	7.06	5.65	4.99	4.65
山东	47.59	48.95	55.34	53.92	51.20	45.75
河南	39.61	48.15	48.64	47.84	42.92	39.04
湖北	1.81	2.19	1.52	1.57	1.18	0.82
湖南	11.03	10.58	10.59	10.30	7.70	5.95
广东	0.02	0.02	0.02	0.00	0.00	0.00
广西	1.63	1.60	1.71	1.43	1.27	1.08
海南	0.02	0.02	0.00	0.00	0.00	0.00
重庆	8.31	9.24	9.05	9.31	8.18	6.43
四川	12.18	12.91	13.30	12.45	11.05	7.63
贵州	10.71	12.37	16.75	16.77	15.44	13.83
云南	9.31	11.19	15.04	15.13	10.16	10.10
西藏	0.00	0.00	0.00	0.00	0.00	0.00
陕西	11.61	13.11	13.67	17.74	17.85	17.39
甘肃	6.84	7.32	7.37	5.67	7.77	7.40
青海	0.82	1.17	1.00	1.06	0.96	0.84
宁夏	5.70	5.94	6.50	6.53	6.27	5.85
新疆	4.58	5.17	5.39	5.92	5.84	5.28
全国	388.27	419.45	439.94	447.13	414.63	374.91

　　注：我国港澳台地区数据未统计在内。

　　通过山西去产能相关数据分析，2016 年山西退出 2000 万 t 煤炭产能，到 2020 年前退出 1 亿 t 以上。今后山西将以"黑色煤炭绿色开采、高碳资源低碳发展"作为煤炭产业转型发展的根本途径。

　　2016 年 4 月，山西在出台《山西省煤炭供给侧结构性改革实施意见》的同时，就制定了《关于全力做好职工就业安置的实施细则》等 3 个细则，详细规划了内部安置、外部分流、转移就业、创新创业、自主择业、培训转岗、内部退养、灵活就业、公益性岗位托底安置等措施，并从就业专项资金和失业保险基金中支出 22 亿元，用于支持企业内部转岗安置。2016 年，山西省安置煤炭去产能受影响职工群体的比例高达 99.64%。

2016 年，李克强总理考察山西煤炭企业时指出："产业结构调整优化，不能只盯着老产业，更要注重发展新产业、新业态等新动能，打造'双引擎'，为传统产业减少富余人员、拓展新的就业创造条件。"

自 2016 年开始，山西焦煤企业连续出台了一系列鼓励职工双创的政策措施，并不断完善和修订具体的配套政策。通过建设双创产业园，搭建市场化、专业化、集成化、网络化等众创空间，扶持和引导煤炭企业职工再创业，开通企业转岗分流的路径，促进了企业提质增效，解决了职工创业就业的难题。

山西焦煤集团在双创基地初期设定十大功能区，为创业公司和创业者提供 360 度全方位的打包式服务。服务内容包括基础服务、云平台服务、培训服务、融资服务、中介服务和宽带服务。十大功能区包括：众创空间、创业培训、信息服务、项目路演、商务服务、专业管理、物业服务、创业公司、创业茶语和导师领航。山西焦煤集团双创基地的特点：与集团公司去产能和转岗分流相结合，采取一区多园，建立人力资源、电子信息、文化创意和"互联网+"等多个产业园区。初期让有一定基础的部分转岗分流职工进入双创基地进行实际操作培训，同时吸引新的技术团队和创业者，由双创基地进行培养孵化，成熟了可以自主成立公司，带动团队创业，实现转岗分流，从而引领创新创业风尚，打造双创示范点，不断孵化培养产业，开创国有企业通过双创带动转岗分流的新模式。

目前，双创基地已取得的代表成果主要有以下几点：

（1）为激发广大职工创新创业能力，营造良好创新创业环境，山西焦煤集团先后颁布了《山西焦煤推进大众创业万众创新的指导意见》以及《关于鼓励职工开展创新创业的通知》等文件。详细规定了：①入驻山西焦煤集团双创基地的办理流程；②创业职工工资待遇说明；③创业职工在创业孵化期内职称评聘、岗位等级晋升、工龄连续、社会保险等方面的权利；④山西焦煤集团所属各子分公司结合本企业实际为创业职工在创业孵化期支付生活费，具体支付标准和办法由各单位自行制定；⑤创业职工在创业孵化期缴纳基本养老保险费、基本医疗保险费等。这些规定为创新创业者提供了高效、便捷的"绿色通道"。

（2）以梁芮铭为代表的"煤亮子"团队，在山西焦煤集团"双创"中心办公。该团队全都是一线矿工，他们开发的电子系统已被多家煤矿采用。梁芮铭注册成立了一家名为"山西秀才科技有限公司"的企业。

（3）首个山西省国有企业双创基地是 2015 年 4 月成立的，入驻企业近五分之四由山西焦煤集团职工创办，孵化成功率近 80%。截止到 2016 年，在山西焦煤集团"双创"中心，已有 26 家"煤亮子"创办的企业。由官地矿职工创办的"司机之家"项目，打造"互联网＋出行"一站式用车服务平台，吸收了 100 多名转岗分流职工，同时服务集团专（兼）职司机 900 名。由霍州煤电丰裕煤业创业团队创办的文化传媒公司，2015 年创造产值 640 万元，实现利润 101 万元，安置集团 40 余名分流职工。山西焦煤人力资源有限公司也入驻了"双创"中心，全面开展服务外包、技术服务等业务，2016 年 3 月，该公司通过对接有关单位，共提供了 2387 个就业岗位，1017 人与招聘单位签订了协议。

如何应对"去产能"带来的就业压力和职工安置问题将是炼焦煤生产企业及其所在的地方政府不能回避的重点工作。目前，地方政府和企业将去产能与安置分流职工同步推进，已取得阶段性实效。外部转岗、内部安置、内部退养和政府托底成为去产能安置职工的主要模式。同时，煤炭企业经营方向的转型也是一条可探索的道路。

数据表明，中国的炼焦煤资源是稀缺的，继续大量开采必然导致炼焦煤资源和相关产业发展的不可持续性，因而，"煤-焦-钢"产业链协同优化方案中一条重要的举措即为有效开发利用国外资源。由于炼焦煤资源的使用与炼焦配煤技术以及各煤种质量品质参数有极强的关联性，炼焦煤的国际贸易也具有较强的技术性质。目前，中国专门从事炼焦煤进口企业很少，而中国的炼焦煤企业主要是自产自销的生产经营模式，即从事国内炼焦煤的开采、加工、销售等，这样的企业一般都掌握着炼焦煤相关的技术经验。如果鼓励这样的企业去从事国际炼焦煤贸易，既能缓解国内炼焦稀缺问题，又能缓解失业人员再就业问题，同时企业也能继续生存发展，一举三得，对国家、对企业、对企业员工都非常有利。

政府应采取实施炼焦煤来源"开源节流"战略，充分利用国外就业优势，积极推动我国炼焦煤巨头进军海外，到炼焦煤出口国建立生产基地或合作参与炼焦煤矿开采，参股、控股海外高质量的矿山，积极发展与炼焦煤资源丰富的国家的经贸关系与战略合作。以此形式缓解煤炭行业再就业人数的问题，从而确保炼焦煤供应的长期安全，并解决由大量从事煤炭行业职工下岗带来的社会矛盾问题。在这个过程中，政府除了鼓励企业以外，更应该出台一些让企业有实实在在获得感的指导建议。例如，降低炼焦煤进口关税，与炼焦煤大国搞好政治关系，政府为企业推荐相关技术人才，及时告知炼焦煤企业国际局势以及协助企业制定相关预案等。企业应该优化管理模式，去除冗余部门，培养具有世界眼光领导者和管理者，积极引进相关技术人才，为提高企业核心竞争力夯实基础；此外，企业更应该定期培训职工技术能力，树立职工再学习再奋斗的思想观念。

第8章 炼焦煤保护性开采的政策建议

8.1 化解钢铁行业风险的产业链协同升级战略

为确保中国钢铁工业国际地位与实现百年安全平稳发展目标，一定要走"煤-焦-钢"产业链中所有产业协同优化的途径，这是一个系统工程问题。产业链系统优化升级结构由三大模块组成：一是炼焦煤生产模块，包括高回采、高洗选等技术的应用推广，严控炼焦煤使用途径，开发和利用国外炼焦煤资源；二是焦炭生产模块，包括优化配煤技术、研发各种数字化精细配煤系统、开发气煤资源、过渡性发展捣固炼焦技术并攻克相关技术难题、降低优质焦煤和肥煤的配比，严禁焦炭出口；三是钢铁生产模块，包括废钢循环利用、发展电炉炼钢、制定废钢出口管控机制、鼓励发展节省焦炭的非高炉炼铁技术。系统优化升级结构如图8.1所示。

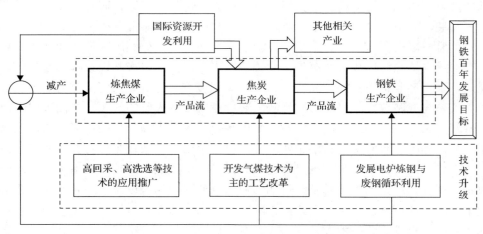

图 8.1 "煤-焦-钢"产业链协同优化系统图

8.1.1 制定炼焦煤产业平稳发展规划

"煤-焦-钢"产业链协同优化升级是一个渐进的系统工程，以产品流为核心构架的产业链中各产业相互依存，且表现出较强的时间后效作用，其系统运行的可靠性与国家经济发展、科学技术进步、国际局势变化以及生产方式的转变具有极为密切的关系，这些动态的发展因素依赖于时间序列预测的精准程度。因此，

"煤-焦-钢"产业链协同优化升级中要涉及多种必要的统计分析计算与时间序列预测,数量分析的逻辑结构如图 8.2 所示。

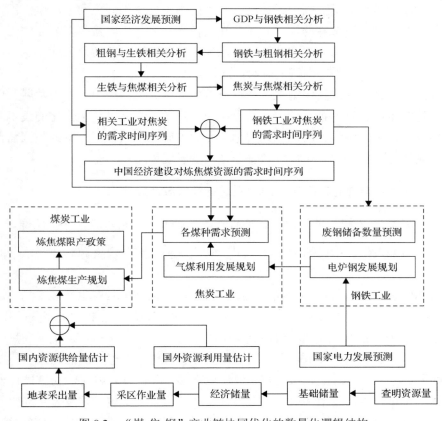

图 8.2　"煤-焦-钢"产业链协同优化的数量化逻辑结构

从图中可以看出,为保障"煤-焦-钢"产业链的平稳运行,炼焦煤生产规划的制定完全取决于焦炭工业的配煤技术、气煤开发利用与捣固炼焦技术的发展情况,以及钢铁工业工艺改革与电炉钢的发展情况。另外,由于环保原因,捣固炼焦技术只能是一种过渡性措施,它取决于我国钢铁行业对于中小型高炉置换电炉的进度。捣固焦不能应用于大高炉,只能用于中小型高炉,而中小型高炉应陆续置换为电炉已成发展趋势。所以捣固炼焦技术的运用只能是阶段性的。因此,焦炭行业的发展规划也要受到钢铁行业发展的制约。

本部分研究根据图 8.2 的逻辑结构,已经给出了为保障我国钢铁工业可持续发展的炼焦煤稳定供应百年以上的相关支撑数据计算,包括"中国经济发展宏观预测""钢铁及相关工业对炼焦煤资源的需求时间序列预测""国外炼焦煤资源利用能力分析""中国各炼焦煤煤种的稀缺性评价""国内炼焦煤资源供给能力分析"

等。然而，对于焦化产业仅仅给出了发展捣固炼焦技术的条件分析；对于钢铁产业，也是给出了"中国废钢产出与积累预测"的废钢供应条件和国家电力发展对发展电炉钢的条件分析。因为扩大气煤利用能力与发展捣固焦和发展电炉钢，不仅仅是一个外部环境条件的问题，还要涉及技术、经济、政策等多方面的因素，尤其是要面临大量新设备的安装与升级，老设备的淘汰与改造，因此，这不可一蹴而就，必须有一个循序渐进的升级路线图。

因此，课题组建议我国钢铁生产行业首先在国家废钢产出、电力发展、现有高炉改造等本底数据调查基础上，结合企业生产效益，通过数学优化的技术制定出中国钢铁电炉炼钢占比时间序列规划。在此基础上，结合国外资源预测估计，即可得到信任度较高的炼焦煤资源安全平稳发展规划序列。

8.1.2　制定钢铁与焦化产业工艺结构及装备升级改造路线

1. 发展电炉炼钢、废钢循环利用的钢铁产业工艺结构与装备升级改造

项目研究表明，中国的钢铁产业工艺结构是稀缺炼焦煤资源高消耗水平的重要原因之一。

自 20 世纪 90 年代后期，我国大型钢企瞄准了大高炉具有生产效率高、消耗低、节约人力资源、铁水质量高、环境污染少等优势，加快了高炉大型化的步伐，建成了一批 2500m³ 和 3000m³ 级的高炉，最大的可达到 5500m³。然而，高炉的容积越大，对焦炭质量的要求越高，进一步增加了对焦煤、肥煤的配比。

随着"十三五"时期国家化解钢铁过剩产能工作的深入推进、对节能环保工作的进一步重视以及废钢和电力供应条件的改善等，中国电炉钢发展将迎来重要机遇期。目前，全球钢铁炼钢流程主要有两种：高炉-转炉炼钢和废钢-电炉炼钢。我国炼钢方式主要是以消耗铁矿石的高炉-转炉炼钢为主，对铁矿石原料的依赖度高达 80%，而长期的转炉炼钢给环境带了较重的负荷。电炉炼钢具有工序短、投资省、建设快、节能减排效果突出等优势。

目前，随着炼钢技术的发展，转炉、电炉冶炼工艺越来越成熟，生产效率越来越高。然而中国炼钢企业中，占主导地位的仍是以铁矿石为原料的长流程企业。长期以来，在废钢供应不足、价格高昂和电力价格高等多重因素影响下，废钢电炉炼钢在中国的使用比例一直都很低。因此基于课题组提出的"煤-焦-钢"产业链协同优化方案，从技术替代的角度来看，为实现延长我国炼焦煤资源自主供给期百年以上，保障中国钢铁工业及相关行业的长期安全平稳发展的战略目标，应实施战略对策：改进国内炼钢的工艺结构，发展电炉炼钢，加速提高废钢循环利用产能，适度推广非高炉炼铁技术。

以废钢为原料的电炉炼钢生产是国际钢铁行业发展趋势，也是解决炼焦煤资源供给矛盾的有效手段。但是，我国过去发展电炉钢遇到的主要瓶颈问题有：①废钢供应不足问题；②电力供应不足问题；③转炉替换电炉的企业经济负担问题。

关于瓶颈 ① 废钢供应不足问题。目前，我国的钢铁蓄积量在不断增加，"十三五"时期也是社会废钢铁资源量的重要攀升期。课题组在统计数据观测和机理分析基础上，构建了"钢铁蓄积量"趋势模型，在假定国内"高炉+转炉"长流程工艺、装备水平不发生结构性变化的条件下，得出了 2018～2065 年钢铁蓄积量和废钢产出量预测。预测结果表明：2020 年我国钢铁蓄积量将超过 100 亿 t，至 2065 年将超过 200 亿 t，达到人均 16t 的水平(接近了中国人均钢铁蓄积量的峰值)；随着钢铁蓄积量的提高，废钢产出量持续上升，在当前长流程工艺为主的炼钢装备条件下出现废钢过剩的问题，至 2045 年废钢产出量和生铁需求量相当，至 2050 年废钢产出量和粗钢需求量相当。因此，废钢供应不足的局面已获解决。

关于瓶颈 ② 电力供应不足问题。近年来中国电力发展很快，装机容量从 2000 年的 3.0 亿 kW，到 2017 年超过了 17 亿 kW。

在 2017 年的基础上，年发电量增加 1%的电力为 649 亿 kW·h。按照电炉短流程炼钢一吨耗电平均为 500～600kW·h 计，可供电炉炼钢 1 亿 t。

关于瓶颈 ③ 转炉替换电炉的企业经济负担问题。从钢铁工业节能减排绿色发展的战略高度来看，以废钢为粗钢冶炼资源再造冶炼工艺流程，在提高转炉废钢消耗率的同时，有计划地通过冶炼产能置换等政策引导大幅度提高电炉产能比例，具有明确的必要性和现实的紧迫性。对于促进企业转炉替换电炉的抉择问题，政府可通过加大对钢铁企业节能减排、环境污染治理等方面的监管力度，加大征收环境税的措施，促进企业炼钢工艺结构的转型。

为遏制我国优质炼焦煤资源的枯竭趋势，我国钢铁行业要尽快制定以废钢循环利用为核心的工艺、装备升级战略与实施路线图，大力推进以普通粗钢为主流产品的电炉钢工艺标准与装备发展规划。到 2040 年前，除保留一定量的高炉炼铁工艺和装备服务于特种钢冶炼之外，电炉钢产量应适应废钢的产出量发展水平。确保中国钢铁工业及相关行业长期安全平稳发展的战略目标。

2. 支持加大气煤利用率的炼焦配煤优化技术的研究与应用，鼓励开展过渡性的捣固焦应用

炼焦用煤品种较多，应用配煤技术不仅能保证焦炭质量，还能合理地利用煤炭资源，节约优质炼焦煤。传统的配煤炼焦方法一般采用肥煤、焦煤等强黏结性煤为基础煤，配加部分瘦煤、贫瘦煤、气煤等弱黏结性煤。因此要补充完善炼焦煤质量指标评价体系,以降低焦煤、肥煤、1/3 焦煤等煤种用量,使配煤工序优化。需重点关注的是气煤,这一煤种尚未列入国家稀缺煤种保护目录,存量较大。但是,随着炼焦优质煤种的快速枯竭,气煤的性质补充和替代作用将会凸显出来,气煤必将成为炼焦配煤的主要煤种。大力开发新型炼焦配煤技术,提高瘦煤、气煤等炼焦煤煤种的配比,减低焦煤、肥煤的用量;支持炼焦煤洗选脱硫技术的研发,提高难选炼焦煤的精煤回收率等。

目前世界各国的焦化行业为稳定提高焦炭质量,合理利用炼焦煤资源,降低生产成本,主要采取以下几种配煤炼焦技术:①捣固炼焦技术,捣固焦炉可以大量配用价格低的气煤、1/3 焦煤、瘦煤,明显降低炼焦配煤成本,合理利用煤炭资源,尤其是气煤的利用,社会经济效益显著。②配型煤炼焦技术,此技术带来的煤料堆积密度的提高和黏结剂对煤料的改制作用,可显著改善焦炭质量。③煤调湿工艺,旨在降低装炉煤的水分,减少由于洗煤厂脱水工艺及气候影响造成的装炉煤水分波动。此工艺技术有助于提高焦炭质量(包括冷态强度和热态强度)、增加焦炉生产能力、降低炼焦耗能、稳定焦炉操作、减少炼焦污水、延长焦炉寿命。其缺点是运煤过程易扬尘、碳化室易结石墨、焦油渣量增大。④煤岩学配煤技术,是采用研究岩石的方法来研究煤的一门科学,通过煤岩定量分析,可以对各种变质程度的煤的各种显微组分做最合理的搭配,获得低成本、高质量的焦炭。

我国仅贫瘦煤、瘦煤和焦煤的资源存量增速大于消耗速度,稀有度低于风险警戒值;其他煤种,除气煤的资源存量较大外,肥煤、1/3 焦煤的稀缺性凸显,资源存量较少的气肥煤和 1/2 中黏煤已经处于枯竭边缘。我国炼焦煤资源存量结构势必影响未来供应的产品结构,因此必须关注和研究以瘦煤、贫瘦煤和气煤为主的配煤技术与工艺。

从配煤炼焦的视角来看,气肥煤的用量比例不高,但是存量稀少且对配煤煤种的调节能力较强,因此是最为稀缺的;其次为肥煤、1/3 焦煤和气煤;从计算结果来看,焦煤在配煤炼焦中的作用被放大了,其稀缺性低于气肥煤和肥煤。

目前钢铁联合企业炼焦配煤工序,硬焦煤和半软炼焦煤的煤种用量比例偏高,对焦煤、肥煤、1/3 焦煤和瘦煤等煤种的特质过度依赖,对气煤和贫瘦煤的特质研究不足,整体配煤和焦化工艺存在一定的优化空间。优化配煤方案,将硬焦煤和半软炼焦煤的煤种用量降下来,适当提高气煤和贫瘦煤的用量,在保障高炉炼铁对焦炭质量的基本需求下保护稀缺煤种,值得焦化行业深入研究。

配煤炼焦的主要技术——捣固炼焦技术是一种可根据焦炭的不同用途,配入较多的高挥发分煤及弱黏结性煤,在装煤推焦车的煤箱内用捣固机将已配合好的煤捣实后，从焦炉机侧推入碳化室内进行高温干馏的炼焦技术。经研究发现：在相同配煤比之下，捣固炼焦大幅度提高了焦炭的冷态强度。捣固可以改善焦炭气孔结构，提高焦炭反应强度。捣固炼焦的主要优点是：①原料选择范围宽，扩大了炼焦用煤的煤源。可多配入高挥发分煤和弱黏煤生产高炉炼铁用焦，也可掺入焦粉和石油焦粉生产优质铸造焦，还可用 100%高挥发分煤生产气化焦。捣固炼焦可以较多地配用价格较低的气煤、1/3 焦煤、瘦煤，降低焦煤和肥煤的配入量，而所产焦炭质量与顶装焦炉常规配煤焦炭大体相当。在焦炭质量不变的条件下，采用捣固炼焦可使气煤配入量提高 10%～20%。②提高焦炭质量。在同样的原料煤配比下，焦炭质量有所改善，配煤质量越差，焦炭质量改善越明显，特别是焦炭的冷态强度可提高 3%～5%。同时，捣固工艺下与光学组织有关的焦炭反应性在捣固后无显著变化，但可提高焦炭反应后强度和耐碱侵蚀性。③降低炼焦成本，提高经济效益。捣固法炼焦配煤选择比较灵活，煤源广，可以用廉价的弱黏煤，使生产成本降低。

发展捣固炼焦技术可以降低优质主焦煤的消耗，遏制我国稀缺的主焦煤资源快速枯竭的态势。虽然捣固炼焦技术存在许多问题，但其可持续发展的潜力深深吸引着各个炼焦企业。众多使用捣固焦的焦化厂找到了捣固焦炉存在的问题和改进方向，为研发和使用捣固炼焦技术提供了宝贵经验。特别是国内 5.5m 捣固焦炉的投产和 6.25m 捣固焦炉的设计与建设，为钢铁企业建设大型捣固焦炉提供了有利条件。尽管该技术趋于成熟，但仍需要不断探索开发和改进优化。

捣固炼焦工艺是目前能够扩大和充分利用气煤资源及提高焦炭质量的有效途径，因此也是保护我国有限的优质炼焦煤资源的重要途径和过渡性措施。要发展捣固炼焦前提是首先要淘汰落后产能。对于炉容同时符合条件的企业也可以在现有基础上考虑捣固炼焦工艺的改造，这从资源的综合利用或提高技术装备水平、降低企业生产成本或提高产品质量等因素的适应性考虑，无疑都是值得重视的。国家发展捣固炼焦技术可以给予企业一定的扶持，同时鼓励和支持科技工作者对捣固炼焦技术中存在的科学问题开展科技攻关，政府部门也要制定相应的政策，鼓励支持焦化生产企业大力应用捣固炼焦技术。

综上所述，为充分利用我国储量较大的气煤等资源，以延长国内主焦煤的供应期，课题组提出研究开发扩大炼焦煤资源生产技术，降低焦炭的灰分，修正经典煤岩配煤的不足，改进煤岩配煤方法，实现配煤结构优化方法，降低配煤成本。通过系统研究弱黏煤和非炼焦煤配煤技术，扩大炼焦煤资源，降低焦炭灰分，减少优质炼焦煤的配入量，提高弱黏煤和非炼焦煤配比。

3. 完善炼焦煤质量评价体系

炼焦煤是由多种有机物和无机矿物组成的复杂混合物，而炼焦过程反应又极其复杂。虽然评价炼焦煤质量的方法很多，但每项评价方法都只能反映炼焦煤的一个侧面。到目前为止，还无法用一两项参数完整地表达炼焦煤的炼焦特性。建议除常规煤质评价参数外，可以将灰成分、煤岩特性等也作为炼焦煤质量的重要评价参数。

1) 灰成分

在配煤中，焦炭灰成分中的碱金属氧化物对焦炭热性能有不利影响，其他成分无明显影响。炼焦单种煤间灰分差异，是造成同品种煤焦炭热性能差异大的主要原因，能揭示炼焦煤中某些煤的热性能特别好或特别差的内在原因。所以建议将灰成分作为炼焦煤评价的一个新参数。

2) 煤岩特性

混煤是影响炼焦煤内在质量的重要因素，常规的煤质分析无法识别。鉴别混煤的唯一方法是测定其镜质组煤岩反射率分布。煤岩特性是炼焦煤炼焦特性的内在决定性因素，煤岩特性对焦炭冷热态性能也有影响，因此建议将煤岩特性作为炼焦煤评价的一个新参数。

3) 完善配煤综合煤质对焦炭质量影响的评价

补充完善评价炼焦煤各个煤种对综合煤质指标的调节能力的方法，以降低焦煤、肥煤、1/3 焦煤等煤种用量，使配煤工序优化。

在配煤炼焦中，配煤综合煤质对焦炭品质的影响非常复杂。煤种对配煤综合煤质指标的调节能力，是以综合煤质控制目标为指引的、单煤种煤质互补关系及其煤种重要性的评价指标。炼焦煤煤种的应用价值由品质稀有度描述，品质稀有度的值越大，煤种的应用价值越高。

根据该评价方法，焦煤、肥煤、1/3 焦煤、气肥煤和气煤的品质稀有度基本相当。重要的是气煤，这一煤种尚未列入国家保护目录，存量较大。但是，随着低阶优质煤种的快速枯竭，气煤的性质补充和替代作用将会凸显出来，气煤必将成为炼焦配煤的主要煤种。

8.1.3　聚焦能源技术革命提高资源生产质量

中国是世界上矿产资源最丰富、矿种齐全的少数几个国家之一。新中国成立以来，已发现的矿产有 171 种，探明有一定数量的矿产有 158 种，其中石油、天

然气、煤、铀、地热等能源矿产 10 种，铁、锰、铜、铝、铅、锌等金属矿产 54
种，石墨、磷、硫、钾盐等非金属矿产 91 种，地下水、矿泉水等水气矿产 3 种，
探明储量潜在价值居世界前列。

　　中国是一个人口众多且处于工业化中期的发展中国家，中国经济的快速发展
必然要消耗大量的矿产资源以积累社会财富。随着我国工业化步伐的加快，对矿
产资源的需求量也在显著增加。从长远来看，矿产资源可开采利用的数量终究有
限，有学者认为，中国将遭遇矿产资源需求瓶颈，进而发生矿产资源危机。近些年
来，矿产资源的保护、开发和利用问题已引起了许多学者和政府相关部门的关注。

　　目前，在矿产资源的保护、开发与利用问题中，主要围绕下述几个指标开展
研究：一是矿产资源开发利用效率问题。矿产资源开发利用效率是指一个周期内，
单位经济规模所消耗的矿产资源规模。对于相同的经济规模，矿产资源消耗得越
少，则资源的利用率越高。另一个指标是矿产资源产出率。资源产出率定义为地
区生产总值与资源消耗量的比值，实质上，它反映了矿产资源的利用价值。从某
种意义上说，上述两个指标都是有关于资源的开发利用效率。还有一个值得关注
的指标是矿产资源回收率，它是指一定的矿产资源量中经过采矿、选矿，最后得
到的矿产数量。广义的矿产资源回收率还包括再生资源回收利用率。

　　事实上，资源开发利用效率与国际先进水平相比一直较低。据统计，我国矿
产资源总回收率和共伴生矿产资源综合利用率分别为 30% 和 35% 左右，比国外先
进水平低 20 个百分点。

　　对于炼焦煤资源而言，由于其稀缺性和重要性，人们对其利用效率非常关注，
该矿产资源的保护、开发、利用所关注的问题主要在于如何提高矿产资源回收率。

　　根据国土资源部的统计数据以及课题组大量的煤炭生产企业调研数据，得到
了如图 8.3 所示的我国炼焦煤查明资源量到地表可采出量的转化率水平。

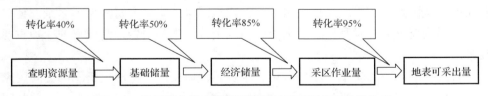

图 8.3　我国炼焦煤查明资源量到地表可采出量的转化率

　　根据课题组调研的数据与测算，我国目前煤炭资源的平均地表可采出量仅为
资源查明量的 16% 左右。而在资源的经济存量中，其地表可采出量也只达到 80%，
有许多经济可采的资源被破坏和浪费在地下。在采出的原煤中，入选率平均为
70%，洗煤回收率为 55%，因此，精煤产出率为 38.5%，进而不难得到我国精煤

的产出量只占经济储量的 30%左右。

　　在认真审视这些数据后会发现，我们往往被我国煤炭资源储量的庞大数字所欺骗，自认为我国是一个资源大国。实际上，我国目前资源开采质量低劣，使得能够被有效利用的资源比例很低。在近 3000 亿 t 的炼焦煤查明资源量中，有近 80%的资源还不具有经济开采能力。在 600 多亿 t 的经济储量中，由于各种原因导致资源破坏和浪费，只有不足 500 亿 t 被采出，并且只能形成经济储量三分之一的精煤。按照我国经济建设对炼焦煤的需求能力看，我国称不上是一个名副其实的资源大国。

　　《能源技术革命创新行动计划(2016～2030 年)》指出，要以建设清洁低碳、安全高效现代能源体系的需求为导向，以提升能源自主创新能力为核心，以突破能源重大关键技术为重点，以能源新技术、新装备、新产业、新业态示范工程和试验项目为依托，实施制造强国战略，推动能源技术革命，实现我国从能源生产消费大国向能源技术强国的战略转变。

　　能源技术创新在能源革命中起着决定性作用，必须摆在能源发展全局的核心位置。因此，提高资源生产的质量是资源保护性开采的核心，必须将提高资源生产的质量问题列为我国正在进行的"能源生产与消费革命"中重点突破的问题。务必要从资源开采、洗选、新型炼焦配煤以及资源利用等技术与装备上开展多方面科学攻关，加强关键技术的科技攻关力度，提高化石能源的生产质量。这是涉及国家长期可持续发展的重大任务。

8.2　完善炼焦煤资源战略储备制度

8.2.1　建立完善的国家矿产资源保护名录

　　矿产资源是进行社会生产发展的重要物质基础，是国家安全与经济发展的重要保证。从国家经济长远发展战略着眼，建立国家战略矿产资源保护名录，使矿产资源得到充分的开发利用，最大限度地减少其损失和浪费，是国家的一项重要政策。

　　为保障矿产资源安全供应，深化矿产资源管理改革，由国土资源部会同国家发改委、财政部、工信部、环保部(2018 年 3 月更名为生态环境部)、商务部共同组织编制了《全国矿产资源规划(2016～2020 年)》。为保障国家经济安全、国防安全和战略性新兴产业发展需求，将石油、天然气、煤炭、稀土、晶质石墨等 24 种矿产列入战略性矿产目录(表 8.1)，作为矿产资源宏观调控和监督管理的重点对象，并在资源配置、财政投入、重大项目、矿业用地等方面加强引导和差别化管理，提高资源安全供应能力和开发利用水平。

表 8.1　战略性矿产目录

矿产类型	矿产名称
能源矿产	石油、天然气、页岩气、煤炭、煤层气、铀
金属矿产	铁、铬、铜、铝、金、镍、钨、锡、钼、锑、钴、锂、稀土、锆
非金属矿产	磷、钾盐、晶质石墨、萤石

然而，该目录并未对资源的品种加以区分，也未给出保护性的级别。

我们知道，由林业部(2008 年设立国家林业局，2018 年 3 月组建国家林业和草原局)和农业部(2018 年 3 月组建农业农村部)根据《中华人民共和国野生动物保护法》的相关规定，于 1988 年共同制定并于 1989 年发布执行了一份国家重点保护的珍贵、濒危野生动物的名录。其中保护级别分为一级和二级，并且对水生、陆生动物作了具体划分，明确了由渔业、林业行政主管部门分别主管的具体种类。2010 年 10 月，国家林业局保护司又制定了《中国濒危珍稀动物名录》，从而把对于野生动物的保护提升到了法律的高度。

我们建议，国家政府相关部门应仿照制定重点保护珍贵、濒危野生动物名录的方式，制定出比较详尽的中国重要矿产资源保护名录，根据资源的稀缺性、重要性、需求性和不可替代性等指标确定其保护级别。建立矿产资源保护名录，有利于科学规划矿产资源的开发与利用，有利于建立战略性矿产监测预警机制，强化应对国际重大冲突资源安全，增强风险防控能力，支撑政府决策，加强政策储备，引导和规范行业发展与资源的合理消费。

建议将炼焦煤资源全系列入重要战略资源保护名录。修改国家发改委 2012 年第 16 号令《特殊和稀缺煤类开发利用管理暂行规定》中关于稀缺煤种的定义，将炼焦煤全系煤种均列入保护名单，将弱黏煤也扩入重要战略资源保护名录中，同时根据保护名录修改"特殊和稀缺煤类矿区范围"中的矿区名录。

8.2.2　完善炼焦煤资源生产与消费管理制度

(1)为控制中国优质主焦煤资源的过度使用，遏制快速枯竭趋势，严控其过度消费，建议制定国家精准配煤标准，提倡多煤种配采销售，不再单独销售国产珍稀优质主焦煤，逐步实现炼焦原料煤的配煤销售机制。

(2)加大炼焦资源勘探，增加炼焦煤资源储量，提高炼焦煤资源的保障能力。在积极加大炼焦煤资源勘查力度的同时，严控炼焦煤资源采矿权管理，严控对炼焦煤资源开采的投资，禁止民营煤矿从事炼焦煤的开采。对新发现的炼焦煤资源原则上应禁止开采，加强并细化对探明炼焦煤资源数量的统计管理。

(3)建立与炼焦煤资源战略储备相应的管理措施及法规政策。对明确实行战略储备的煤种，制定储备方案。划定炼焦煤资源战略储备区，对储备区因推迟资源开发而带来的负面影响，国家应当制定相关政策和措施，给予储备区一定的补偿，使炼焦煤资源储备区和开发区同步发展。同时，政府应在炼焦煤资源战略储备区投资基础建设并给予财税优惠政策，改善当地投资环境，引导和鼓励社会在储备区投资非煤产业，保护资源不被破坏。

（4）加强对炼焦煤中端消费市场的管理，严控中国优质主焦煤资源的过度消费，遏制优质主焦煤资源的快速枯竭趋势。制定优质炼焦煤资源利用管理办法和科学合理的炼焦煤定价机制，通过提高优质炼焦煤煤种与动力煤的价差，控制炼焦煤资源的用途，杜绝炼焦煤资源的浪费。

8.2.3　降低中国制造的国内资源占比

冶金工业规划研究院的本底调查数据显示，2017 年我国累计进口炼焦煤6992 万 t，与 2016 年同比增长 18.04%。进口单价为 133.88 美元/t。进口炼焦煤以主焦煤为主，占 60%以上，其余部分大部分为 1/3 焦煤。我国炼焦煤进口国家主要为澳大利亚、蒙古国、加拿大和俄罗斯，其中，从澳大利亚进口炼焦煤量占炼焦煤总进口量的一半左右。由研究可知，如果我国每年能从国外进口炼焦精煤8000 万 t，且主焦煤（含肥煤）占 60%，则我国主焦煤资源枯竭期将延长 10～15 年，在一定程度上缓解国内资源供应的压力。

（1）继续开发国外炼焦煤资源，实施特殊与稀缺煤种来源多元化战略，加强对国家稀缺炼焦煤资源供应安全战略的设计。随着经济实力的增强，中国已经在国际市场上有能力调整稀缺炼焦煤资源供应安全战略。应尽快确定成本较低和较为可行的资源供应方案，尽可能充分利用国外优质炼焦煤资源，提高炼焦煤主要煤种的国外供应比例，经济、合理地利用国外资源。继续加大开拓国际炼焦煤资源的力度，在保障澳大利亚、蒙古国和加拿大等国家的炼焦煤资源供应的同时，积极探讨开拓俄罗斯和美国的炼焦煤资源市场。

（2）通过调节关税限制炼焦煤和焦炭的出口。2017 年，中国出口炼焦煤 230 万 t，较 2016 年同比增长 91.67%。炼焦煤出口国主要为韩国、日本、朝鲜、伊朗四国，其中 80%出口韩国，煤源来自山西、山东和吉林。为实现延长我国炼焦煤资源自主供给期百年以上，保障中国钢铁工业及相关行业的长期安全平稳发展的战略目标，应通过税收和相关政策措施，进一步限制国内优质炼焦煤资源和焦炭的出口。通过适度提高国内优质炼焦煤价格，降低优质炼焦煤开采量，刺激炼焦煤的进口，以保障年进口 8000 万 t 以上的优质炼焦精煤数量。

（3）为保障我国炼焦煤资源对钢铁等工业的长期稳定供应，在国际贸易摩擦中，政府不宜将优质炼焦煤等需要进口的重要战略性资源列入制裁清单。

（4）支持国内有实力的煤炭或钢铁企业积极进军海外，到境外开发特殊和稀缺煤种资源或通过企业参股、控股等方式积极参与国外的资源开发，积极发展与特殊和稀缺煤种资源丰富国家的经贸关系和战略合作。为保护我国炼焦煤资源，免除进口关税，采取有关经济措施，鼓励特殊和稀缺煤种资源进口，提高我国资源有效供应保障能力。尤其是鼓励国内炼焦煤生产企业积极探索企业转型，支持炼焦煤生产企业开展国外炼焦煤进口贸易业务，以补偿由于炼焦煤企业减产带来的企业利润损失，应对煤炭生产企业的社会问题。

(5) 树立"降低中国制造的国内资源比"新战略理念。我国进入了工业化经济高速增长阶段，尤其是制造业发展迅速，到 2010 年，中国制造业产值在全球占比超过了美国，成为制造业第一大国。目前，在 500 多种主要工业产品中，我国有 220 多种产品的产量位居世界第一。中国已成为一座为全球公司生产和加工产品的"大工厂"。中国制造大量的廉价商品供应着世界各地，为世界的繁荣作着巨大的贡献，同时也在大量消耗着中国国土上的矿产资源。

目前，我国已成为世界资源消费增长的重要区域。统计表明，从中国开始进入经济建设的增长时期到 2018 年的 50 年来，国家经济总量翻了 10 倍，而资源的消耗量却翻了 40 倍以上。我国除石油消费量位居世界第二外，其他均为世界第一。虽然我国已探明的矿产资源总量较大，约占世界的 12%，仅次于美国和俄罗斯，居世界第三位。但是，我国人口众多，因而对矿产资源的人均占有量仅为世界人均占有量的 58%，居世界第五十三位。从这个角度看，我国是资源相对不足的国家，而实际可供利用的资源比例又比较低。据国家发改委预测，到 2020 年，我国重要金属和非金属矿产资源可供储量的保障程度，除稀土等有限资源保障程度为 100% 外，其余均大幅度下降，其中铁矿石为 35%、铜为 27.4%、铝土矿 27.1%、铅为 33.7%、锌为 38.2%、金为 8.1%。可采年限石灰石为 30 年、磷为 20 年、硫不到 10 年，钾盐现在已是需远大于供。在我国能源供需方面，煤炭、天然气基本供需平衡，而石油资源已远不能满足国内建设需要。我国已从一个石油净出口国转化为净进口国，进口量在逐年增长。

不断增加的矿产资源需求使得我国矿产资源的"储采比"不断下降，国内包括煤炭在内的大多数的矿产资源的静态储采比低于世界平均水平，石油、天然气、铜、铁、铝、镍、锰等主要矿产的消费量所占的比重均远远高于产量和储量所占的比重。据中国有色金属工业协会研究数据，2010 年国内铜储采比为 9.5，比 2003 年的 29.8 下降 20.3；铝土矿储采比为 16.9，比 2003 年的 32.8 下降 15.9。另有相关研究表明，到 2020 年，我国已探明储量的 45 种重要矿产中，仅有 9 种可保证需求，10 种基本可以满足需求，21 种矿产难以满足需求，5 种矿产将肯定出现短缺，其中，难以满足需求以及出现短缺的 26 种矿产资源中 11 种为国民经济支柱性矿产，到 2030 年可保证需求的矿种可能由 2020 年的 9 种减少到 4~5 种，对国民经济的进一步发展将会造成极大的影响。世界观察研究所在其研究报告《全球预警》中指出，"在整个人类历史进程中，获取和控制自然资源的战争，一直是国际紧张和武装冲突的根源"。

中国制造不仅仅在大量消耗着我国的矿物资源，同时，资源的开采和使用又在破坏着生态与自然环境。重要的战略资源日渐枯竭和生态环境的破坏不应该成为制造大国的必然归宿。

人类用于生产的矿产资源本来就是全球配置的资源，任何国家都不可能单靠本国资源的开发利用来满足其自身的发展需要。如何合理地利用国内和国外两个资源渠道，既能保护本土资源，又能合理利用外界资源，是经济全球化条件下各国经济社会发展必须认真考虑的重要问题。美国对国内石油资源开发利用方面的做法是值得借鉴的，他们对本土资源的利用是以经济效益和社会效益为准绳的。对于我国而言，所谓经济效益即利用经济成本来决定资源渠道，当国外资源购入成本低于本土生产成本时，就要大量购买国外资源，决不搞"自力更生"式的资源开发。所谓社会效益就是要从对国家的社会发展作用来决定资源渠道，也就是要考虑资源生产对环境的破坏、对人的危害、对未来经济形成的风险等因素来决定资源渠道。我们认为，树立"降低中国制造的国内资源比"新战略理念，就是要把社会效益作为决定资源渠道的重要因素，兼顾经济效益，并以该理念指导我们积极参与国外资源开发。科学地控制对矿产资源的需要方式，加强对本国矿产资源开采规划的制定与控制，合理地利用国际资源，有效地保护本国珍稀的具有战略意义的矿产资源，是国家经济稳定发展与社会长治久安的重要保证。

8.3　推进炼焦煤互联网信息服务平台建设

推进"炼焦煤互联网"信息服务平台建设，建立基于大数据与互联网技术的"炼焦煤供应链协调中心"，完善"煤-焦-钢产业链"供给侧统一的信息管理与服务体系。

炼焦煤作为国家战略资源直接关系着未来国家经济的发展态势。建立炼焦煤信息与服务平台，以实现对炼焦煤资源的管理、资源消费监控、规范生产、技术推广与服务、电子交易、物流服务、金融服务、信息服务等功能，有益于稀缺炼焦煤资源的保护性开发。实时更新全国炼焦煤资源各种动态信息，有利于国家对炼焦煤资源的精确预估，从而为国家有关部门制定保护炼焦煤政策提供真实可靠的依据。炼焦煤资源信息服务平台的主要功能如下：

（1）全面收集系统构建所需的各种相关的数据、资料，包括地区概况资料和焦煤资源建库所需的各种数据、图件等。政府相关机构可以通过平台的更新数据，随时掌控各地方企业的开采进度、开采率、焦煤运输途径和焦煤流向等动态信息。平台每月将更新各大焦化企业的配煤方案，监督企业在优质主焦煤等煤种上用量过多等相关问题。平台每月将更新炼焦煤生产行业、焦炭生产行业和钢铁行业开展科技进步的相关信息,重点围绕突破高回采与高洗选、优化配煤与发展捣固焦、发展电炉钢与先进非高炉炼铁工艺改革。

(2)对系统的建库需求进行分析,研究所需的数据结构、数据模型和存储方式,确定系统中的图形数据与属性数据连接以及底图与数据互操作的技术、图层结构与命名方式,构建焦煤资源后台数据库,将收集处理好的数据入库,实现系统数据库的数据支持。

(3)平台将兼容各大焦煤电商平台,提供平台上的电子交易功能和交易信息,并且平台通过运输起点和目的地来规划最优的运输路线、运输方式以及动态的运输成本等。煤炭电商平台要充分发挥自身的流通环节作用,就必须以市场需求为导向,以产业链核心企业资源为依托,实现全供应链的业务。通过提供交易、物流、金融、信息一体的全流程、全过程、全方位立体化的电子商务,提升电商平台的运营效率和综合竞争力。推动传统商品交易市场的转型升级,在促进产业链的资源整合、改善商品流通和服务环境的同时,实现煤炭电商与实体经济的共同繁荣。

综上所述,为实现煤-焦-钢一体化协调发展,需要从以下几方面入手:

(1)推进我国从煤-焦-钢大国到煤-焦-钢强国的建设进程,实现从量到质的转变。煤-焦-钢强国的建设途径为:依靠科技进步大力推进安全、高效、绿色工程。

(2)大力推进炼焦煤保护性开采、保护性利用战略的实施,全方位保护稀缺资源。根据资源的稀缺性、需求性、不可替代性、应用领域重要性等因素,制定中国矿产资源战略等级名录;保护稀缺矿产资源,树立"降低中国制造的国内资源比"新战略理念。

(3)全面推进钢铁工业结构调整,实现规模优势到质量优势的转变。通过技术创新,增加高端钢材占比,使钢铁企业向低成本、高效率、生态型转变;发展大型、超大型电炉炼钢技术,出台废旧钢铁回收利用及进出口相关政策规定。

(4)优化资源配置,实现安全高效,清洁利用;在开发中保护、在保护中开发,降低稀缺煤种消耗;发展智能化配煤,扩大炼焦煤可选范围,增加稀缺炼焦煤来源;发挥稀缺炼焦煤煤炭质量的竞争优势,"定制化"生产、"菜单化"供应;技术与管理携手、继承与创新融合,推动煤-焦-钢产业一体化协调发展。

第9章 炼焦煤保护性开采洗选技术

钢铁工业是工业化国家的基础和支柱产业，炼焦煤资源与钢铁业的发展具有高度的依存关系。然而，我国炼焦煤资源生产与消费现状已对中国钢铁业未来发展构成潜在威胁，开展对我国炼焦煤资源保护性开采规划研究的战略任务已迫在眉睫。

中国是世界上炼焦煤储藏最多的国家，占世界储量的25%。但是在资源开采、销售和利用等方面缺少国家层面的统一规划，许多煤矿生产粗放、技术和设备落后等因素导致回采率低，资源利用浪费十分严重；运输成本过高、洗选能力不强、煤炭赋存状况或煤质条件差、市场价格等因素致使大量炼焦煤被作为动力煤开采销售。如果不统一科学规划和高效利用，我国的炼焦煤资源浪费与消耗速度过快，很快就会陷于枯竭的境地，数十年后，钢铁工业所需炼焦煤资源必将面临大量依赖进口的被动局面。因此，将炼焦煤作为稀缺性战略资源加以保护性开采利用是关系到我国钢铁工业安全和经济长期稳定发展的重大问题。

9.1 炼焦煤资源高回采率技术

目前，全国炼焦煤生产行业整体创新能力仍比较薄弱，炼焦煤资源高效回采、提质、洗选、精细煤焦化工、污染控制等关键技术的形成与关键设备国产化差距还很大，资源的保护性绿色开采和清洁高效低碳集约化利用理论和技术亟待突破。虽然个别企业在稀缺炼焦煤保护性开采及利用的关键技术方面已取得一些进步，但是，在技术上缺乏深入总结，在应用上缺乏普及推广，炼焦煤资源的粗放生产和资源利用的严重浪费问题依然非常突出。依靠科技进步提高稀缺资源的回收率与利用率是遏制稀缺资源浪费、降低资源消耗的有效手段，是确保我国稀缺炼焦煤资源与钢铁工业平衡协调、稳定发展的重要途径。

9.1.1 薄煤层开采技术

我国煤炭存储呈多样化，其中薄与极薄煤层资源丰富，且分布广泛。我国把厚度小于1.3m的煤层划归为薄煤层，厚度小于0.8m的煤层划归于极薄煤层。在已发现的煤炭区域中有84.2%的矿区均有薄煤层分布，资源量约为67Gt，其中很多矿区薄煤层储量占有相当大的比重，如安徽占72%、四川占51.8%、贵州占37.2%。全国薄煤层可采储量达到6.15Gt，约占总可采储量的19%。

在美国，厚度小于1.7m以下的煤层统称为薄煤层。部分国家拥有丰富的薄煤层储量，但采出量却相对较少。例如，德国 1.6m 以上的中厚及厚煤层，其储量仅占总储量的 30.5%，但是煤炭产量却占到了 67.8%，煤层厚度为 1.2～1.6m 的煤层的储量占 26%，煤炭产量为 16.9%，尤其是 1.2m 以下的薄煤层储量高达 43.5%，但是煤炭产量只占 15.3%；捷克 0.5～1.2m 薄煤层中，优质煤储占 42%，而煤炭采出量还不到 18%。

纵观全球煤炭行业，随着开采强度不断加大，厚煤层和中厚煤层储量日趋减少，薄及较薄煤层已成为主采煤层。为保证矿井生产能力的均衡、延长矿井的服务年限、提高资源采出率，薄煤层高效开采问题已成为当前煤炭工业发展急需解决的关键问题。

由于薄煤层的煤层赋存条件一般较差，地质条件、开采技术条件复杂，实现机械化开采难度大，特别是当煤层埋藏比较深，地质条件比较复杂时，开采薄煤层的经济效益低，严重制约着我国薄煤层煤炭的开采。因此，选择合理的开采方式，研发满足薄煤层条件下机采及综采要求的薄煤层配套设备，对提高薄煤层开采力度起到至关重要的作用。目前我国综合机械化的产量在薄煤层中只占 5%，薄煤层综采发展较为缓慢。实现薄煤层高效的机械化、自动化采煤，是解决薄煤层弃采问题的关键。

目前，薄煤层开采主要包括三种开采工艺：螺旋钻机采煤法、刨煤机采煤法和采煤机采煤法。德国和乌克兰是世界薄煤层机械化水平较高的国家，主要是采用螺旋钻机和刨煤机进行开采。

1. 螺旋钻机采煤法

螺旋钻机适用于开采煤层厚度为 0.4～0.8m 的煤层，螺旋钻机采煤法的优点为：可实现工作面无人采煤、开采安全可靠。在采煤过程中，所有的工人都在巷道内操作，不必进入工作面，不仅改善了工人的作业环境，还杜绝了很多灾害，如顶板事故、粉尘污染、瓦斯爆炸、自然发火等。相对于其他薄煤层采煤设备，螺旋钻机结构简单、容易维护、工作面不需支护顶板，开采安全可靠，材料消耗少。

螺旋钻机采煤是当前一种最简单的薄煤层或极薄煤层开采方法。螺旋钻机构造见图 9.1 和图 9.2。螺旋钻机采煤法彻底解决了传统采煤工艺不能开采的薄煤层、极薄煤层的有效利用，而且从根本上改善了现场作业环境，使职工人身安全有了保障。该技术填补了我国薄煤层螺旋钻无人工作面开采技术的空白，达到国际先进水平。

近年来，山西焦煤集团在矿井生产方面一直重视薄煤层螺旋钻无人工作面开采技术的应用，先后在各大生产矿井采用国外先进的薄煤层三轴螺旋钻式采煤机，有效开采薄煤层和极薄煤层资源，减少资源浪费。

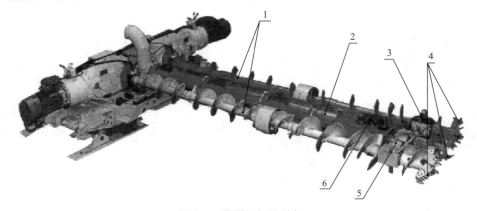

图 9.1　薄煤层螺旋钻机
1. 螺旋钻杆；2. 中间通风管；3. 轴承座；4. 钻头；5. 变速器；6. 控制箱

图 9.2　在巷道中的螺旋钻机

螺旋钻机采煤法的适用条件：适用于煤层厚度为 0.45～1.5m，煤层倾角小于 25°的各种硬度的薄煤层；适用于 0.8m 以下围岩不稳定的极薄煤层、三下压煤、边角煤和各种煤柱的开采；适合于非煤与瓦斯突出危险的煤层。

螺旋钻机采煤法与薄煤层高档普采及综采比较有以下优点：

(1)投资方面。螺旋钻机采煤法比薄煤层高档普采及综采投资降低 60%。

(2)安全生产状况方面。用螺旋钻机采煤，生产人员和机组设备全部在平巷内作业，改善了安全条件和作业环境，人员在宽敞、支护良好的巷道内就可将煤采出，安全状况比薄煤层综采或高档普采好得多。同时，还杜绝了很多灾害，如顶板事故、粉尘、瓦斯、自然发火等。

(3)工效方面。薄煤层综采或高档普采，直接工效一般在 1.5～3t/工，而螺旋钻机采煤法，用很少的工人却能产出很高的产量，直接工效达 12～14t/工。

(4)开采释放层的速度和效果方面。采用螺旋钻机采煤法，煤的可采范围达总面积的 95%以上，不仅可以多出煤，更可以充分释放煤层瓦斯。

(5)将煤层可采厚度由 0.6~0.8m 下延到 0.4m,彻底解决了传统采煤工艺不能开采的薄煤层、极薄煤层的弊端,对开采松软煤层有极高的推广应用价值。

(6)机械化程度高,它属于一种无人工作面开采方法。

(7)采煤工艺简单。相对于其他薄煤层采煤设备,螺旋钻机结构简单、容易维护,工作面不需支护顶板,材料消耗少。

另外,螺旋钻机采煤法也存在如下的缺点:

(1)留设钻孔间煤柱和钻孔组间煤柱,降低了采出率。

(2)在装卸钻杆时,劳动强度大,需要较长的时间,影响该设备的效率。

(3)要求巷道净断面大于 9m^2,掘进时需要挑顶、卧底才能满足螺旋钻采煤机的回采工艺要求,因而岩石工程量较大,存在采掘比例失调的问题。

螺旋钻机采煤在西曲矿的薄煤层开采中得到应用,并取得了良好的经济效益和社会效益,降低了生产的安全风险。

山西焦煤集团西曲矿北一盘区 7#煤厚度变化不大,煤层厚度在 0.7~1.3m,平均 0.95m,倾角 4°,属稳定可采薄煤层。巷道布置如图 9.3 所示。

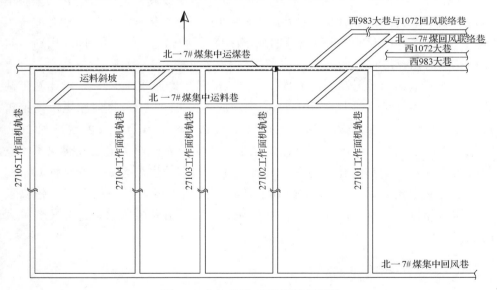

图 9.3　北一盘区 7#煤巷道布置图

西曲矿引进乌克兰螺旋钻机开采。采煤方法:采用螺旋钻单翼后退式开采,全部垮落法管理顶板。先仰采,后俯采,设计仰采深度为 80m,俯采深度为 40m,钻采宽度 2.105m,采高 0.825m。相邻两个钻孔之间留设 0.5~1.0m 的煤柱,见图 9.4。

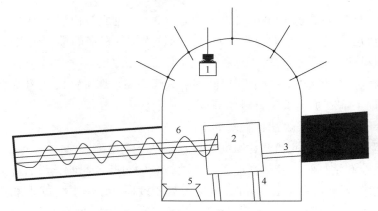

图 9.4　螺旋钻机采煤方式示意图
1. 单轨吊；2. 机体；3. 固定油缸；4. 调斜油缸；5. 刮板输送机；6. 节式钻杆

其生产工艺为：采用乌克兰制 BSHK-2DM 型螺旋钻机采煤、落煤，采用 SGW-40T 溜子、SJ-80 胶带输送机运煤。螺旋钻采煤机钻头破煤，通过钻杆螺旋叶片将落煤直接输送到 40T 溜子上，经皮带运送至煤仓。前一个钻孔回采完毕后，用绞车牵引钻机后退 0.5～1.0m，开始进行下一个钻孔的钻采，并对前一个钻孔在距运输顺槽巷壁 5m 范围内的采空区打设两排密集木点柱切顶，用料石封闭钻孔或对钻孔进行有效充填。

取得的效益：采用螺旋钻采煤工艺，该矿已生产原煤 4.9 万 t，累计施工钻孔 611 个，累计钻进进尺 42701.5m，生产成本为 450 元/t。目前原煤市场销售价格 1000 元/t，总收益为 4900 万元，减去总成本 2250 万元，实现盈利 2650 万元。实现了采煤工艺的新突破。实现了工作面无人作业，使工人摆脱了较危险的工作地点和繁重的体力劳动，而且用人少，劳动生产率高，安全性好。使用普通方法很难开采的 7#煤层得到了开发，提高了煤炭资源利用率，延长了矿井服务年限。随着生产技术的进一步完善，螺旋钻采煤技术必将有一个更大的发展空间。

2. 刨煤机采煤法

刨煤机是薄煤层机械化开采的重要设备。它是以刨头为工作机构的采煤机械。具体来说，它是一种用于 0.8～2m 薄、中厚煤层开采的综合机械化采煤设备，是一种浅截式采煤机械(图 9.5)，集"采、装、运"功能于一身，配备自动化控制系统，可实现无人工作面全自动化采煤。目前，刨煤机已成为薄煤层采煤机械化的强大支柱。

图 9.5　刨煤机

世界上主要使用刨煤机进行开采的国家有德国、美国、乌克兰等，刨煤机开采的产量占总煤炭产量的 50% 以上。其中研制和使用刨煤机最早的国家是德国，德国也是使用刨煤机数量最多的国家。1.6m 以下的煤层几乎全部使用刨煤机开采，煤层厚度在 1.8m 以下的 30 多个高产工作面，其中只有 1 个工作面为采煤机工作面，其余全使用刨煤机开采，刨煤机工作面的年产量可达 180 万 t 以上。美国是使用刨煤机效率最高的国家，美国的薄煤层刨煤机工作面的年产量可达300 万 t 以上，刨煤机工作面产量占总产量的 35%。澳大利亚、南非的薄煤层工作面全部使用了全自动化刨煤机，俄罗斯每年有超过 150 个工作面使用刨煤机，荷兰平均每年有 65 个工作面使用刨煤机，法国薄煤层刨煤机工作面产量占总产量的 30%。

山西焦煤集团马兰矿薄煤层较多，其赋存条件基本满足刨煤机的适用条件，为进一步提高稀缺的肥煤回收率，实现薄煤层高产高效，引进了德国 DBT 公司的薄煤层刨煤机和全自动化刨煤机系统，开采薄煤层。

1) 刨煤机的适用条件与优点

刨煤机的适用条件如下：

(1) 煤层厚度：刨煤机特别适用于开采煤层在 1.3m 以下的薄煤层，对层厚在0.8m 以下的极薄煤层的开采更为有利，但也可用于中厚煤层。

(2) 煤质硬度：目前使用较多的静力式刨煤机主要用于煤的抗压强度小于25MPa 的煤层，不适于开采硬度较大的煤层。

(3) 煤层倾角：在煤层倾角 15° 以下的缓倾斜煤层中工作，刨煤机不会产生下滑。但在倾角较大的煤层中使用，刨煤机在上行刨煤时，截煤阻力及输送机自重容易使机组整体下滑，所以，刨煤机对缓倾斜煤层的适应性较好。

(4) 顶底板条件：只要底板起伏不大，断层发育较小，底板硬度大于煤层硬度，即可使用刨煤机。

(5) 瓦斯含量：刨煤机的截深小，工作面瓦斯的涌出均匀，因而更适合在高瓦斯矿井和有瓦斯突出危险的矿井使用，在这类矿井中也可用刨煤机开采中厚煤层。

(6) 地质构造：刨煤机不宜在含水量大、断层较发育、底板起伏大的矿井中使用，若有断层，其落差不能超过煤层厚度，底板褶曲不能影响输送机和机组运行。

总之，刨煤机主要用于中硬以下、底板起伏不大、断层不发育、倾角较小、含水量少的薄煤层开采，在瓦斯含量高的中厚煤层也可考虑使用刨煤机开采。

在生产实践中我们体会到应用全自动刨煤机开采的优点是：

(1) 刨煤机结构简单可靠，刨头与滚筒采煤机相比，没有电机、减速器等传动机构，易于维修。

(2) 工作面产量高。根据计算，刨煤机每小时的生产能力为 500～600t。按每日生产时间 14h，1 年生产 300 天计算，年产量可达 250 万 t。

(3) 工作效率高。该套设备具有全自动操作系统，按照预定软件程序，刨煤机、工作面运输机、液压支架可实现自动运行，正常情况下工作面内不需要人工进行操作，人员只需进行两端头维护，减轻了工人的劳动强度，全队预计定员 65 人，工作面效率可达 119t/工。

(4) 有利于顶板管理和瓦斯管理。由于刨煤机的刨深较浅，一般不大于 100mm，并且可任意调整，所以对控制机道顶板冒落极为有效。另外，由于刨深较浅，刨头截割部位瓦斯涌出量均衡。因此，对工作面的瓦斯管理非常有利。

(5) 有利于资源回收。刨煤机可采 0.88～2.0m 的煤层，煤层厚度适应性强，可在薄煤层和中厚煤层间灵活过渡。因此，对资源回收极为有利。

(6) 由于刨煤机设备推进速度快，对煤层地质条件变化的适应性好，可提高02#原煤的煤质，降低洗煤成本。可以延长采区的生产时间，缓解采区接替紧张局面，延长矿井服务年限。

2) 刨煤机自动化采煤工艺

自动化采煤工作面应选用与工作面条件相符的刨煤机来完成落煤和装煤工序；选择与已选用的刨煤机配套的运输机、转载机、皮带机等运输机械来完成运煤工序；选用适宜工作面采高和支护强度的、与刨煤机配套、带有液压电磁控制系统的支架来完成支护工序；选用电液控制系统、电气控制操作台等设备来实现操作与控制。

根据工作面的具体情况，将操作台设置在上川或下川，由刨煤机司机操作电器控制按钮，使安装在工作面运输机一侧的带刨刀的煤刨通过刨链沿工作面运输机往复牵引落煤；同时利用煤刨的犁形斜面把煤装入运输机。运输机与刨煤机形成一个整体，利用支架推移千斤顶推移；液压支架一般配备电液控制装置(PM4)和电液阀，从而实现落煤、装煤、运煤、移架等各工序的综合机械化自动化开采。

总之，整个回采循环过程都是由刨煤机司机操作电器控制总台，指令刨煤机、运输机、支架自动有序地完成落煤、装煤、运煤、支护作业。

刨煤机在马兰矿的薄煤层开采中取得了成功的应用。马兰矿使用全自动刨煤机后，人员可减少 54%，每年可节约工资 110 万元。使用刨煤机的原煤生产成本为 49.66 元/t，降低了 2.03 元/t。矿井净增能力 210 万 t/a，同时可以提高资源的回收率、减轻工人劳动强度、提高劳动生产率、提高矿井经济效益。

3. 采煤机采煤法

在薄煤层工作面采煤机开采中，采煤机不仅需要拥有足够大的功率、适应薄煤层的特殊环境和足够的空间使机器运行，而且还需要采煤机可以切割岩石。薄煤层采煤机主要分为骑输送机式采煤机和爬底板式采煤机两类。骑输送机式是采煤机由输送机机槽支承和导向，爬底板式是采煤机的机身位于滚筒开出的机道内，和骑输送机式采煤机相比，爬底板式采煤机过煤空间大，增大了电机功率，而且工作面通风断面大、工作安全可靠。

20 世纪 80 年代中后期，联邦德国的薄煤层采煤机主要有 EDW230-2LN 和 EDW300LN 两种。EDW230-2LN 是在 EDW-170LN 基础上增加了功率和改进了装煤装置，取消了机身下靠煤壁侧的辅助支撑，总功率达到 511kW，并且采用电牵引。EDW300LN 采煤机，机身长 4m，高 0.77m，总功率可达 300kW，并采用电牵引。英国薄煤层采煤机主要有 Andson AB16、AS-Euskara 和 B61。Andson AB16 型爬底板式采煤机适用于煤层厚度为 0.9～1.2m 的煤层，总功率达到 150kW，平均年产商品煤 50 万 t，工率为 21.2t，当时在英国煤矿中广为使用。AS-Euskara 采煤机是在 Andson AB16 采煤机的基础上使用正面采煤，这种采煤机对工作面的风流阻力小并且有效风量大。B61 采煤机是建立在 B57 的基础上的，过桥使用悬臂式，不与运输机连接，采煤机拥有较大的操作空间。苏联薄煤层采煤机主要有 K103。KA103 型双滚筒采煤机采用外牵引，能够很好地适应煤层的起伏，是苏联当时薄煤层采硬煤最理想的采煤机。20 世纪 70 年代末 80 年代初，我国开始在薄煤层中使用滚筒采煤机，90 年代，我国制造了 MG200/450-BW 型薄煤层采煤机，总装机功率可达 450kW。2007 年西安煤矿机械专用设备有限公司研制成功了我国首台全机载薄煤层采煤机，该采煤机高 0.85m，机身长 5.7m，总装机功率 455.5kW，年可开采原煤 300 万 t。与目前同类机型的液压牵引采煤机、无机载电牵引采煤机相比，具有功率大、体积小、技术性能好、维护容易等特点。

采煤机存在的问题和未来的发展趋势：

(1)提高采煤机总装机功率。大功率的采煤机才能有高效率。薄煤层采煤机设计的重点是解决机身小和大功率的问题。

(2)由于薄煤层赋存条件复杂(断层、夹矸)，薄煤层采煤机截割矸石时会受到强烈的冲击。因此，今后的研究重点是薄煤层采煤机整机结构的动态优化。

（3）提高电动机的性能，努力提高采煤机的加工制造工艺的技术水平，采煤机自动化及遥控的问题也需要进一步解决。

（4）从有链牵引向无链牵引及电牵引方向发展。

（5）利用薄煤层采煤机进行正面采煤方法需要进一步研究，正面采煤不仅能实现高的产量，而且可以解决设备自动控制的问题。

薄煤层开采高度低、顶板压力小的特点，决定了薄煤层高产高效采煤方法的发展方向主要是提高长壁工作面自动化程度。由于薄煤层工作面内作业困难，所以应提高薄煤层工作面采、支、运工序的自动化程度，减少工作面内的操作人员。薄煤层工作面刨煤机落煤、螺旋钻采煤比采煤机落煤易于实现自动化，由计算机控制的定量割煤刨煤机与螺旋钻采煤，是实现薄煤层工作面自动化开采重要的发展方向之一。

9.1.2　厚煤层开采技术

厚煤层是指厚度大于 3.5m 的煤层，据统计，中国各大产煤大省均存在厚煤层，厚煤层占据中国煤炭储存量的 40%，其产量也占全国煤炭总产量的 45%。目前，中国厚煤层开采技术主要包括大采高采煤技术、综合机械化放顶煤开采技术、分层开采技术三种主要类型。其中，分层开采技术发展十分成熟，在中国的应用时间最为长久。近年来，随着经济水平的提升，煤炭开采技术实现优化发展，大采高采煤技术与放顶煤开采技术快速推广并普及应用。

1. 大采高采煤技术

大采高工作面一次开采煤层厚度在 3.5～7.0m 之间，因为其工作面设备稳定性相对较差，所以该项技术在倾角不大的厚煤层中较为适用。工作面通常是进行成套设备装配，落煤设备使用功率较大且直径较大的双滚筒采煤机，运煤设备由强力双中链刮板输送机及双伸缩两立柱支撑掩护式液压支架配套组成。此工作面配套设备应用优势为高效高产、集中生产等，缺陷在于会产生巨大初期投资且辅助运输难度高等。在中国众多矿区，此法被广泛应用，若煤层厚度与强度、倾角等条件均符合情况，则可获取高效安全开采成效。

近些年来，大采高综采成套设备技术不断发展创新，技术研究及设备研制飞速进步，现今中国大采高成套设备跃居全球先进地位。2009 年神华集团选用国产 7.2m 大采高支架并配套使用采煤机和刮板输送机设备应用于补连塔矿平均厚度为 7.59m 煤层开采中，勇创年产 1207.43×10^4t 原煤的佳绩，刷新工作面及矿井两项厚煤层世界级年产纪录。2011 年，平顶山平煤机煤矿机械装备有限公司成功研发制造出全球首套高度为 7.2m 以上的两柱掩护式超大采高液压支架（型号是

ZY18800/36/80D)，配套使用 MG1150/3000-WD 电牵引采煤机设备，此支架拥有很完善的多节护帮装置。基于大采高工作面进行开采时可采用的技术措施包括有效控制初采高度及合理防治煤壁片帮、优化实施液压支架防滑防倒对策等，旨在充分实现厚煤层高效安全开采目标。目前，8.8m 大采高综采工作面已在神华集团建成。山西焦煤集团在屯兰矿装备了国产的第一套大采高、智能化综采设备，实现了 5m 厚煤层一次采全高。杜儿坪矿也装备了一套智能化高效综采设备。首次在西山晋兴能源有限责任公司斜沟煤矿成功运用国产成套装备建成了年产千万吨级矿井综采示范面，采用国产高端 ZY12000/28/64D 型掩护式液压支架及世界上最大功率的 MG1000/2500-WD 采煤机，实现了工作面最高日产达 3.6 万 t、最高月产达 87.6 万 t，标志着完成了全部采用国产大采高综采成套装备(包括采煤机、液压支架、工作面成套运输设备及供电供液设备)年产千万吨煤炭的目标，成功实现了在孤岛条件下大采高、大采长(300m)、超长走向(3500m)综采工作面的高产高效，与原综采产量相比，提高煤炭产量 30%。

ZY18800/36/80D 支架设备及其护帮装置如图 9.6 所示。

图 9.6　ZY18800/36/80D 支架设备及其护帮装置

大采高综采时，采空区空间因采高大而增加，容易形成垮落的直接顶破碎矸石填不满采空区的状况，因此会在基本顶下方出现一定的空间。基本顶下沉断裂后，在靠近直接顶附近的空间中很难形成"砌体梁"结构，因此在基本顶断裂回转运动时将造成对下位岩层和工作面支架的冲击载荷，同时在工作面前方的煤体中造成较高的集中应力，引起工作面强烈的矿压显现，造成了大采高工作面来压更加强烈，极易产生煤壁片帮和局部冒顶的矿压显现规律。为此，在大采高工作面开采过程中应该采取如下主要的技术措施：

1) 控制初采高度

开切眼高度一般在 3.5m 以下，初采高度与开切眼高度一致。

2) 防治煤壁片帮

在大采高工作面上，采煤机割煤后应该及时打开护帮板支撑煤帮；也可采用快硬膨胀水泥尼龙绳或树脂及玻璃钢等可切割锚杆等对煤壁进行加固，也可以采用聚氨酯等化学树脂注浆加固煤壁，使煤体的自身强度得到加强；保持并提高液压支架的初撑力和工作阻力，从而达到控制工作面顶板离层、减少顶板下沉量和减轻煤壁片帮的目的；条件允许时，尽量采用俯斜开采方式。

3) 加强防护液压支架

支架的防倒防滑工作很重要。开采中要严格控制回采高度，当出现冒顶时，应及时采取措施填充冒落空间，有效控制顶板，防止出现空顶。用千斤顶将工作面排头、排尾的各三架支架进行连接和锚固，防止支架下滑与倾倒；当工作面倾角较大时，在中部支架还要增设防倒滑千斤顶，在工作面煤层倾角大于 10°时，应在一定范围内选择一个支架设置斜拉防倒滑千斤顶；工作面倾角较大时，应选择大采高工作面的专用端头支架，该端头支架可以实现自移、推输送机机头和转载机的功能，同时要求其能够适应平巷断面形状和支护形式的要求。

大采高开采过程中，只要控制好初采过渡时期的采高，防护治理好煤壁片帮和做好支架防倒防滑工作，就会实现安全高效开采的目标。

2. 放顶煤开采技术

放顶煤采煤法已成为我国厚煤层实现高产高效的主要方法之一，目前在我国放顶煤和大采高开采已基本取代了分层开采。近 20 多年来，放顶煤开采技术得到了迅速发展，取得了显著成效。

放顶煤开采就是布置一个工作面于煤层底部，支架前方的煤体以综采工艺进行开采，通过矿山压力作用或支架的作用力将上方煤体破碎成散体，从放煤窗口放出。

放顶煤开采方法存在着一系列亟待解决的技术问题，煤炭采出率低就是其中之一，尤其是工作面端头过渡支架不能放煤和区段平巷顶煤损失以及区段煤柱损失是长期存在的难题。与此同时，在顶煤下掘进不可避免地造成巷道高冒区发火频繁，约占综放开采发火次数的 2/3。另外，放顶煤工作面端头与区段平巷的顶煤均不能及时放出而垮落在采空区，成为下一个工作面开采时相邻采空区着火的重要隐患。此外，沿底板布置的回风巷不利于顶煤瓦斯的排放。

1) 厚煤层错层位巷道布置无煤柱开采技术

针对前述存在的问题与厚煤层赋存的特点，研究专家提出了厚煤层错层位巷道布置无煤柱开采技术。

在巷道布置方式上，把相邻两面间的顺槽错层位布置，克服了传统放顶煤开采端头丢煤多的缺点，且实现了无煤柱回采，使采区回收率由原来的 75%提高到现在的 83%。它保留了放顶煤开采的高产高效优势，吸纳了分层开采的巷道掘进经验，降低了巷道掘进维护的难度与成本，使掘进速度提高 1 倍，降低 30%掘进成本，提高了资源采出率，工作面采出率提高 10%以上。

镇城底矿在布置 18111 工作面两顺槽时，采用了不同层位的布置，即轨道、进风巷沿煤层顶板布置，皮带、回风巷沿煤层底板布置。下接 18111-1 面的回风巷布置在 18111 面的网下，进风巷仍沿煤层顶板掘进，形成了错层位巷道布置，如图 9.7 所示。

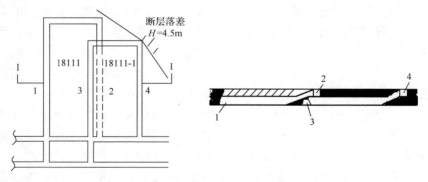

图 9.7　错层位巷道布置的首采工作面示意图
1. 皮带、回风巷；2. 轨道、进风巷；3. 下一工作面皮带、回风巷；4. 下一工作面轨道、进风巷

2) 三段式回采工艺

通常，现有的厚煤层采煤方法无论是放顶煤开采还是分层开采，全工作面只采用一种回采工艺，即中部放顶煤回采工艺、分层的上分层铺网回采工艺或下分层网下回采工艺，三者中只择其一。

错层位采全厚巷道布置系统，综合集成以上三种回采工艺用于同一个工作面，形成独特的三段式回采工艺。三种工艺用于工作面的不同位置，参见图 9.8。

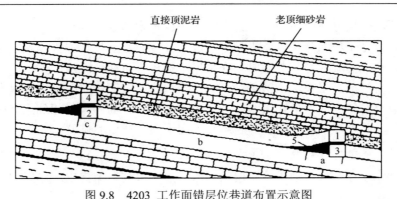

图 9.8　4203 工作面错层位巷道布置示意图

1. 区段回风巷；2. 区段进风巷；3. 下区段进风巷；4. 上区段回风巷；5. 三角煤柱

a 段为上分层铺网回采工艺段，b 段为中部正常的回采工艺段，c 段为下分层网下回采工艺段

在工作面中部采用放顶煤回采工艺。这时在工作面下部端头放煤的放顶煤效果与传统的放顶煤相比，有放出率高的明显优点。这是由于受矿压规律的作用，该部分顶煤压裂效果显著增强，与端头不放顶煤的常规工艺方式相比，错层位工作面顶煤增加了自由面，首采面在顶煤的沿顶巷道一端，接续工作面则两端都增加了自由面，可进一步提高放出率。

错层位巷道布置系统改变了综放开采把进风与回风巷道设于同一层位的平面系统。可在煤层剖面的不同层位上确定处于应力降低区的巷道位置。在空间范围内形成立体化巷道系统，实现了无煤柱开采，而不增加巷道掘进、维护的难度。反映在巷道布置平面图上，即相邻两个工作面的交错搭接。该系统把通常留设的高达煤层全厚的煤柱改变为与巷道高度相同的三角形煤体，削弱了巷道与上覆岩层的力学联系，使煤损减少而巷道易于维护。在此巷道系统下采用与之相适应的三段式回采工艺。

三段式回采工艺的采用，能够大大改变工作面两端头丢煤的现象，大幅度提高煤炭采出率。由于这一系统取消了区段煤柱，其煤炭采出率不仅高于一般的放顶煤开采，而且高于留区段煤柱的分层开采，又保留了高产高效的优点。同时，使地面下沉趋于平缓均匀，减小了不利影响。区段巷道的掘进与维护条件得到改善，沿顶板布置的回风巷道更有利于通风排放瓦斯。

回采工艺流程：综合机械化放顶煤开采的工艺过程主要由以下工序组成。

A. 端头铺网

本工作面在机尾端头三架支架上及端头 4 组 π 形梁上铺设顶网，铺网在割煤之前进行。采用 7500mm×700mm 的金属菱形网。铺网时，长边平行于工作面，网与网之间搭接 100mm，联网采用双股长 300mm 的 14# 铁丝进行拧结，隔一孔联结一处，每处至少扭结三匝，网联好后将网拉回吊起。

B. 进刀

采用机头、机尾割三角煤的斜切进刀方式。

C. 割煤

采煤机进刀后进入正常的割煤状态。割煤时采用前滚筒割顶煤，后滚筒割底煤的双向割煤方式进行作业。

D. 伸出支架伸缩梁

采煤机割过煤后，距采煤机前滚筒 2～3 架伸出支架伸缩梁，及时护住机道上方顶板，防止冒落。

E. 移架

采用本架操作、追机移架的方式作业。滞后采煤机后滚筒 2～3 架带压移架。

F. 推移前部输送机

使用液压支架底座中部推移千斤顶进行前部输送机推移，随采煤机割煤，追机拉出 10 个架后开始顶溜。顶溜步距 0.6m，溜子弯曲段长度不小于 15m。顶溜时，要每次操作 3～5 个架的推溜千斤顶。

G. 放顶煤

采用单轮顺序放煤，放煤步距 0.6m。利用顶板压力、支架反复支撑、支架尾梁上下摆动及回收插板等综合方式松动顶板后进行放煤。放煤从机头(尾)第四架开始追机逐架顺序放顶煤，直至见到顶煤顶板石灰岩矸石。

H. 拉移后部输送机

使用液压支架底座旁的液压千斤顶拉移后部输送机。放完顶煤后，距放煤点 15m 开始拉移后部输送机。拉移步距 0.6m，弯曲段长度不小于 15m。

获得的经济效益：该技术在镇城底矿的应用，实现了厚煤层一次整层开采的放顶煤综合机械化开采技术，取得了显著的经济效益，本项目摒弃了同类项目只在同一层位内的区段巷道之间减小护巷煤柱的思想，在不加大额外投入的情况下，通过改变巷道布置，实现相邻工作面相互搭接的立体化巷道布置方式，实现了煤柱的完全回收，同时突破性地解决了巷道上方和端头不放顶煤问题，有效地解决了 5m 厚度煤层的回采率问题，研究成果突破了现有综放开采理论和回采工艺，对类似条件下厚煤层的开采具有重要指导意义。该技术在镇城底矿的应用，已顺利地完成了两个工作面的回采，与原有的厚煤层采煤法相比，实现了巷道掘进费每米降低 30%，回采率提高 10%以上，吨煤成本降低 10 元以上。仅以一个 600m 走向的 18111-1 综采工作面回收煤柱计算，比沿煤层底板巷道布置放顶煤多产煤炭 35.65 万 t，按吨煤 700 元算，净增经济效益 2.50 亿元，新增利税 1.12 亿元。

社会效益：该技术能够适应 5.0m 左右厚煤层的高效、安全开采，提高开采集约化程度、生产效率、煤层回采率以及安全生产可靠性。提高回采率 10%以上，节约了不可再生的煤炭资源，延长了矿井服务年限。应用该技术取消了区段煤柱，使地面下沉趋于均匀缓和，减小了对地面环境的破坏与不利影响。在大幅度提高回采率、实现安全生产的前提下，解决了国内厚煤层放顶煤回采技术上的难题。该矿的成功实践为具有类似工程条件的矿井提供了示范经验。

通过采用错层位巷道布置与三段式回采工艺，在起坡段切割夹矸，增加顶煤与夹矸的自由面，实现了厚层夹矸(近距)条件下的放顶煤复采；并将端头顶煤采出，为接续工作面无煤柱开采奠定了基础；形成了近距易燃残煤复采成套实用工艺技术。

3) 轻型支架放顶煤开采技术

轻型支架放顶煤工艺，是在综采放顶煤基础上开发研制的一种适合解决边角残煤和不规则地段开采，提高生产能力、效率，降低生产成本的放顶煤工艺。郑州煤矿机械厂于 1997 年 10 月研制 ZFQ2400-16/24 轻型放顶煤液压支架，配置了 SGD-630/220 型和 SGB-630/150C 型刮板输送机、MG-200 采煤机，在唐山煤矿 2492N 工作面的开采取得成功。在此基础上又研制了 ZFZ2400-15/23 型带有防倒、防滑装置的大倾角放顶煤液压支架，支护高度为 1.5～2.3m，支护强度为 0.51MPa。在东欢坨煤矿北一采区 2188 工作面进行了开采试验。随着轻型支架放顶煤开采试验的成功，结合各自矿井条件，轻型支架放顶煤开采工艺得到了广泛推广应用，为边角煤柱及地质构造复杂煤层安全、高效、低耗的机械化开采探索出一条新路。轻型放顶煤支架结构(图 9.9)特点如下：

(1) 支架结构紧凑、质量轻、价格低、操作方便、移架速度快，便于运输和井下安装。

(2) 该支架放煤效率高，破碎块煤矸石能力强，煤炭采出率高，能有效支护顶煤。

(3) 支架前部、后部通风良好，煤尘、瓦斯无聚集现象。

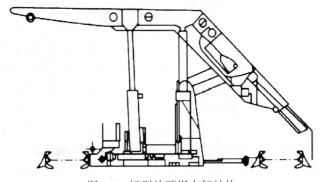

图 9.9 轻型放顶煤支架结构

西山矿区镇城底矿结合自身实际应用综放开采厚煤层的采煤方法，走出了在较薄厚煤层采用轻型支架放顶煤开采技术的新路子。

西山轻型支架放顶煤开采技术经过自 2003 年以来的发展，技术上已经逐步成熟，实现了 5m 厚煤层采煤方法的重大革新，目前综放开采已成为西山 5m 厚煤层机械化开采的主要采煤方法。

3. 分层开采技术

厚煤层的分层开采就是将厚煤层划分为若干个具有一定厚度的分层，然后进行煤层自上而下分层开采（下行分层开采），或自下而上分层开采（上行分层开采），但这种开采方式使用较少。若采取自上而下的逐层开采方式，为保证下分层开采时顶板的相对完整，可采取以下三种措施：铺设人工假顶、注浆液形成再生顶板、充填采空区（适用于上行分层开采）。分层开采优点是技术成熟、设备投资少、采高较合理、防治瓦斯相对容易。但这种开采方法也存在一些缺陷，主要是巷道掘进率高、产量相对较低、下分层巷道支护难度大、采空区容易自燃。

随着近年来厚煤层开采实践的不断深入和发展，我国在厚煤层开采技术方面取得了重大进步，其标志为形成一套完整的厚煤层开采工艺体系，从而极大地促进了煤炭工业的发展。但同时也应认识到，在厚煤层开采过程中，也出现了一些急需解决的主要问题。

（1）煤炭资源回收率较低；

（2）瓦斯防治问题；

（3）厚煤层自然发火综合防治技术问题。

厚煤层开采应当充分根据煤层条件与技术条件等各方面因素合理选择开采方式。然而，随着开采技术的进步，也带来了一系列的新问题，如煤炭资源的回收率低、瓦斯治理问题和地表沉降问题等，在未来开采厚煤层的环节中，这些问题都需要加大重视程度，这样才能保证煤矿健康发展。

9.1.3　无煤柱开采技术

无煤柱开采就是指在布置采区巷道时，考虑与采空区相邻的煤体边缘地区存在着一个应力比原岩应力低的卸载带，并且当回采工作面采过相当长的时间以后，该卸载带仍能较稳定地长期保持稳定，所以巷道位于煤体边缘和采空区交界处，与传统的留煤柱护巷技术相比，取消了上、下区段之间的护巷煤柱，因此也被称为无煤柱护巷。

无煤柱开采技术，取消了区段间的煤柱，使采区煤炭资源的回采率明显提高。采用沿空留巷使采面的掘进工程量减小，直接改善了采掘的接替关系，缓和了采掘接替紧张的局面。采用沿空留巷时每米巷道的工资费用与掘进巷道时每米工资费用基本相等，但留巷时的材料费用则比掘进巷道时低，无煤柱开采使巷道处于压力降低区，改善了巷道的维护条件，同时也降低了巷道的维护费用。

　　无煤柱开采是有利于提高煤炭采出率、有利于矿井安全生产和提高矿井技术经济效益的一项先进的地下开采工艺。其主要分类如下所示：

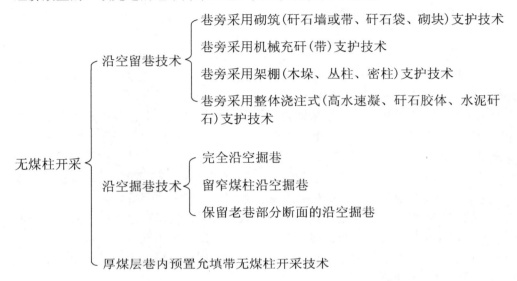

　　1. 沿空掘巷技术

　　在上一工作面区段运输平巷被废弃之后，经过一段时间，等待采空区上覆岩层移动基本稳定后，沿着被废弃的巷道边缘掘进下一个工作面的区段回风平巷，这一过程称为沿空掘巷。根据煤层赋存情况、地质条件及所采取的技术措施不同，沿空掘巷又可分为完全沿空掘巷、留窄煤柱沿空掘巷和保留老巷部分断面的沿空掘巷。

　　1) 沿空掘巷优点及适用条件

　　沿空掘巷技术的应用范围很广泛。无论在深部矿井或浅部矿井，沿空掘巷技术都获得了成功应用。无论是缓倾斜煤层、倾斜煤层还是急倾斜煤层，都可应用，尤其是缓倾斜煤层应用较多。沿空掘巷技术适用于薄煤层及中厚煤层。

　　完全沿空掘巷的优点是：巷道在煤体边缘的应力降低区内掘进，巷道受力小，有利于维护；煤体边缘经受过支撑压力的破坏作用后瓦斯得到自然释放，对于有冲击矿压和瓦斯突出的煤层，可以大大减小发生这类应力现象的危险性，有利于保证巷道掘进的安全；与留煤柱巷道相比，可提高煤炭采出率；与沿空留巷相比，可缩短巷道维护时间。

　　留窄煤柱的沿空掘巷方式主要用于顶板不能充分冒落、煤层倾角较大以及采空区内有积水等情况。其目的是利用小煤柱墙起隔离采空区的作用，以防止采空区内顶板二次冒落对巷道产生的不良影响，以及避免采空区积水流入巷道内等。

此外，在巷道两侧为煤壁的条件下，掘进巷道比一侧为采空区时更为方便，有利于提高掘进效率和加快掘进速度。

2）完全沿空掘巷技术

镇城底矿 18117 工作面所采煤体位于西一采区，北邻 18113 回采工作面（已采空），南为西下组轨道巷、回风巷、皮带巷，西邻 18115 回采工作面和 18111 回采工作面（已采空）、东为 18109 回采工作面（已采空），煤体总宽度仅约 50m，若不采用沿空巷道布置，将无法采用壁式开采。沿空布置巷道后，形成了倾斜长 40m，走向长 750m 的工作面，采出煤炭近 20 万 t（图 9.10）。

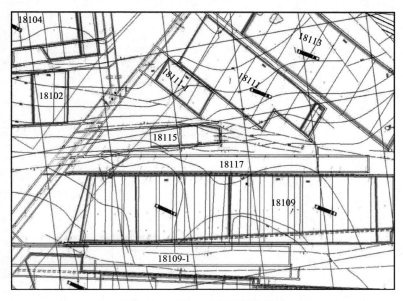

图 9.10　18117 工作面巷道布置

3）留窄煤柱沿空掘巷技术

镇城底矿 22115 正巷原计划与 22117 副巷留 20m 煤柱掘送。通过西下组采区的实践，决定只留 5m 煤柱，掘送过程与 22117 回采有一个交错，而在 22117 副巷最后 160m 范围内进行沿空留巷。

22115 正巷为矩形断面，净宽 4.0m，净高 3.0m（考虑底鼓与来压顶板下沉，高度有所增加），锚、网、梁、索联合支护，顶锚杆为 MSGLW-335/20×2200 树脂锚杆，间排距为 900mm×900mm，帮锚杆为 MSGLW-335/18×1800 树脂锚杆，间排距为 900mm×900mm，锚索是五花布置，排距 1.8m，顶板布置 3 根锚索时间距 1.2m，顶板布置两根锚索时间距 1.5m，顶网为 Φ8#钢筋网，顶板破碎时加 "W 钢带"。22115 正巷两帮采用锚、网、梁、索联合支护，锚杆按每排每帮三根布置，间排距为 900mm×900mm；左帮锚索长 5m，三花布置，右帮锚索长 5.6m，三花布置，穿过煤柱后，两边上锁具。22115 工作面巷道布置见图 9.11。

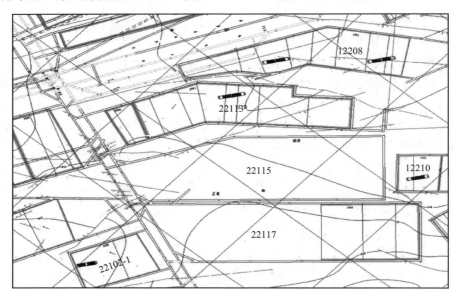

图 9.11　22115 工作面巷道布置

22115 正巷窄煤柱掘进主要有以下几个特点：

（1）采掘初次交锋对巷道掘进影响不大；

（2）采煤超前压力对掘进巷道影响不大；

（3）采煤工作面后方 100m 内采空压力对掘进巷道影响较大；

（4）巷道实体右侧压力显现大、位移多，但与西下组 2m 小煤柱相比左侧帮压力显现也偏大；

（5）现场采空区稳定时间约 1.2 个月，采空区稳定后掘巷效果较好；

（6）锚、网、梁、索结合点柱支护可以经受采动影响，巷道变形在控制范围内。

沿空留巷段为 22117 副巷停采线以里 160m 段，先在 22117 副巷外帮 1m 处每 2m 打一三联堆柱，堆柱内侧包钢筋网。通过观察可知，前 50m 段，切顶整齐，1m 范围内顶板完整，下一段为铁丝网段，即将钢筋网更换为铁丝网，观察可知效果基本相同，在采煤工作面顶板垮落后的沿空巷道基本保留完整。最后 30m 段，将在距回采帮 1m 处切顶，先在巷道内切顶位置处每 1m 打一根 6.5m 长的锚索，锚索间挂钢带；然后在采空区钢带支护外侧支设三联堆柱挂网，作为最终支护。如果顶板可以留下，则采空区喷砼封闭或用快速密闭墙材料封闭，实现锚杆巷道沿空留巷。

因 22115 正巷施工过程中 22117 正在回采，将在正巷 160m 处错峰，为减小回采对煤柱的破坏程度，22115 正巷开始施工前在 22117 副巷外侧预先对 5m 煤柱进行了加固，即在错峰前后各 50m 区段内布置"三花"型预注锚索。为确保煤柱安全，在 22115 正巷外帮每 2m 打一根 Φ200mm 的带帽点柱，确保错峰安全。

2. 沿空留巷技术

沿空留巷是在上区段工作面采过后，通过加强支护或采用其他有效方法，将上区段工作面运输平巷保留下来，供下区段工作面回采时作为回风平巷。其目的是使一条巷道可以得到两次利用，故这种方式也称"巷道二次利用"。

沿空巷道位于采空区边缘，其主要优点是下区段回采时只需掘一条巷道（一般为区段运输平巷），从而大大降低了巷道掘进率。其次是从根本上消除了沿空掘巷需要滞后掘进的缺点，有利于上、下区段按正常顺序连续开采，有利于矿井生产集中化和改善采掘接替关系。所以，从技术上看，沿空留巷是比沿空掘巷更为合理和先进的无煤柱护巷工艺。

沿空留巷技术可分为巷旁充填和巷内充填两种，传统的巷旁充填带存在支护阻力、可缩性等力学性能与沿空留巷围岩变形不相适应和密闭性能差等缺点，不利于巷道维护和防止采空区漏风与自然发火。因此，长期以来我国沿空留巷技术基本上只是应用在条件较好的薄及中厚煤层，条件困难或厚煤层中难以发展沿空留巷，多采用窄煤柱沿空掘巷。

下面介绍沿空留巷技术在屯兰矿的应用情况。

屯兰矿属高瓦斯、地压大的矿井。18205 工作面位于南二盘区左翼下组煤，工作面顺槽长度 1621m，倾斜长度 211m，所采煤层为 8#煤，煤层平均厚度 3.29m，可采储量 117.2 万 t。工作面两顺槽均为矩形断面，均采用全锚支护方式支护顶板。运输顺槽净高 3.5m，净宽 5m，断面 17.5m²，用于进风、运煤及存放设备列车；轨道顺槽为沿空留巷巷道，净高 3.5m，净宽 5.5m，断面 19.25m²，用于进风及辅助运输。

1）巷旁支护宽度、材料的选择

根据填体受力的数值模拟和理论分析结果，最终设计的墙体宽度为 2.5m，不仅能达到沿空留巷的要求、保证回采和充填的顺利衔接，也能把充填成本控制在合理的范围内。

根据 16 次试验的结果，得出了用于屯兰矿井下 18205 工作面巷旁充填沿空留巷的原材料及参数。

(1) 水泥：优先采用 PO42.5 水泥，特殊情况下使用 PS42.5 水泥。

(2) 沙子：选用古交信德制沙厂生产的人工沙。

(3) 碎石：选用古交营立 0.2～5mm 碎石，扫石 0.2～5mm 碎石作为备用。

(4) 粉煤灰：选用山西西山金信建筑有限公司生产的粉煤灰。

(5) 外加剂：选用特别配制的（北京科宁丰外加剂有限公司生产的外加剂，型号：ADD-M-KY-CT1 型）。

(6) 水：井下生产用水。

(7)填充料组分：充填料主要有胶凝料、充填骨料及其他添加剂。

(8)充填物和易性：试配坍落度 250～275mm，30min 坍落度 220～240mm，1h 坍落度 200～220mm。试配扩展度 550～700mm，30min 扩展度 420～560mm，1h 扩展度 380～440mm。

(9)拆模时间：3～3.5h。

(10)抗压强度：各龄期抗压强度值见表 9.1。

表 9.1　各龄期抗压强度值　　　　　　　　　　单位：MPa

龄期	要求值	实测值
4h	≥2	2～2.8
1d	4～7	4.4～8.6
3d	7～11	15.4～19.6
7d	12～16	16～23.2
28d	≥18	25.8～30.4

注：4h 抗压强度从 0.5～5.0MPa 的配比均已做出，成本随强度升高而加大；各龄期抗压强度指标可根据需要调整组分实现。

2)沿空留巷的主要设备与安装

沿空留巷充填施工的主要充填设备见表 9.2。

表 9.2　沿空留巷主要充填设备列表

序号	设备名称	数量
1	侧模板支架	1 台
2	后模板支架	1 台
3	混凝土充填泵	2 套(一用一备)
4	螺旋输送机	2 台
5	管路(Φ108mm)	1 路

充填泵、控制开关和电缆布置在平板车上，充填泵布置在距离工作面较近的 150m 处；备用泵放置在距工作面 160m 处；随着工作面回采、轨道顺槽条件好转、职工操作熟练程度不断提高，逐渐加大充填泵和工作面的距离，最终控制在 200～300m。充填泵由绞车牵引移动。充填主管为外径 Φ108mm 的无缝钢管，其壁厚不低于 6mm，单管的长度为 2.5m，通过快速接头连接。

3)沿空留巷充填工艺技术

沿空留巷的基本方式是将上区段工作面的轨道顺槽(或皮带顺槽)，留作下区段工作面的回风顺槽，即一条巷道可以得到两次利用，如图 9.12 所示。当上工作面采过后，将其轨道顺槽(或皮带顺槽)用专门的支护材料进行维护，使此保留下来的巷道作为下区段工作面的回风巷。

A. 沿空留巷充填工艺流程(图 9.13)

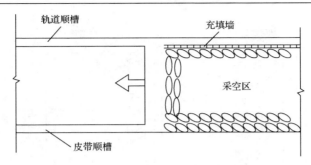

图 9.12　沿空留巷基本方式图

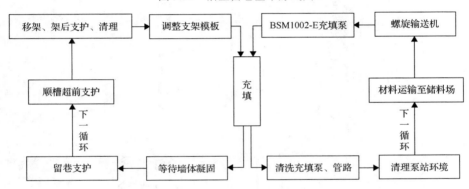

图 9.13　沿空留巷充填工艺流程图

B. 充填施工工序

移架、架后支护(在最后 2 台支架上方铺设双层金属网,设圆木横担,间距 0.8m)、清理(移架 3 个循环充填一次,充填前,将充填空间杂物清理干净)→机械立模(在充填模内架设钢筋网,预埋管两端密封,在机械模的三个模板上粘贴双抗塑料布)→充填材料的运输(运到充填泵站储料场)、储运及上料(通过专用上料设备,直接输送到混凝土泵)→充填(首先泵送清水,管路畅通后,进行材料的搅拌输送;进料要均匀连续,要充分接顶,在上一充填墙体正中均匀预埋两排 6 根 L 型圆钢,用于连接新旧两充填体)→充填完成后冲洗充填泵和充填管路(打扫充填泵站环境卫生)→充填墙体凝固(4h 后再重新移动、调整充填支架及模板)。

C. 采动影响期间顶板强化管理

采动影响包括三个阶段,采动超前影响、回采影响、充填留巷后残余应力影响,在本工作面回采期间主要针对巷道顶板采取维护措施。

工作面煤壁向外 30m 范围,采用单体支柱(三排)支护巷道顶板。工作面煤壁向里 200m 范围,架设单体工字钢棚成对支护(一梁三柱)。

待充填区顶板宽度 2500mm,长度 2400mm,当机尾架(139#架)前移时,沿走向使用 1/2Φ200mm×4.5m 板梁做横担,间距 0.8m,以保证顶板完整,防止漏矸。18205 工作面轨道顺槽充填工艺顶板支护见图 9.14。

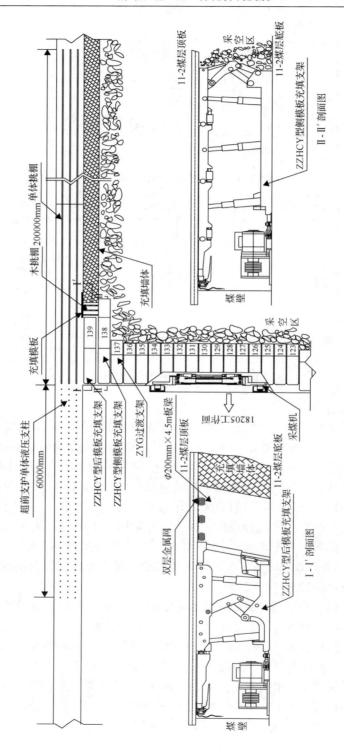

图 9.14　18205 工作面轨道顺槽充填工艺

D. 留巷充填墙体加固

a. 充填墙体外部加固

在充填墙体上沿巷道走向布置三排 2.6m 长四组孔的 $\Phi14$ 型托架，每两根托架进行对接；锚杆间距为 900mm，排距为 800mm。锚带网支护平面图见图 9.15。

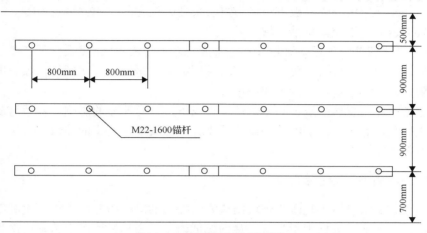

图 9.15　锚带网支护平面图

在锚杆钢带钢筋网联合加固基础上，喷射薄层混凝土密封充填墙体表面，防止围岩风化。喷层厚度 50mm，混凝土配比(质量比)为水泥：黄沙：石子=1：2：2。

b. 充填墙体内部加固

采用在充填体内放置钢筋网的方法对充填体自身进行加固。

充填前在充填模内布设钢筋网，钢筋直径为 8mm，钢筋网的方格尺寸为 150mm×150mm，钢筋网规格为 2250mm(长)×3000mm(高)，以此来实现对充填墙体的加固。对充填体顶部缝隙进行喷浆密封。

屯兰矿 18205 工作面成功地实现了大断面巷道沿空留巷的工业性试验，实现了工作面的安全高效生产，延长了矿井寿命。取消 20m 区段护巷煤柱，矿井煤炭资源回收率提高 10%以上，预计多回收煤炭 11.2 万 t，按吨煤 600 元计算，创效益 6720 万元，除去各项成本费用后，最终实现经济效益 5526.29 万元。

巷旁充填无煤柱开采技术在屯兰矿 18205 综采工作面的成功应用，取得了良好的技术经济效果。"Y"型通风方式的实施为工作面安全生产提供了技术保障；节约并回收资源；减少巷道掘进量，解决生产衔接紧张问题；实现绿色开采。

"屯兰矿大断面巷道沿空留巷瓦斯综合治理技术研究"项目成果，2011 年 6 月 20 日通过了由中国煤炭工业协会组织的专家鉴定，达到了国际先进水平。

通过对沿空留巷工作面的矿压观测结果，得出沿空留巷围岩变形的特点主要是：

(1)在回采工作面后方不远处，裂隙带岩层取得平衡之前产生急剧沉降，引起巷道顶板在短期内强烈下沉，已采区垮落岩石在上覆岩层作用下向巷道挤压，使沿空留巷一侧的帮压也较强烈。一般情况下，沿空留巷的顶板下沉速度在工作面后方 10～20m 处最大，顶板下沉量主要发生在工作面后方 0～40m 的范围内，在工作面后方 60～70m 以远，顶板下沉趋于稳定。

（2）凡直接顶板冒落后，能填满采空区、使基本顶能处于平衡状态的顶板岩层，在采动期间沿空留巷的顶板下沉量与煤层采高成正比，一般为采高的 10%～20%。煤层采高越小，沿空留巷维护越容易。

（3）沿空留巷的顶板下沉量与巷道宽度及悬顶距成正比。靠采空区一侧的顶板下沉量比靠煤壁处要大一倍左右，直接顶明显地向采空区方向倾斜，倾斜度与上方裂隙带岩层相近似，一般为 3°～6°。

巷道一侧的煤帮的压力和稳定性对顶板下沉量有明显的影响。若巷道煤帮遭到严重破坏，裂隙带岩层的沉降就会向煤体纵深发展，巷道的顶板下沉量和煤帮位移量都会显著增长。

3. 切顶卸压沿空留巷技术

切顶卸压沿空留巷是基于顶板结构岩层控制的沿空留巷新技术，它利用深孔松动爆破，改变了岩层力学结构，从而降低沿空巷道顶板所受上覆岩层产生的重力。切顶卸压沿空留巷技术，由工作面的不断推进、切顶爆破、巷道支护而逐步实现和完成。切顶卸压沿空留巷技术主要包括三项内容：①对沿空巷道顶板进行加强支护，分为超前工作面的基本支护和切顶爆破后的加固支护。②工作面开采前，对沿空留巷顶板进行深孔预裂爆破定向切缝，切断预留巷道顶板与采空区顶板在爆破切缝深度内的联系。③工作面回采推进后，预裂爆破后的巷道进入采空区。老顶来压时，顶板沿切缝产生断裂，采空区侧顶板冒落，预留巷道顶板在支护下保持稳定，作为下一个工作面的顺槽使用。

爆破预裂卸压机理是爆破预裂顶板切断直接顶及基本顶的悬臂，切除巷道顶板同采空区侧顶板的联系，减少支护体承担岩石重力；切断了直接顶岩层，冒落直接顶对基本顶有一定的支撑作用，减少了基本顶的回转角及下沉量；将直接顶多出巷道宽度的长度切掉，当基本顶岩层向采矿区侧回转时，可保证直接顶岩层的完整性，避免直接顶岩层同基本顶岩层间的离层；将巷道周边的应力集中向围岩深部转移，改善了巷道所处围岩应力环境。

切顶卸压沿空留巷应用到的关键技术主要有：

（1）双向聚能爆破顶板预裂切缝技术：在预裂线上施工炮孔，采用双向聚能装置装药，并使聚能方向对应于岩体预裂方向。炮轰产物将在 2 个设定方向上形成聚能流，并产生集中张拉应力，使预裂炮孔沿聚能方向贯穿，形成预裂面。由于钻孔间的岩石是断裂的，爆破炸药单耗将大大下降，同时由于聚能装置对围岩的保护，钻孔周边岩体所受损伤也大大降低，所以该技术在实现预裂的同时又可以保护巷道顶板。炮孔布置见图 9.16。

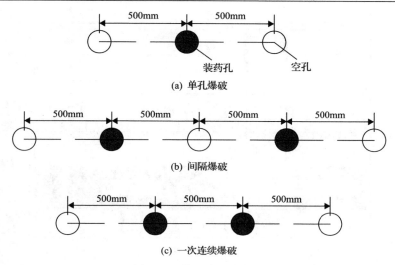

(a) 单孔爆破

(b) 间隔爆破

(c) 一次连续爆破

图 9.16　炮孔布置参数图

(2)恒阻大变形锚索技术：采用具有特殊结构的恒阻大变形装置，使锚索支护具有恒阻条件下抵抗变形的功能，同时具备吸收冲击变形能量的功能，可以有效地补强加固切顶过程和巷道周期来压时的稳定性。

根据切顶卸压沿空留巷技术原理，煤层切顶卸压沿空留巷技术工艺如图 9.17所示。在工作面煤层回采前，在超前工作面施工顶板切缝钻孔，见图 9.18(a)，采用

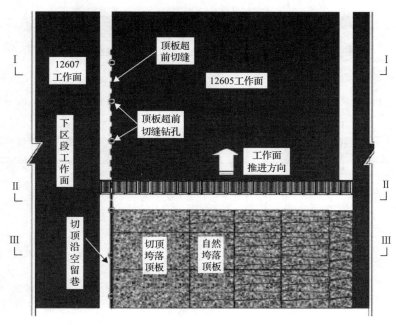

图 9.17　切顶卸压沿空留巷技术工艺平面示意图

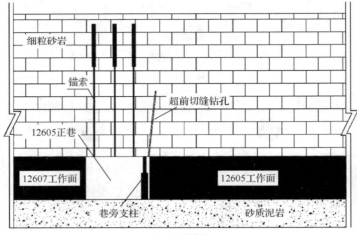

(a) Ⅰ-Ⅰ′剖面

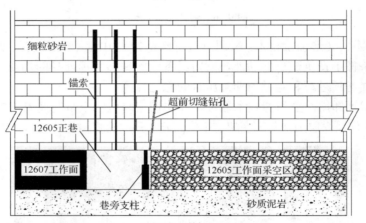

(b) Ⅱ-Ⅱ′剖面

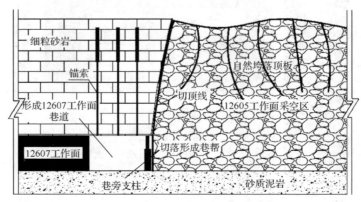

(c) Ⅲ-Ⅲ′剖面

图 9.18 切顶卸压沿空留巷技术工艺剖面示意图

聚能爆破破裂技术,在回采巷道沿将要形成的采空区侧顶板切一条缝形成一个面,见图 9.18(b),待工作面煤层回采后,在矿压作用下,顶板沿切缝自动切落形成巷道的一个墙壁,既隔离采空区又保持了该巷道的完整性,从而将自动形成的巷道作为下一个工作面的沿空巷道,见图 9.18(c)。该开采方式将顶板按设计位置切落,切断顶板的应力传递,缩短了顶板悬臂梁长度;避免采空区侧煤体受到回采动压的影响,从而保证煤体的完整性;同时,由于新形成的巷道处于矿山压力的卸压区,解除了高应力环境的威胁,从而可以从根本上避免灾害事故的发生。

切顶卸压沿空留巷技术所保留的巷道要经历掘进和采煤两次强烈的采动影响,矿压显现十分剧烈。考虑到切顶爆破对顶板及巷帮的震动破坏作用,需要在爆破前对顶板及巷帮进行加强支护。在工作面推进过程中,不同巷道受采动影响不同,根据施工阶段不同将工作面附近划分为超前支护区(工作面前方 30m)、架后临时支护区(架后 0～200m)和成巷稳定区(架后 200m 之后)。不同分区根据需要采取不同的支护措施,见图 9.19。

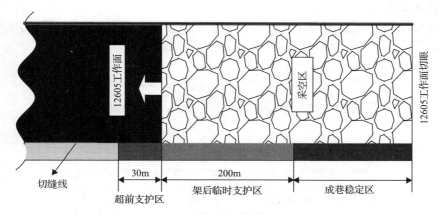

图 9.19　巷道不同位置临时支护

该项技术的成功,减小了综采工作面巷道布置初期掘进工作量,还减少了煤柱损失并为新工作面瓦斯治理赢得了时间,解决了现有沿空留巷(人工砌碹)工程进度慢、职工劳动强度大等诸多问题。目前该技术已在山西焦煤集团下属的西山煤电、汾西矿业等全面推广应用,取得了巨大效益。

4. 厚煤层巷内预置充填带无煤柱开采技术

厚煤层巷内预置充填带无煤柱开采技术就是在厚煤层上区段回采工作面前方的运输平巷内,紧靠下一区段回风平巷的巷帮预置一条巷内充填带(充填与回采可以互不影响),如图 9.20 所示。下区段回风平巷掘进时,沿预置的充填带进行掘进,不再留设煤柱,实现厚煤层无煤柱开采。该技术既不同于完全沿空掘巷技术也不同于沿空留巷技术,从本质上说是综合了沿空掘巷和沿空留巷技术特点的一种新技术。

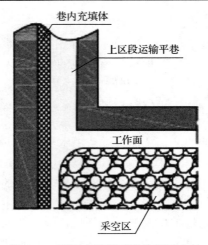

图 9.20 预置充填带无煤柱开采方法

技术步骤如下:

(1)在布置上区段工作面时,将其运输平巷按大断面进行开掘(要预留出巷内充填带的宽度),并采用锚杆(索)进行支护[图 9.21(a)]。

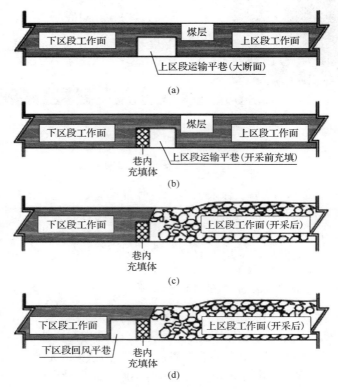

图 9.21 巷内预置充填带无煤柱开采技术步骤

（2）在上区段回采工作面前方的运输平巷内，靠近下一区段回风平巷的巷帮沿运输平巷预置一条巷内充填带（不影响上区段工作面的正常生产）[图 9.21（b）]。

（3）回采上区段工作面[图 9.21（c）]。

（4）下区段回采工作面的回风平巷掘进时，直接紧沿预置的充填带进行掘进，与上区段之间不再留设煤柱[图 9.21（d）]。若上区段运输平巷为普通断面，要实施此项新技术，需要对该平巷的下一工作面侧煤壁实施扩帮与支护，再在扩帮位置处紧靠煤壁实施巷内充填。

技术关键：预置充填带越宽，下区段回采巷道就越靠近侧向支承压力峰值，巷道围岩和充填体所受影响也就越大，这取决于充填体参数的合理确定，故此项技术的关键是巷内充填材料选择与配比的确定，在保持充填体稳定性的前提下，要使充填体宽度尽可能小些。

9.1.4　残煤复采技术

为提高煤炭资源利用率，高效地回收复采区残留优质煤炭资源，在进行残煤复采时，应优选高产高效的采煤法，因柱式体系采煤法回收率低，一般选择壁式体系采煤法。目前，适合残煤开采的方法主要有四种：

（1）单一长壁法（适用于煤层厚，倾角小的残留煤柱）；

（2）巷道长壁法（适用于采用落后采煤法开采的急倾斜煤层）；

（3）掘进出煤（适用于存在大量小而散的残留煤柱）；

（4）综采放顶煤开采方法。

这些采煤法在不同矿区得到应用，综合机械化是复采采煤工艺的发展方向。现阶段具有复采价值的残煤包括：

（1）受落后采煤方法开采破坏的煤炭资源；

（2）厚煤层开采区域残留的煤炭资源；

（3）部分采空区煤柱和边角煤等。残煤复采即是对此类煤炭资源的再次开采。

据复采工作面中旧采残留煤柱的分布位置，把残煤复采归纳为 3 种类型：

（1）完全采空区型复采；

（2）纵跨煤柱型复采；

（3）横跨煤柱型复采。

跨煤柱复采工作面顶板压力分布呈交替变化特征，支架初撑力与工作阻力确定的传统方法不能适用于此类复采工作面。通过对复采工作面不同类型顶板的力学分析，得出其支架参数的确定需考虑 2 个因素：空区下支架初撑力若过高易将较薄的顶板顶透或顶碎；煤柱下工作面由于集中应力影响，支架工作阻力会大于一般实体煤工作面的工作阻力。

在西山矿区，有历史原因形成的蹬空煤层、刀柱采空区等残留煤炭资源，也有伴随着常规生产仍在产生的新的残留煤炭资源，如不规则边角块段、放顶煤开采时巷道与过渡支架上方的顶煤、区段间的煤柱等，见图9.22。

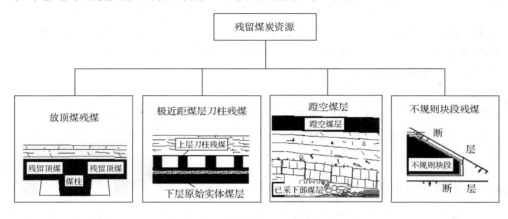

图 9.22　残留煤炭资源分类

1. 近距易燃煤层采空区残煤综放复采新技术

白家庄矿 9#煤层赋存稳定，中上部有一层 0.02m 左右的夹矸，是可采煤层中最下面的一层煤，煤层最大厚度为 3.1m，平均厚度为 2.4m，煤层倾角在 3°～6°之间。伪顶为碳质页岩，厚 0.1～0.7m，岩性特征为黑色、性脆。直接顶为细粒砂岩，平均厚度 0.8m，极易破碎，难维护。顶板之上即为 4～5m 8# 煤刀柱采空区(图 9.23)；9#煤层底板为砂质页岩，厚 10m 左右。9#煤层工作面布置见图 9.24。

1) 错层位巷道布置

为了确定 8#、9#煤层能否合采，首先要探测两层煤的层间距，以确定两层煤是否可以合采，巷道布置方案如图 9.25 所示。

先在 8#煤层掘巷道 1，边掘边探 8#与 9#层间距(巷道 1 底板，也可探工作面中部底板，斜向下打钻)，确定能否合采 8#、9#煤。如能合采，巷道 2 在 9#煤中掘出即可，巷道 1 和巷道 2 形成错层巷道布置放顶煤开采。

图 9.23　刀柱遗煤示意图

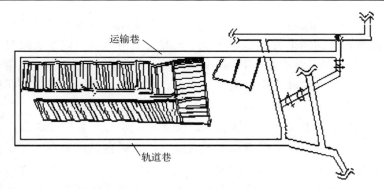

图 9.24　9#煤层工作面巷道布置及上覆 8#煤层留煤柱示意图

图 9.25　8#、9#煤层巷道错层位布置示意图

若 8#、9#层间距经探测不适宜合采(间距太大)，则用巷道 1、巷道 4 采 8#煤；再用巷道 2、巷道 3 采 9#，也不造成浪费巷道进尺。该条件下使用错层位巷道布置，可使巷道 1 兼有探巷功能，两种情况都不会造成巷道浪费。

从图 9.25 中可以看出，8#、9#煤层联合错层位巷道布置采全厚采煤法的应用具有以下特点：①进行层间距探测；②可提高回采率 10% 以上；③巷道掘进与维护条件好；④降低了自然发火概率；⑤有利于排放瓦斯。

2) 回采工艺

采用三段式回采工艺。工作面在沿顶板布置的回风巷道一侧采用分层采的上分层回采工艺，有一段需要铺网，为下一工作面巷道的掘进与回采做准备。

图 9.25 中在巷道 2 附近的一段工作面则采用下分层回采工艺，这一段需要控制好采煤机割煤高度，防止漏矸。

在工作面中部采用放顶煤回采工艺。这时，在工作面下部端头放煤的放顶煤效果与传统的放顶煤相比，有放出率高的明显优点。这是由于受矿压规律的作用，该部分顶煤压裂效果显著增强，与端头不放顶煤的常规工艺方式相比，错层位工作面顶煤增加了自由面，首采面在顶煤的沿顶巷道一端，接续工作面则两端都增加了自由面，可进一步提高放出率。

错层位巷道布置系统改变了综放开采把进风与回风巷道设于同一层位的平面系统。可在煤层剖面的不同层位上确定处于应力降低区的巷道位置。在空间范围内形成立体化巷道系统，实现了无煤柱开采，而不增加巷道掘进、维护的难度，反映在巷道布置平面图上将是相邻两个工作面的交错搭接。该系统把通常留设的高达煤层全厚的煤柱改变为与巷道高度相同的三角形煤体，削弱了巷道与上覆岩层的力学联系，使煤损减少而巷道易于维护。在此巷道系统下采用与其相适应的三段式回采工艺。

三段式回采工艺的采用，能够大大改变工作面两端头丢煤的现象，大幅度提高煤炭采出率。由于这一系统取消了区段煤柱，其煤炭采出率不仅高于一般的放顶煤开采，而且高于留区段煤柱的分层开采，又保留了高产高效的优点。同时，使地面下沉趋于平缓均匀，减小了不利影响。区段巷道的掘进与维护条件得到改善，沿顶板布置的回风巷道更有利于通风排放瓦斯。

A. 主要工艺参数

a. 采高

9#煤工作面割煤高度为 2.4m。放煤高度根据顶煤厚度不同而不同，整层开采时顶煤厚度为 4.0m，分层采时为 2.0m，刀柱采空区浮煤厚度为 1.0m。

b. 放煤步距

放煤时，既要避免采空区后方的矸石先涌入放煤口，又要防止上部矸石先涌入放煤口。放煤步距太大，顶板方向的矸石将先于采空区后方的煤到达放煤口，迫使放煤口关闭，增大脊背煤损。放煤步距太小，采空区后方的矸石先于上部顶煤到达放煤口，使部分上部顶煤被截断在采空区。确定放煤步距时，可借鉴如下关系式：

$$L=(0.15\sim0.20)h$$

式中：L 为放煤步距，m；h 为支架至煤层顶部的垂高，m。

参照上述公式，结合自然发火防治因素，可采用两刀一放。8#煤层上分层遗煤，可以采用一刀一放，采煤机每刀截深为 0.6m。8#煤层残留煤柱条件下，由于顶煤破坏充分，考虑煤柱的充分回收，可以采用一刀一放。

c. 放煤技术措施

放 8#煤：8#煤由顶板压力、支架反复支撑、尾梁上下摆动等综合方式松动顶板及上层煤，支架收回插板，下摆尾梁放煤，采用单轮顺序放煤方式。

特别地，夹矸较厚时，充分利用错层位巷道系统起坡段切割出的夹矸自由面，由起坡处开始向机头依次顺序放煤。

B. 回采工艺流程

综合机械化放顶煤开采的工艺流程主要由以下工序组成。

a. 端头铺网

本工作面在机尾端头三架支架上及端头 4 组 π 形梁上铺设顶网，铺网在割煤之前进行。采用 7500mm×700mm 的金属菱形网。铺网时，长边平行于工作面，网与网之间搭接 100mm，联网采用双股长 300mm 的 14#铁丝进行拧结，隔一孔联结一处，每处至少扭结三匝，网联好后将网拉回吊起。

b. 进刀

采用机头、机尾割三角煤的斜切进刀方式。

c. 割煤

采煤机进刀后进入正常的割煤状态。割煤时采用前滚筒割顶煤，后滚筒割底煤的双向割煤方式进行作业。

d. 伸出支架伸缩梁

采煤机割过煤后，距采煤机前滚筒 2～3 架伸出支架伸缩梁，及时护住机道上方顶板，防止冒落。

e. 移架

采用本架操作、追机移架的方式作业。滞后采煤机后滚筒 2～3 架带压移架。

f. 推移前部输送机

使用液压支架底座中部推移千斤顶进行前部输送机推移，随采煤机割煤，追机拉出 10 个架后开始顶溜。顶溜步距 0.6m，溜子弯曲段长度不小于 15m。顶溜时，要每次操作 3～5 个架的推溜千斤顶。

g. 放顶煤

采用单轮顺序放煤，放煤步距 0.6m。利用顶板压力、支架反复支撑、支架尾梁上下摆动及回收插板等综合方式松动顶板后进行放煤。放煤从机头(尾)第四架开始追机逐架顺序放顶煤，直至见到 8#煤顶板石灰岩矸石。

h. 拉移后部输送机

使用液压支架底座旁的液压千斤顶进行拉移后部输送机。放完顶煤后，距放煤点 15m 开始拉移后部输送机。拉移步距 0.6m，弯曲段长度不小于 15m。

3) 效益

经济效益：39713 工作面采用近距离易燃煤层综放开采技术共回收煤炭资源 69.2 万 t，其中采出 9#煤 41.5 万 t，8#残煤 27.7 万 t。平均吨煤成本为 21.09 元，比单采 9#煤吨煤成本降低 15.52 元。

按吨煤市场价 500 元算，采用近距离易燃煤层综放开采技术回收上覆 8#残煤增收节支共增加经济效益 13910 万元。

近距易燃煤层采空区残煤综放复采技术回采工作面在整个回采过程中未发生着火、瓦斯等各类事故。因此，在回采过程中达到了最大的安全经济效益。

社会效益：采用该技术，不仅节约了不可再生的煤炭资源，而且延长了矿井服务年限，稳定了生产规模，增加了就业岗位。在大幅度提高资源回收率、实现安全生产的前提下，为解决国内近距煤层放顶煤开采的难题提供了全新的方法与技术。在近距易燃煤层采空区残煤综放复采技术的应用推广中，该矿的成功实践为具有类似工程条件的矿井提供了示范经验。

4) 创新点

(1) 首次提出并成功实践了近距(1.1m，含伪顶 0.3 m)易燃煤层上覆采空区复杂赋存形态残煤综放复采理论与方法，应用范围扩大至厚及中厚煤层，取得了显著的技术经济效益。

(2) 首次提出并成功应用了近距残煤复采条件下的错层位巷道布置技术，近距刀柱残煤、下分层残煤、近距原始煤层条件均可适用。

(3) 通过采用错层位巷道布置与三段式回采工艺，在起坡段切割夹矸，增加顶煤与夹矸的自由面，实现了厚层夹矸(近距)条件下的放顶煤复采；并将端头顶煤采出，为接续工作面无煤柱开采奠定了基础；形成了近距易燃残煤复采成套实用工艺技术。

2. 煤层蹬空开采新技术

白家庄矿 6#煤层厚 1.3～2.1m，煤层结构复杂，内含一层夹矸层。20 世纪 90 年代开采煤层时由于该煤层含矸量较高、煤价低、开采成本高，经济上不划算，当时越过 6#煤层开采了其下部的 8#煤层。从文献报道看，只有对历史原因遗弃的煤层进行普采的研究，还缺乏对被动式上行综采进行的系统理论研究，更谈不上对被动的、蹬空状态下煤层直接综采，即煤层的蹬空综采。而白家庄矿处于蹬空状态的 6#煤层回采就属于该范畴。

1) 蹬空综采的基本原则及安全措施

A. 基本原则

(1) 当采场上覆岩层中有较硬岩层时，上煤层应位于距下煤层最近的平衡岩层之上。

(2) 当上覆岩层均为软岩时，上煤层应位于裂隙带内。

(3) 上煤层的开采应在下煤层开采引起的岩层移动稳定之后进行。

B. 蹬空综采应采取的技术措施

(1) 当煤层间距较小时，上煤层移动曲线应达到充分采动。要求下煤层工作面尺寸足够大，应采用长壁采煤法，使上煤层达到该地质技术条件下的最大面积均匀下沉。同时，要合理布置上煤层的开采边界。

(2) 下煤层应采干净，不留残余煤柱，故下煤层最好采用无煤柱护巷。

(3)加快采煤工作面推进速度。受下部采动影响的上煤层总要经历拉伸、倾斜和压缩变形作用而后趋于稳定。提高工作面推进速度，连续采煤，可缩短变形过程，减小变形程度。

(4)上煤层巷道应在下煤层开采引起的岩层移动稳定之后开掘。

C. 安全措施

根据 6#煤层赋存状况以及 8#煤层采空区引起的底板下沉状况分析，在工作面推进到下部刀柱采空区边界附近 10m 左右和长壁采空区附近 40m 区域时，有可能出现较大的下沉倾斜度，甚至出现底板开裂、顶底板台阶下沉、煤壁片帮等不利现象。

为防止事故的发生，保证安全正常生产，制定以下措施：顶板管理措施，采煤机防滑措施，支架防滑防倒措施，刮板输送机防滑措施，采煤机电缆防滑措施，采用伪斜开采控制支架、输送机下滑，过断层措施。

2)经济效益和社会效益

综采蹬空开采与高档普采相比，多回收煤炭 30 余万吨，按吨煤销售 220 元计算，新增产值 6600 万元。按原煤成本 125 元/t 计算，新增利税 2850 万元；可提高矿井煤炭资源的回收率，延长矿井寿命；用工减少 1/3，回采速度可提高 2 倍，工作面综合生产成本降低 15%以上；确保工作面合理、高效、安全开采。西山煤电与太原理工大学合作完成的"白家庄矿 6 号煤层蹬空开采技术研究"项目成果，于 2007 年 1 月通过了山西省科技厅组织的技术成果鉴定，达国际领先水平，于 2007 年分别获中国煤炭工业协会、山西省科学技术进步奖二等奖。

3)创新点

(1)针对白家庄煤矿 6#煤层地质条件复杂、处于蹬空状态的现状，创造性地提出了在长壁采空区上方进行蹬空废弃资源的直接综采，即蹬空综采，提供了解决白家庄煤矿以及类似条件矿井资源短缺的新思路、新方法，为建设节约型矿井提供了理论基础。

(2)首次运用概率积分法对蹬空综采上位煤层底板变形规律进行了预测，发现其变形后形成典型的"底板盆地"，并且定量地预测了白家庄煤矿 6#煤层蹬空综采底板变形盆地的具体变形值。

(3)首次用"三带"影响范围分析法、围岩平衡法、比值法、数理统计分析法等理论，综合分析论证了白家庄煤矿 8#煤层开采后，其上方处于"蹬空状态"的 6#煤层进行蹬空综采的可行性，基本构建了蹬空综采可行性判别的理论框架。

(4)应用计算预测与变形实测相结合的方法研究了蹬空综采上位煤层底板变形规律，为相应的矿压控制技术提供了理论依据。

（5）通过蹬空综采上位煤层底板变形规律与矿压显现研究，提出了相应蹬空综采的开采控制措施，为 36703 工作面的蹬空综采技术的成功实施提供了技术保障。

3. 工作面长度渐变壁式开采方法回收边角煤

镇城底矿根据 22113 工作面断层发育且走向变化大、相互交错切割造成的不规则煤层块段多的特点，充分利用轻型放顶煤支架质量轻、拆移方便、安装快捷的特点，在工作面巷道布置上打破常规，在断层、采空区分割造成的梯形、三角煤等不规则块段沿采空区、断层走向布置回收工作面巷道，将工作面布置成不等长的非常规壁式回采工作面。在工作面向前推进过程中随时增加或减少支架，实现工作面长度的逐渐变化，从而最大限度地减小工作面与采空区、断层之间的三角煤储量丢失，起到降低煤炭资源损失、提高煤炭资源回收率的效果（图 9.26）。

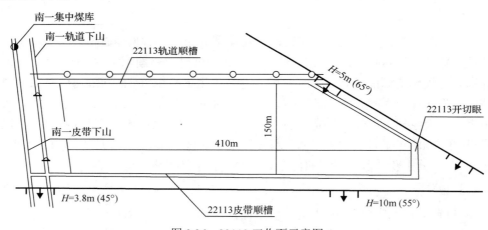

图 9.26　22113 工作面示意图

1）工作面渐变的回采工艺

A. 工作面逐渐缩短工艺方法

（1）根据工作面实际情况可确定工作面每推进 4.2m，即每推进 7 个循环机尾拆架一架，拆除运输机平槽一节。

（2）缩短工作面输送机前，先将输送机双链接口处开到机尾过渡槽与平槽结口前 3m 处，停机缩短。

（3）缩短工作面运输机时，先从运输机机尾过渡槽与平槽处拆开运输机链条，再利用单体液压支柱配合手拉葫芦拉移出运输机机尾和过渡槽。

（4）过渡槽与平槽间距离大于 1.6m 时，停止拉移，将机尾上底链从拆槽处抽出，重新将底链穿好。

（5）底链穿好后对好溜槽，接入规定的链条后利用单体液压支柱进行紧链。

（6）经试运转确认无问题后完成机尾缩短工作。

（7）拆架前，先拆开机尾最后一个架的管路连接，再进行下一个支架的管路对接，确认无问题后供液。拆架时利用滑轮配合绞车及单体液压支柱进行，绞车拉移时必须用哨声联系。

B. 工作面逐渐加宽工艺方法

（1）根据工作面实际情况可确定工作面每推进 4m，机尾加架一架，加运输机平槽一节。

（2）加架前，先拆开机尾最后一个架的管路连接，再进行支架的管路对接，确认无问题后供液，利用单体液压支柱配合支架进行调架，支架到位后升起支架，所加支架与工作面支架成一直线，且接顶严实，有足够的初撑力。

（3）延长工作面输送机前，先将输送机双链接口处开到机尾过渡槽与平槽结口前 3m 处，停机延长。

（4）延长工作面运输机时，先从运输机机尾过渡槽与平槽处拆开运输机链条，再利用单体液压支柱配合手拉葫芦拉移出运输机机尾和过渡槽。

（5）过渡槽与平槽间距离大于 1.6m 时，停止拉移，将机尾上底链从加槽处抽出，然后将链条穿入被加槽底槽中，重新从机尾将底链穿好。

（6）底链穿好后对好溜槽，接入规定的链条后利用单体液压支柱进行紧链。

（7）经试运转确认无问题后将运输机与支架进行连接，完成机尾延长工作。

镇城底矿充分利用 ZF3000-16/25 轻型放顶煤支架质量轻、拆移方便、安装快捷的特点在工作面巷道布置上打破常规，在断层切割造成的三角煤区段沿断层走向布置工作面巷道，将工作面布置成采长不等长的非正规长壁面。在工作面向前推进过程中随时增加或减少支架，从而最大限度地减小了工作面与断层之间的三角煤储量损失，起到了提高采区回采率的效果。

例如，2007 年开采的南六采区 22609 工作面，3～10m 落差断层带将工作面从中部斜切成两个三角区段，无法进行正规回采。为减少煤炭丢失，沿断层两边掘进补巷，形成 22609-1 和 22609-2 两个变采长工作面。22609-1 工作面起始阶向段采长 120m，安装支架 80 个，开始回采 340m 后，开始减少支架，最后工作面采长减小到 70m，支架缩减为 46 个；22609-2 工作面起初采长 63m，安装支架 43 个，逐渐增加支架 89 个，工作面采长增加到 200m，支架最多时有 132 个。与定长工作面比，采用不规则变采长逐渐增减支架的方法，22609-1 工作面增加回收三角煤 10275t，22609-2 工作面增加回收三角煤 84460t。

2) 取得的效果

采用工作面长度渐变的开采方式，虽然加大了工作量，但是提高了回采率，直接提高了煤矿年产量，增加了煤矿的经济效益尤其是社会效益。镇城底煤矿在多个工作面应用此方法，如 22108-1、 22108-2、18102-1 等边角煤工作面，增加回收煤炭资源 30 多万吨。对于在断层切割的不规则块段，该方法增加了煤炭资源的回收，提高了采区回采率，探索出一条新的有效途径。

3) 创新点

完善了综采、综放工作面长度逐渐改变的工艺技术，并在多个工作面实践应用，证明了这是一种减少三角煤损失、提高煤炭资源回收率的技术。

4. 综采工作面变向推进开采技术

变向推进采煤法是指在长壁采煤过程中，当工作面的推进方向无法保持直线时，适当地调整工作面的推进方向，设法实现工作面的变向推进(旋转开采)，以降低边角煤、切眼煤柱、停采线煤柱等形式的煤炭资源损失，并减少工作面的搬家次数。通常转角小于 45°时，称为变向调斜或变向调采；大于 45°时，称为旋转式开采或转采。

1) 变向推进采煤法优点

变向推进采煤法相对于传统长壁采煤法而言，有其自身的优点，主要表现在以下几点：

A. 减少工作面搬家次数，提高生产效率

工作面的折向布置，不但可以增加工作面的推进长度，而且可以避免由工作面的多次搬家所造成的人力物力的损失，从而大大地提高生产效率。

B. 提高对边角煤的回收率

当工作面开采方向需要折向时，按照传统的长壁采煤方法，就必须要进行工作面的搬家，这样就不可避免地留下一定宽度的三角煤柱，从而造成了煤炭资源的丢失和浪费，不利于煤矿的发展，也与我国所提倡的建设资源节约型社会相驳。

C. 减少巷道工程掘进量

工作面的折向布置，不仅可以提高生产效率，同时可以减少一些无效进尺和不必要的巷道掘进量，还可以减少由搬家而造成布置新工作面的开切眼工程掘进工作量。

因此，对于需要有工作面转折的情况，应尽量地采用工作面变向推进的方式来进行开采。

2) 工作面变向推进的技术关键

工作面变向推进方法与传统的长壁式推进方法相比, 在推进过程中对开采工艺和矿压控制等方面有较大的不同, 主要表现在以下几个方面。

(1) 合理选择变向旋转中心的位置, 除要注意变向旋转中心处地质条件以及中心的形式外, 还要保证区段平巷的每一条折线段都有合理的推进长度, 以利于选择合适的区段平巷输送机。

(2) 每循环的变向转角不能太大, 一般在 1°～1.5°范围内为宜, 当变向转角过大时, 不但操作管理难度大, 而且容易损坏设备。

(3) 在变向推进中, 要严格掌握每循环的进刀长度, 在上、下平巷内准确地测出并标定调斜点, 并严格按照各标定点进行循环进刀转向调采。

(4) 严格保证工程质量。转向调斜点的确切位置、支架与输送机的转角、每刀煤的长度都应从严掌握。每循环割煤时, 工作面必须到达预定位置, 并做到煤壁、输送机、支架都排成直线, 为下一循环打好基础。

(5) 要防止输送机下滑、上窜所增加的变向推进的难度, 应严格掌握推移与调直输送机的顺序。采煤机的割煤方式要与推移输送机顺序相适应。

(6) 工作面斜摆机尾开采期间必须坚持从机尾向机头推移前溜子, 从机头向机尾拉移后溜子, 从而保证前溜子向机头窜动、后溜子向机尾窜动、工作面溜子沿预计方向旋转。

(7) 工作面斜摆机尾期间由于溜子窜动采机割不透机尾时要及时加前溜槽。

(8) 工作面斜摆机尾开采过程中若前溜子窜动不明显, 采机割不透机头时可适当增加斜摆比例按 1∶5 推进。

工作面变向推进示意图见图 9.27。

3) 工作面变向推进的技术方法

A. 斜摆开采

(1) 斜摆第一刀煤: 采机在工作面中部 35#架进刀向机尾方向割煤, 割煤后紧跟采机前滚筒伸出支架伸缩梁及时护住机道上方, 防止顶煤冒落; 采机割煤后距采机后滚筒 3～5m 开始移架, 移架保证 35#架推进 0m, 机尾推进 0.6m, 并且 35#架至机尾支架成一条直线; 采机割通机尾后反刀扫浮煤至 35#架, 距采机机身 15m 从机尾向机头追机推移前溜子, 推溜保证机尾推进 0.6m, 35#架推进 0m, 并且 35#架至机尾溜子成一条直线; 将拉出支架段顶煤放干净后从 35#架向机尾拉移后溜子。

(2) 斜摆第二刀煤: 采机在工作面中部 35#架进刀后向机尾割煤, 割煤后紧跟采机前滚筒伸出支架伸缩梁及时护住机道上方, 防止顶煤冒落; 采机割煤后距采机后滚筒 3～5m 开始移架, 移架保证 35#架推进 0.6m, 机尾推进 0.6m, 并且

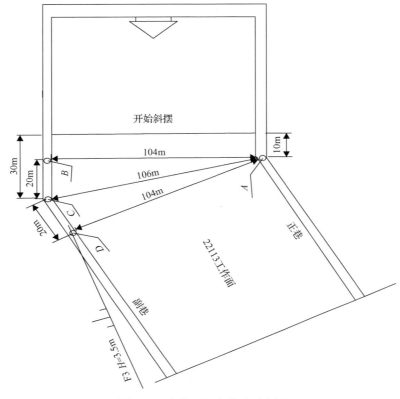

图 9.27　工作面变向推进示意图

35#架至机尾支架成一条直线；采机割通机尾反刀扫浮煤至 35#架继续向机头割煤，距采机后滚筒 3～5m 开始移架，距采机机身 15m 从机尾向机头追机推移前溜子，推溜保证机尾推进 0.6m，1#架推进 0m，并且 35#架至机尾溜子成一条直线；将顶煤放干净后从机头向机尾拉移后溜子。

（3）斜摆第三刀煤：采机在工作面中部 35#架进刀向机尾方向割煤，割通机尾反刀扫浮煤至 35#架继续向机头割煤，割煤后紧跟采机前滚筒伸出支架伸缩梁及时护住机道上方，防止顶煤冒落；采机割煤后距采机后滚筒 3～5m 开始移架，移架保证机尾推进 0.6m，1#架推进为 0.6m，并且机头至机尾支架成一条直线；采机割通机尾反刀扫浮煤时，距采机机身 15m 从机尾向机头追机推移前溜子，推溜保证机尾推进 0.6m，1#架推进 0.6m，并且机头至机尾溜子成一条直线；将顶煤放干净后从机头向机尾拉移后溜子。

B．机尾维护

由于斜摆机尾溜子向机头窜动、工作面倾斜长度变长（由 104m 增加到 106m），为确保工作面机尾顶板的有效支护，制定如下安全技术措施。

(1)机尾 71#架与副巷保险帮距离大于 0.5m 时，工作面机尾端头进行铺网，加密集支柱，密集支柱为带帽点柱，间距 300mm，柱帽为 400mm 长的 π 形钢梁并与支柱联锁捆绑，柱帽平行于巷道布置。作业方法按规程规定进行。

(2)机尾 71#架与副巷保险帮距离大于 0.5m 小于 1m 时，在支架与煤帮间加单排带帽点柱维护，采用 DZ3.5-30/100 型单体液压支柱、帽柱为 400mm 长的 π 形钢梁，柱距 1.0m，支柱打成一条直线，柱帽与巷道垂直。支柱采用防倒卡子硬连接防倒；每根支柱上一个防倒卡，防倒卡固定位置距底板 1.6m 处，支柱相邻两柱的防倒卡子用 Φ12mm 螺栓固定连在一起，铁柱帽用钢丝绳串栓连锁捆绑。

(3)机尾 71#架与副巷保险帮距离大于 1m 小于 1.5m 时，在支架与煤帮间加双排带帽点柱维护，柱距 1.0m，排距 0.8m，支柱打成一条直线，柱帽与巷道垂直。

(4)机尾 71#架与副巷煤帮距离大于 1.5m 时，超前工作面煤壁一个循环用木梁替换原巷道梯形金属棚梁，棚梁为 Φ18cm×3.0m 的圆木，一梁三柱，柱距 1.0m，棚距 1.0m，支柱打成一条直线。

斜摆机尾开采示意图如图 9.28 所示。

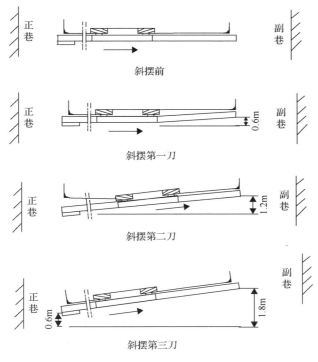

图 9.28　斜摆机尾开采示意图

4) 取得的成果与创新

通过工艺创新，实现了不规则煤体回收工作面的变向推进的安全及高效，避免了搬家倒面造成的工期延长、成本增加以及煤炭资源丢失等弊端。采用该项技术的区域资源回收率达 90%以上，与常规生产工艺相比，减少了煤炭资源丢失，延长了矿井服务年限。

完善并多次实践了综采、综放工作面变向推进的工艺技术，为减少开切眼煤柱、停采线煤柱丢失，减少掘进工程量，缩减搬家倒面环节，改善采掘接替状况做出了有益探索。

9.1.5 极近距离煤层安全开采关键技术

我国幅员辽阔，煤炭储量丰富，但很多矿区如淮北矿区、淮南矿区、平顶山矿区等都存在很多近距离煤层，其安全回采面临很大挑战，采用何种开采方式、如何选择合理的巷道布置方式及煤柱尺寸等，对近距离煤层的安全开采至关重要。通过实地调研，大部分矿井在近距离煤层开采过程中存在巷道位置选择及煤柱尺寸留设不合理等现象，造成了下煤层开采过程中煤柱损失巨大、采出率低、回采巷道变形严重的问题，因此有必要对近距离煤层开采的开采方式、巷道布置方式及合理煤柱尺寸留设等的研究现状进行总结分析，并在此基础上对未来近距离煤层安全开采研究方向和重点进行展望，有助于提高近距离煤层采出率及安全性。

国内外对"近距离煤层"的概念还没有一个统一的定义。根据《煤矿安全规程 2016》中的规定："煤层间距较小、开采时相互有较大影响的煤层即为近距离煤层。"

根据相关研究可知，近距离煤层开采方式主要分为三种：分层同采、上行式开采和下行式开采。

1. 近距离煤层分层同采

分层同采适合煤层之间距离较小的情况。这种开采方式的优点包括：上下分层工作面同采，增加了采区生产能力；各分层回采巷道超前工作面掘进，随采随报废，缩短了维护时间，改善了维护条件。分层同采的缺点：初期准备时间长，生产系统复杂，在实际生产中实施协调开采工作的难度较大。

2. 近距离煤层上行式开采

当煤层之间的距离相对大一些时，可使用上行式开采法，即先开采下煤层后开采上煤层。该开采方法主要与煤层间距、采高、采煤方法、层间岩性及其结构、煤层倾角、时间相关。主要的研究方法有：比值判别法、"三带"判别法、围岩平衡法等。

1）比值判别法

上下两层煤时，采动影响倍数 K 的表达式为

$$K = H_j / M_2$$

式中：H_j 为上、下煤层间层间距；M_2 为下煤层采高。当上、下煤层之间为坚硬岩层，$K \geqslant 8$；中硬岩层，$K \geqslant 7.5$；软弱岩层，$K \geqslant 7$ 时，可以采用上行式开采。比值判别法简单适用，但该值比较保守，在地质条件不清楚时可作为参考。

2）"三带"判别法

所谓的"三带"即为当下煤层开采后，按照上覆岩层的破坏程度将其分为：垮落带、断裂带、弯曲下沉带。此方法的依据是当上煤层位于下煤层开采引起的垮落带之内时，上煤层的结构遭到严重破坏使其无法开采；反之，在采取一定技术和安全措施后，上煤层可以开采。

3）围岩平衡法

煤层开采后，断裂带岩层在下沉过程中岩块间相互咬合可形成"采面煤壁及其上方岩体——采空区垮落矸石"为支撑体系的平衡岩层结构。该平衡岩层结构能阻止上覆岩（煤）层纵向台阶错动，因此，其上行开采的基本准则如下：当采场上覆岩层中有坚硬岩层时，上煤层应位于距下煤层最近的平衡岩层之上；当采场上覆岩层均为软岩层时，上煤层应位于断裂带内。上行开采必要的层间距 H 可按下式估算：

$$H > \frac{M_2}{K_1 - 1} + h$$

式中：M_2 为下煤层采高；K_1 为岩石碎胀系数，$K_1 = 1.10 \sim 1.15$；h 为平衡岩层本身厚度。

3. 近距离煤层下行式开采

下行式开采方式就是先开采上层再开采下层。下行式开采是目前比较普遍的一种开采方法。当煤层间距较大时，上层开采对下层开采影响较小，可以一层一层开采；当煤层间距较小时，就要考虑煤层中煤柱如何选择。

4. 山西官地煤矿、东曲煤矿极近距离煤层安全开采关键技术取得的创新成果

（1）在西山煤电（集团）有限责任公司与辽宁工程技术大学的研究人员共同努力下，开发了极近距离煤层联合综放开采工作面在不同接续条件下的顶板深孔预裂爆破控制技术。

（2）建立了采空区注氮与气雾阻化剂一体化系统，改进了传统的阻化剂喷洒工

艺，采用以高压氮气为载体送入气雾阻化剂与工作面支架后部多点自动喷洒相结合的方式，实现了支架后部采空区遗煤全面高效喷洒及深部采空区遗煤二次喷洒，并达到阻化、惰化多重效果。

(3)针对东曲煤矿 9#煤层开采工作面与上部 8#煤层采空区、小煤窑老空区等相互连通的特殊情况，建立了多层采空区流场局部动态平衡控制系统，开发了多层采空区流场局部动态平衡控制技术，从而防止采空区有害气体流入回采工作面和工作面新鲜风流过量流入采空区，有效避免了极近距离煤层开采自燃火灾事故的发生。

9.1.6　不规则块段煤炭资源开采技术

对不可再生能源的合理开采，已是世界范围的紧迫课题。对于煤炭生产领域来说，规则块段煤层的开采工艺较为成熟；但对断层、陷落柱、井田边界等条件下形成的大量不规则块段煤炭资源的回收技术，影响着矿井的资源回收率和可持续发展，应予以重视。

1. 不规则煤体分布状况

隶属于西山煤电的镇城底矿，位于古交市境内，其矿界内构造发育，建井以来已经揭露断层 600 余条，陷落柱 80 多个。矿井地质条件极其复杂，断层很多，致使煤层的连续性遭到了严重破坏，形成了多种不同大小的不规则煤柱及块段，而且分布极不均匀。该矿所采煤层主要为 2#、3#及 8#煤层。据统计，截止到 2008 年 10 月 31 日，2#、3#煤层不规则煤体共有 18 块，不规则块段资源储量达 987.7 万 t；8#煤层不规则煤体共有 10 块，不规则块段资源储量达 1010.7 万 t。

2. 不规则煤体无丢失回采方法

不规则煤体的形成原因主要有矿界划分、构造切割、采掘煤柱等。为了最大限度地回收不规则块段煤炭资源，需采用顺槽沿空布置、工作面变向推进、工作面长度渐变等措施。

1)不规则煤体回采巷道布置

从无丢失回收煤炭资源的角度考虑，不规则煤体回收时巷道布置应尽量采用沿空巷道，包括沿空留巷、沿空掘巷、留小煤柱掘巷、厚煤层巷道错层位布置等。

镇城底矿 18117 工作面，采用沿空掘巷方式，北邻 18113 回采工作面(已采空)，南为西下组轨道巷、回风巷、皮带巷，西邻 18115 回采工作面(已采空)，东为 18109 回采工作面(已采空)，煤体总宽度仅约 50m(若不采用沿空巷道，将无法采用壁式开采)。沿空布置巷道后，形成了倾斜长 40m，走向长 750m 的工作面，可采出煤炭资源近 20 万 t。

2) 工作面的变向推进开采技术

工作面的变向调斜方法分为实中心变向调斜、虚中心变向调斜。实中心变向调斜为采煤机割完调斜前的最后一刀煤时，在旋转中心处停移运输机，另一端则移够一个截深，并将运输机调成一条直线，然后采煤机割煤，每刀煤都是一个三角形。虚中心变向调斜是将旋转中心端保持一定的前移量，避免工作面在此处长时间推进，顶板、煤壁难以维护。变向推进采煤法的主要优点为减少工作面搬家倒面次数，提高生产效率；提高对边角煤的回收率；减少巷道工程掘进量。

镇城底矿 22113 工作面，结合地质资料和周边工作面的布置情况，为甩掉副巷落差 3.5m 的断层、提高煤炭回收率，采取了有拐角的工作面布置设计。与传统的壁式开采方法相比，多回收煤炭约 8 万 t，资源回收率提高了 30%。

3) 工作面的宽度渐变壁式开采技术

传统的定长壁式工作面开采工艺适合规则煤体开采；碰到不规则煤体时容易遗留边角煤，造成储量浪费和回采率降低。为了提高回采率、减少煤炭损失，处理不规则煤体时，根据煤体赋存实情，可以采取工作面渐变式开采工艺技术来回收不规则煤体。这种技术有工作面逐渐收缩回采技术、工作面逐渐加宽回采技术。其优点是：能很好地对边角煤等不规则煤体进行充分回收，从而减少煤炭资源损失。

通常，三角煤、梯形煤及其他非矩形特征的煤炭开采，多采用矩形或刀把形工作面回收，往往造成三角煤的损失。镇城底矿采用沿空掘巷布置工作面、工作面宽度渐变技术及工作面变向推进技术，对不规则煤体进行无丢失开采，减少了煤炭资源的损失，延长了矿井服务年限，不仅带来可观经济效益，还为矿区稳定带来相应社会效益。

9.2　炼焦煤洗选高回收率技术

9.2.1　三产品重介质旋流器选煤技术

1. 中国选煤工业的发展

我国选煤工业起步较晚，20 世纪 50 年代才开始建立起自己的选煤工业，经历了 2 次快速发展时期。70 年代以"洗煤保钢"为主要内容的选煤大发展，使原煤入选比例由 1970 年的 10%增长到 1980 年的 17%，基本满足中国钢铁工业对炼焦煤质量的要求；90 年代以来，煤炭工业面临经济与环境的双重压力，选煤工业进入新的快速发展时期，"八五"期间原煤入选量的增长速度首次超过原煤增长速度。21 世纪，选煤工业得到飞速发展。1982 年入选设计能力为 120Mt/a，2007 年已经接近 1000Mt/a。2010 年中国煤炭产量 32.4 亿 t，入选原煤 16.5 亿 t，入选率

50.9%；2015 年原煤入选量 24.7 亿 t，入选率达到 65.9%。截至 2016 年，全国在册的选煤厂 2200 座，总入选规模达到 26 亿 t，入选量 23.45 亿 t，其中炼焦煤入选量 9.85 亿 t，动力煤入选量 13.6 亿 t。原煤入选能力和实际入选量位居世界第一。

1）千万吨级以上规模的选煤厂数量居世界第一

选煤厂设计入选能力增大。2000 年以来，新建了一大批具有世界先进水平选煤技术和装备的大型和特大型选煤厂。截至 2016 年底，共投产设计年入选原煤能力超过 1000 万 t 的选煤厂 75 座，其中：炼焦煤选煤厂 11 座，年总选煤量 1.45 亿 t；动力煤选煤厂 64 座，年总选煤量 9.55 亿 t。目前最大的炼焦煤选煤厂入选能力达到 1600 万 t/a，最大的动力煤选煤厂入选能力达到 3500Mt/a。

2）选煤厂建设速度加快

近年来选煤工程设计普遍采用 CAD 计算机设计软件，施工中采用了机械化作业及项目工程总承包。过去一座设计入选能力 430t/h 的选煤厂建设周期需 3～4 年，而现在特大型选煤厂从设计到投产也仅需 1 年左右的时间，因而节省了基建投资。

3）先进的选煤技术得到广泛应用

近年来，通过和国外选煤制造公司合作，相继引进消化大型重介浅槽分选机、大直径重介旋流器、香蕉筛、弛张筛、离心机、TBS 等先进设备。

A. 重介浅槽分选机

重介浅槽分选机已经形成从 3.6m 到 7.9m 槽宽等 6 种系列产品。其中 7.9m 槽宽重介浅槽分选机，小时处理能力可达 800t，单套系统可以配套 500 万～600 万 t/a 的大型煤选煤厂块煤分选。

B. 重介旋流器

重介旋流器选煤，具有洗选下限低、处理能力大、分选精度高、对煤的可选性适应能力强等优点，已经在炼焦煤选煤、动力煤末煤洗选方面全面采用。目前，国产混合煤入选的重介旋流器从直径 710mm 到 1500mm，形成了 10 多个系列产品，其中使用最多的为直径 1.2m、1.3m、1.45m、1.5m 的大型设备。有压给料重介旋流器小时处理量可达 750～800t，单套系统可以配套 500 万～600 万 t/a 的大型煤选煤厂。

具有中国自主知识产权的无压三产品重介旋流器，一种设备可以生产精煤、中煤、矸石三种产品，具有工艺系统简化、分选精度高的明显优势。无压给料与有压给料相比，煤不需要和重介质混合用高压泵打入旋流器，煤粉碎现象少、产生的煤泥量小、加工费用低，已经在中国上千座选煤厂应用。

为了减少加工费用高的浮选煤泥量，中国自主研发的煤泥重介旋流器，主要分选粒径 0.2～0.5mm 的煤泥，加工成本为浮选的 40%。

C. 粗煤泥分选设备

目前国产的螺旋分选机、干扰床分选机(TBS)、煤泥重介分选机、三椎体水介质分选机，全部用于粒径 0.2～1mm 的粗煤泥分选。

D. 浮选设备

中国现有的浮选设备种类主要有三种：机械搅拌式浮选机、喷射式浮选机、浮选柱。国内个别选煤厂也进口了德国、美国、波兰的浮选设备，但分选效果、操作的难易程度等方面证明，中国的浮选设备具有处理能力大、药剂耗量低、节约电耗、性价比高等优点，具有较强的市场竞争力。

为了使浮选效果更好，与浮选设备配套的有矿浆准备器、煤泥表面改质机等设备，使浮选药剂与煤泥充分接触，提高分选效果。国内研发的浮选药剂无毒、无害、使用效果好。

E. 筛分设备

筛分设备是建设选煤厂的关键配套设备。我国消化引进的筛分设备，设备质量完全可以和国外媲美。香蕉筛、直线筛最大可达 4.3m×8.5m，完全可以和特大型、大型选煤厂配套。弛张筛、交叉筛已经可以实现动力煤洗选 3～6mm 脱除粉煤，筛分效率最高达到 80%。因此，脱介脱水、深度干法筛分的筛分设备完全可以配套各类选煤厂。

F. 离心机及煤泥回收设备

目前引进国外技术在国内生产的大型离心机筛篮直径为 1.4～1.65m。与大型选煤设备块煤洗选一对一、末煤入选一对二成套应用。刮刀卧式煤泥离心机、沉降过滤离心机小时回收煤泥可达 60t，可满足配套大型选煤厂配套应用。800m^2 隔膜快开压滤机、120m^2 加压过滤机等细煤泥回收设备，已经成功地应用于特大型、大型选煤厂。

G. 泵类设备及耐磨材料的应用

过去泵类设备及耐磨材料不过关，重介选煤成功案例不多。近年来渣浆泵的技术革新、耐磨管道的专业化生产已经较好地解决了这一问题。泵类设备一用一备的设计已经一去不复返。有压给料重介旋流器入料泵、煤介小时通过量达到 2400m^3 技术完全过关，泵腔优化后入料粒度上限最大达 100mm。

H. 储装运系统的大型化为特大型、大型选煤厂建设提供了有力的支撑条件

目前带式输送机最大带宽达到 2400mm，带速高达 5m/s，最大运量达到 5400t/h。重型刮板输送机最大宽度达到 1800mm，小时运量达到 3000t/h。因此，特大型、大型选煤厂物料输送系统的安全可靠度已经很高。

进行特大型选煤厂的建设，仓储系统也需要配套。目前圆筒仓直径最大达到

45m，但单仓容量 3 万 t 的 30m 直径圆筒仓在选煤厂应用较多。54m 直径的气膜穹顶仓单仓容量 6 万 t，已经成功地应用于中煤集团有限公司门克庆煤矿、葫芦素煤矿 1200 万 t/a 的特大型选煤厂。快速定量装火车、快速定量装汽车系统的成功应用，为特大型、大型选煤厂产品外运提供了良好保障。

I. 干法选煤设备世界领先

复合式干法选煤技术是我国独创的新型动力煤选煤方法。其原理是借助机械振动使分选物料在床面上做螺旋翻转运动，料层上部低密度矿粒逐次被剥离，形成精煤产品；利用入选原煤中所含细粒煤作为自生介质，与床面上升气流组成气-固两相混合悬浮体进行分选；利用高密度矸石颗粒相互挤压碰撞产生的浮力效应强化煤矸分离；利用析离和风力的综合作用进行分选；物料通过床面上设置的平行格条及沟槽分选。

技术特点主要表现为：一是选煤不用水。对干旱缺水地区及冬季严寒地区，复合式干法选煤具有特殊意义。二是生产成本低，建设投资少，选煤工艺简单，劳动生产率高，用人少。三是选后商品煤水分低，对各种排矸均适应，不增加产品水分，对煤炭表面水分具有一定脱除作用，可减少水分对发热量的影响。复合式干法选煤技术已在全国 26 个省区市推广，并且我国已向美国、俄罗斯、乌克兰、南非、土耳其、巴西、印度尼西亚、菲律宾、朝鲜、蒙古、越南等十几个国家出口设备。该技术在陕西澄合矿务局已经成功使用，提高了商品煤的市场竞争力。

J. 红外线智能选矸技术的发展应用

基于煤和矸石的密度不同，对 X 射线的吸收系数不同，原料煤通过溜槽滑落形成薄层瀑流，行进中经过 X 射线分析仪，颗粒物受 X 射线顺序扫描。X 射线根据每个颗粒所含成分的原子序数来穿过原料层，便将煤块与矸石进行不同的成像，根据成像灰度完成颗粒成分分析。卧式气动喷射阵列将按预定程序喷射出高压气流，将矸石颗粒物与煤炭颗粒物分离。

4) 选煤厂自动化水平明显提高

随着电气、电子技术的飞速发展，选煤厂在集控自动化、分选比重自动调节、介质自动添加、液位自动监控与调节、大型电机自动测温、轴承自动加油、煤泥水浓度自动检测与调节、设备故障自动检测与报警、煤质在线检测及远程管理、自动配煤、自动冲洗等方面已经得到了快速发展，选煤厂可全面实现高产高效运行，部分特大型选煤厂全员效率已达 300t/工以上。多数选煤厂介耗、电耗、水耗、油耗指标已经达到国际先进水平。

5) 集约化管理成绩显著

由于各大矿区积极发展洗煤，以神东公司、淮南矿业、神华宁煤集团、中煤平朔为代表的大型国有煤炭企业，建立煤炭洗选中心或洗煤总厂，实现生产技术、采购维修、人财物等统一管理、承包运行，集约化管理使选煤厂管理水平进一步提高，取得了良好的企业效益。

2. 无压给料三产品重介质旋流器

中国的无压给料三产品重介质旋流器是从有压给料旋流器的基础上创新发展起来的。中国从 20 世纪 70 年代末开始研究有压给料三产品重介质旋流器，其工作原理可以简要描述如下：合格悬浮液和原料煤以一定的压力进入第一段圆筒形旋流器，在力场的作用下，小于分选密度的精煤被分选出来，大于分选密度的重产物进入第二段圆筒——圆锥形旋流器，与其同时进入第二段旋流器的悬浮液由于第一段旋流器的浓缩作用，其密度提高，因此能有效地将中煤和矸石分离。

三产品重介质旋流器可用单一低密度悬浮液有效分选出质量合格的精煤、中煤和矸石，简化了生产工艺，节省了基建投资和加工费用，特别适合中国这样中间密度物数量大、难选煤居多的情况。但生产实践证明有压给料重介质旋流器存在以下缺点：原料煤用泵输送，设备和管道磨损严重，次生煤泥量大；为保证二段旋流器入料压力和流量，一段旋流器需采用大底流量的圆筒形，精煤易损失于中煤；原料煤直接给入工作悬浮液，其中的煤泥含量高时需脱泥，否则工作悬浮液黏度太大；入选原煤的粒度上限受到介质泵流道限制；入料悬浮液中有煤，无法准确测量其密度。

20 世纪 80 年代末，我国着手研究无压给料三产品重介质旋流器，克服了上述缺点。

2000 年之前山西焦煤集团多数选煤厂都采用跳汰-浮选联合流程，这种工艺对难选煤的分选精度差、数量效率低，精煤损失大且质量不稳定。为此，工程技术人员对国内外先进的选煤技术、工艺及设备等进行了大量的考察论证，并结合多煤种、多煤层、原煤性质变化极大的煤质特征，对原煤的高效分选工艺进行了详细研究，提出了以三产品重介质旋流器为主要分选方法的有针对性的选煤工艺流程，首创了预先脱泥无压三产品重介质旋流器选煤新工艺。矸石带煤由原来的 3%～5%下降到 1%以下，中煤带煤由原来的 25%～28%下降到 10%左右，精煤产率平均提高了 4 个百分点，按年入选原煤 7000 万 t 计算，多回收精煤 28 万 t，年增效益 4.2 亿元。这种工艺为全国重介选煤比例的提升贡献了 6%以上。

3. 跳汰粗选-重介质旋流器精选与三产品重介质旋流器分选工艺的比较

以马兰矿选煤厂为例。跳汰粗选-重介质旋流器精选和三产品重介质旋流器分选两种工艺的技术经济指标等的分析比较结果见表 9.3 和表 9.4。

表 9.3　两种分选方法的产品质量比较

序号	方法	产品	8 级		9 级		10 级	
			产率/%	灰分/%	产率/%	灰分/%	产率/%	灰分/%
1	三产品重介质旋流器分选	精煤	53.01	8.91	55.81	9.42	58.13	9.92
		中煤	12.58	29.52	8.44	29.93	4.84	29.92
		矸石	6.57	39.21	6.38	39.14	6.00	39.95
2	跳汰粗选-重介质旋流器精选	精煤	53.14	8.86	55.48	9.43	58.10	9.92
		中煤	10.19	29.50	7.43	29.53	8.05	39.87
		矸石	6.57	39.21	6.38	39.14	6.00	39.95

表 9.4　两种分选方法的主要设备及经济比较

项目		三产品重介质旋流器(310 万 t/a)			跳汰粗选-重介质旋流器精选(310 万 t/a)		
主洗系统设备数/台	新增	11			10		
	原有	27			46		
	合计	38			56		
装机容量/kW	新增	877			555.85		
	原有	1051.15			1994.35		
	合计	1928.15			2550.2		
新增设备购置费/万元		596.3			579.5		
循环水用量/(m³/h)		1935			3225		
吨煤成本/元		106.79			107.54		
精煤级别		8	9	10	8	9	10
吨煤盈利/(元/t)		40.35	42.31	43.16	38.27	40.03	42.17
全年盈利/(万元/a)		12508	13116	13379	11864	12409	13073
全年盈利差/(万元/a)		644	707	306	0	0	0

由表 9.3 和表 9.4 可以看出:

(1)三产品重介质旋流器分选比跳汰粗选-重介质旋流器精选的吨煤盈利高,其差值最高为 9 级精煤 2.28 元/t,最低为 10 级精煤 0.99 元/t。生产 8、9、10 级精煤时,全年盈利分别提高 644 万元、707 万元、306 万元。

(2)10 级精煤时,跳汰粗选-重介质旋流器精选工艺得不到合格的中煤产品。

(3)跳汰粗选-重介质旋流器精选比三产品重介质旋流器分选工艺多 18 台设备,装机容量大 622.05kW,循环水用量多 1290m³/h。

(4)三产品重介质旋流器分选比跳汰粗选-重介质旋流器精选的设备购置费仅高 16.8 万元。

总结以上比较结果，三产品重介质旋流器分选与跳汰粗选-重介质旋流器精选两种方法在马兰矿选煤厂使用所具有的优缺点见表 9.5。从分析结果看，三产品重介质旋流器分选具有明显优势。所以，山西焦煤集团的技术改造主要选择三产品重介质旋流器分选工艺。

表 9.5　两种分选方法优缺点比较

优缺点	三产品重介质旋流器分选	跳汰粗选-重介质旋流器精选
优点	分选精度高，能有效分选极难选煤；精煤回收率高，能选出低灰精煤；只采用一套介质系统，系统简单；改造投资低，工期短，可不停产	
	洗选方法单一，系统简单；设备台数少，管理、操作、维修简单；耗电、耗水量少；加工费低，盈利高；系统灵活，几层煤既可单洗又可混洗，次生煤泥量少	一次性投资略低
缺点	引进的跳汰机需拆除	53%的物料需重复分选；系统复杂，设备台数多；耗电、耗水量大；次生煤泥量大；不利于 02# 煤中铝土页岩的快速排出；加工费用高

4. 三产品重介质旋流器入料方式的选择

在有压入料条件下，物料与悬浮液混合体一进入旋流器就具有了很高的切向速度，所以从入料的初始阶段就能达到最佳分选状态，从而最大限度地利用了物料在旋流器内的分选时间和分选空间。从传统理论讲，有压入料旋流器比无压入料旋流器对细粒物料的分选精度更高，分选下限更低。

屯兰矿选煤厂不同入料方式下三产品重介质旋流器分选的产品预测结果见表9.6。可以看出，两种入料方式下，三产品重介质旋流器的分选精度相近，精煤产率相差不大。而无压入料三产品重介质旋流器分选工艺简单，对原煤的破碎作用小，次生煤泥量少；煤和水的混合时间短，有利于减少矸石的泥化；只有一种悬浮液，密度控制方便，对管道磨损小。综合考虑，最终选择无压给料三产品重介质旋流器。

表 9.6　50～0.5mm 产品预测比较表

配煤方案		无压三产品 (E_p=0.04)		有压三产品 (E_p=0.037)	
入选方法	精煤灰分/%	产率/%	灰分/%	产率/%	灰分/%
2#煤单洗	<9	52.82	8.99	53.43	8.99
	<9.5	56.88	9.48	57.32	9.48
	<10	60.16	9.99	60.63	9.99
2#、8#混洗	<9	64.25	8.99	64.7	8.98
	<9.5	68.15	9.48	68.41	9.48
	<10	71.35	9.98	71.55	9.99

　　"大型高效全重介选煤简化流程新工艺及设备"是"九五"期间国家重点科技攻关课题成果,以大直径无压三产品重介质旋流器为主要分选设备。由于采用轴向中心给料,减少了界面上循环物料的干扰,提高了分选效果,一般可能偏差 $E_{p1} \leqslant 0.04$, $E_{p2} \leqslant 0.06$。原煤分选易于控制,降低了矸石带煤量,提高了精煤产率。与跳汰工艺相比,精煤产率可提高 4%左右,矸石带煤降至 1%以下,数量效率大于 95%,保证了精煤产品的质量,并且有利于实现自动控制,降低劳动强度。

　　虽然当时大直径无压三产品重介质旋流器的工业试验已经成功,但尚未广泛推广。业界对该种设备的分选性能及其相应工艺认识还不到位,存在一定的学术争议,设备结构参数和工艺参数也不完善。山西焦煤集团首先在西曲矿选煤厂进行试点,成功后全面推广。其间对入料压力与处理量及分选效果(精煤中片矸夹带)的关系进行了系统研究,确定了入料能耗与处理量和分选效果的最佳工作区间;对旋流器给料管和一段溢流管结构及插入深度进行了工业优化,解决了给料不畅和处理量偏低的技术难题;对一、二段旋流器连接喉管的直径和二段旋流器底流口进行了系列试验,完成了与精煤、中煤、矸石质量相适应的结构体系构建。因而,从整体上建立了与原煤和产品质量相适应的无压三产品重介质旋流器结构与工艺参数选择体系。

5. "选前脱泥＋无压三产品重介质旋流器"分选工艺实践

　　国内目前常采用选前不脱泥、无压给料三产品重介质旋流器分选工艺。从理论上讲,选前不脱泥对分选精度,尤其是细粒级物料的分选精度会造成一定影响,对原生煤泥含量大、易泥化的原煤影响尤甚。

　　西曲矿选煤厂一期技改中,三产品重介质旋流器采用无压给料、选前不脱泥工艺。2002 年后半年起增加了 4#煤的入选比例,该煤种易于泥化,导致系统煤泥量大,影响各产品脱介筛的脱介效率,三种产品筛上物带介量均偏高;另外,系统大量分流的煤介混合物给磁选机造成很大的压力,磁选尾矿带介量较大,导致最终的介耗指标居高不下。解决该问题的最有效方法是预先脱泥。但当时"不脱泥无压三产品重介质旋流器分选工艺"几乎成为定势,"不脱泥"是其典型的优势。要预先脱泥,必须在工艺流程、设备选型和操作参数等方面进行全面改动,没有现成经验可以借鉴,存在一定的技术困难。西曲矿选煤厂首先对不脱泥与脱泥的方案进行了全面比较(表 9.7),系统总结了不脱泥工艺系统的运行特点,与设计单位一起分析了脱泥分选的可行性,决定在 2003 年的二期技改中率先应用国际上首个"预先脱泥＋无压三产品重介质旋流器"分选工艺,原煤进入三产品重介质旋流器之前先经脱泥筛预先脱除部分原生煤泥,减少系统煤泥量。该工艺不仅具备无压给料旋流器分选工艺优点,同时具备有压给料重介质旋流系统合格介质分流量低、悬浮液密度稳定性高、分选效率高、单位介耗低的优点。

表 9.7　选煤方法及产品方案比较表(不脱泥与脱泥的比较)

产品名称	精煤级别和灰分(%)	不脱泥无压三产品重介质旋流煤泥浮选				脱泥无压三产品重介质旋流煤泥浮选			
		4#煤层		8#煤层		4#煤层		8#煤层	
		产率/%	灰分/%	产率/%	灰分/%	产率/%	灰分/%	产率/%	灰分/%
精煤	12/7.5	27.68	12.00	46.71	7.50	28.25	12.00	47.41	7.49
	12.5/8	32.54	12.49	54.81	7.98	32.78	12.50	55.23	7.98
	13/8.5	36.64	13.00	59.89	8.49	36.83	13.00	60.11	8.49
中煤	12/7.5	48.14	29.92	37.26	19.60	48.34	30.14	37.16	20.25
	12.5/8	43.28	31.25	29.20	21.73	43.66	31.04	29.23	22.29
	13/8.5	39.27	32.70	24.18	23.01	39.79	32.09	24.46	23.46
矸石	12/7.5	19.26	72.99	11.79	73.42	18.32	73.82	11.03	73.98
	12.5/8	19.18	73.12	11.79	73.43	18.33	73.81	11.03	73.99
	13/8.5	19.15	73.17	11.79	73.43	18.34	73.81	11.04	73.99
煤泥	12/7.5	4.91	41.84	4.24	23.37	5.09	50.32	4.42	30.28
	12.5/8	5.00	44.52	4.21	25.58	5.23	50.82	4.51	30.31
	13/8.5	4.95	44.90	4.14	27.58	5.05	54.52	4.41	32.64
原煤		100.0	33.84	100.0	20.45	100.0	33.84	100.0	20.45

该系统投入运行后,效果良好。由于采用了预先脱泥,生产过程中分流很小,磁选机工作压力减轻,带介量明显减少,磁性物回收率由一期技改时的99.22%提高至99.58%;同时,由于进入脱介筛的煤泥量很小,筛子的脱介效率提高,产品带介量降低。不脱泥无压三产品重介质旋流器的$E_{p1}=0.037$,$E_{p2}=0.050$,预先脱泥后无压三产品旋流器的$E_{p1}=0.036$,$E_{p2}=0.048$。所以,采用预先脱泥工艺不仅可以降低生产过程中的介质消耗,而且有利于提高重介质旋流器的分选精度。选煤厂一期改造完成后,精煤产率提高了 3.74%,二期改造完成后,精煤产率又在一期改造基础上提高了 0.5%。

总之,山西焦煤集团以"九五"期间国家重点科技攻关课题成果为依托,全面研究了重介质旋流器的分选效果和介质损耗规律,提出了针对不同煤质特性和产品质量要求的无压三产品重介质旋流器参数确定体系和原则工艺流程,提高了精煤产率,增强了市场竞争力,有效地解决了山西焦煤集团高差异性原煤分选的技术难题;同时,也为我国选煤厂设计和生产提供了可以借鉴的依据;首创了预先脱泥无压三产品重介质旋流器选煤新工艺,为重介质选煤技术增加了新的内涵。

2003 年我国选煤能力约为 6.1 亿 t,西山矿区重介选煤量占全国选煤量的2.37%。考虑到是重介替代跳汰,此消彼长,西山矿区为全国重介选煤比例的提升贡献了 4%以上。

9.2.2　表面改质＋短柱浮选的难浮煤泥浮选技术

对煤泥的可浮性及适用的分选设备和工艺进行了深入研究,我国山西焦煤集团首创了表面改质+短柱浮选的难浮煤泥浮选新工艺(ZL200710064159.X),改善了煤泥可浮性,在同等灰分的基础上,浮选精煤产率提高了 10%以上,精煤回收率提高 1.5%。按照东曲、官地选煤厂年入选量 600 万 t,多生产精煤 9 万 t,增加效益 9000 万元。

根据浮选理论,要想改善难浮煤泥的可浮性,一是尽量剥离表面的覆盖物和氧化层,露出新鲜的疏水表面,二是使捕收剂与新鲜表面有效接触,进一步提高煤与高灰细泥的疏水性差异,三是使用高选择性浮选设备。一般在浮选前设置矿浆预处理器或搅拌器来完成表面清洗和煤粒与药剂的矿化接触工作,但由于搅拌强度较低,对难浮煤泥的表面改质效果不大。日本发明了 M-COL 系统以提高难浮煤泥的浮选效果,在我国金佳选煤厂进行了首次试用,其核心技术——表面改质为提高难浮煤泥的浮选效果提供了一条新的技术途径,但其采用的是常规浮选机,在一定程度上未能使系统效率最大化。东曲矿选煤厂针对煤泥特性,在充分调研的基础上,首次提出以"表面改质+微泡浮选"为核心的浮选工艺。

入浮煤泥在进入浮选机之前先经表面改质机预处理,可产生三个主要效应:一是在高剪切条件下,对煤粒表面产生擦洗作用以去除煤颗粒表面氧化层,形成局部新鲜表面,或除去表面高灰细泥罩盖,提高煤表面的疏水性和可浮性,便于浮选药剂的吸附;二是促进微细煤粒之间的相互作用,形成选择性疏水聚团以改善矿浆的表观粒度组成和微粒煤的可浮性,达到强化浮选过程的目的;三是实现浮选药剂(难溶于水的油类物质)的乳化与强制扩散,促进药剂与煤粒的有效"接触",节省浮选药剂用量。总之,借助表面改质机所产生的液力剪切、液层擦洗、碰撞以及离心挤压等综合作用,可在短时间内有效改善煤颗粒的表面性质,提高其疏水性和可浮性,并加快浮选速度,达到提高浮选精煤产率和质量的目的。煤泥改质所选用的设备是在引进国外技术基础上由我国自主制造的、世界最大的首台处理量达到 $1000m^3/h$ 的表面改质机。

东曲矿选煤厂选用国产 WPF-Z5000 新型短柱微泡浮选机,借助矿浆压力的变化(降低)使原先溶解在矿浆中的气体以微泡的形式析出。这些气泡具有直径小、分散度高、可优先在疏水性矿物表面析出等特点,能够增加气-液界面的面积,扩大固-液-气三相的接触周边,促使煤粒与气泡的黏附速度和固着牢固强度大大提高,从而强化矿化过程,改善浮选效果。

东曲矿选煤厂采用"表面改质＋微泡浮选"新工艺后,生产技术指标与原 XJX-T12 型浮选机分选效果的对比结果见表 9.8 和表 9.9。对相同的浮选入料,在保证精煤灰分基础上,采用新的分选工艺不仅具有好的浮选完善指标,而且浮选精煤产率提高 10%以上，单位药剂消耗量降低 0.2kg/t 干煤泥；与单独采用微泡浮选机相比，浮选精煤产率提高 4%左右。

表 9.8 WPF-Z5000 与 XJX-T12 浮选机的效果比较（未表面改质）

煤种	设备	入料		产品			处理量 /[m³/(h·台)]	药耗 /(kg/t)	产率提高值 /%	浮选完善指标 /%
				浮选精煤		尾矿				
		浓度 /(g/L)	灰分 /%	产率 /%	灰分 /%	灰分 /%				
8#	WPF-Z5000	113.39	14.8	81.61	9.89	36.58	561	1.15	5.12	29.64
	XJX-T12	113.39	14.8	76.49	11.48	25.63	198.6	1.42		19.23
4#	WPF-Z5000	111.38	16.37	78.71	10.65	37.73	550	1.18	7.04	33.29
	XJX-T12	111.38	16.37	71.67	12.35	26.54	202	1.37		21.05

表 9.9 WPF-Z5000 与 XJX-T12 浮选机的效果比较（表面改质）

煤种	设备	入料		产品			处理量 /[m³/(h·台)]	药耗 /(kg/t)	产率提高值 /%	浮选完善指标 /%	可燃体回收率 /%
				浮选精煤		尾矿					
		浓度 /(g/L)	灰分 /%	产率 /%	灰分 /%	灰分 /%					
4#	二者联合	118.07	15.74	83.95	10.55	31.75	557	1.14	12.14	32.85	89.12
	XJX-T12	118.07	15.74	71.81	11.70	25.98	215	1.36		21.85	75.25
4#、8#	二者联合	112.53	16.02	84.14	11.11	42.84	518	1.11	10.28	31.27	89.15
	XJX-T12	112.53	16.02	73.86	12.12	27.09	215	1.30		21.43	77.3

通过对煤泥特性与可浮性的研究可知，东曲矿选煤厂从煤泥预处理和浮选两个环节入手，选用先进的浮选设备——表面改质机和微泡浮选机，优化浮选工艺，有效地解决了可浮性差的细粒煤泥的分选问题。

官地矿选煤厂 2003 年建成，主要入选官地矿 2#、3#低硫贫瘦煤和 6#、8#、9#中高硫贫煤，产品为喷吹煤和电精煤。原设计采用无压三产品重介质旋流器分选工艺，煤泥不分选直接压滤回收掺入精煤产品。投产以后，一方面由于煤泥回收设备能力严重不足、故障率高，洗水浓度居高不下，只能通过延长煤泥回收时间维持间断生产，系统不能满负荷运行，严重制约了入选能力的提高；另一方面煤泥不分选直接掺入精煤中，无法保证喷吹精煤的质量，掺入原煤或副产品中不但影响外销原煤质量，而且造成煤泥中精煤流失，精煤回收率大幅度下降。

借鉴东曲矿选煤厂的成功经验，官地矿选煤厂采用"表面改质机+K-FV50NS 进口微泡浮选机"联合工艺，对该厂入选煤种多、可选性差异大、原煤氧化变质程度较为严重的煤泥表现出良好的适应性，浮选精煤产率在 80%以上，喷吹精煤产率由 50%左右提高到 61.5%，提高了 11.5 个百分点。

实践表明,以"表面改质+微泡浮选"为核心的浮选新工艺对中等可浮性、难浮和极难浮煤泥有较好的分选效果。

9.2.3　多药剂协同治理高泥化酸性煤泥水技术

煤泥水是选煤生产过程中产生的工业废水,含有大量煤质、泥质颗粒,为减少环境污染并充分利用水资源,必须对煤泥水进行有效处理,实现洗水闭路循环。由于矸石容易泥化,山西焦煤集团一些选煤厂的煤泥水呈现高泥化特征,必须开发相应高效的处理技术才能从根本上解决煤泥水处理问题。

以马兰矿选煤厂为例。马兰矿选煤厂入选的 8#煤硫分较高,在开采和洗选过程中,含硫矿物在空气、水以及细菌的共同作用下,形成硫酸-硫酸高铁溶液,并溶出煤炭中的多种离子,因而产生含铜、铁、铅、锌、铬等的酸性废水(pH=4~5),严重腐蚀管道和生产设备。02#煤虽然硫分较低,但其煤层伪顶是 0.4~0.6m 的铝土岩,极易塌落。这部分铝土页岩进入洗选系统,严重泥化,导致煤泥水中的细泥含量大。表 9.10 为马兰矿选煤厂煤泥水固体物料的粒度组成,其中<0.045mm 物料占总量的 58.14%,灰分 49.11%。这些细泥的沉降速度非常缓慢,自然沉降到 1400s时,煤泥水中残余悬浮物还有 88.54%。如果不加以处理,它们将随浓缩机溢流在系统中不断循环积聚,造成洗水浓度升高,从而影响整个系统的正常运行。

表 9.10　煤泥水中固体物料的粒度组成

粒度级/mm	质量/g	产率/%	灰分/%
>0.125	45.09	22.88	15.01
0.125~0.09	10.89	5.53	21.68
0.09~0.076	7.68	3.89	32.78
0.076~0.045	18.84	9.56	28.59
<0.045	114.56	58.14	49.11
合计	197.06	100	—

注:煤样质量为200g。

为了彻底解决煤泥水处理系统存在的问题,马兰矿选煤厂对煤泥及煤泥水的特性进行了深入细致的研究,并对常用的有机絮凝剂和无机凝聚剂等进行了筛选,最终选择非离子型聚丙烯酰胺(PAM)和 $Al_2(SO_4)_3$ 作为煤泥水处理药剂,在pH=7~8 的介质中使用;对药剂投加量、投加顺序以及投加方式等进行了大量的试验研究,形成了一套较为完善的煤泥水处理工艺。针对马兰矿选煤厂煤泥水特有的酸性和高泥化特性,通过药剂制度的优化选择,最终确定 $Al_2(SO_4)_3$+PAM+NaOH 药剂复配方案,不仅实现了细粒煤泥的快速沉降,而且有效解决了原煤泥水处理工艺中因投加石灰所带来的一系列问题。此外,马兰矿选煤厂将一段煤泥浓缩机的部分入料分流到二段煤泥浓缩机，改变了煤泥粒度级配，改善了浓缩效果，节省了药剂用量。

在研究过程中，运用流体力学理论对絮凝剂与煤泥水作用的最佳水力条件进行了深入研究，并将最佳 GT 值（平均速度梯度 G 与絮凝时间 T 的乘积）概念引入煤泥水处理体系。马兰矿选煤厂煤泥水絮凝最佳 GT 值的试验研究结果如表 9.11 和表 9.12 所示。由表中数据可知，马兰矿选煤厂煤泥水与无机凝聚剂和有机絮凝剂混合时的最佳 GT 值为 1000～2500。

表 9.11　混合水样 GT 值与沉降速度、出水浊度的关系

序号	G/s^{-1}	T/s	GT	投药量			
				1mL（83.3g/t）		1.5mL（124.9g/t）	
				沉降速度/(mm/s)	浊度/ppm	沉降速度/(mm/s)	浊度/ppm
1	235	5	1175	6.114	93	8.60	70
2	235	8	1880	6.429	77	8.58	67
3	235	10	2350	6.229	71	7.90	57
4	235	15	3525	5.714	70	6.147	59

表 9.12　试验效果平均值对比表

	607 浓缩机			612 浓缩机			循环水		
	入料浓度/(g/L)	溢流浓度/(g/L)	底流浓度/(g/L)	入料浓度/(g/L)	溢流浓度/(g/L)	底流浓度/(g/L)	浓度/(g/L)	pH	滤饼水分/%
前	25.94	14.43	109.16	20.08	1.04	421.55	1.03	11.31	24.28
后	25.91	14.41	107.58	20.11	0.84	418.57	0.8	7.97	24.58

马兰矿选煤厂与武汉通达水务技术有限公司课题组以煤泥水絮凝最佳 GT 值的研究结果为依据，成功研制开发了煤泥水专用混合设备，使煤泥水在最佳水力条件下快速形成较大絮团，提高了煤泥水的沉降速度，降低了出水浓度，煤泥水处理工艺进一步完善。

在药剂自动投加方面，采用依据煤泥水浓度变化而改变加药量的前置式控制方法，简化了控制过程，在满足生产要求的前提下，投资仅为国内外同类产品的 1/3 左右。

上述研究成果在马兰矿选煤厂的工业应用结果表明：煤泥水系统 pH 保持在 7～9 范围内，607 浓缩机溢流出水水质稳定，基本上保持在 14.4g/L 以下；612 浓缩机溢流水浓度达到 1.0g/L 以下。该项技术具有投资成本低、絮凝效果好、出水浊度低等特点，适用于同类选煤厂的煤泥水处理。

山西焦煤集团首次将 *GT* 值概念引入煤泥水处理体系，研制开发出煤泥水与药剂混合专用设备(ZL200710064158.5)，创立了 $Al_2(SO_4)_3$+PAM+NaOH 的多药剂协同治理高泥化酸性煤泥水的新方法，同时改变煤泥粒度级配，将一段煤泥浓缩机的部分入料分流到二段煤泥浓缩机，改善了浓缩效果，节省了药剂用量，减少了因洗水恶化影响生产的情况，实现了清水洗煤，可提高精煤回收率 0.15%。按照马兰矿选煤厂、新柳煤业、屯兰选煤厂年入选原煤 900 万 t，可增加精煤 1.35 万 t，增加效益 1350 万元。

9.3 配煤技术

9.3.1 利用焦粉配煤技术

传统的炼焦过程中，焦粉(粒度<10mm)是炼焦生产过程中的副产品，焦粉的产率为 5%～6%。具有很高的热值，通常作为燃料来使用，低价出售，不但浪费能源，而且造成污染，很多企业待售焦粉堆积如山。在目前炼焦煤资源日益枯竭的条件下，通过制粉处理，将其替代少量炼焦煤而进行配煤炼焦，无疑又为这一炼焦工业副产品的利用找到了新出路。

山西焦化集团有限公司的工程技术人员通过对焦粉回配的可行性研究，论证了炼焦生产中配入少量焦粉是完全可行的。焦粉回配就是将焦粉经过加工以后回配入煤中再炼焦的工艺过程。焦粉回配既能降低成本，又能响应节能环保的大趋势，而且投资小、收益大。综合考虑技术、经济规模、原料运输等诸多因素，在原料煤质量有保证的前提下，焦粉回配炼焦是切实可行的选择。利用焦粉配煤，不仅减少了炼焦煤资源的浪费，并且能够有效地降低炼焦煤的生产成本。

焦粉为惰性物质，表面多孔，比表面积大，在炼焦过程中，与活性组分的液态物接触面积大，其间的结合依靠固体颗粒对液相的吸附作用。一方面焦粉减少了半焦收缩和固化阶段的挥发分析出量，降低了两个阶段的收缩度；另一方面由于多孔结构，焦饼收缩产生的应力减小，减少了焦炭的气孔率。此两方面的结果都使焦炭的块度和抗碎性增加，M40、M25 指标提高 1%～2%或者稳定不变。因此，在生产中，焦粉经常被用作瘦化剂和补强剂。

焦粉可用于回配炼焦、替代动力煤、制型焦，此外还可用于增碳剂、还原剂和澄清剂、二硫化碳等少数行业，其回收利用技术在炼焦行业一直备受关注。

(1)技术路线：焦粉加工工艺是通过烘干、研磨等一系列工艺过程，将 0～5mm 的原料焦粉加工成为粒度小于 0.5mm 的配煤焦粉(0.2mm 以下占 80%)，用于炼焦煤回配。

(2)工艺流程：0～5mm 的原料焦粉由皮带输送机定量均匀地输送至干燥机，原料焦粉在干燥机内与加热炉送出的热炉气进行充分热交换，焦粉得到加热、脱水，脱水后的焦粉经 1#斗式提升机送入中间料斗。来自中间料斗的焦粉进入磨粉机进行研磨，由 2#提升机送入产品料斗，然后装车运走。来自干燥机、磨粉机等除尘点的尾气经布袋除尘器进行除尘，合格的尾气经烟囱排入大气。

山西焦化集团有限公司焦化厂是一个以洗精煤为原料，主要生产焦炭、粗苯、焦油、硫铵、硫黄 5 种化工产品及发电，同时是担负着对焦油加工厂、甲醇厂及苯精制厂煤气、蒸汽的输送和供应任务的二级厂。该厂拥有 JN60 型焦炉 6 座，设计年产 300 万 t 焦炭，2010～2012 年焦炭产量平均 300 万 t/a，焦粉产量约 21 万 t/a。2013 年 8 月正式成立焦粉回配项目组，计划焦粉加工生产规模为 10 万 t/a，原料焦粉粒度 0～5mm，水分 10%～25%，成品粒度小于 0.5mm（0.2mm 以下占 80%）。焦粉加工项目自 2013 年 9 月 23 日开工，经过 3 个多月的施工，截至 2014 年 1 月 7 日，设备安装全部完工，生产系统具备了联动试车与试生产条件。按 2014 年 12 月焦炉气、煤焦油、粗苯的价格，年产焦炭 300 万 t，回配比 2.5%的生产运行模式下计算，配煤炼焦后一年可产生直接经济效益 352.97 万元。

9.3.2   数字化精细配煤技术

当前世界各国炼焦煤资源稀缺，高炉的大型化对焦炭质量及其稳定性的要求越来越高，而炼焦煤资源中强黏结性煤却越来越少，这一矛盾在我国尤为突出。我国拥有丰富的非炼焦用煤，如无烟煤和动力煤，以及使用价值低、成本价低的高硫、高灰劣质煤炭资源。考虑到经济效益及现实情况，国内外各焦化厂都在致力于配煤方案的研究。精细化智能配煤技术与软件不仅能够优化炼焦配煤方案，还能拓展炼焦用煤范围，在不影响焦炭质量前提下，引入一定比例的非炼焦用煤和价格较低的高硫煤资源，并使其适用于各种类型的焦炉，一方面可以节约优质炼焦煤资源，另一方面可以降低炼焦成本，提高企业经济效益。配煤技术也是一种有效的保护优质炼焦资源的措施。目前，精细化和智能化配煤技术水平低也是许多焦化企业不盈利或微盈利的主要原因之一。发展配煤炼焦技术历来是我国合理利用炼焦煤资源和提高焦炭质量的主要措施，因此，焦化、能源企业应该在精细化配煤、精细化控制排放、精细化循环产业链延伸等方面下功夫，重点支持化产品精深加工项目，干熄焦、先进煤调湿装置等节能项目，以及大数据下的智能配煤系统等"互联网+焦化"领域的改造项目。

传统的配煤计算主要是人工进行，近些年来，随着计算机与互联网、大数据技术的发展以及数学优化方法和人工智能技术的深入，运用计算机信息处理技术实现配煤的优化计算已成必然趋势。基于人工智能和专家系统的计算机数字化、精细化配煤系统被广泛地研发和投入应用。精细化智能配煤系统核心在于打破传统"气肥焦瘦"的分配原则以及靠经验配煤的做法，用大数据方法和数学优化与分析预测模型进行配煤管理和结果预测，并在给定产品质量的前提下，从资源库中优化出最佳配煤方案。数字化配煤系统可利用大数据分析、云计算的智能化管理手段，使企业实现焦炭质量保证、配煤成本降低、化产品收率提高等多重目标，将焦化配煤管理的精细化水平提升到一个新高度。

目前国内已有许多焦化企业研发并投入使用了各种数字化精细配煤计算机软件，简介如下：

(1) 上海宝钢从 1998 年开始开发"宝钢配煤专家系统"，并于 2000 年投入运行，该系统由煤资源信息系统、单种煤信息系统、配合煤信息系统、焦炭质量预测系统及生产控制系统构成。信息管理子系统包括单种煤的性质参数、配合煤及焦炭的质量目标、配煤工艺的设计参数、系统优化参数、数学模型的计算参数等。系统可以根据专家知识和预测模型预测不同配煤条件下的配合煤和焦炭性质以及相关的其他生产指标，并且在指定的生产指标和焦炭性质要求下进行配比的生成和用煤计划优化。

(2) 2005 年中冶焦耐工程技术有限公司和天津天铁炼焦化工有限公司共同研发了"炼焦配煤优化系统"，该系统采用数理统计和最优化方法，将多年来的经验配煤方法提升为数值化、精确化配煤方法，为数值化生产、精细化生产和科学化生产提供了条件。天津天铁炼焦化工有限公司年产焦炭 100 万 t，年需求原料煤约 150 万 t。在该系统近一年的应用中，在保证焦炭质量的前提下，一年节约用煤成本 3800 多万元，取得的经济效益十分显著。

(3) 2008 年本钢集团建立起适合自身特点的配煤专家系统以及由 100 多个矿点煤构成的炼焦煤煤质特性分析数据库，实现了资源、料场、配煤、炼焦和使用跟踪一体化的全方位、动态、实时、科学管理。集团的板材焦化厂各焦炉均实施新配煤方案，在同等焦炭质量的前提下，焦煤、肥煤使用比例从原来的 70%～80% 降至 40%，极大地降低了成本，创造了巨大的经济效益。

(4) 2014 年，山西焦化集团有限公司完成了"数字化配煤实验室工程"项目，通过对炼焦煤各煤种进行精确实验研究，建立了相关数据库模型，构建了经济配煤的系统模型，全面指导炼焦精细化配煤，有效地降低了装炉煤的成本，实现了焦炭生产的利润最大化(表 9.13)。

表 9.13　山西焦化集团有限公司焦化厂配煤降成本方案

煤种	2#焦炭		1#焦炭		2016 年 4 月价格 /(元/t)
	基准配比/%	配煤系统/%	基准配比/%	配煤系统/%	
介休高硫焦煤	13	11	15	19	526.00
离石中硫焦煤	9	5	18	10	577.00
中兴中硫焦煤	0	0	12	10	578.00

续表

煤种	2#焦炭		1#焦炭		2016 年 4 月价格 /(元/t)
	基准配比/%	配煤系统/%	基准配比/%	配煤系统/%	
介休高阳高硫焦煤	4	10	0	0	456.00
汾河高硫肥煤	2.8	0	0	0	375.00
霍州肥煤	0	12	11	14	496.00
辛置肥煤	5	0	0	8	541.00
汾河中硫 1/3 焦煤	7	0	9	10	494.98
康德低灰 1/3 焦煤	0	0	9	1	535.00
南关低硫 1/3 焦煤	0	17	0	0	515.00
王家岭瘦煤	25	10	19	19	515.00
岢岚气煤	30	29	7	7	431.00
天宝弱黏煤	3.15	4	0	2	420.00
除尘粉	1.05	2	0	0	120.00
合计	100.00	100.00	100.00	100.00	
配合煤成本/(元/t)	483.29	475.07	527.40	519.43	
差值/(元/t)	8.22		7.97		

精细化配煤系统得出配比，其中 1#焦炭中的焦煤配用比例减少 6 个百分点，弱黏煤增加 2 个百分点，配煤成本降低 7.97 元/t，2#焦炭中弱黏煤及除尘粉的配用比例增加了 1.8 个百分点，配煤成本降低 8.22 元/t。

2017 年，由山西太钢不锈钢股份有限公司焦化厂、太原理工大学、中国科学院山西煤炭化学研究所和山西汾渭能源信息服务有限公司共同承担的山西省煤基重点科技攻关项目"精细化智能配煤系统开发与工程示范"项目（MJH2014-02）通过专家评审验收。该项目经过近三年产学研的合作攻关，在配煤理论和工业化应用中取得重要成果的基础上，建立了完整的煤质资源数据库，构建了一个具有自主知识产权的配煤系统，建成了三个具有特色的实验研究平台和四个工程示范基地，在配煤理论和工业应用中取得重大突破，成效显著。

该智能配煤系统前期通过大量地质报告数据、煤样分析数据及其他收集信息的研究，对每一个矿区、煤矿的煤层灰分、硫分及其他参数的变化规律都做了分析，完成了中国煤矿煤质数据库的建设。此外，通过收集太钢、试验基地等焦炉各项参数，对影响焦炭指标的关键因素进行数据分析，结合中国科学院山西煤炭化学研究所提供的灰成分影响焦炭热性能机理模型与硫转化模型为基础，获得适用于不同炉型的焦炭质量智能预测模型。最后，以焦炭质量智能预测模型为核心，通过矩阵分析等数学方法计算出最低配煤成本方案，最终形成智能优化配煤系统集成软件。

该系统目前已在太钢、旺庄、丰达等多家焦化厂应用，取得了降低配煤成本 20~50 元/t 的效果，不仅使焦化企业的产品质量更为稳定，更使产品成本均降 30~150 元/t。

9.3.3　多煤种协调配采、配洗、配售技术

当前世界各国炼焦煤资源稀缺，高炉的大型化对焦炭质量及其稳定性的要求越来越高，而炼焦煤资源中强黏结性煤却越来越少，这一矛盾在我国尤为突出。考虑到经济效益及现实情况，国内外各焦化厂都在致力于炼焦工艺的配煤方案的研究。但是，对于多煤种协调配采、配洗、配售的研究并未引起足够的重视。为保护我国越来越珍贵的优质炼焦煤资源，山西焦煤集团开展了炼焦煤跨区域煤质分布差异化可选性的多煤种协调配采、配洗、配售的研究与实践。

山西焦煤集团是中国目前规模最大、煤种最全、煤质优良的炼焦煤生产企业，地跨太原、临汾、运城、吕梁、忻州、晋中、长治 7 个市的 25 个县市区。2019 年拥有 96 座煤矿，生产能力为 1.863 亿 t/a；28 座选煤厂，入选能力为 1.18 亿 t/a；5 座焦化厂，焦炭产能为 1180t/a。

山西焦煤集团主要开采西山、霍西、河东、沁水四大煤田的煤炭资源，现有焦煤、肥煤、1/3 焦煤、瘦煤、气肥煤、贫煤等多个品质的煤种，优质强黏煤产品硫分低、黏结性强、发热值稳定，其中强黏焦煤和肥煤均为世界稀缺资源，具有低灰、低硫、低磷、黏结性强、结焦性好等特性，是大钢厂大高炉不可或缺的骨架炉料，市场涵盖国内外 20 多个省市和地区。

配煤技术有利于保证焦炭的质量，有利于合理利用炼焦煤资源，我国的配煤技术主要是由焦化企业来实施。结合我国钢铁业、焦炭业和炼焦煤资源产地的协调发展布局，山西焦煤集团开发了一种在炼焦煤资源开采过程中实施的稀缺炼焦煤配采、配洗、配售新模式。这是一个极其复杂的大规模的规划问题，需要考虑的参量及存在的问题有：各炼焦煤煤种的产地资源分布的不均衡，各煤种资源储量、煤质成分估算与可采量等信息不准确，供求各方地理区位关系复杂、运输方式多样化，需求方产业波动、技术升级等综合影响等。

1. 多矿区、多煤种、多组分炼焦煤协调配采优化模型

为构建山西焦煤集团多矿区多煤种协调配采优化数学模型，需要具备山西焦煤集团所属各煤矿采区炼焦煤煤种、可采储量、生产能力，以及各煤种的品质[如黏结指数、胶质层最大厚度、挥发分、硫分、磷分、灰分(灰成分中的 Al_2O_3、Fe_2O_3、P_2O_5)等与配煤相关的指标数据信息，见表 9.14。

表 9.14 山西焦煤集团各产地煤种品质数据表

序号	企业名称	煤种	挥发分/%	黏结指数	灰分/%	全硫/%	磷/%	全水分/%	胶质层最大厚度/mm	灰中 Al$_2$O$_3$/%	灰中 P$_2$O$_5$/%
1	屯兰矿	焦煤	20.00~23.00	>75	≤10.00	≤1.30	0.004	≤11.0	12~16	37.11	0.10
2	介休选煤厂	焦煤	18.00~23.00	>65	≤10.00	≤2.00	0.018	≤11.0	12~16	38.55	0.40
3	水峪煤矿	焦煤	20.00~24.00	>80	≤10.00	≤2.50	0.017	≤11.0	16~20	39.46	0.39
4	吕梁山矿	焦煤	19.00~23.00	>75	≤10.50	≤1.00	0.022	≤11.0	12~15	37.18	0.18
5	介休选煤厂	焦煤	20.00~25.00	>75	≤10.50	≤1.30	0.018	≤11.0	15~19		
6	贺西煤矿	焦煤	21.00~24.00	>85	≤11.00	≤0.60	0.015	≤11.0	18~21	37.8	0.36
7	沙曲矿	焦煤	20.00~23.00	>85	≤11.00	≤0.80	0.02	≤11.0	14~20	40.38	0.48
8	中兴煤矿	焦煤	16.00~19.00	>70	≤11.00	≤1.00	0.018	≤11.0	10~15	38.26	0.39
9	屯兰矿	焦煤	20.00~23.00	>75	≤11.00	≤1.30	0.004	≤11.0	12~16	37.11	0.10
10	西曲矿	焦煤	18.00~22.00	>65	≤11.00	≤1.30	0.003	≤11.0	10~12	35.68	0.06
11	西曲矿	焦煤	18.00~22.00	>65	≤11.00	≤1.50	0.003	≤11.0	10~12	35.68	0.06
12	西曲矿	焦煤	18.00~22.00	>65	≤11.00	≤1.80	0.003	≤11.0	10~12	35.68	0.06
13	柳湾煤矿	焦煤	23.00~27.00	>85	≤11.00	≤1.80	0.031	≤11.0	19~24	39.84	0.65
14	沙曲矿	焦煤	20.00~23.00	>85	≤12.00	≤0.80	0.02	≤11.0	14~20	40.38	0.48
15	介休选煤厂	焦煤	19.00~24.00	>65	≤12.00	≤2.00	0.018	≤11.0	12~15		
16	汾河焦煤公司	肥煤	35.00~37.00	>90	≤9.50	≤2.50	0.015	≤11.0	>25	35.34	0.47
17	辛置矿	肥煤	31.00~34.00	>85	≤10.00	≤1.00	0.035	≤11.0	>25	35.46	0.67
18	镇城底矿	肥煤	24.00~28.00	>85	≤10.00	≤1.30	0.005	≤11.0	>25	38.53	0.12
19	李雅庄矿	肥煤	32.00~34.00	>85	≤10.00	≤1.30	0.042	≤11.0	>25	31.67	0.34

续表

序号	企业名称	煤种	挥发分/%	黏结指数	灰分/%	全硫/%	磷分/%	全水分/%	胶质层最大厚度/mm	灰中 Al₂O₃/%	灰中 P₂O₅/%
20	李雅庄矿	肥煤	32.00~36.00	>85	≤10.00	<1.80	0.042	≤11.0	>25	31.67	0.34
21	汾河焦煤公司	肥煤	35.00~37.00	>85	≤10.00	≤1.80	0.015	≤11.0	>25	35.34	0.47
22	白龙矿	肥煤	32.00~36.00	>90	≤10.00	<2.50	0.016	≤11.0	>25	35.58	0.73
23	双柳煤矿	肥煤	26.00~29.00	>85	≤11.00	<0.60	0.025	≤11.0	>25	40.17	0.52
24	曙光煤矿	肥煤	28.00~33.00	>90	≤11.00	<0.80	0.004	≤11.0	>25	32.14	0.09
25	宜兴煤业有限责任分司	肥煤					0.005			35.63	0.12
26	马兰矿	肥煤	24.00~28.00	>85	≤11.00	<1.30	0.008	≤11.0	>25	40.14	0.18
27	曙光煤矿	肥煤	28.00~33.00	>90	≤12.50	<0.80	0.004	≤11.0	>25	32.14	0.09
28	高阳煤矿	瘦煤	17.00~20.00	>60	≤9.50	<2.50	0.009	≤11.0	9~12	38.96	0.23
29	太原选煤厂	瘦煤	14.00~18.00	>20	≤10.00	<1.30	0.013	≤11.0		36.06	0.30
30	东曲矿	瘦煤	16.00~20.00	>30	≤11.00	<1.30		≤11.0			
31	吕临能化有限公司	1/3焦煤	30.00~35.00	>83	≤9.50	<2.00	0.013	≤11.0	18~22	38.81	0.34
32	晋北煤业有限公司	1/3焦煤	31.00~35.00	>85	≤9.50	<2.00	0.016	≤11.0	18~22		
33	南关煤矿	1/3焦煤	28.00~31.00	>80	≤10.00	<0.60	0.011	≤11.0	19~23	36.89	0.25
34	白龙矿	1/3焦煤	32.00~36.00	>85	≤10.00	<1.00	0.032	≤11.0	18~22	36.79	1.13
35	汾河焦煤公司	1/3焦煤	35.00~37.00	>85	≤10.00	<1.00	0.01	≤11.0	19~22	37.65	0.55
36	汾河焦煤公司	1/3焦煤	36.00~37.00	>85	≤10.00	<1.30	0.01	≤11.0	19~21	37.65	0.55
37	白龙矿	1/3焦煤	28.00~34.00	>85	≤11.00	<0.80	0.013	≤11.0	18~22	38.81	0.34
38	吕临能化有限公司	1/3焦煤	30.00~35.00	>75	≤13.00	<1.00	0.013	≤11.0	13~16	38.81	0.34
39	斜沟煤矿	气煤	37.00~40.00	>60	≤11.00	<0.70	0.026	≤8.0	12~14	40.63	0.58
40	官地矿	喷吹煤	13.00~16.00		≤10.00	<1.10	0.02	≤10.0		38.26	0.51
41	两渡煤矿	贫瘦煤	14.00~18.00	13~18	≤9.50	<2.80	0.006	≤11.0	0~3	31.28	0.11
42	东曲矿	贫瘦煤	16.00~20.00	>15	≤11.00	<1.80	0.007	≤11.0		33.32	0.14

根据矿井煤层赋存、开采条件与开采成本，建立控制炼焦煤资源浪费的协调配采优化模型：

$$\max Z = \sum_{i=1}^{n} \sum_{j=1}^{m} c_{ij} x_{ij}(t)$$

$$\text{s.t.} \begin{cases} \sum_{i=1}^{n}(a_{ij}^{(k)} - \rho_j^{(k)}) \cdot x_{ij}(t) \leqslant 0 & j=1,2,\cdots,m; k=1,2,\cdots,p \\ \sum_{i=1}^{n}\sum_{j=1}^{m} x_{ij}(t) \leqslant y(t) \\ 0 \leqslant x_{ij}(t) \leqslant m_{ij}(t) & i=1,2,\cdots,n; j=1,2,\cdots,m \end{cases}$$

式中：$m_{ij}(t)$、$x_{ij}(t)$ 分别为 i 地 j 煤种计划期可采储量和实际产量；c_{ij} 为期望利润；$a_{ij}^{(k)}$ 为 i 地 j 煤种 k 组分含量；$\rho_j^{(k)}$ 为 j 煤种 k 组分标准值；$y(t)$ 为计划期最大限产量。

依据炼焦煤协调配采优化模型，可以优化多矿区、多煤种、多煤层联合生产方式，对 0.6~1m 煤层采用螺旋钻机开采，1~1.3m 煤层采用刨煤机开采，大于 1.3m 煤层采用综采或综采放顶煤工艺开采，实现了高低硫、高低灰、肥焦瘦、薄中厚煤层的协调配采。

2. 炼焦煤配煤入选方案

依据原煤特性和焦化特性相结合、原煤配煤和产品配煤相结合的方法，并通过运用先进的自动检测和控制手段，实现了对同一矿井不同煤层以及山西焦煤集团内不同煤矿间煤炭产品准确配煤；开发了不同型号列车快速自动计量切换系统（ZL200710064796.7）；建立了国内最大的高黏度焦精煤自动配装快速定量装车系统，使高黏度焦精煤单点装车能力达到了 5000t/h。

以马兰矿选煤厂为例。选煤厂入选马兰矿 02#、2#、8#原煤，各煤层煤质不尽相同，特别是硫分差异较大。根据煤质资料，02#、2#、8#煤的精煤硫分分别为 0.5%、0.74%和 1.43%，各煤层单独入选，则 8#煤产品不能达到用户要求。只有将三层煤按不同比例进行配煤入选，才能达到所需产品的质量指标。

根据精煤产品硫分小于 1.0%的要求，利用计算机编程，对各种配煤方案进行了大量的优化计算，力求在符合产品灰分、硫分的要求下，配煤方案的精煤产率最高，8#煤入选量最大。以洗 10 级精煤为例，最优配煤比方案如下：

方案一：三层煤按照 02# 0.93Mt/a、2# 0.93Mt/a、8# 1.24Mt/a 的煤量进行配煤入选时，合计精煤产率最高，且配入的 8#煤量最多。其配比为 02#：2#：8#＝30：30：40，综合原煤灰分为 31.81%。按此配煤比进行采煤，02#煤可采 68 年，2#煤可采 90 年，8#煤可采 139 年，比现有开采比例延长上组煤开采年限 40 年。

方案二：由于 2#煤精煤硫分为 0.74%，符合出口煤硫分小于 0.80%的要求，可将 2#煤的洗精煤单独作为出口精煤，而将 02#与 8#煤配煤入选硫分小于 1.0%的国内精煤。经计算，02#和 8#煤按 1∶1 配入时，精煤硫分小于 1.0%，且合计精煤产率最高。

从各煤层的基元灰分和可选性来看，2#煤单独洗选，02#、8#煤混合洗选较为合适。但这种入选方式较为复杂，难以掌握，且 2#煤的精煤产率较低，单独入选成本高，系统改造时还需要增加一套主厂房原煤和精煤的运输系统，难度较大，投资较高，对生产影响也较大。所以，根据选煤厂的实际情况，选择三煤层原煤配洗较为简单、方便，易于操作和实现。当然，在实际生产中也可根据情况将三种煤进行分别轮换入选，洗后再配煤。

3. 精煤产品配装方案

屯兰矿选煤厂的主导产品为 9 级、10 级高黏结性主焦煤。改造前，单独入选2#原煤，硫分小于 0.64%，属特低硫；在屯兰井田内还赋存大量的 8#原煤，其煤质特征与 2#原煤基本一致，但是产品硫分远高于 2#原煤，平均为 1.70%，是用户不能接受的高硫产品。如果将 2#、8#原煤同时开采，以合理的比例进行配选或分选配装，则可充分合理地利用宝贵的主焦煤资源，延长矿井的开采年限。

原煤配选和分选配装工艺的技术指标见表 9.15。通过多种配选方案的比较，2#、8#原煤以 2.5∶1 进行配选时，产品质量能够满足要求，且精煤产率最大，为58.13%。采用原煤分别洗选，精煤产品按比例配装的方案时，2#、8#精煤按 2.5∶1进行配装，精煤产率为 58.52%，比配选方案提高 0.39 个百分点。所以，选择分选配装方案。

通过对最佳产品配装比例的研究，确定 2#、8#煤以 66∶34 比例进行配装，产品质量即可满足用户要求(全硫≤1%，黏结指数>80)，精煤产率增加到 59.3%，比配选工艺提高 1.17%个百分点，而且提高了 8#高硫煤的配入比例。

表 9.15 配选或选后配装工艺效果比较

项目	配选	分选配装	增幅
精煤产率/%	58.13	58.52	0.39
年产精煤/万 t	290.6	292.6	2
年精煤收入/万元	174360	175560	1200

精煤产品的分选配装主要靠装车系统来完成。屯兰矿选煤厂将扫描技术和图形数码转换等新技术应用到产品装车计量系统，实现车号与吨位的自动录入，首次在国内攻克了混挂车列的自动计量切换技术；采用具有本安型、广泛的兼容性和强大的数据处理能力的 ControlLogix 系列的 PLC 和成熟的上位机控制程序，实现了装车系统的智能化集中控制，使高黏度焦精煤最大单点装车能力达到了

5000t/h，远远超过目前国内单点普通装车能力为 2500 t/h 的记录。

　　山西焦煤集团太原选煤厂和介休选煤厂是两个大型的中央型选煤厂，入选原煤来自周围的不同矿井，白龙选煤厂原煤来源也很杂，原煤性质以及可选性等均存在差异性。为了整合煤炭资源，使其得到更为充分、合理的应用，上述选煤厂目前均已建成自动化配煤系统。以黏结指数、灰分、硫分等为主要指标，对各种原煤实行配煤入选，确保产品质量，提高了企业的经济效益。

　　山西焦煤集团自动化配装系统的建成，不仅可以在同一选煤厂进行不同煤层的原煤分选、配选，精煤产品配装，而且可以实现不同矿区不同煤矿产品之间的调灰、调硫，保证了产品质量的合格稳定，提高了企业对市场的适应性；高硫煤开采比例由原来的 20%提高到现在的 50%，既延长了矿井的开采年限，又能够适应日趋激烈的市场竞争和日益严格的国家环保政策要求。

第10章 结 论

1. 中国钢铁工业潜在的巨大风险

2018 年发生的中美贸易争端，尤其是中兴、华为事件，让我们深刻认识到完备的产业链对构建强大工业体系的重大意义。

钢铁工业是国家经济建设的支柱，由于生铁冶炼尚离不开炼焦煤烧结的焦炭作为能源、还原剂和炭原料，要确保钢铁工业安全就必须有充足的炼焦煤资源作为支撑。

炼焦煤资源对钢铁工业的支撑作用不同于芯片产业对通信等信息产业的作用，芯片是可以制造的，而炼焦煤是化石能源，是不能再生的，稀缺炼焦煤煤种可以炼制特殊钢、强国钢。中国炼焦煤主要煤种枯竭之时，将是中国钢铁工业至暗之日。

中国工程院咨询项目"保障中国钢铁业安全的稀缺炼焦煤产业发展策略研究"对我国炼焦煤资源供需状况作了详尽分析，在现行的炼焦煤、焦化与钢铁工业生产状况下，如果没有国外资源补充和新增经济储量，我国重要的炼焦煤煤种(焦煤与肥煤)将会在 2040～2047 年达到枯竭，我国钢铁工业存在巨大的发展风险。国内炼焦煤资源一旦枯竭，中国的钢铁工业将永远受制于人，进而威胁到国家工业化进程、基础设施建设和国防军事等各个领域的发展。

2. "煤-焦-钢"产业链结构失衡，加剧钢铁工业风险

我国"煤-焦-钢"产业链结构严重失衡主要表现在三大产业各自为战，各自扩张。我国炼焦煤资源稀缺，2017 年查明资源量为 2988 亿 t，经济可采储量仅为 617 亿 t，其中焦煤、肥煤更为短缺，如果按现有的开采速度和消费现状，仅可采 30 余年。

我国"煤-焦-钢"产业链结构严重失衡，导致了如下一系列问题。

1) 炼焦煤储量与产量不协调

据 2017 年统计，炼焦煤年消耗率大于全国原煤消耗率,全国煤炭产储比为 0.22%,炼焦煤产储比为 0.33%；炼焦煤原生煤质差，灰分和硫分高，各煤种储量、产量不协调，总产量 10 亿 t/a，气煤占比 31%、焦煤占比 22%、肥煤占比 11%，其他占比 36%，焦煤和肥煤相对短缺；炼焦煤入选率为 90%，精煤平均产率仅 55%，部分煤种结构性过剩，近 3 亿 t 气煤作为动力煤使用，气煤年均增长率为 4.1%，

焦煤、肥煤和瘦煤年均增长率分别为 0.3%、1.7% 和 0.9%。

2) 焦炭产消不协调

焦炭产能与产量、环境不协调，2018 年规上焦化企业 455 家，焦炭产能 6.45 亿 t，焦炭产量 4.38 亿 t，部分产量环保不达标；焦炭生产与煤种消耗不协调，焦化行业对炼焦核心煤种的消耗量大，焦煤与肥煤配煤比例达到 45%～60%。

3) 钢铁产消不协调

产能布局不平衡，存在"北重南轻、北钢南运"现象；低端产能过剩，中高端特钢技术产能不足；下游需求下降加剧产能过剩矛盾；特钢产品低端出口多，高端进口多；进口原料与出口产品不协调，2005 年进口铁矿石 2.75 亿 t，出口钢材 2052 万 t，2018 年进口铁矿石 10.38 亿 t，出口钢材 6934 万 t。

4) 炼钢技术进步与稀缺煤种资源储备不协调

随着高炉大型化，焦比降低，但焦煤与肥煤配比上升 10%～12%，加剧了核心煤种的消耗；2025 年末，废钢量预计突破 2 亿 t，而我国电炉钢比例仅 6.1%，加剧了炼焦煤消耗；2018 年我国废钢出口量 332.3 万 t，同比增长 50.9%。

5) 造成的污染与环境承受能力不协调

"煤-焦-钢"产业链生产对水资源、土地、大气造成污染；对环境的破坏超过其自净能力；2016 年产业链年排放 CO_2 当量达 16 亿 t，占碳排放总量的 17.6%。

6) 煤-焦-钢一体化产业链区域供需不协调

炼焦煤储量不平衡；焦炭、钢铁产量不平衡；整体区域结构不平衡；2017 年总体产业链平衡度最高 0.89，最低 0.618。

我国"煤-焦-钢"产业链的现状是，产业链的源头炼焦资源稀缺，储备不足，产业链的末端钢铁过剩，整体产业链不平衡，必须解决"煤-焦-钢"产业链如何协调发展的矛盾。

3. 实施"煤-焦-钢"产业链协同升级战略

为防控国内炼焦煤资源枯竭给钢铁工业带来的风险，延长国内资源的稳定供给期，必须由炼焦煤、焦炭、钢铁三个产业链环节协同解决。

(1) 炼焦煤生产企业解决方案——提高国内资源生产质量，充分利用国外资源，限制资源过度开采。

将提高煤炭资源回采率、洗选率为核心的生产质量问题列为我国正在进行的"能源生产与消费革命"中重点突破的问题之一。同时充分开发与利用国外优质炼焦煤资源，提高炼焦煤主要煤种的国外供应比例，保障每年能从国外进口炼焦精煤 6000 万～8000 万 t，则可在一定程度上延迟国内主要炼焦煤煤种的枯竭期。

(2)焦炭生产企业解决方案——提高焦炭及其副产品利用率。

将焦炉煤气中 55%~60%氢能源进行提纯，研发氢能源提纯技术，完善氢能源提纯技术体系与装备，制定一系列氢能源的生产与储运标准，解决氢能产业链资源中规模化氢源问题，为发展氢能源汽车奠定基础。

整合焦化产业，实现焦化产业规模化，发展煤焦油精细化深加工技术，研发煤焦油化工产品精细化提纯技术。

(3)钢铁生产企业解决方案——发展电炉钢和废钢循环利用。

以废钢为原料的电炉冶炼生产是国际钢铁行业发展趋势，也是解决炼焦煤资源供给矛盾的有效手段。2020 年我国钢铁蓄积量将超过 100 亿 t，至 2065 年将超过 200 亿 t，这将会导致我国废钢产出量持续上升。预计至 2045 年废钢产出量和生铁需求量相当，至 2050 年废钢产出量和粗钢需求量相当。因此，废钢供应不足的局面已获解决。

另外，近年来中国电力发展很快，装机容量从 2000 年的 3.0 亿 kW，到 2017 年超过了 17 亿 kW。在 2017 年的基础上，年发电量增加 1%的电力可供电炉炼钢1 亿 t。

对于促进企业转炉替换电炉的抉择问题，加大对钢铁企业节能减排、环境污染治理等方面的监管力度，加大征收环境税的措施，促进企业炼钢工艺结构的转型。

在"煤-焦-钢"产业链中科学有序地实施国际资源利用、炼焦工艺改革和钢铁工艺与装备升级三大举措，可延长我国炼焦煤资源自主供给期 100 年以上，确保实现中国钢铁工业及相关行业长期安全平稳发展的战略目标。

(4)三大举措对煤炭生产企业形成的压力。

国外资源的利用和废钢的循环利用将极大地压缩钢铁工业对炼焦煤资源的需求空间。根据课题组测算，如能按计划顺利实施三大举措，到 2050 年国内炼焦原煤宏观经济需求将不足 2017 年产量的 1/4。因此，炼焦煤生产企业要逐步有计划地减小煤炭产量，积极开拓其他产品市场。各级政府必须针对企业大幅度减产、减员将会带来的一系列社会问题，提前做好应对措施。

4. 成立产业联盟及建立相应的协调机制来推动"煤-焦-钢"产业链协调优化战略的实施

化解中国钢铁工业发展风险是一项复杂的系统工程，涉及炼焦煤资源高效回采、洗选技术的研发，资源采矿权的管理政策，资源的保护政策与限产规划，国际炼焦煤资源的开拓利用与贸易政策，配煤优化技术研究与应用，气煤利用技术攻关，国家钢铁工业工艺、装备升级路线图以及推进以普通粗钢为主流产品的电炉钢工艺标准与装备发展规划的制定，钢铁工业生产结构调整与废钢产出量及电力工业的协调发展问题，焦炭生产与氢、油能源的协调开发利用问题，煤、焦、钢生产中的环境保护问题，炼焦煤生产企业限产带来的社会问题等。

"煤-焦-钢"产业链中每个产业部门都不可能独立完成这一战略，必须由炼焦煤、焦炭、钢铁三大产业相互协调、相互配合，通过成立产业联盟以及建立相应的协调机制来推动这一战略的实施，进而达到增强产业链共同核心竞争能力与发展后劲，实现"煤-焦-钢"产业链间的相互协作与资源整合。

化解中国钢铁工业的发展风险是关系到"中国制造 2025""一带一路"等顺利实施的重要保证，更是建设强大的工业化国家、实现伟大的强国梦的重要保证。为此，应该将"煤-焦-钢"产业链协同优化升级战略提升为国家战略，并付诸实施。

参 考 文 献

白原平. 2017. 中国炼焦煤资源储备与开发利用报告.

包研科, 赵凤华. 2012. 多标度数据轮廓相似性的度量公理与计算. 辽宁工程技术大学学报(自然科学版), 31(5): 797-800.

蔡群起, 龚敏. 2017. 中国经济周期的波动特征分析——基于中美日韩的比较. 经济问题探索, (4): 18-25.

曹继温. 2016. 捣固炼焦工艺配煤方案的研究. 燃料与化工, 47(02): 9-10, 13.

陈德敏, 李世龙, 何凯. 2005. 循环经济理念下的资源稀缺性探讨. 生态经济(中文版), (7): 53-55.

陈佳. 2011. 山西煤炭物流公共信息平台规划及评价. 太原: 太原理工大学.

陈健, 吴楠. 2012. 世界稀土资源现状分析与我国稀土资源可持续发展对策. 农业现代化研究, 33(1): 74-77.

陈丽新, 吴尚昆. 2012. 我国煤炭产业布局与结构调整浅析. 中国国土资源经济, 25(7): 51-53, 56.

陈鹏. 2007. 中国煤炭性质、分类和利用. 2 版. 北京: 化学工业出版社.

陈文玲. 2018. 世界经济步入复苏新周期. 现代国企研究, (11): 66-67.

陈小毅. 2013. 中国煤炭产业集中问题实证研究. 南京: 南京航空航天大学.

程城. 2016. 互联网和信息技术推动煤炭企业变革发展模式的思考. 露天采矿技术, 31(8): 91-93.

程胜. 2007. 国际能源合作的演化博弈分析. 中国石油大学学报: 社会科学版, (1): 7-11.

崔春秀. 2014. 论煤炭物资管理信息化建设. 中国管理信息化, (3): 12-14.

丁浩, 荣蓉, 代汝峰. 2013. 我国石油供需发展历程及预测分析. 中外能源, 18(10): 7-12.

丁明洁, 陈思顺, 陈新华, 等. 2016. 基于煤炭焦化技术产品升级的中国现代煤化工业体系. 现代化工, (1): 1-7.

董海, 钟英飞. 2009. 钢铁产业在结构调整、持续发展与焦化相关若干问题的探讨. 燃料与化工, 40(4): 1-4, 16.

樊正军. 2016. 山西焦煤集团应对进口炼焦煤营销策略研究. 山西焦煤科技, 40(1): 49-53.

方齐云, 熊韵坚. 2018. 宏观经济周期与产业发展周期的动态变迁识别. 工业技术经济, 296(6): 78-83.

封红丽. 2018. 中美贸易摩擦对能源行业影响及对策研究. 电器工业, (7): 24-36.

付利俊. 2015. 炼焦煤新资源开发与配煤试验研究. 长春: 吉林大学.

高丽. 2013. 配型煤炼焦技术的研究与实践. 化工技术与开发, (12): 10, 35-36.

葛全胜, 方修琦, 张雪芹, 等. 2005. 20 世纪下半叶中国地理环境的巨大变化——关于全球环境变化区域研究的思考. 地理研究, 24(3): 345-358.

关丙火. 2009. 煤质管理信息系统的设计与研究. 西安: 西安电子科技大学.

关思甲. 2016. 中国钢铁产业安全问题探析. 当代经济, (27): 14-16.

郭琴. 2014. 武钢常用炼焦煤性能试验研究. 武汉: 武汉科技大学.

郭艳玲, 林垚, 丁伟, 等. 2017. 钢铁企业利用蒙古国煤矿和铁矿的机遇与风险. 冶金管理, (12): 28-32.

国际标准化组织. ISO 11760—2005 煤的分类.

国家发展和改革委员会, 交通运输部. 2016. 国家发展改革委 交通运输部关于印发《交通基础设施重大工程建设三年行动计划》的通知.

何惠平. 2017-12-01. 巴松: 中国引领世界钢铁工业的供给侧改革. 中国冶金报, (001).

何惠平. 2018-04-19. 发展电炉钢的有利条件正在逐步显现. 中国冶金报, (001).

何选明, 黄鹏, 韩军, 等. 2009. 炼焦煤中多环芳烃的分布特性研究. 煤炭转化, 32(4): 70-73.

胡杰. 2009. 从"贫油国"到石油大国的巨变——中国石油勘探开发 60 年发展历程. 中国石油和化工经济分析, (10): 16-21.

胡玉禄, 胡红文, 邱希青, 等. 2003. 华北地温场垂向变化//山东省科学技术协会. 地质与可持续发展——华东六省
　　一市地学科技论坛文集.

黄华, 蔡继明. 2006. 现代电炉炼钢技术发展趋势. 特钢技术, (4): 58-62.

黄金干. 2006. 全球焦炭需求现状及走势分析. 中国钢铁业, (10): 8-12.

黄文辉, 杨起, 唐修义, 等. 2010. 中国炼焦煤资源分布特点与深部资源潜力分析. 中国煤炭地质, 22(5): 1-6.

贾传凯, 石磊, 苏华罕. 2013. 澳大利气煤生产水煤浆的可行性研究. 洁净煤技术, 19(4): 85-87, 99.

蒋伶俐. 2010. 我国煤炭电子交易市场现状评析. 煤炭经济研究, 30(7): 42-45.

金芳, 董小亮. 2008. 建立和完善我国石油战略储备的探析. 中外能源, (4): 15-19.

鞠可一, 李银涯. 2015. 战略石油储备体系构建:国际经验及中国策略. 油气储运, 34(11): 1147-1153.

孔宪丽. 2004. 中国钢铁工业供需影响因素分析及其景气指数的开发与应用研究. 长春: 吉林大学.

赖建华, 张传来. 2018. 转炉炼钢和电炉炼钢比较研究. 南方企业家, (4): 233.

雷岩. 2011. 加快矿产资源战略储备　促进资源保护和合理利用. 科技创业月刊, 24(3): 79-81.

李德友, 李献宏, 董亚哲, 等. 2010. 东南亚高挥发分气煤的研究与应用. 河南冶金, 18(4): 17-19.

李桂芬. 2008-12-24. 建立钨战略储备正当时. 中国国土资源报, (003).

李皓, 管宏平. 2009. 中国建立稀土战略储备制度的国际战略意义. 河北青年管理干部学院学报, (5): 89-92.

李浩, 尤金. 2017. 基于深度学习的GDP指标预测分析. 管理工程师, 22(3): 10-12,42.

李洪国. 2013. 煤炭电子商务平台交易模式探索. 煤炭经济研究, 33(4): 15-19.

李俊峰. 2007. 贫、瘦煤捣固炼焦机理的研究及应用. 西安: 西安建筑科技大学.

李莉莉. 2011. 大国博弈下我国自然资源进口战略研究. 天津: 天津财经大学.

李丽英, 郭煜东. 2017 我国炼焦煤资源储备及开发利用研究. 煤炭经济研究, 37(9): 29-33.

李美羽, 苗泽华, 朱艳新. 2016. "互联网+"视域下河北省钢铁物流业发展策略. 中国流通经济, 30(10): 56-65.

李晴, 杨春. 2011. 时间序列分析模型及其在GDP预测中的应用研究. 安徽农业科学, 39(20): 12449-12451.

李昕. 2014. 1949年以来中国石油进出口地位演变. 西南石油大学学报: 社会科学版, 16(1): 1-6.

李亚芬. 2005. 我国石油供求现状、问题及改善对策. 国际金融研究, (3): 65-70.

李应海, 刘爽. 2010. 捣固焦炭在高炉中的应用. 煤化工, 38(04): 45-47.

李莹莹. 2010. 中国石油发展现状、问题与前景分析. 中国能源, 32(12): 17-20.

李颖. 2006. 浅谈我国石油发展现状及安全战略. 大庆师范学院学报, (3): 63-65.

李俞宏. 2014. 提高贫煤在配煤炼焦中的比例研究. 重庆: 重庆大学.

李玉东. 2014. 我国煤炭企业物资管理信息系统的构建. 河南科技, (10): 205-206.

李云燕. 2008. 基于稀缺性和外部性的环境资源产权分析. 现代经济探讨, (6): 35-40.

李兆鹏. 2018. 中美贸易博弈原因及应对策略分析. 现代商业, (21): 32-33.

梁敦仕. 2018. 煤炭经济运行情况及对当前煤炭相关政策的认识. 第八届炼焦煤高峰论坛.

梁磊, 吴磊, 龙晓阳, 等. 2009. 单种煤煤岩特征与结焦性关系的研究. 鞍钢技术, 357(3): 14-17.

刘东娜. 2015. 大同双纪含煤盆地煤变质作用与沉积-构造岩浆活动的耦合关系. 太原: 太原理工大学.

刘国辉. 2011. 浅析配煤炼焦技术. 改革与开放, (2): 136.

刘皓. 2016. 焦炭质量的影响因素分析. 广东化工, 43(3): 63, 69.

刘敬青, 李宏. 2013. 世界煤炭贸易及我国煤炭进口的新趋势. 综合运输, (1): 44-57.

刘良先. 2008-12-09. 尽快建立钨战略资源储备机制. 地质勘查导报, (005).

刘雅君. 2013. 优化产业布局　构建现代焦化产业体系. 现代工业经济和信息化, (2): 8-10.

卢玲玲, 秦勇, 郭晨. 2013. 黔西补作勘查区现代地温场及煤层受热温度分析. 中国煤炭地质, (10): 12-17.

马军, 窦超. 2017. 我国钢铁行业产能利用率的测度及产能过剩影响因素分析. 经济问题, (2): 85-90.

马玲. 2013. 浅析当前中国石油开采的现状及其措施. 中国石油和化工标准与质量, 34(1): 248.

马阳虎, 王龙飞. 2003-12-12. 焦煤实行保护性开采迫在眉睫. 山西经济日报, (002).

毛节华. 1999. 中国煤炭资源预测与评价. 北京: 科学出版社.

毛节华, 许惠龙. 1999. 中国煤炭资源分布现状和远景预测. 煤田地质与勘探, (3): 2-5.

孟令达. 2017. 中国动力煤进口贸易的问题与对策. 北京: 对外经济贸易大学.

孟庆波. 2007. 采用配煤炼焦新技术 稳定提高焦炭质量//中国金属学会. 高炉炼铁用焦炭质量技术研讨会文集: 6.

孟庆波. 2011. 中国焦化行业发展成就及对钢铁行业发展的支撑//中国金属学会. 第八届(2011)中国钢铁年会论文集: 9.

娜仁. 2013. 蒙古国社会经济制度与地下经济研究. 长春: 吉林大学.

倪平鹏, 蒙运兵, 杨斌. 2010. 我国稀土资源开采利用现状及保护性开发战略. 宏观经济研究, (10): 13-20.

欧阳新年. 2007. 资源与环境约束下中国煤炭产业集约化发展研究. 北京: 中国地质大学.

彭锋, 李晓. 2017. 中国电炉炼钢发展现状和趋势. 钢铁, 52(4): 7-12.

彭永根, 周云花. 2016. 论主焦煤质量对焦炭质量、成本的影响. 金属材料与冶金工程, 6: 39-45.

钱大都. 1996. 中国煤炭资源总论. 北京: 地质出版社.

切特梅克·麦克. 2017. 蒙古国对华煤炭出口贸易问题研究. 哈尔滨: 黑龙江大学.

任华伟, 钱如刚. 2013. 国外炼焦煤煤质分析与应用. 燃料与化工, 44(2): 13-16.

芮建伟, 韩奎. 2002. 不可再生资源稀缺性研究的意义、现状与问题. 中国人口资源与环境, 12(1): 36-40.

山西汾渭能源开发咨询有限公司. 2012. 中国煤矿煤质应用评价. 太原: 山西科学技术出版社.

山西省发展和改革委员会. 2017. 山西省经济和信息化委员会关于印发《山西省焦化产业布局意见》的通知. 煤化工, 45(6): 66-67.

师志辉, 王惠明. 2006. 捣固炼焦技术与焦炭质量. 科学之友, (11): 15-16.

石洪卫. 2018. 钢铁行业运行情况与展望. 第八届炼焦煤高峰论坛.

世界钢铁协会. 2017. 《世界钢铁统计数据2017》发布. https://www.sohu.com/a/167859695_823247 [2018-07-11].

舒锦屏. 2013. 电子交易平台下的大宗物资物流解决方案优化研究——以贵州煤炭物流为例. 成都: 西南交通大学.

孙智宏. 2010. 基于GIS的矿产资源储备库管理系统的设计与开发. 成都: 电子科技大学.

唐向莉. 2007. 基于供应链的煤矿物资管理信息系统的研究. 科技资讯, (23): 198-199.

滕泰, 刘哲. 2018. 供给侧改革的经济学逻辑——新供给主义经济学的理论探索. 兰州大学学报(社会科学版), (1): 1-12.

万凯, 涂春林. 2012. 捣固炼焦用煤奥亚膨胀度的研究. 科技信息, (7): 109-110.

汪敏. 2010. 山西省焦化产业的现状及发展趋势. 山西煤炭管理干部学院学报, 23(3): 12-13.

王彬若. 2005. 博弈论在中国国际关系研究中的作用性辩争. 北京: 中国人民大学.

王步花. 2013. 影响焦炭质量的因素分析. 山西焦煤科技, 8(8): 54-56.

王金柱. 2012. 单一炼焦煤煤岩性质对黏结性和结焦性的影响. 燃料与化工, 43(3): 15-17.

王军, 郝福才. 2013. 中国焦化行业存在的问题和对策探析. 经济研究导刊, (30): 42-43.

王军见. 2006. 基于GIS的矿产信息管理系统设计与开发. 计算机工程与应用, 26: 228-232.

王骏. 2007. 我国炼焦煤资源供需战略分析. 煤炭经济研究, (10): 4-6.

王少平, 杨洋. 2017. 中国经济增长的长期趋势与经济新常态的数量描述. 经济研究, (6): 46-59.

王胜春, 张德祥, 陆鑫, 等. 2011. 中国炼焦煤资源与焦炭质量的现状与展望. 煤炭转化, 34(3): 92-96.

王维兴. 2005. 中国高炉炼铁技术进展. 钢铁, (10): 11-15.

王伟. 2014. 马钢炼焦用煤特性及配煤结构优化. 马鞍山: 安徽工业大学.

王香娣. 2016. 炼焦煤荧光性与其焦炭性质的研究. 鞍山: 辽宁科技大学.

王英杰, 潘守举, 孙艳红. 2016. 中国进口澳大利亚煤现状及对国内市场的影响. 煤炭与化工, 39(4): 33-35.

吴波. 2018. 我国电炉炼钢发展趋势. 冶金经济与管理, (3): 23-25.

吴鹏飞. 2012. 改善捣固炼焦焦炭质量的研究. 唐山: 河北联合大学.

吴荣庆. 2009. 稀土: 战略资源地位日益上升. 中国金属通报, (12): 32-35.

吴志军. 2012. 我国稀土产业可持续发展战略研究. 江西社会科学, 32(2): 42-49.

伍福佐. 2007. 能源消费国家间的能源国际合作: 一种博弈的分析. 上海: 复旦大学.

肖永洲, 刘殿元, 孔祥周, 等. 2009. 龙凤井田9煤地温特征及影响因素分析. 中国煤炭地质, (1): 45-47.

徐忠田. 2012. 对特殊和稀缺煤种实施战略性保护的建议. 中国煤炭, 38(6): 22-24.

杨天钧. 2004. 中国高炉炼铁技术的进展. 中国冶金, (6): 3-9.

叶圣. 2014. 捣固炼焦配煤技术探讨. 技术与市场, (6): 143-144.

殷瑞钰. 2018. 废钢资源应用与钢铁工业流程结构优化. 北京: 第九届钢铁发展论坛.

于汇津, 王绪本, 曾一, 等. 1990. 四川盆地地温场与构造关系//中国地球物理学会. 1990年中国地球物理学会第六届学术年会论文集.

余良晖, 王海军, 于银杰. 2006. 我国铬铁矿战略储备构思. 国土资源, (8): 24-25.

余卫平, 王丽华, 于大力, 等. 2008. 基础设施投资与固定资产投资对GDP贡献率的比较. 铁道运输与经济, 30(9): 1-3, 24.

袁志安, 黄志伟, 姚振巩. 2006. 论我国铁矿资源可持续发展战略. 采矿技术, (3): 67-69.

战彦领. 2009. 煤炭产业链演化机理与整合路径研究. 北京: 中国矿业大学.

张代林, 林慧薪, 王晓婷, 等. 2017. 炼焦煤灰分对其结焦性的影响规律. 钢铁, 52(8): 10-18.

张俊山. 2009. 对经济学中"资源稀缺性"假设的思考——兼论资源配置问题与政治经济学研究对象的关系. 甘肃社会科学, (2): 40-46.

张康华. 2011. 捣固炼焦的基础研究. 武汉: 武汉科技大学.

张祺. 2013. 中国石油进口依存度问题研究. 武汉: 武汉大学.

张同功. 2010. 新形势下煤炭市场国际贸易格局的变动及其影响研究. 中国能源, (1): 15-19.

张伟林. 2008. 炼焦煤与焦炭含硫转化关系的研究. 煤炭科学技术, 36(8): 103-105.

张伟, 王再义, 张立国, 等. 2011. 非焦煤炼焦技术进展及应用前景. 世界钢铁, (6): 43-46, 52.

张仲平. 2014. 优化配煤试验在山西焦化的应用研究. 天津: 天津大学.

赵丹丹, 李德传, 李铁军. 2005. 煤矿物资租赁管理信息系统开发. 煤炭技术, 24(4): 118-119.

赵光辉. 2013. 浅析中国石油开采技术以及一些技术在石油开采中的应用. 内蒙古石油化工, 39(9): 100-101.

赵华, 吕桂双, 郑美荣. 2009. 炼焦煤性质对焦炭热性能影响研究探讨//中国金属学会. 第七届中国钢铁年会论文集: 140-145.

赵欣. 2018. 国内外可持续炼钢技术发展新动向. 金属世界, (2): 14-17, 33.

照乐宝. 2013. 中国企业投资蒙古国采矿业的问题与对策研究. 上海: 华东师范大学.

郑文华. 2008. 捣固炼焦技术的发展和应用. 河南冶金, 16(1): 6-8.

中国炼焦行业协会, 山西焦化行业协会, 山西汾渭能源开发咨询有限公司. 2018. 中国焦化行业发展研究报告 (2017—2018). 北京: 中国经济出版社.

中国煤炭资源网. 2016. 中国炼焦煤资源中长期报告.

中国人民大学经济学研究所. 2018. 中国宏观经济形势分析与政策选择. 新金融, 348(1): 7-12.

中国社会科学院城市发展与环境研究所, 对外经济贸易大学全球价值链研究院. 2017. "去产能"政策对煤炭行业造成的就业影响研究.

中国(太原)煤炭交易中心, 山西汾渭能源开发咨询有限公司. 2016. 中国煤炭市场发展报告(2016). 北京: 中国经济出版社.

中华人民共和国国家发展和改革委员会. 2015. 国家发改委关于加强城市轨道交通规划建设管理的通知. http://www.ndrc.gov.cn/zcfb/zcfbtz/201501/t20150116_660386.html [2018-07-11].

中华人民共和国国家发展和改革委员会. 2016. 中长期铁路网规划. http://www.ndrc.gov.cn/zcfb/zcfbtz/201607/t20160720_811696.html [2018-07-11].

中华人民共和国国家发展和改革委员会. 2017-06-05. 煤炭工业发展"十三五"规划. http://www.ndrc.gov.cn/fzgggz/fzgh/ghwb/gjjgh/201706/t20170605_850004.html [2018-07-11].

中华人民共和国国家质量监督检验检疫总局, 中国国家标准化委员会. 2009. 中国煤炭分类(GB/T 5751—2009). 北京: 中国标准出版社.

中华人民共和国国土资源部. 2011. 中国矿产资源报告 2011. 北京: 地质出版社.

中华人民共和国国土资源部. 2012. 中国矿产资源报告 2012. 北京: 地质出版社.

中华人民共和国国土资源部. 2013. 中国矿产资源报告 2013. 北京: 地质出版社.

中华人民共和国国土资源部. 2014. 中国矿产资源报告 2014. 北京: 地质出版社.

中华人民共和国国土资源部. 2015. 中国矿产资源报告 2015. 北京: 地质出版社.

中华人民共和国国土资源部. 2016. 中国矿产资源报告 2016. 北京: 地质出版社.

中华人民共和国国土资源部. 2017. 中国矿产资源报告 2017. 北京: 地质出版社.

中华人民共和国国土资源部. 2018. 我国煤层气资源 2020~2030 年可供性度论证报告.

中华人民共和国国土资源部. 2018. 我国煤炭资源 2020~2030 年保障程度论证报告.

中华人民共和国国土资源部. 2018. 我国稀土资源 2020~2030 年保障程度论证报告.

周申, 刘辰, 杨超. 2005. 中国石油进口"买涨不买落"的经验研究和博弈分析. 国际贸易问题, (9): 16-21.

庄立, 刘洋, 梁进社. 2011. 论中国自然资源的稀缺性和渗透性. 地理研究, 30(8): 1351-1360.

訾东升, 徐晖. 2012. 利用气煤资源推进新型煤化工产业发展. 山西焦煤科技, 36(2): 48-49.

Grosse A, Opfermann A, Baumgartner S, et al. 2012. 提高电炉炼钢工艺的能源效率. 世界钢铁, 12(3): 17-22, 56.

Cleveland C J, Stren D I. 2002. Indicators of natural resource scarcity: A review and synthesis//van den Bergh, Jeroen C J M. Handbook of Environmental and Resource Economics. Cheltneham: Edward Elgar Publishing: 89-108.

Eisenhauer J G. 2005. A test of Hotelling's Valuation Principle for nonrenewable resources. Empirical Economics, 30(2): 465-471.

Gatfaoui H. 2015. Pricing the (European) option to switch between two energy sources: An application to crude oil and natural gas. Energy Policy, 87(1): 270-283.

Hotelling H. 1993. The economics of exhaustible resources. Bulletin of Mathematical Biology, 53(1/2): 281-312.

Jamal A M M, Crain J L. 1997. The Hotelling valuation of natural resources: Some further results. Resources Policy, 23(4): 187-190.

Jayasuriya R T. 2003. Measurement of the scarcity of soil in agriculture. Resources Policy, 29(3/4): 119-129.

Slade M E, Thille H. 2009. Whither Hotelling: Tests of the theory of exhaustible resources. Annual Review of Resource Economics, 1(1): 239-259.

Stern D I. 1999. Use value, exchange value, and resource scarcity. Energy Policy, 27(8): 469-476.